森 美智代 著

会計制度と実務の変容
―ドイツ資本会計の国際的調和化を中心として―

東京 森山書店 発行

は　し　が　き

　国際的な資本市場における会計制度は，企業の財務諸表の信頼性を高めるための会計改革を経て，国際的会計基準のコンバージェンスという方向で進んでいる。しかし国際的に瞬く間に拡がりつつある新しい会計基準は，企業の会計実務に透明性を高める会計処理をもたらしているのであろうか，あるいは債権者保護を基礎とする商法会計制度が，投資家へ有用な情報を提供するための会計制度へ変化しているのであろうか。1990年代からアングロ・アメリカ型の新しい会計基準が公表され，いわゆる会計制度改革という名のもとで，新しい会計制度が整備され，約20年を迎えようとしている。経済変化に対応するかのように変化してきた会計制度とその背景にある会計実務を分析することで，会計制度について再検討する段階にきているのではないかと考える。

　これまで会計実務に定着した会計処理は，新しい会計制度によってどのように変化しているのか，この問題解決のために，債権者保護の商法会計から投資家保護の会計基準へ移行しているドイツ会計制度と会計実務をとおして，本書では，新しい会計制度によって会計実務がどのように変化しているのか，そしてどのような新たな会計政策が生じているのか，について考察することにしたい。

　我が国と同様に，法制度改革をしているドイツ連邦法務省は，2007年10月に記者報道向けの声明を公表した。そのなかで，大企業向けの会計制度はIAS/IFRSとの調和化を進め，中小規模会社に対しては，IAS/IFRSの選択適用の余地を与えた規制緩和を明らかにした。このドイツ連邦法務省の商法改正の見解には，会計法（Bilanzrecht）の現代法化によって国際的競争力に耐えうる企業の強化をめざす経済政策と国内の経済を支える中小規模企業への経済負担を軽減する意向が伺える。

これまで間接金融を基礎とする経済,債権者保護,資本維持を基礎とする会計制度が定着した国々では,資本市場における国際的な競争を余儀なくされる企業にとって,国際的会計基準(IAS/IFRS・US-GAAP)の導入は,企業の経済活動上でも不可欠であった。EU域内の上場企業の連結決算書に,2005年(遅くとも2007年)をめどにIAS/IFRS適用が義務づけられたことから,2005年以降はIAS/IFRS適用に踏み切る企業が増えている。

ドイツ上場企業は,商法会計規定からUS-GAAP,IAS/IFRS適用へ移行することによって,会計処理の変更,開示の拡張,会計数値の修正等,多くの会計問題に直面することになった。

またEU域内の上場企業の連結決算書にIAS/IFRSが義務づけられたことで,EUがIASBによるIAS/IFRSを完全に承認しているのではなく,IASBとEUにおける独立性がみられる。したがってEU域内企業は,IASBの改訂IAS/新IFRSがEUにおいて承認されない限り,そのIAS/IFRS適用を開始することができない。しかし実務ではEUによるIAS/IFRS承認が適用開始なのか,あるいはIASBが公表したIAS/IFRSを適用すべきなのかにおいて明確ではない。またIASBによってIAS/IFRSが公表されたとしても,その基準がEUで承認されるまでには手続きに時間を要し,EU-IAS/IFRSを適用するには,IASBによるIAS/IFRS公表とEUの承認との間にタイムラグが生じている。

本書では,研究の視角を会計実務に向け,ドイツ企業の会計実務の分析を,特に貸借対照表貸方側に焦点をあてている。というのは,商法会計制度が債権者保護,つまり資本維持を基礎としていること,また商法上の会社形態別の会計において「資本の概念」が重要な位置づけにあること,さらに,この資本の考え方が,経済変化及び政策によって変化している現代,ドイツにおいて中小規模会社の会計制度のIAS/IFRSとの調和化がどのように進められていくのか,という問題にも関わってくると考えられるからである。

我が国が最小限度額の資本金額を設けない合同会社(LLC)を導入する方法をとったのに対して,ドイツは,これまでどおり商法上の会社形態を崩すこと

なく，有限会社法，組合法等の改正を行なった。しかし他方では株式会社から欧州会社（EG［SE］）へ移行する企業，さらに Bayer Schering Pharma 社のように，国際的な結合企業がみられる。商法上の会社形態の会計処理で，特に「資本の概念」が IAS/IFRS との調和化の争点となっている。これまで債権者保護を基礎とする商法会計制度には，貸借対照表貸方側の会計処理において，過大計上及び評価という伝統的に保守主義を基礎とする会計処理が定着していた。そのため，貸借対照表貸方側に焦点をあてることによって，会計実務が，どのように変化しているかを知ることができるであろう。

国際的な証券市場における上場企業の IAS/IFRS 適用義務が，IASB, FASB の協力体制のもとで，国際的なコンバージェンスが加速しているように考えられる現代において，まだ水面下では各国における国内の会計制度との国際的調和化には，制度及び会計実務に課題が残されている。

本書では，序章で，1990 年代から始まった会計制度改革の変遷をたどり，第1章で，ドイツ会計制度形成に影響を及ぼす EU のデュープロセスを検討した。

第2章では，EU の承認プロセスにおいて，DAX-30 企業の連結決算書をとおして，IASB によって公表された IAS/IFRS と EU によって承認された IAS/IFRS に対する企業の対応について分析した。

第3章では，資本会計を考察する上で，勘定システムにおける資本と利益の区分に立ち戻り，企業の財務諸表の基礎となっている複式簿記の領域から，勘定構造と決算書の関係について検討した。

第4章では，会計制度の基礎を理論の視点から考察し，会計制度形成の基礎であるフレームを検討している。

第5章では，資本を巡る経済変化が会計制度へ影響を及ぼしている現状を考慮して，資本市場に向けた企業の会計制度形成の背景を探究した。

第6章では，経済的変化の会計制度への影響だけではなく，会計制度への影響要因として考えられる政策的および国際的な環境要因，つまり会計制度への影響要因を探究している。

第7章では，会計制度改革がコーポレート・ガバナンスと並行に進められている現代において，企業の株式所有構造の利益算定への影響に焦点をあてて考察した。特にDAX-30の企業が，国際的資本市場へ進出していく上で注目される投資家への利益配当と企業の自己金融の関係に焦点をあてて分析した。

第8章では，上場企業のなかで，DAX-30企業は，ニューヨーク証券取引所に上場している企業が多いことを踏まえ，1999年以降，商法からUS-GAAPへ会計基準を移行し，さらに2005年以降，US-GAAPからIAS/IFRSへ会計基準を移行しなければならない現状のなかで，DAX-30の企業の各会計基準に従った会計数値が，どのように変化しているのか，あるいは自己金融の手段となっている自己資本と引当金について分析した。

第9章では，ドイツ企業の大部分が自己金融をとっているという調査結果の資料に基づき，DAX-30企業よりも中堅のドイツ企業が多いM-DAX企業を分析対象として，商法からIAS/IFRSへの会計基準の移行における自己資本と自己金融の関係を調査した。

第10章では，IASBによるSMEsの公開草案，ドイツにおける個別決算書へのIAS/IFRS適用を巡る反対意見，あるいは中小規模企業の会計制度において，IAS/IFRSとの調和化の障害となっている基準性の原則について検討した。

第11章では，ドイツポストの民営化にあたり，株式会社化からIAS/IFRS適用に至るまでの会計政策がどのように行なわれたかについて，資本を中心とした会計政策に焦点をあてて分析した。

第12章では，商法会計制度から資本市場会計制度への移行期における資本を中心としたDAX-30企業とM-DAX企業の自己資本を中心とした会計実務を分析し，他人資本と自己資本の区分にあたり，中間資本のように，資本区分の曖昧性が生じる現状について考察した。

第13章では，会計法の現代化法における中小規模会社の会計制度の方向性について考察した。

結章では，会計制度形成の影響要因と会計実務の分析をとおして，ドイツの商法会計制度がIAS/IFRSとの調和化に際して，今後の解決が求められる課題

について，我が国における新会社法で示された「資本の概念」と会計基準第5号「貸借対照表の純資産の部の表示に関する会計基準」(平成17年12月9日付)を踏まえて考察した。投資家保護に基づく株主への利益配当に直接関係する自己資本と他人資本の区分を巡って，会計制度，資本市場を中心とした経済的変化，会計実務に定着している自己金融の会計政策から考察した結果，IAS/IFRS及びUS-GAAP適用によって変化している資本会計に会計制度が及ぼした影響について検討した。

したがってドイツ会計制度の資本を中心とした国際的調和化をとおして，自己資本と他人資本の区分，資本と利益の区分，また時価評価による評価から生じる資本への影響について考察した。大陸型の法体系とアングロ・サクソン型の会計基準との調和化の争点の解決には，「資本」が重要な鍵となると考える。

本書は，マクロ的視点から制度変遷を概観し，ミクロ的視点から会計処理(特に貸借対照表貸方側)をとおして，2つの側面から会計制度整備に影響を及ぼす要因を分析し，会計制度と会計実務の本質を探究している。

各国が，国内からだけではなく，国際的規模の政策的な影響を回避できない会計制度の環境におかれている現在，本書で，ドイツ会計制度を研究の対象としたのは，商法からIAS/IFRSへの移行，US-GAAPからIAS/IFRSへの移行のなかで，3つの会計基準を適用する企業の決算書が，各会計基準に従った会計数値の比較をとおして，IAS/IFRSとの会計コンバージェンスを進めるための今後の課題解決に最適の研究対象となる題材を提供しているからである。

また会計制度の変遷にあたり，勘定学説を唱えたドイツの複式簿記の勘定論に遡り，現在の企業の決算書では，複式簿記の勘定がどのような役割をもっているのか，最終的には複式簿記の流れにおいて，特に貸借対照表貸方側の「資本と利益」の区分に関わる会計処理が，会計制度に基づく決算書の作成，さらにディスクロージャー制度にも影響を及ぼすと考えられる問題意識のもとで，特に最近の中規模企業の自己資本への関心の上昇傾向を念頭に置きながら，「資本会計の変容」を中心としてドイツ会計制度の国際的調和化を考察した。

本書は，財団法人産業経理協会のご寄付のもとで，日本会計研究学会からの出版助成金によって公刊させて頂きました。同協会ならびに同協会長渡邊滉氏，同協会事業部長小野均氏，日本会計研究学会長齋藤静樹先生を初めとして，学会の諸先生方のご支援に心より深く感謝申し上げる次第でございます。

　また森山書店社長菅田直文氏を初めとして，取締役土屋貞敏氏には，長い間出版できず，諦めかけていた原稿を長い目で見守って頂くとともに，刊行にあたり貴重なご助言を賜り，お礼の言葉では言い尽くせない感謝をここで申し述べさせてもらいます。森山書店の方々にもお力添え頂きましたことに深く感謝申し上げます。

　　　2009年4月20日　　　　　　　　　　　　　　　　森　美智代

目　　次

はしがき

序　章　近年の会計制度改革の変遷
- はじめに ……………………………………………………………… 1
- 第1節　EU指令の国内法化のもとでの法改正 …………………… 3
- 第2節　国際的会計基準との調和化を進めた法改正 …………… 8
- 第3節　コーポレート・ガバナンスの影響のもとでの法改正 … 9
- 第4節　中小規模資本会社のディスクロージャー制度の整備 …13
- 第5節　株式法及び会社法の現代法化 ……………………………15
- 第6節　会計法改革法 ………………………………………………17
- 第7節　会計監督法 …………………………………………………19
- 第8節　会計法の現代法化 …………………………………………21
- おわりに ……………………………………………………………27

第1章　会計制度形成へのEUにおけるデュープロセスの影響
- はじめに ……………………………………………………………32
- 第1節　EUにおける承認メカニズムの再編成の動き …………33
- 第2節　EUにおけるIAS/IFRS承認 ……………………………34
- 第3節　EUでのIAS/IFRS承認のための手続き ………………35
- 第4節　IAS/IFRSの承認過程における委員会の機能 …………37
- 第5節　デュープロセスのシステム ………………………………41
- 第6節　新しい調査グループ ………………………………………42
- 第7節　EU委員会におけるIAS/IFRS承認の背景 ……………45
- おわりに ……………………………………………………………47

第2章　EU承認プロセスを巡る
　　　　IAS/IFRS 適用の会計実務への影響
　　　　　　　―DAX-30 の企業を中心とした分析―

は　じ　め　に …………………………………………………………………51
第1節　EU と IASB におけるデュープロセスの企業への影響 …………52
第2節　IASB-IAS/IFRS から EU-IAS/IFRS への
　　　　変換に際して生じる問題 ……………………………………………58
第3節　EU における承認のタイムラグ ……………………………………60
第4節　改訂 IAS と新 IFRS の矛盾に際しての企業の対応 ………………64
第5節　IASB による IAS/IFRS の公表と企業の適用開始 ………………65
第6節　IASB による IAS/IFRS 公表に対する企業の対応 ………………67
お　わ　り　に …………………………………………………………………78

第3章　勘定体系と会計制度の整合性

は　じ　め　に …………………………………………………………………82
第1節　企業のコンテンラーメン ……………………………………………83
第2節　コンテンラーメンの基礎原則の基準化 ……………………………85
第3節　業種別コンテンラーメンの基準化 …………………………………89
第4節　コンテンラーメンと複式簿記の関係 ………………………………95
第5節　コンテンラーメンと会計制度 ………………………………………96
第6節　商法会計規定と IAS/IFRS における
　　　　財務諸表表示の実質的相違 ………………………………………98
お　わ　り　に …………………………………………………………………102

第4章　会計制度の基礎

は　じ　め　に …………………………………………………………………106
第1節　貸借対照表論の変遷 …………………………………………………107
第2節　商法を基礎とする会計フレームワーク ……………………………111

第 3 節　国際的調和化を基礎とする会計フレームワーク ……………115
第 4 節　GoB から GoR への移行 ……………………………………121
お　わ　り　に ………………………………………………………………125

第 5 章　資本市場に向けた会計制度整備の前提

は　じ　め　に ………………………………………………………………128
第 1 節　簿記から会計制度への歴史的変遷 ………………………………129
第 2 節　EU 会計指令の国内法化 …………………………………………130
第 3 節　EU 会計指令と IAS との調和化 …………………………………131
第 4 節　金融機関の支配力及び株式分散化 ………………………………132
第 5 節　証券取引所における会計基準整備の背景 ………………………134
第 6 節　自己資本を基礎とする経済の変化 ………………………………136
お　わ　り　に ………………………………………………………………137

第 6 章　会計制度形成への影響要因

は　じ　め　に ………………………………………………………………141
第 1 節　会計制度へ影響を及ぼす経済的・政策的環境要因 ……………142
第 2 節　会計制度形成への会計基準設定システムの影響 ………………147
第 3 節　商法会計制度への IAS/IFRS 導入による資本市場政策の拡大……149
第 4 節　EU 指令の国内法化に向けた資本市場政策 ……………………152
お　わ　り　に ………………………………………………………………154

第 7 章　コーポレート・ガバナンス改革が会計制度へ及ぼす影響

は　じ　め　に ………………………………………………………………157
第 1 節　コーポレート・ガバナンス改革が会計制度に及ぼす影響 ………158
第 2 節　コーポレート・ガバナンスの目的 ………………………………162
第 3 節　DAX-30 企業の株式所有構造と会計実務 ………………………163
第 4 節　株式所有構造の決算書へ及ぼす影響 ……………………………165

おわりに ……………………………………………………………………175

第 8 章　資本市場における上場企業の会計実務 (1)
― DAX-30 企業を中心として ―

はじめに ……………………………………………………………………178
第 1 節　DAX-30 企業の会計基準適用の現状 ……………………………179
第 2 節　商法から IAS/IFRS への会計基準の変換 ………………………183
第 3 節　商法から US-GAAP，US-GAAP から IAS/IFRS への
　　　　 会計基準の変換 ……………………………………………………188
第 4 節　自己資本と他人資本の会計実務 …………………………………196
おわりに ……………………………………………………………………198

第 9 章　資本市場における上場企業の会計実務 (2)
― M-DAX 企業を中心として ―

はじめに ……………………………………………………………………200
第 1 節　M-DAX 企業の会計実務の現状 …………………………………200
第 2 節　商法から IAS/IFRS への会計基準の変換 ………………………205
第 3 節　商法から US-GAAP，US-GAAP から IAS/IFRS への
　　　　 会計基準の変換 ……………………………………………………208
第 4 節　破産状態にある M-DAX 企業の会計実務 ………………………212
おわりに ……………………………………………………………………215

第 10 章　中小規模会社の個別決算書への IAS/IFRS 適用の影響
― 基準性の原則を巡って ―

はじめに ……………………………………………………………………216
第 1 節　個別決算書 IAS/IFRS 適用に関する議論 ………………………218
第 2 節　個別決算書 IAS/IFRS 適用に残された課題 ……………………220
第 3 節　基準性の原則を巡る論争 …………………………………………221

第 4 節　IAS/IFRS 適用の個別決算書における
　　　　　　税法上の利益算定を巡る議論 ……………………………224
　　第 5 節　商法決算書と IAS/IFRS における利益算定…………………228
　　お　わ　り　に ……………………………………………………………231

第 11 章　商法会計における資本会計と実務
―公会計から企業会計への移行を巡り―
　　は　じ　め　に ……………………………………………………………235
　　第 1 節　簿記記帳を基礎とする観点からの会計政策の余地 …………236
　　第 2 節　商法規定の観点からの会計政策の余地 ………………………240
　　第 3 節　商法と IAS/IFRS 及び税法上の会計処理上の相違……………241
　　第 4 節　商法規定と IFRS における引当金の相違 ……………………242
　　第 5 節　Deutsche Post 社を事例とする会計政策 ……………………244
　　お　わ　り　に ……………………………………………………………251

第 12 章　資本市場会計制度への移行期における資本会計
　　は　じ　め　に ……………………………………………………………255
　　第 1 節　IAS/IFRS の利益算定と資本 …………………………………256
　　第 2 節　商法における自己資本の会計処理 ……………………………257
　　第 3 節　IAS/IFRS における自己資本の会計処理 ……………………259
　　第 4 節　商法における自己資本と他人資本の分類 ……………………260
　　第 5 節　IAS/IFRS における自己資本と他人資本の分類 ……………262
　　第 6 節　他人資本と自己資本の区分の曖昧性 …………………………265
　　お　わ　り　に ……………………………………………………………269

第 13 章　商法の現代法化における中小規模企業の会計制度
　　は　じ　め　に ……………………………………………………………271
　　第 1 節　商法改正の対象企業 ……………………………………………272

第2節	予備草案の概要 …………………………………………………274
第3節	規制緩和の法改正の背景 ………………………………………278
第4節	EU の資本維持及び債権者保護の再検討 ……………………280
第5節	会計処理選択権の債権者保護への影響 ………………………281
お わ り に	……………………………………………………………284

結 章 国際的会計基準 (IAS/IFRS 及び US-GAAP) との調和化に残された課題

はじめに …………………………………………………………………287
第1節 法律で定める会社形態への
　　　　IAS/IFRS 適用に際して生じる問題 …………………………288
第2節 商法の会計規定と証券取引所の規定との関係 ………………289
第3節 法的会社形態別の資本処理に際して生じる課題 ……………290
第4節 商法と IAS/IFRS あるいは
　　　　US-GAAP 適用による会計処理から生じる課題 ……………293
お わ り に ………………………………………………………………301

付　　録　　欧州共同体官報 (305)
参考及び引用文献 (313)
参考及び引用論文 (317)
索　　引　　　(347)

略 語 表

略 語		訳 語
AktG	Aktiengesetz	株式法
ARC	Accounting Regulatory Committee	会計規制委員会
BaFin	Bundesanstalt für Finanzdienstleistungsaufsicht	連邦金融監督庁
BDI	Bundesverband der Deutschen Industrie e. V.	ドイツ連邦産業団体（ドイツ工業団体連邦連合会）
BFH	Bundesfinanzhof	連邦財政裁判所
BGBl.	Bundesgesetzblatt	連邦官報
BilKoG	Bilanzkontrollgesetz	会計法監督法
BilMoG	Bilanzrechtsmodernisierungsgesetz	会計法現代化法
BilReG	Bilanzrechtsreformgesetz	会計改革法
BiRiLiG	Bilanzrichtliniengesetz	会計指令法
BMJ	Bundesministerium der Justiz	連邦法務省
BT-Drs.	Bundestags-Drucksache	連邦議会印刷
CESR	The Committee of European Securities Regulators	欧州証券規制当局委員会
DAX	Deutscher Aktienindex	ドイツ株式指数
DIHT, IHK, AHK	Deutscher Industrie- und Handelskammertag	ドイツ商工会議所
DPR	Deutsche Prüfstelle für Rechnungslegung	ドイツ会計監査所
DRS	Deutsche Rechnungslegungs Standards	ドイツ会計基準
DRSC	Deutsches Rechnungslegungs Standards Committee e. V.	ドイツ会計基準委員会
DSR	Deutscher Standardisierungsrat	ドイツ会計基準理事会
DVFA	Deutsche Vereinigung für Finanzanalyse und Asset Management e. V.	ドイツ財務分析及び資産管理協会
EDV	Elektronische Datenverarbeitung	電子データ処理
EFRAG	European Financial Reporting Advisory Group	欧州財務報告アドバイザリーグループ
EG → EU	Europäische Gemeinschaften → Europäische Union	欧州共同体 → 欧州連合
EK	Eigenkapital	自己資本
EStR	Einkommensteuer-Richtlinien	所得税法指令
EWG	Europäische Wirtschaftsgemeinschaft	欧州経済共同体
FASB	Financial Accounting Standards Board	財務会計基準審議会
FASP	European Financial Service Action Plan	財務会計基準アクションプラン
FIN	FASB Interpretations	財務会計基準委員会解釈
FK	Fremdkapital	他人資本
FWB	Frankfurter Wertpapierbörse	フランクフルト証券取引所
GAAP	Generally Accepted Accounting Principles	一般に認められた会計基準
GASC	German Accounting Standards Committee	ドイツ会計基準委員会
GKR	Gemeinschaftskontenrahmen der Industrie	産業共通コンテンラーメン
GmbH	Gesellschaft mit beschränkter Haftung	有限会社
GmbH&Co.KG	Gesellschaft mit beschränkter Haftung und Compagnie Kommanditgesellschaft	有限合資会社
GoB	Grundsätze ordnungsmäßiger Buchführung	正規の簿記の諸原則
HGB	Handelsgesetzbuch	商法典（商法）
IAS	International Accounting Standards	国際会計基準
IASCF	International Accounting Standards Committee Foundation	国際会計基準委員会基金
IAS-VO	IAS-Verordnung	IAS-規則

IASB	International Accounting Standards Board	国際会計基準審議会
IASC	International Accounting Standards Committee	国際会計基準委員会
IDW	Institut der Wirtschaftsprüfer in Deutschland e.V.	ドイツ経済監査士協会
IFRIC	International Financial Reporting Interpretations Committee	国際財務報告解釈委員会
IFRS	International Financial Reporting Standard	国際財務報告基準
IKR	Industrie-Kontenrahmen	産業コンテンラーメン
IMF	International Monetary Fund	国際通貨基金
IOSCO	International Organization of Securities Commissions	国際証券監督機構
KapAEG	Kapitalaufnahmeerleichterungsgesetz	資本調達規制緩和法
KapCoRiLiG	Kapitalgesellschaften- und Co-Richtlinie-Gesetz	資本会社会社指令法
KfW	Kreditanstalt für Wiederaufbau	信用機関再建協会
KG	Kommanditgesellschaft	合資会社
KGaA	Kommanditgesellschaft auf Aktien	株式合資会社
KonTraG	Gesetz zur Kontrolle und Transparenz im Unternehmensbereich	企業領域における監督及び透明性の法律
M-DAX	Mid-Cap-DAX	ミドルキャップ・ドイツ株式指数
OCI	Other Comprehensive Income	その他の包括利益
OHG	Offene Handelsgesellschaft	合名会社
PublG	Publizitätsgesetz	開示法
SARG	Standard Advice Review Group	基準アドバイスレビューグループ
S-DAX	deutschen Small Caps, Small-Cap-DAX	スモールキャップ・ドイツ株式指数
SEC	Securities and Exchange Commission	証券取引所委員会
SFAS	Statement of Financial Accounting Standards	財務会計基準書
SMEs	Small and Medium-sized Entities, IFRS für kleine und mittlere Unternehmen	中小企業の国際財務報告基準
SKR 3	Standardkontenrahmen 3	標準コンテンラーメン 3
SKR 4	Standardkontenrahmen 4	標準コンテンラーメン 4
TEG	Technical Expert Group	テクニカル専門委員会
TransPuG	Transparenz- und Publizitätsgesetz	透明性開示法
US-GAAP	United States Generally Accepted Accounting Principles	アメリカ会計基準
VDMA	Deutsche Maschinenbau-Anstalten e. V.	ドイツ機械工業連盟
WpHG	Wertpapierhandelsgesetz	証券取引法
WPK	Wirtschaftsprüferkammer	経済監査士会議所
WPO	Wirtschaftsprüferordnung	経済監査士規則
	主要な会計研究雑誌名	
AG	Aktiengesellschaft	
BB	Betriebs-Berater	
BFuP	Betriebswirtschaftliche Forschung und Praxis	
DB	Der Betrieb	
DStR	Deutsches Steuerrecht	
KoR	Zeitschrift für kapitalmarktorientierte Rechnungslegung	
WPg	Die Wirtschafsprüfung	
ZfB	Zeitschrift für Betriebswirtschaft	
ZfbF	Zeitschrift für betriebswirtschaftliche Forschung	
ZGR	Zeitschrift für Unternehmens- und Gesellschaftsrecht	
ZIP	Zeitschrifts für Wirtschaftsrecht	

序章　近年の会計制度改革の変遷

はじめに

　1990年初頭から2000年代は，世界各国が自国の会計制度について見直しを迫られる時代であった。経済変化が加速するとともに新しい情報の急速な波及は，経済，文化，社会のグローバル化をもたらした。それにともない企業活動のための資本調達は，資本市場へ向けられるようになり，国際的な資本市場における会計基準のコンバージェンスの動きは，IASBとFASBとの協力体制のもとで進み，第三国ではIAS/IFRSとの同等性の評価が求められている。

　他方，欧州連合（EU）域内では金融・経済の統一のための通貨統合が実現し，これまで大陸型の法体系をもつ国々も，資本市場における会計基準としてIAS/IFRSとの調和化に努めることになり，EU域内の上場企業の連結決算書へのIAS/IFRS適用義務には2005年（あるいは2007年）という開始期限が定められた。EU域内のIAS/IFRSとの調和化は予想以上に早かったように思われた。しかし連結決算書へのIAS/IFRS適用の義務づけは，上場企業の場合，企業の規模別では大規模企業にいえることであり，企業の規模区分基準値による企業規模，法的会社形態別の会社数からみても，多くの企業が中小規模の企業である。また大陸型の法体系の会計制度をとっている会社が多いことからも，中小規模企業の会計制度は無視できない。

　そのため，IASBが中小企業のための会計基準（IFRS for Small and Medium-sized Entities=SMEs）に関する草案を公表したが，中小規模企業にIAS/IFRS適用が義務づけられるまでにはまだ時間がかかることが予想される。今後の商法会計と

IAS/IFRS との調和化にはまだ多くの課題が残されている。

したがって2007年に公表された商法の会計法現代化法（Bilanzrechtsmodernisierungsgesetz=BilMoG）改正の準備草案には，大規模資本会社と中小規模会社における法制度の二極分化がみられる。またEU域内の証券取引所に上場する企業の連結決算書にIAS/IFRS適用が義務づけられたといっても，IAS－規則（IAS-Verordnung=IAS-VO)[1]をとおしてIAS/IFRS適用が義務づけられたのであり，IASBが公表するIAS/IFRSは，欧州におけるIAS/IFRSの承認あるいは否定の手続き過程，いわゆるデュープロセスを経なければならない。このことが，EU－IAS/IFRSとIASB－IAS/IFRSの相違を表面化することになった[2]。

しかしこのような動きに反して，アングロ・サクソン及びアメリカ型の会計基準が，国際的に統合する会計基準として，IASBとFASBの協力体制が強まることは否定できない[3]。したがって，IAS/IFRSのコンバージェンスは，各国の会計制度がIAS/IFRSに傾斜していくかのように見える反面，それに逆らうような現象があることも無視できない。

そのため会計制度研究には，国内外の経済的現象の変化，それを規制する制度，会計制度の基礎となっている会計理論及び複式簿記の勘定，すなわちマクロ及びミクロの観点から，会計基準のコンバージェンスの動きを巡る会計制度と会計実務の関係を分析する必要があろう。

これまでドイツ会計制度は，債権者保護を基礎として，商法，税法という伝統的な会計制度の枠組みのなかで展開されてきた。その法制度の改正とともに，資本市場活性化政策が推し進められていく制度形成において，経済的な変化は回避できない要因である[4]。その経済的変化をもたらしたものの1つに金融商品の取引が挙げられ，これは経済に影響を及ぼし，さらに会計制度を変えることになった。

本書は，資本市場における投資家保護に基づく会計制度が形成される過程において，会計制度形成に及ぼす影響要因を探求し，会計制度と会計実務の関係を分析する。

その際に，制度的な変遷を巡って，理論的観点から会計実務を分析するために，法と会計の枠内における会計処理が，決算において「自己資本（利益を含む）」に最終的な影響を及ぼすと考え，複式簿記システムと会計制度の基本的な接点となっている「資本の概念」の変化に焦点をあてている。

EU が 2004 年には 15 カ国から 27 カ国（2009 年現在）へ拡張し，さらに EU 統合が進んでいるなかで，EU 統合の政策・経済をとおして，まずは法改正のもとでの会計制度の変遷を検討することにする。

第 1 節　EU 指令の国内法化のもとでの法改正

ドイツの会計制度は，伝統的に商法の「正規の簿記の諸原則」（GoB）のもとで，個別の会計規定に関しては株式法（1931 年，1934 年，1965 年株式法）に基礎づけられていた[5]。しかし，1957 年 3 月 25 日の欧州共同体（EC は 1992 年 2 月 7 日に EU となる）条約に基づき，EU 指令の EU 加盟国間における国内法化が義務づけられ，図表 1 に示すような各指令が国内法化されてきた。

ドイツの会計制度が商法会計制度といわれるように，これまで 1965 年株式法の会計規定は，EU 会計指令の国内法化によって，1985 年商法典に組み入れられ，1985 年商法典で定められた会計規定に従った会計処理をしている[6]。1985 年商法典は，EU 加盟国間で会計基準が調和化されるために改正された。まず EU 第 4 号指令が「個別決算書規則」として，1985 年商法典「第 3 編商業帳簿」に組み入れられた。その規定では，「全ての商人」に関する一般規定，その他，各法形態に基づく補足規定が設けられている。さらに EU 第 7 号指令は，1985 年商法典に 1989 年には「連結決算書規則」として組み入れられた[7]。

しかし 1990 年代になると，資本市場に向けた企業活動が活発になり，資本市場における企業の決算書の比較可能性が求められるようになった。このような経済状況のもとで，国際証券監督機構（International Organization of Securities Commissions=IOSCO）が，国際的な資本市場における共通の会計基準として国際

図表1 EUとドイツの動き

	EUにおける会計指令とそれに関わる事項		EU指令とIASとの調整の動き
1968年3月9日	第1号指令	開示法指令 (68/151/EWG)	
1978年7月25日	第4号指令	個別決算書指令 (78/660/EWG)	
1983年6月13日	第7号指令	連結決算書指令 (83/349/EWG)	
1984年4月10日	第8号指令	決算書監査人指令 (84/253/EWG)	
1986年12月18日		銀行会計指令 (86/635/EWG)	
1989年2月13日		銀行支店及び営業所指令 (89/117/EWG)	
1990年			EU委員会はIASCにオブザーバーとして参加
1990年11月8日		有限会社指令 (90/605/EWG)	
1990年11月8日		中規模会社指令 (90/604/EWG)	
1991年12月19日		保険会社指令 (91/674/EWG)	
1995年			会計調和化:国際的調和化に対する新戦略 [KOM95 [508]
1996年			IASとEU指令との一致について調査
1997年			EU委員会のMario Montiの提案
1997年			IAS12とEU会計指令との一致について調査
1998年			IAS1とEU会計指令との一致について調査
1998年			EU第4号指令・第7号指令の各項目に関する解釈指針
1998年			金融商品に関する公正な価値会計処理
1999年2月9日		大中小規模資本会社規模区分基準の提案 (IP/99/95)	
1999年			IAS32とEU会計指令との一致を調査
1999年			IAS19とEU会計指令との一致を調査
1999年			IAS35・36・37・38・16・28・31とEU指令との一致の調査
2001年9月27日		公正価値指令 (RL2001/65/EG)	
2000年			SIC-16とEU会計指令との一致を調査
2000年			1999年7月1日以降の営業年度開始に適合するIASとEU会計指令との一致を調査 (2.18)
2000年			特定形態の会社の開別決算書と連結決算書における認可価値指令改正 (2.24)
2000年			EU財務報告の略称:将来の方向性 (6.13) [KOM2000 (359)
2002年7月19日		IAS-規則 (EG1606/2002)	
2001年			欧州議会及び理事会の国際会計基準適用に関する命令 (2.13)
2003年1月28日		市場乱用指令 (RL2003/6/EG)	
2003年5月15日		大中小規模資本会社規模区分指令 (RL2003/38/EG)	
2003年6月18日		欧州会社法の現代化指令 (RL2003/51/EG)	
2004年3月16日		決算書監査人指令 (84/253/EWG) 改正	
2002年			IAS-規則 (7.19) [EG1606/2002]
2004年4月6日		IAS-規則の修正 (EG707/2004)	
2004年12月15日		透明性指令 (L390/38)	
2004年			IAS1・10・36・37・38のEU指令への引継ぎ

EU折衝委員会 (EU-Kontaktausschuss) は、EU第4号指令第52条に規定されている条件に従って組織された諮問機関である。EU委員会はテクニカル小委員会を設けて、特にIASに関する事項を審議している。EU折衝委員会は、EU委員会の代表と加盟国の代表から組織されている。注)網掛けはEUとIASCとの関係の接点を示している。

アカウンティングアドバイザー・フォーラム		ドイツ法の対応	
1994年～1995年	財務会計報告書における環境問題	1969年	開示法の国内法化
1995年	リース契約に関する会計	1978年	EU第4号指令・1983年EU第7号指令
1995年	政府補助金	1985年	商法典
1997年	外貨換算会計	1998年	企業領域における管理及び透明性に関する法 (KonTraG)
1997年	慎重性と対応の原則	1998年	資本調達規制緩和法 (KapAEG)
1997年	キャッシュフロー計算書	2000年	資本会社法 (KapCoRiLiG)
フォーラムは、1991年に組織され、基準設定機関ではないが、EUにおける会計に関心ある団体から構成された諮問機関である。主たる役割は、定期的に会議を開催して、会計に関わる事柄を審議した後、EU委員会に諸国間の国際的調和化を促進する役割をしている。		2002年	透明性及び公開に関する株式法及び会計法 (TransPuG)
		2003年	企業統治及び投資家保護の強化のための連邦政府の10のプログラム
		2003年現代化指令	
		2004年	会計法改革法 (BilReG)
		2004年	会計監理法 (BilKoG)
会計に関わるユーロ単一通貨統合に関する報告書		2004年	決算監査人監督法 (APAG)
1996年	ユーロ単一通貨統合に関する会計	2004年	投資家保護改善法 (AnSVG)
1997年	ユーロ単一通貨統合を導入するための会計	2004年	企業倫理管理及び異議申し立てで法の近代化 (UMAG)
1997年	ユーロ単一通貨統合の実務的展望（会計と私法）	2004年	資本投資家訴訟法 (KapMuG)
1998年	ユーロ単一通貨統合の実務的展望（簿記と会計）	2004年透明性指令	
1998年	ユーロ単一通貨統合を導入するための会計	2005年	資本市場情報責任法 (KapInHaG)
欧州会計士連盟 (FEE) が中心となって、ユーロ単一通貨統合に関する会計規定を検討している。ドイツでは、1997年4月28日に、法務省から連邦通貨統合の提案され、9月26日には、連邦参議院で法案 (Drs.13/7727) が可決し、連邦議会では導入法が審議された。		2007年	電子商業登記簿及び組合登記簿、企業登記簿に関する法 (EHUG)
		2007年	会計法現代化法草案 (BilMoG)
		注：EU指令のドイツへの影響を示すために、EU指令を根拠にしている。	

（出所）EU委員会（http://ec.europa.eu/）Pfitzer, Norbert/Orth, Christian, Offene Fragen und Systemwidrigkeiten des Bilanzrechtsreformgesetzes (BilReG), DB, 2004, S. 259~ の資料より作成した。

会計基準（IAS）を支持したことによって，IASは，国際的な証券取引所での統一の会計基準としての地位を得ることになった。IOSCOによるIASの支持という背景には，ヨーロッパでIASを適用する企業が増えたことがある。企業の国際化する活動が，IASの調査とEU指令との調和化（図表1）を進める要因となった[8]。

　国際競争をめざす企業，DaymlerBenz社が，アメリカのニューヨーク証券取引所へ進出し，企業の資本市場への進出にともない会計制度も急速に国際化に傾斜していった。しかしドイツ企業がニューヨーク証券取引所に上場することは，アメリカの証券取引委員会（Securities and Exchange Commission = SEC）のもとで，アメリカ会計基準（US‐GAAP）の適用が義務づけられることを意味していた。そしてドイツ企業には，商法とUS‐GAAPに従った2つの連結決算書を作成しなければならないことが国際的活動の障壁となっていた[9]。

　また政府も，東西ドイツの統一後，大企業の破綻，失業，会計不祥事等の社会問題を抱えており，資本市場の経済活性化の必要に迫られていた。それを背景[10]として，ドイツ企業の国際的競争力の強化が経済政策のねらいでもあった。企業の国際的競争力を強化するためには，ニューヨーク証券取引所へ上場する企業に対して，2つの会計基準をとることのコストと手間の障害を取り除く必要があった。

　ドイツ政府は，EU指令のもとで加盟国間の国内法化によって会計基準の調和化を行なってきたが，他方では，資本市場における統一的会計基準に向けた国際的調和化が進むなかで，EU指令とIAS（当時）の2つの会計基準と国内の会計制度の調和化に取り組まなければならなくなった。そのためには，商法改正の必要があり，まず2004年12月31日までの暫定処置として商法一部改正を行なった。この商法改正が，「資本調達規制緩和法」（Kapitalaufnahmeerleichterungsgesetz = KapAEG）である。

　この商法改正で，ドイツの親会社には，IASあるいはUS‐GAAPのどちらか一方の基準を選択適用して，連結決算書を作成することができるという選択権を認め，また子会社には，親会社がIASあるいはUS‐GAAPに準拠した連

結決算書を作成及び公開することによって，子会社の決算書の作成義務は免責されることが商法（292a条）で認められることになった。この商法改正によって，ニューヨーク証券取引所に上場する企業は，国内向けの商法とニューヨーク証券取引所向けのUS‐GAAPという2つの基準に従った決算書を作成する必要はなくなった。

　しかしドイツ会計制度は，EU指令の国内法化のもとでの商法上の会計規定が基本となっている（図表1）。そのため会計規定が適用される企業規模は，EUレベルで引継がれている。EUでは，EU第4号指令の国内法化に際して「資本会社」が定義され，これに従って加盟国間でも「資本会社」が定められた。ドイツにおける「資本会社」は，商法での会社規模を貸借対照表総額，売上高，従業員数別に分類され，資本会社の法形態には株式会社（AG），有限会社（GmbH），株式合資会社（KGaA）が該当する[11]。

　また会計制度は，商法と税法の枠組みのもと，商法を基礎とする貸借対照表上における利益（損失）が，税法上の課税算出の基礎となっている（基準性の原則）。しかし，実務では，税法上の会計処理が商法でも認められる逆基準性の原則が容認されている。

　基本的には商法上の会計制度を基礎としているが，ここ数年のEUの政策は，証券取引所に上場する企業向けの会計制度整備に向かっている。EUでは通貨統合を初めとして，経済及び政治の統合が進み，EU委員会は，2003年3月26日に透明性指令（Transparenzrichtlinie）［規制市場での有価証券の取引が認可された発行体（企業）に対して情報に関する透明性の要件の調和化］の提案を提出した（IP/03/436）。この指令によって，金融市場での証券発行企業のディスクロージャーが制度化され，証券市場向けの会計制度として，上場企業のディスクロージャー制度の整備がさらに進んだ[12]といえる。これについては，第5章及び第6章で扱うことにしたい。

第2節　国際的会計基準との調和化を進めた法改正

　ドイツ企業の連結決算書の作成に適用される会計基準として，前述したように商法の他に，IAS及びUS‒GAAPが認められる法改正が，KapAEGである。この法改正では，企業法，会計法及び資本市場法が改正され，資本市場における企業の連結決算書に，商法以外のアングロ・サクソン型の会計基準の適用の余地を与えることになった。IAS/IFRSと国内会計基準との調和化は，ドイツ企業の大規模資本会社を対象として，商法で国際的会計基準（IAS及びUS‒GAAP）の適用（1999年4月24日施行，2004年12月31日失効）を認可した。この法改正（KapAEG）は，実務からの要望が強かったこと，またIASBとIOSCOの協力関係が進展し，将来，IASが資本市場における会計基準として承認されることが予想されたこと（結果的には2000年5月17日に承認された）などによって，資本市場への上場企業の連結決算書の作成に，商法の他に，IASあるいはUS‒GAAPの適用を認めるという暫定処置であった[13]。

　一方，1997年から2002年にわたって，ドイツ証券取引所（Deutsche Börse AG）ではアメリカのナスダックに倣いノイアマルクト市場が開設され，この市場に上場する企業には，IASあるいはUS‒GAAPを適用することが義務づけられた。この新しい市場をとおして，企業のIAS/IFRS適用を進めることになった。ノイアマルクトの規則（Regelwerk）に従って，企業はIAS及びUS‒GAAPを適用して上場したが，この新しい市場における制度は完全に成熟していなかったことから，市場に上場した新興企業の破綻が相次ぎ，2002年にノイアマルクトは廃止された。ノイアマルクトの廃止を機に，ドイツ証券取引所は，2003年1月には組織替えをし，Tec-DAX及びNEMAX 50を設けた。これらのセグメントでは，ジェネラル基準（general standards）とプリマ基準（prima standards）の2つの基準が設けられた。プリマ基準をとる企業は，必ず国際的に承認された会計基準（IAS/IFRS及びUS‒GAAP）を適用しなければならない[14]とされた。

KapAEG の法改正に引続き,資本会社指令法 (Kapitalgesellschaften-& Co. -RichtlinieGesetz = KapCoRiLiG) の法改正においては,連結決算書作成の免責が拡げられることになり,実務において IAS 及び US-GAAP 適用企業が増えることになった。商法では会社形態別の分類,その他に,企業の規模が売上高,貸借対照表総額,従業員数の規模別に分類され,その規模別に企業には決算書の作成及び公開,監査が義務づけられている。KapCoRiLiG の法改正で,特に,有限会社 (GmbH) 及び株式合資会社 (KGaA) の決算書公開が義務づけられたことが新たな点である。この義務に違反する場合には,制約金が課せられる規定が設けられた。この法改正の切っ掛けとなったのは,これまで有限会社の決算書のディスクロージャー制度が不十分であったことによる[15]ものであった。この法改正の背景については,第4節で言及することにしたい。

次に,KapAEG と並行に審議されていた法改正の背景について考察することにする。

第3節 コーポレート・ガバナンスの影響のもとでの法改正

この法改正が「企業領域における管理と透明性に関する法」(Gesetz zur Kontrolle und Transparenz im Unternehmensbereich = KonTraG)［1998年5月1日施行］である。これは,株式法,商法典,開示法,共同組合法,有価証券取引法,上場認可省令,経済監査士規則,資本会社法,有限会社法,商法施行法,非訴事件手続法等の改正からなる。

法改正は,経済構造の再建という国内の経済改革であるとともに,また国際的な動向の波及によって制度化されたものであった。企業の管理及び監督において,会計上,注目すべき規定となったのは,ドイツ会計基準委員会 (DRSC) の設置 (商法342条) である。これは,キャッシュフロー計算書及びセグメント報告書の作成義務 (商法297条),さらにコーポレート・ガバナンス (株式法161条) を基礎とした企業の監督及び管理の制度化であった[16]。

この法改正は,証券市場に上場する企業に対する制度として,2つの観点か

図表 2　会計規定についての立法過程における審議

公表	主導	出典	法案名
			企業領域における管理及び透明性に関する法律 (KonTraG)
1993年12月	連邦議会経済委員会の公聴会	ZIP	銀行及び保険会社の支配力と金融サービス部門における競争
1994年4月24日	ドイツ社会民主党 (SPD)	Drucksache12/7350	透明性及び競争力の強化に関する経済法改正のための法律
1995年1月30日	ドイツ社会民主党 (SPD)	Drucksache13/367	ドイツ経済における支配力の制限及び透明性の改善に関する法案
1997年5月20日	90同盟/緑の党	Drucksache13/7737	銀行による支配の制限及び企業管理の改善のための申請と透明性の強化と革新に関する前提
1997年11月7日	政府	Drucksache872/97	企業領域における管理及び透明性に関する法案
1998年1月28日	政府	Drucksache13/9712	企業領域における管理及び透明性に関する法案
1998年1月29日	連邦参議院	Drucksache13/9716	企業資本参加のための監査役会の効率化と金融機関の場合における支配力集中の制限に関する法案
1998年3月4日	連邦議会	Drucksache13/10038	企業領域における管理及び透明性に関する法案
1998年4月27日	連邦広報	BGBl, I Nr.24 (S.786以下)	企業領域における管理及び透明性に関する法律
1998年5月4日	施行		
			ドイツ会計基準委員会設置提案
1997年12月10日	会計基準委員会の任務の範囲は、すべての資本会社の会計、特に個別決算書のみでなく、商法264条の内容を引き継ぐものであるが、会計基準委員会が連邦法務省に設置されるか、あるいはもう一つの運営方法として、税法上の委員会の設置が認可されるかが提案された。商法264条の規定は会計基準委員会の主体が、憲法80条の範囲内で会計基準委員会が認可されることになった。		
1998年1月16日	商法342条及び342a条において委員会の任務が連結決算書に限定されることが織り込まれました。勧告は、基準性の原則を超えて税法上の利益算定にも影響を及ぼすことは回避された。		
1998年1月30日	法務委員会の決議勧告 (連邦議会官報 Drucksache13/10038) では、私法上の委員会設置が連邦法務省での諮問よりも優先されることが提案された。		
1998年3月5日	連邦議会は、KonTraGとドイツ会計基準委員会についての規定は、法務委員会の決議勧告に基づき第二及び第三読会で可決した。		
1998年3月27日	連邦参議院は法案を決議した。		

(出所)　Biener, Herbert, *Das neue HGB-Bilanzrecht*, Köln 2000を基礎として収集した資料より作成した。

図表 3 立法過程

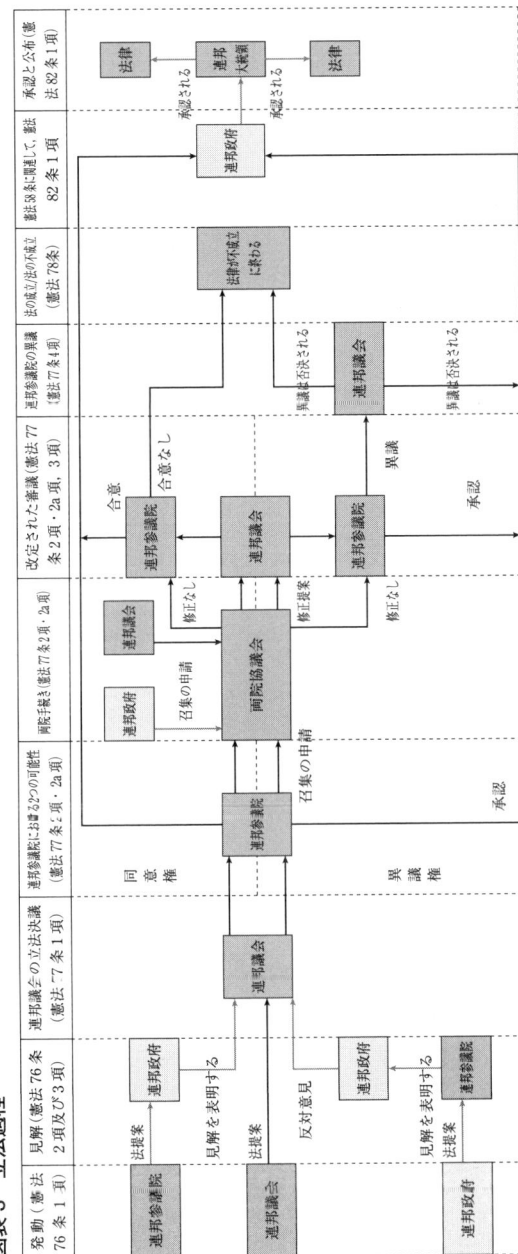

(出所) Bundesrat, Gesetzgebungsverfahren des Bundes より作成した。

ら考察することができる。その1つには，商法会計制度は，これまで立法過程（図表3）における審議を経て，連邦法務省から公布されていた法制度設定で公布された。KonTraG の法改正では，アメリカの財務会計基準審議会（FASB）に倣って，基準設定権限をプライベートの基準設定機関 DRSC に委譲して，DRSC が審議した会計基準（DRS）を連邦法務省が公布するという手続き過程が構築された。

したがって立法過程での審議を行なう他に，私的会計基準を審議する民間の委員会が設置され，IAS/IFRS 及び US-GAAP の会計基準を踏まえて審議し，その後に DRS を公表することになった。またキャッシュフロー計算書及びセグメント報告書が決算書の構成に加えられ，決算書の範囲が拡げられた[17]。

もう1つの観点からみて，KonTraG は，コーポレート・ガバナンス・コーデックスの整備によって，企業にコーデックスとの適合について報告書を作成及び公開させることを勧告することになったことにおいて，注目すべき法改正であった。

KonTraG の法改正に関わるコーポレート・ガバナンス論争には，各団体及び組織からの提案が行なわれ，政府委員会がコーポレート・ガバナンス・コーデックスを公表し，コーデックスは修正を重ねて企業に義務づけられた。しかしこのコーポレート・ガバナンス・コーデックスは法律ではなく，企業に対する法的拘束力はない。企業がコーデックスを遵守しなかった場合には，そのことについて説明する義務がある。

1990年代にみられる企業経営への銀行の介入に端を発した企業破綻の増加は，OECD の動きとともに，コーポレート・ガバナンスの論争を引き起こす経済現象の一因であった。KonTraG の法改正後も，コーポレート・ガバナンス・コーデックスは政府委員会から公表されることになった。しかし KonTraG の法改正後も，新たな企業破綻が生じた。これは，アメリカの IT 不況の影響を受けたノイアマルクトに上場した企業の営業不振による企業破綻であった。それは，ノイアマルクトに上場する企業には赤字企業が多く，将来への経営が期待されることを理由に上場している企業が多かったことにある[18]。

企業破綻の増加は，証券市場における企業の監督のための機関設置，また企業の会計監査に関する監督機関がなかったことによるものであり，これは監督機関設置の誘因となった。上場企業の会計制度の整備においては，投資家保護を基礎とする証券市場に上場する企業の監査及びコーポレート・ガバナンス報告書のディスクロージャーが制度化された。その上で，欧州の証券取引所の統合に向けて，2003年ドイツ証券取引所は，新しいセグメントを開設した。取引所規則（Börsenverordnung）のプリマ基準及びジェネラル基準による上場認可は，法基準を超えて，四半期報告書（取引所規則63条），ディスクロージャー要件（同規則64-66条），連結決算書のIAS/IFRSに従った作成と公開（同規則62条）を定めていた[19]。

さらに2000年2月24日KapCoRiLiGの改正による企業規模区分基準の改正は，商法292a条の国際的会計基準，つまりIAS及びUS-GAAPを適用する企業の範囲を拡げることになったのである。

KapCoRiLiGの改正は，中小規模資本会社のディスクロージャー制度にも影響を及ぼした。次に，この法改正の背景について考察することにしたい。

第4節　中小規模資本会社のディスクロージャー制度の整備

1978年EU第4号指令を初めとして，EU第7号指令及び第8号指令等の国内法化は，連邦法務省の立法過程（図表3参照）を経て行なわれ，各加盟国の経済及び金融，政治等の欧州統合は進展していった。

しかしIASとの調和化に関心が向けられていた状況のなかで，1999年4月に欧州裁判所がドイツ連邦共和国に対して，欧州共同体条約の違反の判決を下したことは，改めてEU第4号指令及び第7号指令がまだ完全に国内法化されていなかったことを示すこととなった。この判決は，1990年EU会議で決定された「有限合資会社指令」（GmbH&Co. KG-Richtlinie［90/605EWG］）の国内法化をドイツに迫るものであった。この有限合資会社指令の国内法化のための法改正が，KapCoRiLiG［2000年3月8日付連邦広報による公布後施行］である[20]。

この欧州裁判所の判決は，ドイツの実務における決算書のディスクロージャーの制度が不十分であったことを明らかにするものであった。

既に国内法化された資本会社のEU第4号指令及び第7号指令の国内法化の対象となった会社は，株式会社（AG），有限会社（GmbH），株式合資会社（KGaA）等の法形態の会社であった。それ以外の法形態の会社，つまり有限合資会社（GmbH & Co. KG）へのEU指令の国内法化はまだ完全ではなく，人的会社（Personengesellschaft）である合名会社（OHG），合資会社（KG），特に有限合資会社（GmbH & Co. KG）への法適用を定めたGmbH & Co. KG-Richtlinieは国内法化されていなかった。法形態別の企業の決算書公開義務に関する指令を巡るドイツ国内法化は，先送りとなっていたのである[21]。

したがって，証券市場に上場している大企業の決算書のディスクロージャー制度とは異なり，実務における企業のディスクロージャー制度を普及させるのはきわめて困難であることを示す裁判であった。この欧州裁判所の判決に至るまでには，次のような裁判が前提にあった。

1 1997年12月4日の欧州裁判所の判例（Rs. C-97/96）[22]

この裁判は，ドイツ・ダイハツ・ディーラーの社団法人（Verband deutscher Händler e. V.）は，1991年にケンペル区裁判所に1989年以来公開されていなかったドイツ・ダイハツ有限会社の1989/1990年決算書の送付を依頼したが，ケンペル区裁判所は「ドイツ・ダイハツ有限会社の決算書は存在せず，職権による公開義務の強制処置を遂行できないこと，また異議の申し立てをする権利がないこと」を理由に，法人団体への決算書の送付に応じなかった。社団法人はケンペル区裁判所での敗訴後に，クレーフェルト地方裁判所に提訴したが，両判決において敗訴となった。そこで，社団法人は，上級地方裁判所（デュッセルドルフ）に上訴した。

上級地方裁判所は前審級の判決を承認しなかったが，加盟国に義務づけられているEU第1号指令6条（2条1項fに規定されている貸借対照表と損益計算書の公開がなされない場合に関する規定）が，ドイツ国内法（商法335条）に適正に変換さ

れていないとする見解が明らかにされたのである。上級地方裁判所は，欧州共同体条約 177 条に従って，先決判決のために欧州裁判所に提訴した。

ドイツ国内規定では会社が年度決算書の公開に従わなかった場合には，10.000 マルクの強制金を科する権利が社員，債権者及び会社の事業所理事会（経営協議会）にのみ容認されている（商法 335 条）。このことから，欧州裁判所では，ドイツ商法は EU 指令に反しているという判決が下された。

2　1998 年 9 月 29 日の判例（Rs. C‑191/95）

この裁判は，EU 委員会対ドイツ連邦共和国の裁判である。欧州裁判所の判例によると，ドイツ連邦共和国は，以下の理由で指令に定められている義務に反したとされている。EU 第 1 号 2 条 1 項 f，3 条・6 条に基づき社員ならびに第三者には，会社（条約 58 条 2 項）に関して加盟国間で規定した保護規定を調整することが必要である。EU 第 4 号指令 47 条 1 項との関連において，資本会社が一定の法形態の会社に義務づけられた年度決算書の公開をしなかった場合には，制裁が規定されるべきである。それにも関わらず，ドイツ国内法には適正な制裁が規定されていないという内容であった。以上の判決を前提にして，1999 年 4 月の欧州裁判所の判決が，KapCoRiLiG の改正をもたらした[23]。

第 5 節　株式法及び会社法の現代法化

2002 年 5 月 31 日に，「株式及び会計法の追加改正に関する法（透明性及び公開法）」（Gesetz zur weiteren Reform des Aktien und Bilanzrechts,zu Transparenz und Publizität・Transparenz-und Publizitätsgesetz=TransPuG）［2002 年 6 月 21 日施行］が，連邦議会（Bundestag）で可決した[24]。

他方，EU においても，EU‑Verordnung（EWG1606/2002, ABl. EG L234［2002 年 9 月 11 日］）が議会で可決した。資本市場における会計基準の統合に，会計規則の現代化（Modernisierung und Aktualisierung）［2003/51/EG］，目録書指令（Prospektrichtlinie［Richtlinie2003/71/EG］）及び透明性指令（Transparenzrichtlinie

［Richtlinie2004/109/EG］）が提案され，欧州における証券取引所の統合に向けた資本市場の制度整備に対応して，前述したように，ドイツ証券取引所では，2003年1月に証券取引規則が公表され，新しく組織された市場セグメントが開始された。

2003年2月25日には，連邦法務省が，「企業集中及び投資家保護の強化」(Maßnahmenkatalog der Bundesregierung zur Stärkung der Unternehmensintegrität und des Anlegerschutzes) に関する以下のような10のプログラム[25]を提案した。

（1） 会社に対する取締役及び監査役会のメンバーの人的責任：株主の訴訟権の改善
（2） 資本市場の過失及び重過失の誤った情報に関して，取締役及び監査役メンバーの投資家に対する個人責任の導入
（3） コーポレート・ガバナンス・コーデックス，特に取締役の株式報酬（株式オプション）の透明性の継続的展開
（4） 会計規定と国際的会計基準の適合の継続的展開
（5） 決算監査人の役割を強化
（6） 具体的な企業決算書の合法性について独立した立場での監督 (Enforcement)
（7） 取引所改革の継続及び監督法の継続的展開
（8） いわゆる「グレー資本市場」の領域における投資家保護の改善
（9） 財務分析及びコンサルタント業務による企業評価の信頼強化
（10） 資本市場領域における不法行為に対する刑法規定の強化

等が挙げられている。

このプログラムは，過去の投資家の信頼失墜回復と金融市場の収益力を強化するために，証券市場の統合，安定及び透明性のための政策を提案している。またこれは，2002年「株式及び会計法の追加改正に関する法」(TransPuG) の法改正[26]を具体化したプログラムともいえる。これまでの法改正に関わるコーポレート・ガバナンス，会計監査人の独立性，IAS/IFRSの適用によって，会計と監督体制を明確にしている。これによって，証券取引所における上場企

業に対する投資家保護に基づく制度が整備されることになった。

伝統的なドイツの商法会計制度は，1978年EU第4号指令の国内法化以降は，証券取引所に上場する企業の会計制度整備へ重点移行している。これまでの会計規定に関わる法改正によって，企業のコーポレート・ガバナンス，企業の決算書の合法性，会計監査人の独立性が重視された会計制度が整備されることになった。

従来の間接金融を基礎とした経済構造は，企業の監査役と取締役の密接な関係，金融機関による企業支配構造を証券市場活性化政策によって改編され，さらにディスクロージャー制度，投資家保護を基礎とする法改正，不法行為に対する罰則規定の強化によって，証券市場に上場する企業が，国際的競争力を強化する政策が行なわれることになった。

第6節　会計法改革法（Bilanzrechtsreformgesetz=BilReG）

2004年12月9日付連邦広報で会計法改革法（BilReG）が公表された[27]。BilReGは，EU加盟国にIAS適用を命令した規則（IAS-VO）に従ってIAS/IFRSを連結決算書に適用するための法律である。BilReGは，この他に公正価値指令（Fair Value-Richtlinie）と現代化指令（Modernisierung-Richtlinie）等のEU指令を国内法化するためのもので，連邦政府の立法主導権と関係している。2002年10項目のプログラムは企業倫理と投資家保護の改善をめざし，2003年以降の政策が具体化された。前述の10プログラムのうち，会計に関するプログラムは，4．会計規則の展開とIAS/IFRSへの適合，5．決算書監査人の役割強化，6．独立した機関による企業決算書の正当性の監督（エンフォースメント）であった[28]。

これを基礎とするBilReGの主な内容は，以下の4点であった。1）会社規模区分基準指令（Schwellenwert-Richtlinie）の変換によって，個別決算書（商法267条1項及び2項），連結決算書（商法293条1項1号及び2号）において大中小規模資本会社の規模区分基準が引き上げられた。その他決算書監査人の独立性（商

図表 4　企業規模区分基準

	個別決算書		連結決算書	
	中　規　模	大　規　模	総　　額	純　　額
賃借対照表総額	4.015.000 ユーロ	16.060.000 ユーロ	19.272.000 ユーロ	16.060.000 ユーロ
売　上　高	8.030.000 ユーロ	32.120.000 ユーロ	38.544.000 ユーロ	32.120.000 ユーロ
従　業　員	50 人	250 人	250 人	250 人

（出所）　Wendlandt, Klaus/Knorr, Liesel, Das Bilanzrechtsreformgesetz, *KoR* 2/2005, S. 53 より抜粋した。

法319条）を拡充した。さらに 2）付属説明書の記載内容，3）状況報告書の記載内容が拡大された[29]ことが，これまでとは異なる点であった。

　主な改正内容は，1）会社規模区分基準指令を商法に変換して，図表 4 のような規模区分基準に改正された。

　2）付属説明書の拡大は，公正価値指令を商法に変換したことによって，付属説明書には，各金融商品別の種類及び範囲ならびに付すべき価値を記載しなければならない。金融商品価額は確定利子率，有価証券相場，商品材料価額，換算相場等の変動要因にともない変化することから，信頼できる価値が算定できる場合に限り，記載されなければならない。また記載された金融商品ならびに会計項目の評価方法及び帳簿価額には時価が記載されなければならない。もし金融商品の価値が算定できない場合には，その理由を記載すべきである。金融資産の場合には時価での特別減額は行なわれない（商法253条2項3文）が，帳簿価額及び時価，償却をしない理由，一時的価値減少を示す指標等を記載しなければならない（商法285条19号・314条11号）。3）公正価値指令の範囲内で，付属説明書及び連結付属説明書に金融商品から生じるリスクとその対策について記載しなければならない（商法289条2項・315条2項）。そのため価格変動，欠損・清算及び支払方法の変動から生じるリスク，他方ではリスクマネジメントの目的及び方法，ならびにその予防処置について記載しなければならない[30]。

　さらに，BilReG の改正とともに，企業の会計を監督するシステムであるエ

ンフォースメントが，次の法改正で整備されることになった。

第7節 会計監督法 (Bilanzkontrolgesetz=BilKoG)

1 欧州証券規制当局委員会のもとに設置された会計監査所

　ドイツ連邦法務省と財務省の協力で，2003年12月8日に「会計コントロール法に関する草案（BilKoG）」という会計監督機関設置に関わる草案が公表された[31]。2004年12月15日に公表されたこの法改正は，2005年1月1日以降，上場企業のIAS/IFRS適用の決算書における不正を防止するため，欧州証券規制当局委員会（CESR）を基礎とした監督機構を整備した法改正であった。したがってCESRのもとにドイツ会計監査所（DPR）が設立された。CESRは，2001年にEU委員会によって会計基準のエンフォースメントのために設置された監督委員会[32]である。この委員会にはEU加盟国から代表が派遣されている。ドイツでは，連邦金融監督庁（BaFin）から代表を派遣している。CESRは，証券監督とEU協議の調整を主たる任務としている。その組織の一部機関であるCESR-FINは，2003年に欧州におけるエンフォースメント整備に関わる2つの基準を提案した。この2つの基準が，欧州における会計基準の統合と調和化の枠組みを示すことになり，各国の会計基準設定の接点となっている[33]。

2 ドイツ会計監査所（DPR）の監査システム

　ドイツ連邦法務省は，2005年3月30日にDPRを承認した。この初代監査所長には，Eberhard Scheffler（ドイツ会計基準審議委員・欧州財務報告アドバイザリーグループのメンバー）が抜てきされた[34]。連邦法務省の管轄のもとで，DPRは会計及び会計関係者の15職業団体の代表から構成される[35]。この機関の設置にあたっては，商法342a条「第7章：会計のための監査所規定」に定められている。当該監査所が，商法342b条でプライベート・セクターの監査機関であること，また業務及び承認方法が定められ，さらに商法342c条には職員の守秘義務が定められている。商法342d条に従って，DPRは会員による資金

調達によって運営される。

会計監督システムの形成には,「会計監査とコーポレート・ガバナンス」委員会のメンバーがあたり,独立の専門家による信用ある監査が行なわれ,監督システムは,図表5に示すように,プライベートとパブリックの2段階の監督システムになっている。

第1段階では,個別決算書及び連結決算書がGoBに適合した会計基準を調査すべき法規定を遵守しているかどうか,についてDPRが調査することになる。DPRは,企業の会計規定の違反及び会計不正について調査した結果,企業への正しい処置を提案し,企業には適正な修正を求めることになる。しかし企業の協力がなかった場合には,DPRは,BaFin[36]の求めに応じて,監査意

図表5

目的:投資家の信頼を強化する。第1段階で企業の任意の協力を基礎としている。

```
┌─────────────┐                              ┌──────────────┐
│  第1段階     │────────────────────────────→│ 資本市場に上場した │
│ 私法上の団体  │                              │ 内外の企業の直近に │
│   (DPR)     │                              │ 確定された連結決算 │
└─────────────┘   調査動機:                   │ 書及び年度決算書な │
     ↑↓         ・動機調査=会計規定に対する違反に関す  │ らびに直近の中間報 │
                  る具体的な手掛かり             │ 告書         │
相互に情報交換する ・定期的な抜き取り調査          └──────────────┘
が,連邦金融監督庁は ・連邦金融監督庁の要請=動機に関連する
ドイツ会計監査所に対  調査を依頼する
する指示権をもつ
                国家的処置ごとの非常時の調査の執行
┌─────────────┐
│  第2段階     │
│ 連邦金融監督庁 │
│  (BaFin)    │
└─────────────┘
                 調査動機:
                ・第1段階で会計監査所に非協力的な企業
                ・調査結果に関する企業の異議
                ・連邦金融監督庁はドイツ会計監査所の監
                 査結果の正当性に疑問を持っている
```

(出所) *Deutsches Rechts*, 2004, S. 244, *Deutsches Rechts*, 2007, S. 1363 より作成した。

向，企業の協力拒否，会計不正の状況について報告しなければならない。

第2段階の手続きは，DPRによって企業の協力拒否が報告された場合に行なわれる。調査結果の不一致，企業が不正の修正を否定した場合，あるいはDPRの調査結果に問題がある場合には，BaFinが調査権限をもつことになる。DPRは，BaFinの要請に対して調査結果，調査実施を説明し，その監査報告書を提出しなければならない。もしBaFinが決算書及び状況報告書が不正であることを確認した場合には，BaFinは企業に修正を指示することができる。また企業に対して認められた不正については公開するよう指示することになる[37]。

以上の会計監督システムがBilKoGによって導入され，エンフォースメントの組織形成は，図表5のように示される。

第8節　会計法の現代法化

BilMoGは商法の現代法化をめざしたもので，2007年10月16日付で，連邦法務省から法改正の要旨が公表された。その内容は，IAS/IFRSとの調和化を目的にした商法改正が，結果的には，企業の規模区分基準を引き上げることによって，中小規模企業のIAS/IFRSとの調和化には規制緩和を示すものであった[38]。

この商法改正は，ドイツ企業が近代的な会計処理を必要とし，信頼できかつ経費と手間のかからない商法会計が，企業の競争力を長期的に維持するためには必要と考えられ，以下の理由から，商法へのIAS/IFRS導入に踏み切ったことが伺える。

第1に，特に中小規模の企業に対する規制緩和とコスト削減が前面に出された。法案は，革新及び投資力を規制緩和するために，連邦政府，企業ならびに一般大衆のイニシャティブにおいて，無駄な官僚人口とそれに関連するコスト負担を減らすことにある。

第2には，商法上の年度決算書の表示能力の改善である。これは，ひいては

企業にとって IAS/IFRS を適用することの負担を避けることができるとしている。

1　規　制　緩　和

　法草案は，回避不可能な会計処理費用の負担から企業を解放する。小規模経営でしか営むことができない個人商人及び人的会社（OHG, KG）は，商法上の簿記及び会計処理の義務から免除され，株式会社（AG）及び有限会社（GmbH）のような資本会社の会計処理に際しても，同様の免責及び規制緩和が定められている。このような処置に基づき，記帳及び決算書作成，決算書監査及び決算書開示にかかる全体コスト，約13億ユーロの削減が予想される。

　具体的に，次のような処置がとられる。

① 一定の区分数値（営業年度ごとの売上高 500.000 ユーロ，利益 50.000 ユーロ）を超えない個人商人及び人的会社は，商法上の規定に従った記帳及び会計処理の義務から免除される。これは，10億ユーロが中規模企業に対する免責となる。

② 情報開示が義務づけられた企業に該当する大規模企業の基準値が引き上げられる。商法 267 条における貸借対照表総額及び売上高についての区分基準値は，約 20％引き上げられた。これまでよりも多くの企業が，中小規模企業として規制緩和の恩恵を受けることになる。これらの企業は，商法上の会計処理を行なうのに，将来は現在よりも少ない費用しかかからないことになる。

③ 中小及び大規模資本会社として認められるかどうかによって，企業は情報開示の範囲の程度が異なる。小規模資本会社は，例えば年度決算書を決算書監査によって監査される必要はない。貸借対照表だけは作成しなければならないが，損益計算書は公開する必要がない。中規模資本会社は，一連の記載を放棄することができるが，大規模資本会社は記載しなければならない。それとともに貸借対照表項目を要約して記載してもよい。

(1) 小規模資本会社として，将来は以下のような数値を超えない資本会社に区

分されなければならない。

——480万ユーロ貸借対照表総額（これまでは400万ユーロ）

——980万ユーロ売上高（これまでは800万ユーロ）

——年平均50人の従業員

中小規模の区分に該当する資本会社は，これらの基準のうち最低2つの条件を充たさなければならない。

(2) 中規模資本会社として，将来は以下の数値を超えない資本会社に区分されなければならない。

——1,920万ユーロ貸借対照表総額（これまでは1,600万ユーロ）

——3,850万ユーロ売上高（これまでは3,200万ユーロ）

——年平均250人の従業員

具体的には，大規模資本会社はこれまで「大規模」と認められた資本会社の20％は，将来は，「中規模」資本会社として認められるということになる。企業数で示すと，約1,600社の資本会社が将来はもはや「大規模」ではなく，「中規模」資本会社となる。約7,400社の資本会社が，将来はもはや「中規模」資本会社ではなく，「小規模」資本会社となる。これは企業にとっては16,900万ユーロ（大規模から中規模への格下げに際して），11,350万ユーロ（中規模から大規模への格下げに際して）のコスト削減の影響を及ぼす。全体的に約28,000万ユーロのコスト削減になる。

(3) 大規模資本会社にとっても，コスト削減になりうる。これらの企業は，既に現在商法上の年度決算書に加えて，IFRSに従った年度決算書を作成でき，公開することができる。選択が簡単になる。将来，企業がIFRSに従って年度決算書を作成及び公開し，商法に従って作成される付属説明書には貸借対照表と損益計算書が含まれる場合には，個別に作成する必要はない。貸借対照表と損益計算書は，利益配当及び課税算定の目的のために必要であるが，商法規定に従った完全な付属説明書は必要でない。

2 商法決算書の表示能力の改善

　現代法化された商法会計法は，IASB が公表した IFRS に対する対応である。IFRS は，資本市場に上場する企業に適用される。要するに財務アナリスト，職業としての投資家及び資本市場参加者等の情報要求に役立つ。数多くの会計義務を負うドイツ企業が資本市場を利用するというわけでないが，そのため，決算書を作成する義務のあるすべての企業にコストをかけて質的にも複雑な IFRS が義務づけられるということにはならない。IASB によって最近公表された SMEs の草案も，情報提供の年度決算書の作成のために一般に選択されるというわけではない。実務では，この草案が厳しく批判されている。というのは IFRS の適用は―商法に従った会計処理と比較して―複雑でかつコストがかかることが予想されるからである。

　そのため，会計法の現代法化では，IFRS に同等で，実質的にコストのかからない方法を選択した。また実務では簡単に処理できる規則，信頼できる商法改正を選んだが，その際，特に商法に従った貸借対照表が税法上の利益算定及び利益配当の基礎になることを継続することにした。これは，上述の目的のための基礎となる規則（いわゆる統一貸借対照表）を作成することができるからである。特に中規模企業にとってこのことは可能である。

　次の会計処理によって，商法上の年度決算書の表示能力は改善されるとしている。

　―自己創設の無形固定資産

　例えば，特許権あるいはノウハウ等のような自己創設の無形固定資産は，将来商法に従った貸借対照表に計上されなければならない。業種によって研究開発が必要なところでは，例えば請負企業，化学あるいは薬品産業・自動車産業等，特に技術革新をともなう企業には，このような自己創設の無形固定資産の会計処理は重要である。小規模，いわゆる新興企業にとって重要である。この会計処理を通じて，これらの企業は自己資本の基盤を築き，資本市場にコストをかけないで広範囲の資本調達をするための企業力を改善することができる。これは，技術革新をともなう企業にとって，ドイツに所在する企業の競争を促

進する。

　薬品産業で発生するコストの大部分が，新化学薬品の研究開発に割り当てられ，将来，例えばクリニック研究から医薬品の市場認可をとろうとする場合に，開発費は，自己製造の無形固定資産が製造原価として，例えば特許権あるいはノウハウが借方計上されなければならない。これまでのように，費用として認識されると借方（資産）へ計上できない。そのため，企業の損益計算書で，費用として計上するより，貸借対照表上で，資産として計上する方が高い利益となる。

　例えばソフトウェアの開発に取り組む新興企業は，ソフトウェアの製造原価として開発費を自己創設の無形固定資産に記載しなければならないが，これまでのように費用と認識されると，借方（資産）へ計上できない。

　売買目的に取得した金融商品の時価評価に際して，売買目的で取得される株式，債券，国債及びデリバティブ（オプション，先物，スワップ等）のような金融商品は，将来すべての企業で会計年度の決算日に時価で評価される。

　金融商品の価値変動は，利益が販売によって実現したものとして認識されるのではなく，損益計算書で価値増減が認識される。最近では実現するだけではなく一定限度において，いつでも実現可能な利益及び損失が損益計算書で認識される。それとともに，売買目的のために取得した金融商品の客観的な会計上の認識が可能になる。会計処理は，内部のリスク管理に従って，それを通じて，会計実務上の取引処理は実質的に簡素化される。

　例えば，銀行は，10株式を1株式100ユーロの相場で購入する。株式は，相場利益を獲得するために取得され，取引所でいつでも売却することができる。会計年度の決算日には，株式は1株式120ユーロの相場の株式を所有している。というのは時価で株式を評価しなければならないので，貸借対照表には総計1,200ユーロ（10株×120ユーロ）で評価されなければならない。銀行では200ユーロの利益が生じる。しかしこれまでに認められた取得原価主義に基づき，株式は1,000ユーロ（10株式×100ユーロ）の購入原価で評価されなければならない。200ユーロの相場利益は，株式売却によって実現しない限り

は，認識されてはならない。

　企業の土地及び建物は，科学物質で汚染されている。企業が営業をやめるや否や，企業の古い負荷は削除されなければならない。それには，例えば，5年が予想されているとしよう。会計年度の決算日に投入した掘削機は1時間100ユーロとなる。これは，5年における掘削機は1時間120ユーロかかるということを前提としている。これまでの法規定に従えば，—決算主義に従って—1時間100ユーロの引当金設定が前提とされた。それに対して将来は120ユーロの引当金設定が前提とされなければならない。というのは将来の開発を考慮しなければならないからである。

　時代に適合しない選択権は廃止されることによって，商法に従った会計処理は過去の「重荷」から解放されたといえよう。企業に委ねられていたもはや時代に適合しない会計処理の選択可能性は，情報提供かつ特に比較可能な年度決算書には矛盾するものであり，今回の改正草案では制限され，廃止された。

　企業は企業に帰属している販売及び営業建物を10年の間隔で修復した。企業は，修復改善を実施するために必要な金額を第三者との修復改善を実施することについて契約を結ぶことなく，10年間の長期にわたって商法上承認されない費用性引当金を設定してきた。この種の税法上容認されない費用性引当金は，将来もはや設定できない。

　さらに，特別目的会社の透明性を図るために，法案には特別目的会社と商法上の会計処理の扱いにおいて，多くの情報と透明性についての提案が含まれている。特別目的会社の経済的状況及びコンツェルンの経済的なリスクは，コンツェルンの年度決算書から読み取らなければならない。1つには，企業が，親会社の統一した管理のもとにある場合には，将来連結決算書に組み入れられなければならない。これまでは，親会社が特別目的会社に会社法における資本参加をしているかどうかが重要であった。その他に，企業は財務状況についての判断が必要である限り，将来，貸借対照表に現われない取引の性質及び目的，財務的な影響について付属説明書で報告しなければならない。それとともにEU法の法基準が変換される。その他に，企業は将来，リスク評価をどのよう

に評価するかによって，偶発債務を説明しなければならない。決算書の利用者にとって，リスクの発生の評価が不明瞭なままに，偶発債務を報告することは不十分であるとしている。

3 EU 法案の変更点

その他の EU 法の法基準は，特に企業報告及び監査委員会設置に関する基準であり，企業にとって最小限の負担でドイツ法に変換される。例えば，既に監査機関をもつ資本市場に上場している企業は，監査役機関は必要であるが，監査委員会は設置しなくてもよい。また企業にも内部監査のリスクマネジメントシステムの整備のための基準がつくられる。リスクマネジメントの整備についての決定は，企業の営業管理機関の業務に委ねられた。

以上が，連邦政府から公表された会計法の現代法化（予備草案）のあらましである。

お わ り に

会計法の現代化法は，2009 年以降施行される計画であった。この商法改正がめざす基本的な方向性は，防衛的かつコストに有利な会計法改正である。ドイツ DAX 企業は IFRS を適用した会計処理を行ない，残りの会社は商法による会計処理を行なっている。IFRS 適用の重要な点は，商法会計法から IAS/IFRS へ変換される際に，その会計処理には費用がかかることである。しかし企業は，IFRS による著しく無駄でかつコストのかかる会計処理を避けることができる。2009 年以降改正商法が施行され，部分的に規制緩和は 2008 年営業年度から適用される[39]とされた。

序章では，本書の対象とする会計制度変遷の背景には，どのような会計実務への影響要因があるのかを明らかにするために，まず近年のドイツ会計制度に関わる法改正の概要をみてきた。近年の法改正は，伝統的な経済構造改革，商法会計制度に基礎づけられてきた債権者保護，企業経営内部の監査制度改革を

とおして行なわれた。EU統合のもとでのドイツ会計制度改革は，類似点をもつ我が国の会計制度にとっても注目に値する。その1つとして，我が国とドイツの会計制度の共通としているところは，税法と商法の密接な関係から保守主義的な会計処理を基礎として会計制度が形成されていることである。そのためディスクロージャー制度が会計実務に普及していなかったこと，またこれまで企業の間接金融に支えられた経済構造に基礎づけられていることなど，これまでの会計制度の基礎となる経済基盤には共通点がみられる。金融機関と企業との関係は密接であり，その経済構造を改善するため，資本市場活性化政策が両国の改革の中心となってきた。大企業の資本市場への進出が，これまで間接金融に支えられてきた経済構造に変化をもたらした。

したがって，これまでの会計制度は，会計実務へどのような影響をもたらし，また新会計制度に会計実務がどのような影響を及ぼしているのか，について分析することが，本書の中心課題である。この課題探究は，ドイツの経済及び会計制度が，大陸型の会計制度と会計実務に類似する問題が内在している我が国の会計制度にとって，IAS/IFRS及びUS-GAAPを適用した場合に，どのように会計実務が変化するかの考察をとおして，今後の会計制度の方向性をみいだすことにある。それには，伝統的な商法会計制度が，証券市場に上場する企業の会計制度へ移行する過程で，会計実務にどのような影響がみられるか，あるいはどのように変化するのかを探究する必要がある。

また欧州統合において欧州の「金融の中心地」を意識した会計制度整備には，証券取引規則に基づく会計制度（IAS/IFRSあるいはUS-GAAP適用）形成が求められてくる。その会計制度形成には，経済基盤となっている「資本の概念」が変化するということが1つ挙げられる。第1章以降では，まず，IAS/IFRS適用を巡るEUとの関係について探究し，債権者保護から投資家保護への制度に向っていく経済的背景について考察する。会計実務分析をとおして，資本市場に向けた法制度整備のもとで，会計制度への影響要因を探究することにしたい。

29

[注]

（1） 2002年7月19日付で公表されたIAS-VO（Nr.1606/2002）はEUの各国におけるIAS/IFRS導入のための手続きの規定となっている（付録資料参照）。
（2） EUにおけるIAS/IFRS承認あるいは否定に関するデュープロセスは第1章で扱うが，EUはIASBの発行するIAS/IFRSを無条件に受け入れるのではない。というのは，EUのコミトロギーの手続きのなかで，各グループでの調査を経てIAS/IFRSの受け入れを承認するかあるいは否定するかを決定するからである。
（3） Heintges, Sebastian, Entwicklung der Rechnungslegung nach internationalen Vorschriften‐Konsequenzen für deutsche Unternehmen, *DB*, 2006, S. 1569‐1571, 2002年9月18日覚書：ノーウォーク合意でIASBとFASBが，IAS/IFRSとUS‐GAAPとの間にある差異をなくすための短期プロジェクトに着手し，共同プロジェクトを継続して進行することを合意した（財務会計基準委員会［http://www.asb.or.jp］参照）。EU委員会のメンバーMcCreevyによってEUとアメリカ基準の歩み寄りの作業プログラムが説明された（［http://ec.europa.eu］2006年2月27日付参照）。
（4） ドイツ経済において企業の自己資本金融が必要となった経済的な要因が解説されている文献には，Werner, S. Horst, *Eigenkapital‐Finanzierung*, Köln 2006. が参考となる。
（5） 拙著『貸借対照表能力論の展開―ドイツ会計制度と会計の国際的調和化との関連において―』中央経済社，1997年，32頁以下参照。Pellens, Bernhard/Fülbier, Rolf Uwe/Gassen, Joachim, *Internationale Rechnungslegung*, Stuttgart 2006, S. 46.
（6） 拙著，前掲書，151頁～159頁参照。
（7） 拙稿「第10章会計制度」『図説 ヨーロッパの証券市場2004年版』日本証券経済研究所，2004年，174頁。
（8） 2001年4月1日の決議で，IASCを「国際会計基準審議会（IASB）」と，またIASを将来の国際的会計基準を睨んで「国際財務報告書基準（IFRS）」と改称した（IAS‐Verordnung 2002/16）。拙著，前掲書，1997年，154頁～173頁参照。
（9） 拙稿「ドイツ資本市場における上場企業の会計制度」『会計プログレス』第3号，2002年，103頁を参照。
　Pellens, Bernhard/Fülbier, Rolf Uwe/Gassen, Joachim, a. a. O., S. 47‐48.
（10） 拙稿「ドイツにおける資本市場活性化政策のもとでの会計制度の動向」『會計』第160巻第2号，森山書店（2001年8月号），42頁。拙稿，前掲稿，2002年，90頁参照。
（11） Graumann, Mathias, *Wirtschaftliches Prüfungswesen*, Rheinbreitbach 2007, S. 82‐83., Freidank, Carl-Christian/Velte, Patrick, *Rechnungslegung und Rechnungslegungspolitik*, Ulm 2007, S. 7.において，資本会社の種類と組織形態は説明されている。またドイツの会社形態について，村上淳一，守矢健一，ハンス・ペーター・マルチュケ編著『ドイツ法入門』有斐閣，2005年，156-166頁の説明がわかりやすい。
（12） KOM (2003), Vorschlag für eine Richtlinie des Europäischen Parlaments und des Rates zur Harmonisierung der Transparenzanforderungen in Bezug auf Informationen

über Emittenten,deren Wertpapiere zum Handel auf einem geregelten Markt zugelassen sind,und zur Änderung der Richtlinie 2001/34/EG（26.3.2003）．この提案の後，2004年3月30日に欧州議会によって承認され，最終的に2004年12月17日に透明性指令（Richtlinie 2004/109/EG）が可決した。この指令は，2004年12月31日付の欧州官報によって公表された。拙稿，前掲書，2004年，177頁参照。
(13) 拙稿「ドイツにおける会計制度の動向と企業の動き―中小規模資本会社の会計制度を中心として―」『會計』第158巻第2号，森山書店（2000年8月），40頁-41頁参照。Pellens, Bernhard/Fülbier, Rolf Uwe/Gassen, Joachim, *a. a. O.*, S. 48. には，KapAEG の法改正の背景には，実務界からのロビーの影響があったことが説明されている。
(14) 拙稿，前掲書，2004年，183頁参照。
(15) 拙稿，前掲稿，2000年，42頁。
(16) 拙稿，前掲稿，2002年，94頁-95頁参照。
(17) 商法297条1項。Seibert, Ulrich, Das Gesetz zur Kontrolle und Transparenz im Unternehmensbereich（KonTraG）- Die aktienrechtlichen Regelungen im Überblick, Dörner, Dietrich/Menold, Dieter/Pfitzer, Norbert, in : *Reform des Aktienrechts, der Rechnungslegung und Prüfung*, Stuttgart 1999, S. 25. キャッシュフロー計算書とセグメント報告書は，KonTraG の法改正では商法297条で決算書の補足情報としての意味をもつだけであったが，現在では，DRS として公表されている。また現行商法（2007年）では，連結決算書は，連結貸借対照表，連結損益計算書，連結付属説明書，キャッシュフロー計算書，自己資本変動計算書，セグメント報告書から構成される。
(18) 拙稿，前掲稿，2001年，52頁，拙稿，前掲稿，2002年，93頁参照，Tielmann, Sandra, *Durchsetzung ordnungsmäßiger Rechnungslegung*, Düsseldorf 2001, S. 1.
(19) Pellens, Bernhard/Fülbier, Rolf Uwe/Gassen, Joachim, *a. a. O.*, S. 47.
(20) Institut der Wirtschaftsprüfer in Deutschland, *Gesetz zur Durchführung der Richtlinie des Rates der Europäischen Union zur Änderung der Bilanz - und der Kozernbilanzrichtlinie hinsichtlich ihres Anwendungsbereichs（90/605/EWG), zur Verbesserung der Offenlegung von Jahresabschlüssen der Offenlegung von Jahresabschlüssen und zur Änderung anderer handelsrechtlicher Bestimmungen（Kapitalgesellschaften - und Co. Richtlinie-Gesetz-（KapCoRiLiG)*, Düsseldorf 2000. 拙稿，前掲稿，2001年，40頁。
(21) Biener, Herbert, *Das neue HGB - Bilanzrecht*, Köln 2000, S. 1, S. 544-548, 同上，44頁-46頁。
(22) Biener, Herbert, *a. a. O.*, S. 545-567. IWD, *a. a. O.*, S. 26, 同上，42頁-45頁。
(23) Theile, Carsten/Nitsche, Jenifer, Praxis der Jahresabschlusspublizität bei der GmbH, *WPg*, Jg., 59, 2006, S. 1141, この論文では，1987年～1988年すべての有限会社の開示率11.1％～8％，同時期で中小規模の有限会社の公開率は35.8％，ハノハー登記所地域では1987年～1989年の間に大中有限会社の公開率24.7％であったことが記述されている。
(24) Dörner, Dietrich/Menold, Dieter/Pfitzer, Norbert, *a. a. O.*, S. 24-25. S. 26, 拙稿，前掲稿，2002年，93頁参照。Ernst, Christoph/Seibert, Ulrich/Stuckert, Fritz, *KonTraG,*

KapAEG, StückAG, EuroEG, Düsseldorf 1998, S. 12−124.
(25) Köhler, Annette G./Meyer, Stephanie, *BB*−Gesetzgebungsreport : Umsetzungsstand des 10-Punkte-Plans der Bundesregierung zur Stärkung des Anlegerschutzes und der Unternehmensintegrität, *BB*, 2004, S. 2623−2631.
(26) Pellens, Bernhard/Fülbier, Rolf Uwe/ Gassen, Joachim, *a. a. O.*, S. 48.
(27) ドイツ連邦法務省（http://www.bmj.bund.de）参照。Pellens, Bernhard/Fülbier, Rolf Uwe/ Gassen, Joachim, *a. a. O.*, 2006, S. 50−51.
(28) Wendlandt, Klaus/Knorr, Liesel, Das Bilanzrechtsreformgesetz, *KoR* 2/2005, S. 53.
(29) Wendlandt, Klaus/Knorr, Liesel, *a. a. O.*, S. 54.
(30) *Ebenda.*
(31) ドイツ連邦法務省，Enforcement stärkt Anlegerschutz und Unternehmensintegrität（8.12.2003）.
(32) Wolf, Klaus, Entwicklungen im Enforcement unter Berücksichtigung des Referentenentwurfs für ein Bilanzkontrollgesetz（BilKoG）, *DStR*, 6/2004, S. 246.
(33) 欧州証券規制当局委員会（http://www.cesr-eu.org/）では，会計基準に関するコメントは CESR−FIN が担当している（日本証券経済研究所編，『図説ヨーロッパの証券市場 2008 年版』2009 年，278 頁参照。）.
(34) ドイツ会計監査所（Deutsche Prüferstelle für Rechnungslegung=DPR）（http:www.frep.info/）.
(35) Haller, Peter/Bernais, Nina, *Enforcement und BilKoG*, Berlin 2005.
(36) Bundesanstalt für Finanzdienstleistungsaufsicht（http://www.bafin.de/）.
(37) Haller, Peter, *Grundlage der Überwachung von Unternehmensberichten und Bilanzkontrollgesetz*, Berlin 2005. Pellens, Bernhard/Fülbier, Rolf Uwe/ Gassen, Joachim, *a. a. O.*, S. 94−96.
(38) ドイツ連邦法務省（http://www.bmj.bund.de）, Schärs, Manfred „Der Bilanzierungsaufwand soll sinken" in : *FAZ*, 15. 10. 2007. で「改正された会計規則によってドイツにおける約 1.300 百万ユーロの経済負担が回避される。我々は，規制緩和と不必要な官僚コストから企業を解放することを望んでいる，それと同時に連邦政府は IFRS による圧力へ対応する。」［商法改正に関する連邦法務大臣（Zypries, Brigitte）の見解が説明されている。］
(39) Schärs, Manfred „Der Bilanzierungsaufwand soll sinken" in : *FAZ*, 15. 10. 2007.

第1章 会計制度形成への
EUにおけるデュープロセスの影響

は　じ　め　に

　EU加盟国は，前述したように2005年1月1日以降（あるいは2007年1月1日以降）連結決算書にIAS/IFRSを適用しなければならないことになった。この決議は，2000年3月にリスボンでのEU特別首脳会議に遡ることができる。同年6月，EU理事会及び議会で「EUの会計戦略：将来の方向性」という報告書が公表され，EU加盟国が，「2005年1月1日以降，資本市場に上場する親企業の連結決算書にはIAS/IFRSを適用しなければならないこと」が明確にされ，2002年7月19日には，加盟国にEU規則（EU-Verordnung）が発令された[1]。このような過程を経て，加盟国の会計制度は，EU規則をとおして整備されることになった。この制度では，EU裁判所がIAS/IFRSのEU法への変換を管理しており，またEU指令と欧州の利害が一致した場合にEU法への変換を決定するという立法権限を有している。

　それにともないEUではIAS/IFRSのEU法への変換を決める手続きについて，新たに発行されるIFRS，また改訂IAS等を決議する手続き過程（Endorsement Mechanism）が整備された[2]。このエンドースメント・メカニズムでは，IAS/IFRS適用が義務づけられても，IASBが公表するIAS/IFRSを全面的にEUが承認するというのではなく，エンドースメントの過程において，それをEUでも承認するかどうかが審議される。これからEUにおけるデュープロセスが，IAS/IFRSのコンバージェンスに大きな影響を及ぼすであろう。そ

のため，EUのデュープロセスに関心があつまっている。というのは，EU加盟国は，EUの決議過程で承認されたIAS/IFRSを国内法へ変換しなければならないからである。したがってEUにおけるIAS/IFRS導入のための決定過程のデュープロセスは，加盟国の会計制度設定に重要な影響を及ぼすものとなっている。

本章では，EU加盟国の会計制度に著しく影響する「EUにおけるIAS/IFRSのエンドースメント」がどのように遂行されるかについて検討することにしたい。まずEUにおけるエンドースメント・メカニズムに対するドイツの対応をとおして検討することにする。

第1節　EUにおける承認メカニズムの再編成の動き

EU域内の上場企業が適用すべきIAS/IFRSは，IAS-VOに従って，EUではデュープロセスにおいて承認あるいは否定の決定がなされる。その承認及び否定の決定手続きが，1999年官報「理事会の決議」(1999/468/EG・ABl. L184) に定められた。この承認及び否定の決議プロセスが，いわゆるデュープロセス，立法手続きの決議（Komitologie-Beschluss）といわれるものである。この1999年官報公表後，2006年7月17日には修正されたエンドースメント (2006/512/EG・ABl. L200) が公表された[3]。

EU議会も，欧州経済の利害を考慮してIASBへの圧力を強化する傾向にある[4]といえよう。このような社会的な動きが制度設定にどのように反映されるのか，またIASBが公表するIAS/IFRS (Voll-IAS/IFRS, Full-IFRS)[5]が全面的に導入されるのかどうか，このことは，今後のEUにおけるIAS/IFRSの承認の決議過程に左右されることになる。

以下では，EUレベルでのIAS/IFRSが，加盟国に変換されるまでのテクニカル領域での審議団体，決議過程，2006年EU委員会によって修正された点を中心として，IFRSのインフォースメンスのためのデュープロセスについて

検討することにする。

　それには，まず1999年官報で公表されたEUのデュープロセスを検討し，2006年官報では，このEUのデュープロセスがどのように修正され，またこの修正が，今後のEUのデュープロセスにどのような影響を及ぼすことになるのか，を検討することにしたい。

第2節　EUにおけるIAS/IFRS承認

　既に述べたように，EUでは加盟国の上場企業の連結決算書にIAS/IFRS適用を義務づけているが，全面的にIASBが公表するIAS/IFRSを承認しているのではない。2008年3月に修正されたIAS-VOでは，欧州議会がエンドースメントへの介入を強化したことで，EU–IAS/IFRSとIASB–IAS/IFRSとの間の隔たりが拡がっている[6]と指摘される。

　以下では，まず承認あるいは否定手続きに影響を及ぼすグループが，EUにおけるIAS/IFRS適用の決定過程に重要な影響を及ぼすために再編成されたことに焦点をあてて，EUにおけるデュープロセスを検討することにする。

　まずIAS-VOに基づき，EUにおける「IAS/IFRSの承認」という決定の後に，EU域内の上場企業は，連結決算書にIAS/IFRSを適用しなければならない。これは，「EUレベルでの承認」と「加盟国レベルでの承認」という2つの承認を経て，EU域内の資本市場に上場する企業の連結決算書に，IAS/IFRSを適用することが義務づけられることになる[7]。

　IASBによって決議されたどのIAS/IFRSも，IAS-VOで決められた手続きに従ってEUレベルでの立法行為（Rechtssetzungsakt）で正当と認められなければならない。

　このようなEUレベルでのIAS/IFRSの承認は，IAS-VOを通じてEU域内の上場企業を拘束することになる[8]。すなわちIAS-VO 4条に該当する企業（商法315a条1項）にとっては，EUで承認されたIAS/IFRSが直接の現行法となる。さらに商法315a条2項及び3項，商法325条2a項に従ってIAS/IFRSを

適用して決算書を作成する企業についても，前者の企業と同様の会計基準を適用することで EU の承認に拘束されることになる。したがって商法 315a 条 1 項は，IAS-VO 4 条に従って EU 域内の資本市場における上場企業の連結決算書に IAS/IFRS を適用しなければならないことを定めている。商法 315a 条及び 325 条 2a 項では，ドイツに所在する企業に，連結決算書への IAS/IFRS 適用が義務づけられ，個別決算書への適用には選択権が与えられることになる[9]。たとえ，企業がこの選択権によって IAS/IFRS を個別決算書に適用する場合にも，EU 法で承認された IAS/IFRS が，完全 (vollständig) に遵守されなければならない。

第 3 節　EU での IAS/IFRS 承認のための手続き

　IAS/IFRS を EU 法へ変換するには，IAS-VO 2 条，3 条及び 6 条（付録参照）に従った手続きが必要となる。EU 委員会の財務サービスアクションプラン (FASP) に含まれる多くの法行為には，加盟国の代表者と独立専門家との協力のもとで，EU 委員会のテクニカルな問題についての規則を承認する手続きが定められている。その際，立法過程に金融市場の変化を考慮に入れるため，法的な枠組みとして「指令」(Richtlinie)・「規則」(Verordnung) という形をとって，EU の権限を細目の問題及び短期的な規則に移して，一定の領域に限定して政策を明確にしている。この手続きは，専門家グループ (Lamfalussy) の提案に遡ることができる[10]。

　欧州の金融サービス及び有価証券領域における立法には，4 つの段階の法的な手続きが提案された。1 つの法的な段階（指令と規則）では，理事会及び欧州議会による枠組みの立法 (Rahmengesetzgebung) が該当する。

　この場合，2 つの決議すべき執行規定 (Durchführungsbestimmungen) は立法において確定されなければならない。この枠組みの法行為を決議した後に，委員会は，2 つの適切な執行規定を認可している。その際に，EU 委員会に委ねられた執行権限の履行方法を確定するための手続きは，図表 1 に従って進められ

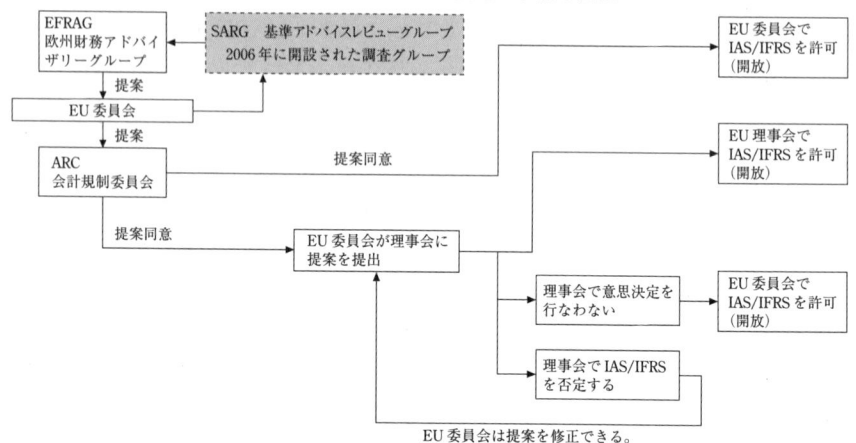

図表1　EU委員会におけるIAS/IFRSの承認及び否定の手続き過程

```
EFRAG                SARG 基準アドバイスレビューグループ              EU委員会で
欧州財務アドバイ      2006年に開設された調査グループ                IAS/IFRSを許可
ザリーグループ                                                    （開放）
   ↓提案
EU委員会
   ↓提案                              提案同意                    EU理事会で
ARC                                                              IAS/IFRSを許可
会計規制委員会                                                    （開放）
   ↓提案同意
                     EU委員会が理事会に
                     提案を提出            →   理事会で意思決定を    EU委員会で
                                              行なわない           IAS/IFRSを許可
                                                                  （開放）
                                              理事会でIAS/IFRS
                                              を否定する
                     EU委員会は提案を修正できる。
```

(出所) Buchheim, Regine/Gröner, Susanne/Kaühnne, Mareike, *a. a. O.*, S. 1784, Inwinkl, Petra, *a. a. O.*, S. 293-295. により，2006年官報におけるコントロールをともなう「規則手続き」により「調査グループ」を図式に加筆している。2006年7月14日のEU委員会の決定による新しい調査グループとしてSARG（Standards Advice Review Group）が設けられた。

る[11]。

この手続き過程に従って，EU委員会は，専門家から構成される欧州財務報告アドバイザリー委員会（European Financial Reporting Advisory Group=EFRAG）と政府レベルにおける加盟国の代表者から構成される会計規制委員会（Accounting Regulatory Committee=ARC）の協力によってIAS/IFRSの承認及び否定を決定している[12]。

EU委員会によって決議された場合（IAS-VO 6条2項及び3条1項）には，IAS-VOをとおして，企業にはIAS/IFRS適用が義務づけられる。IAS/IFRS適用の前提（IAS-VO 3条2項）となるのは，次の3つの条件である。

(1) EU第4号指令2条3項とEU第7号指令16条3項で確定されている「真実かつ公正な概観」原則と矛盾しないことである。
(2) 欧州の公益に適合する。
(3) 理解可能性，重要性，信頼性及び比較可能性の基準を充たし，企業の経済的意思決定と業績の評価を可能にするための財務情報を充足しな

ければならない（付録参照）。

　IAS/IFRS を承認あるいは否定するかについての決定は，EU 委員会によってだけで決定されるものではなく，むしろ決定手続きの過程において，それぞれ性質を異にする委員会が設けられて行なわれる。その代表的な委員会が，前述した EFRAG と ARC（図表1参照）の2つの委員会である。その他に，EU 理事会（Rat）も参加する[13]ことで，決定内容が確認されることになる

　次に，これらの委員会は，EU の決議過程において，どのような機能を果たしているのかについて検討することにしよう。

第4節　IAS/IFRS の承認過程における委員会の機能

1　EFRAG の役割

　EFRAG 委員会は，会計問題を扱う私法で組織された財務グループである。この委員会は，デュープロセスの過程で，EU レベルでの利害関係者のコメントを受け入れ，IASB による IAS/IFRS を適用するかしないかの決議をした後，2ヵ月以内に IAS/IFRS の承認あるいは否定について，EU 委員会に提案することになっている（図表2）。その際，EFRAG は受け入れた見解を考慮して，IASB のフレームワークに基づき決定する。IAS/IFRS を否定する場合には2/3以上の多数決が必要であり，IAS/IFRS を承認する場合には過半数の合意が条件となる。

　原則的には EU 委員会が立法草案を作成するが，EFRAG が EU 委員会との合意の上で作業を進め，IASB によって発行された IAS/IFRS の解釈が承認された場合には，以下の流れに従って，承認のための勧告をするか，あるいは否定することを EU 委員会に提案しなければならない[14]。

　EFRAG は，決算書の作成者及び利用者ならびに会計領域の代表団体によって設立され，IASB から公表された会計基準と EU の IAS-VO の要件に一致するかどうか，結果的には承認されうるかどうかについて調査し，EU 委員会の見解をまとめる[15]。

図表2　EUにおける承認手続きの前段階

国際会計基準委員会 (IASB)	欧州財務会計アドバイザー (EFRAG)	欧州委員会 (EU-Kommission)
新国際会計基準が発行されるかあるいは承認される（IAS-VO2条に従ってIASBによって発行されあるいは承認されたIAS, IFRS, SIC/IFRCを含む）。	・2ヵ月以内に引継ぐ基準あるいは解釈がEU法に一致しているか，またIAS-VOの要件を充しているかどうかについて問題提起 ・EU委員会へコメントを提出する。	欧州財務会計アドバイザーは，EU委員会に受け入れられたコメントを考慮して国際会計基準の承認あるいは否定について勧告する。

（出所）　Inwinkl, Petra, *a. a. O.*, S. 291.

　EFRAGによってIAS/IFRSの引継ぎを勧告する提案は，法案としてIAS-VO3条2項に従った基準を充たさなければならない。もし法案がIAS-VO3条2項に適合しないならば，EU法に変換できない。加盟国の法律に新たに導入されるIAS/IFRSが適合するかどうか，あるいは否定されるべきかどうかについて問題にされる。その出発点はどのような状況についても立法に必要な手続きがとられるということである。したがって，IAS/IFRSがIAS-VO3条2項の規定を充たしているならば，IAS-VO6条は適用すべき承認手続きとして「委員会の手続き」と認められる[16]。

2　ARCの役割

　ARCは，EU加盟国の代表で構成され，EU委員会の議長のもとで，IAS/IFRSとIFRICを承認するか，あるいは否定すべきかを審議する。IAS-VO3条に基づく立法手続きにおいて，EU委員会は，ARCにIAS/IFRS承認案を提案する（図表3）。

　ARCがEU委員会の提案に同意する場合，その決議は最低62議席で成立する。ARCがEU委員会の提案に同意するならば，EU委員会はIAS/IFRSを承認することになる。もしARCがEU委員会の提案を否定するならば，このことをEU委員会は欧州議会に報告し，EU理事会に，3ヵ月以内に決定すべき提案を提出しなければならない[17]。

第4節　IAS/IFRSの承認過程における委員会の機能

図表3　EU委員会とARCとの間における手続きプロセス（承認の場合）

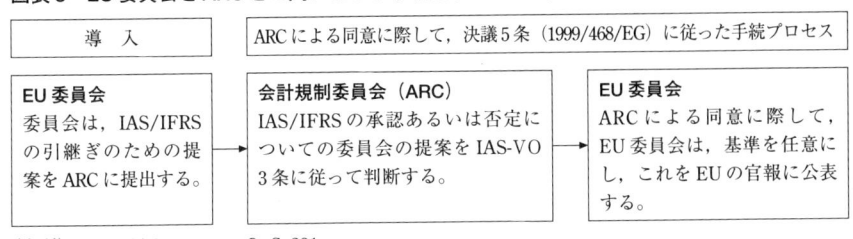

導　入	ARCによる同意に際して，決議5条（1999/468/EG）に従った手続プロセス

EU委員会 委員会は，IAS/IFRSの引継ぎのための提案をARCに提出する。	→	会計規制委員会（ARC） IAS/IFRSの承認あるいは否定についての委員会の提案をIAS-VO 3条に従って判断する。	→	EU委員会 ARCによる同意に際して，EU委員会は，基準を任意にし，これをEUの官報に公表する。

（出所）　Inwinkl, Petra, *a. a. O.*, S. 291.

図表4　EU委員会とARCとの間における手続きプロセス（否認の場合）

会計規制委員会における否認ないしはコメントがない場合に，決議5条（1999/468/EG）に従った手続きプロセス

理事会及び議会への草案提出 ↓ **EU理事会** 理事会はARCによって否定された草案を委員会から受け取る。これは3ヵ月以内に2/3の過半数で決定しなければならない。 **欧州議会** 同様に委員会は欧州議会に報告しなければならない。	可能な決定	1) **理事会が草案を否定する。** 　理事会が決定しないかのように手続きの規制が認められる。 2) **理事会が草案に同意する。** 　理事会はEU官報に基準を公表して規制から解除する。 3) **理事会が決定しない。** 　草案は委員会側で調査する。委員会は理事会に修正あるいは同草案を提出する。 決定の可能性： a) 理事会は法行為を発令する。 b) 理事会が決定しない場合には，EU委員会が基準をEU官報で継続的に公表し，規制から解除する。

（出所）　Inwinkl, Petra, *a. a. O.*, S. 292.

　ARCが提出された提案を否定するか，それについて意見を出さない場合には，EU委員会の理事会が決議のプロセスに介入し，理事会は，このことについて報告しなければならない。理事会は3ヵ月以内に提案について決定しなければならない。この決定が行なわれない限り，提案は期間内に委員会によって調査される。結果として，委員会は理事会に修正及び同様の提案を新たに提出することができる。委員会によって設定された期間経過後に，新たに決定された場合には，提案は委員会によって出される[18]。

　立法手続き決議5a条で委員会手続きの過程が決定されている（図表4）。もちろん議会及び理事会が，原則上，否定権を有している。2つの組織は，1ヵ

月以内に法行為の発令が委員会に伝達された時以降，否定権を一般に認める。その際に否定されたことが根拠づけられる。

① ARC によって同意された場合

Inwinkl によれば，将来注意されなければならないことは，ARC が委員会の見解に含まれた承認の提案に絶対多数で同意した場合に，委員会は，欧州議会と理事会に調査のための草案を提出しなければならないことであると指摘される。その際，立法手続き決議 5 条に従って，規則上の手続きと異なることを理由に，2 つの組織は，3 ヵ月以内に提案された法行為の認可を否定することができる。この場合には，委員会は ARC に修正草案を報告するか，あるいは法行為についての提案を，EGV に基づき提案できる。もちろん否定する場合には，次の 5 つの理由に適合しなければならない[19]。

(1) 提出された法案は，基本的な法行為に定められた権限が IAS-VO を超えている場合には否定できる。

(2) 提案が IAS-VO の目的に一致しない場合には否定できる。

(3) その否定が同様に IAS-VO の内容に一致していない場合には否定できる。

(4) 提案が補完性（Subsidiarität）の原則に反する場合には否定できる。

(5) 最終的に，提案が相当性（Verhältnismäßigkeit）の原則に反した場合には否定できる。

理事会あるいは欧州議会が，提案された草案の発令に反対しない場合には，3 ヵ月以内に草案は，委員会によって法行為として発令されることになる。しかし 2 つの組織が違反と決めた場合にも，提出された草案を否定する義務がない。この法システムには問題がある。したがって IAS-VO 3 条に矛盾する草案が発令される例が考えられる。だが，新しい法行為が発令されない限り，この規定は効力をもつことになる。

② ARC によって否定される場合

EU 委員会の草案が ARC の見解と一致しないか，あるいは ARC のコメントが述べられない場合には規則は複雑になる。このような状況には，EU 委員会

図表5　決議過程に入る前のスケジュールとARCの承認及び否定後の手続き

			ARCによる同意があった場合 議決5a条（1999/468EG）に従った経過手続き	ARCによる反対があった場合 議決5a条（1999/468EG）に従った経過手続き
承認手続き開始前のスケジュール	2ヵ月間	1 新しい国際会計基準がIASB側で発行され，承認される。	EU委員会は，草案をEU理事会及び議会に提出する（ARCによる同意に従って）。 結果：2つの選択 3ヵ月審議	EU委員会は，草案をEU理事会及び議会に提出する（ARCによる否定ないし見解の不備）。 結果：4つの選択
		2 EFRAGは国際会計基準を調査し，EU委員会に見解の結果を移送	1 EU理事会及び議会は，草案に反対しあるいは 2 a）EU理事会は草案を否定する，あるいは b）EU議会は草案を否定する。	1 EU理事会と議会は同意し，EU委員会及び理事会は措置を発令する。 2 理事会は同意するが，EU議会が否定：EU委員会は，ARCに修正された法案あるいはEGVに基づく法行為についての提案を提出することができる。
		3 EU委員会は，基準の受け入れの勧告のために，新しい調査グループでの調査		3 理事会は意思決定しない：EU議会が同意あるいは否定することができる。
	3～4週間	4 新しい調査グループは，3週間以内，例外的には4週間以内にEFRAGの見解を調査し，それから，その見解をEU委員会に告知する。	結果： EU委員会は，この場合にARCに修正提案を提出するか，あるいは法行為に関する提案をEGVを基礎として提出する。	4 理事会は否定：EU委員会は，理事会に修正法案あるいはEGVに基づく法行為についての提案を提出する。

（出所）　Inwinkl, Petra, *a. a. O.*, S. 295.

は速やかに講じるべき処置の提案をすると同時に，欧州議会に報告しなりればならない（立法手続き決議5a条4e項）。これを報告した時点から意見を出す期間が定められており，理事会は2ヵ月以内に，欧州議会は4ヵ月以内に提出されるべき提案を決定することができる[20]。

第5節　デュープロセスのシステム

この承認のデュープロセスは，一般的な基礎（Allgemeine Grundlagen）としてIAS/IFRSを引継ぐには，EU第4号指令と第7号指令に一致することを前提としている。さらに法的な基礎（Rechtliche Grundlagen）として，この承認手続

きは，IAS-VO を通じて他の立法行為を指摘して解決される。具体的には，IAS-VO（6条）のなかで，1999年6月28日の「理事会の決議」を参照すべきことが指摘されている[21]。

　EU 委員会の理事会が法的な処置を行なう権限を担っている。この権限は4種類の決議の手続きからなる。(1) 審議手続き，(2) 行政手続き，(3) 規則手続き，(4) コントロールをともなう規則手続き（2006年の官報で追加された）。この4つの手続きに共通していることは，EU 委員会が，加盟国の代表者から構成される小委員会（Ausschuss）に支えられているということである。EU 委員会の代表者が，加盟国の小委員会の議長になっている。各委員会によって出される見解は，手続きごとに個別に出され，各委員会への影響力をもつ。

　(1) 審議手続きでは，立法手続き決議3条に従って審議委員会が出した見解は，純粋に勧告にすぎないため，EU 委員会側の立法処置の発令には，委員会は反対できない。しかし審議委員会は，立法手続き決議4条に従って(2) 行政手続きに影響力をもっている。この決議を巡って，小委員会が絶対多数で EU 委員会の提案に反対する場合には，遅くとも3ヵ月以内に絶対多数で別の決議をすることができる。立法手続き決議5条に従った (3) 規則手続きは，IAS-VO を通じて一般に認められた手続きである。規則手続きでは，2006年の官報で立法手続き5a条に従った新しいコントロールが加わった規則手続きが示されている[22]。

　これは，すなわち IAS/IFRS の適用を承認するか，あるいは否定するかの決定手続きに入る前に，EFRAG と ARC の他に，別の調査グループを設けることを意味することになる。次に，その調査機能を補足する調査グループについて考察することにする。

第6節　新しい調査グループ

　2006年の「理事会の決議」で示された「新しいコントロール」をともなう手続きでは，2007年2月初旬に委員会が7名任命された。この委員会の EU

のデュープロセスにおける位置づけは，前述の図表1に示している。この委員会は，EFRAGによって出された見解について，客観性と中立性をもって審議しなければならない。この任命は，2006年7月14日の委員会の決定に基づき行なわれ，基準引継ぎの勧告のための調査グループ，基準アドバイス・レビュー・グループ（Standards Advice Review Group=SARG）が組織された（2006/505/EG・ABl. L1999［2006年7月21日］）[23]。EFRAGは私的に組織された委員会であることから，このように基準引継ぎの勧告のための調査グループが設置され，下部構造に対極のグループが創設された。この調査グループは，EFRAGによるIFRS及びIFRIC引継ぎの見解が，それぞれ調和化して，客観的であるかどうかについて調査することになる。

　EU委員会がEFRAGの見解を導入するに際して，この調査グループは，調査結果について，遅くとも3週間以内に発表しなければならない。もちろん問題が複雑な場合には，4週間の期間延長が認められており，グループの議長は，いかなる場合にも事実を明確にするために，EFRAGと相談しなければならない。この相談後に，最終的な見解を出すことができる。調査グループとEFRAGとの間における審議に代表者を派遣するかどうかの判断は，EU委員会に委ねられている。

　さらにEFRAGのテクニカル審議委員会（Technical Expert Group=TEG）の議長は，グループの議長をアドバイザーとして出席させることができる。さらに監査グループあるいは委員会の代表者は，重要かつ必要であると考えられる場合に限り，専門家あるいは専門知識をもつオブザーバーが，グループの審議に招かれる（立法手続き決議4条7項（2006/505/EG）ABl. L199［2006年7月21日付］）[24]。

　調査グループサイドの最終的な見解は，EU委員会のインターネットサイトで公表しなければならない（同決議4条5項（2006/505/EG）ABl. L199［2006年7月21日付］）。追加的にEU委員会の位置づけは，インターネットで調査グループの要約，結論あるいは研究資料の抜粋を当該記録の言語で公表することができる（同決議4条10項ABl. L199［2006年7月21日付］）。EU委員会によって信頼できると判断される場合には，グループの審議に際して公開すべき情報については

公表されることになる⁽²⁵⁾。

　2007年2月に公表された新しい基準承認勧告の調査グループ（Prüfgruppe für Standardübernahmeempfehlungen）の7名のメンバーによって，2006年7月14日の委員会の決定が引継がれ，このメンバーによって，IFRS及びIFRICの承認についてEFRAGの見解と釣り合いがとれているかあるいは客観的であるかどうかが調査される。この手続き過程では，ARCにEFRAGの見解を委ねる代わりに，新しい調査グループが，3週間以内，例外的には4週間以内に，この判定について報告しなければならない。調査グループの見解を受け取った後に，EU委員会はARCに草案を提出する。

　この新しい調査委員会がデュープロセスに介入することは，承認手続きに時間がかかると考えられる。たとえ調査グループが最高3週間以内にあるいは例外的に4週間以内に報告しなければならないとしても，これに関してEFRAGでの審議期間を延長させることになるからである。その限りでは，EFRAGが調査機関としてみなす調査グループが重要な位置づけにある。したがって図表6に示されるような位置づけの調査グループが必要である。

　2006年の立法手続き決議の修正によってコントロールが加わった規則手続き（立法手続き決議5a条）は，IAS/IFRSの新しい承認手続きとして補足されることになった。この新しい手続きをとおして，立法者との共同決定手続きで承認される法行為に関する準立法（qausi-legislativer）に調整された。適用範囲内での立法処置が重要である限り，その際，既に実施されている法行為を現行の手続きに，コントロールをともなう新しい規則手続き（立法手続き決議5条）に入れ替えて，適用しなければならない。2006年12月にEU委員会は，これに関するIAS-VOの修正提案をEU理事会及び欧州議会に提案した。その結果，近い将来，修正が実施されるであろう。手続きの修正は，立法手続き5a条6項の特別規則によって，現行の手続きとの違いから，いずれにしても結論に至るまでには時間がかかることが予想される。EU理事会，欧州議会も一定の条件を遵守すべき規則を認めている。IAS/IFRS承認のための立法権限は，これまでのようにEU委員会とARCにあるだけではなく，欧州議会及び理事会にも

図表6 デュープロセスにおける承認手続き前の調査グループの位置づけ

手続きの前段階		
表　示	内　容	記録/決定
EFRAG	EU委員会との協力による規制	EU委員会とEFRAGとの間の作業の調整（ブリュッセル2006年）
調査グループ	監査グループの制度化	2006/505/EG決議（ABl. L199［2006年7月21日付］）
	監査グループのメンバーの任命	委員会の決議（ABl. L032［2007年2月6日付］）
承認手続き		
表　示	内　容	決議/規則/提案
コミトロギー決議	4つの種類の委員会決議が含まれる a)審議手続き b)行政手続き c)規則手続き d)コミトロギーによる規則の手続き	(1999/468/EG)：1999年6月28日の理事会の決議は，委員会に委ねられた執行権限の履行のための処置の確定のため［ABl. L184［1999年6月28日付］(23-26頁)，最近 (2006/512/EG)［ABl. L200［2006年7月22日付］(11-13頁)の決議によって修正された。
IAS-VO	IAS-VO 6条は，立法手続きに関して，コミトロギー決議の規則手続きを指摘している。	2002年7月19日の欧州議会と理事会の規則［(EG) Nr. 1606/2002］は，国際会計基準の適用に該当する（ABl. L243［2002年9月11日付］）。
IAS-VOの修正を提案	IAS-VO 6条は，立法手続きに関して，コミトロギー決議のコントロールが加わった規則による手続きを指摘している。	KOM (2006) 0298

（出所）Inwinkl, Petra, a. a. O., S. 295.

あるといえる[26]。

第7節　EU委員会におけるIAS/IFRS承認の背景

これまで，EU委員会におけるIAS/IFRSの承認及び否定の決定手続き過程をみてきたが，必ずしもEUおいてIAS/IFRSが完全に承認されるということ

はないということが明らかになった。本節では，その背景について，ここで確認しておくべきであろう。

というのは，EU におけるデュープロセスの過程に各委員会の影響力が及ぶことは避けられないからである。したがって EU 委員会が IAS/IFRS を承認するか，否定するかは，ARC と EFRAG，さらに新しい調査委員会 SARG の審議過程を経て決定されることになる。

そのため，以上述べてきたような EU 独自の規則及び指令に従って，これらの各委員会を設けて IASB － IAS/IFRS の適用を審議した後，EU の会計基準には適合しないと判断された場合には，IAS/IFRS 適用を否定することが可能となる。

私法で組織された IASB 及び IASCF による会計基準設定には透明性が欠けると批判される反面，欧州議会は，IASB への働きかけを行なうとともに，企業への IAS/IFRS 適用の制度化に努める動きにある。

不透明であるとされるのは，IASB の本拠地であるイギリスで，どのように基準設定の作業計画が作成されるのか，どのような基準で委員会メンバーが選任されるのか，その他に，どのように企業の寄付による組織の資金が融資されるかなどである。EU 議会（Alexander Badwan 経済委員会）から提案されているのは，IASCF のメンバーの選任あるいは再任が新しいフォーラムに委ねられ，基準設定委員会の受託責任の合法性が高められるべきとすることである[27]。

その他に，IAS/IFRS の現在の基準には，まだ問題が残されている。1 つにはタイムラグの問題であり，IASB による基準の公表と EU 議会による基準の承認手続きの間に 6 ヵ月はかかる。この期間内において，テキストをまず公用語に翻訳し，引続き専門家によって改訂を重ね可決されなければならない。その後，EU 委員会及び ARC に提案され，ARC によって承認される場合には，議会に提案される前に，引き続き EU 理事会に承認の勧告が行なわれることになる。その際，問題なのは，企業が IASB による IAS/IFRS 公表後に，企業は EU 議会がまだ承認していない新しい基準を適用することができることである。もしこのような新しい基準が企業の決算書に適用されるならば，企業は

IFRSに従った決算書（IFRS 1. 14に従って）を作成し，その企業の決算書は経済監査士によって，IAS/IFRSと一致した決算書として証明されることになる。しかし欧州企業のIAS/IFRS適用の決算書がどのような原則に適合しなければならないのか，すなわちIASBが公表したIAS/IFRSなのか，あるいはEU議会の規則なのか，について問題が残される[28]。

EU委員会は，この問題を認識しており，このような場合を考慮して，まだ承認されていない基準，公に規定されていない会計処理問題あるいはこれまでの前例のない基準について解釈する際には，ガイドライン（Leitlinie）として処理することを勧告している。IASBによって公表されたが，まだEU委員会によって承認されていない場合に，またEU委員会によって承認された基準が新しい基準と矛盾した場合に，もちろん立法手続きが最終に至るまで，既に承認された基準が適用されなければならないという原則が一般に認められる[29]。

おわりに

EUでは，IAS/IFRSの統一的な適用を進めるためには，会計問題に関するEUの構造（EU-Struktur für Rechnungslegungsfragen）をつくり上げることをめざす傾向にある[30]。この傾向は，IAS/IFRSをEU域内での証券取引所に上場する企業の連結決算書にIAS/IFRSの適用を義務づけるに至るまでに，IASについて加盟国間レベルで審議した結果，EUでのIAS適用に踏み切ったことから判断できよう。

近年のドイツでのIAS/IFRSの基準設定過程における欧州の会計関係者の結束（Einbindung）が重要となる[31]という見解から，EUにおける立法過程でのIAS/IFRS承認及び否定に対する審議，あるいは性質を異にする各団体の介入は，基準の設定に政策的影響力が及ぶことは避けられないであろう。

このようなIAS/IFRS適用の承認及び否定についての手続き過程に関して議論される背景には，どのような現状があるのかについては，第3章で検討することにしたい。特にIASBによる改訂IAS及び新しいIFRSが公表されるにと

もなって，EUにおけるエンドースメントを巡って組織だけではなく，IASB‐IAS/IFRSとEU‐IAS/IFRSの基準及び解釈指針における相違が顕著に現われることになった。

2008年3月に修正されたIAS-VOによって，エンドースメントに欧州議会が関係することで，EU‐IAS/IFRSとIASB‐IAS/IFRSとの間の逸脱がさらに拡張され，否決の根拠を拡げることにもなりかねない[32]と指摘される。

またEU加盟国におけるIAS/IFRS適用の前提（IAS-VO 3条2項）の3つの条件を基礎として，現在では，まだ完全にIASBによって公表されるIAS/IFRSをEU法へ変換できない基準があることも無視できない。その会計基準の1つに，IASBのSMEs（中小規模企業の会計基準）が挙げられる。

[注]

（1） 既存のFEE（Fédération des Experts Comptables Européens）は，1999年10月8日に「欧州域内における財務報告書に関する討議書」を公表し，この報告書の内容は委員会の草案を先取りしたものであり，その他に新しい委員会（European Fiancial Reporting Coordination and Advisory Council）を創設した。Pellens, Bernhard, Fülbier, Rolf Uwe/Gassen, Joachim, *a. a. O.*, S. 91.
（2） Pellens, Berhard/Fülbier, Rolf Uwe/Gassen, Joachim, *a. a. O.*, S. 90‐93で，EUにおけるIAS/IFRSの承認メカニズムが解説されている。
（3） Entscheidung der Kommission（2006/505/EG）vom 4. Juli 2006.
（4） „EU-Parlament schließt sich auf IASB ein–Standardsetter soll Europa-Belange stärker beachten–" Börsen-Zeitung Nr. 191, (5. 10. 2007).
（5） IASBが公表するIAS/IFRSを「完全・全部」Voll‐IAS/IFRS，つまりIASB‐IAS/IFRSとして，EUにおける承認を経て，EU域内の上場企業が適用するIAS/IFRSをEU‐IAS/IFRSとして区分している。Buchheim, Regine/Knorr, Liesel/Schmidt, Martin, Anwendung der IFRS in Europa : Die Auswirkungen des neuen Endorsement-Verfahrens auf die Rechnungslegung, *KoR,* 6/2008, S. 373.
（6） Oversberg, Thomas, Übernahme der IFRS in Europa : Der Endorsement-Prozess-Status quo und Aussicht, *DB,* 2007, S. 1597. IASB‐IAS/IFRSとEU‐IAS/IFRSの相違について考察した上で，IASBによるIAS/IFRS公表とEUにおける承認及びEU官報による公表までのタイムラグを理解する必要がある。そのタイムラグに対して，企業はどのように対応しているのかについて調査した。EFRAGではIASBが公表したIAS/IFRSに対するアンケートの回答が集計されている。Buchheim, Regine/Knorr,

Liesel/Schmidt, Martin, *a. a. O.*, S. 334.
(7) Buchheim, Regine/Gröner, Susanne/Kühne, Mareike, Übernahme von IAS/IFRS in Europa, *BB*, 2004 S. 1783.
(8) 会計が，特に IAS‑VO と透明性指令（Richtlinie 2004/109/EG des europäischen Parlaments und des Rates vom 15. Dezember 2004）において接点としてみなされるのは，透明性指令と IAS/IFRS 適用に関する IAS‑VO が，規制市場において証券取引が認可された企業と連結決算書を作成しなければならない企業にとって，EU 域内での会計原則に近づくための手段となっていることである。Buchheim, Regine/Gröner, Susanne/Kühne, Mareike, *a. a. O.*, S. 1783.
(9) Buchheim, Regine/Gröner, Susanne/Kühne, Mareike, *a. a. O.*, S. 1783.
(10) *Ebenda*. Beck'sche Textausgaben, *Aktuelle Wirtschaftsgesetz 2007*, München 2007, S. 435. „Lamfalussy Report" では，EU 委員会がラムファルシー・プロセスがどのように機能するかについての見解を調査している（http://ec.europa.eu［2008 年 9 月 19 日付］で紹介されている）。
(11) （1999/468/EG）［17. 7. 1999］, in : Buchheim, Regine/Gröner, Susanne/Kühne, Mareike, *a. a. O.*, S. 1784.
(12) 執行規定の権限は EU 委員会に委ねられている。
(13) 理事会の同意は，決議（1999/469/EG,［28. 6. 1999］）5 条に従って決められる。Buchheim, Regine/Gröner, Susanne/Kühne, Mareike, *a. a. O.*, S. 1784. Oversberg, Thomas, *a. a. O.* S. 1597.
(14) Inwinkl, Petra, Die neue Prüfgruppe der EU-Kommission und das neue Verfahren zur Anerkennung der IFRS, *WPg*, 7/2007, S. 290‑291. Oversberg, Thomas, *a. a. O.*, S. 1597., Buchheim, Regine/Gröner, Susanne/Kühne, Mareike, *a. a. O.*, S. 1784‑1785.
(15) Europäische Kommission, Single Market NEWS-Schwerpunkt der Binnenmarktpolitik im Wandel, S. 7. EFRAG は，2001 年に IFRS 及び IFRIC の実施において EU を支援するために設立された。
(16) Inwinkl, Petra, *a. a. O.*, S. 290‑291, Oversberg, Thomas, *a. a. O.*, S. 1598.
(17) Buchheim, Regine/Gröner, Susanne/Kühne, Mareike, *a. a. O.*, S. 1784. Inwinkl, Petra, *a. a. O.*, S. 291. ARC は，EU 委員会が会計の規制委員会として設置した委員会である。„Komitologie-Verfahren" とは „Gesetzgebungsverfahren" として解釈されることから，本書では立法過程と訳している。ARC の手続き規則 5 条 1 項に従って決議することになる。EU のエンドースメントの手続きは，コミトロギー手続きに起因する（Lamfalussy, Final Report of the Committee of Wise Men on Regulation of European Security Markets, 2001. 参照）。
Pellens, Berhard/Fülbier, Rolf Uwe/Gassen, Joachim, *a. a. O.*, S. 92‑93.
(18) Inwinkl, Petra, *a. a. O.*, S. 292.
(19) Inwinkl, Petra, *a. a. O.*, S. 292‑293.
(20) Inwinkl, Petra, *a. a. O.*, S. 293.
(21) Inwinkl, Petra, *a. a. O.*, S. 290, Oversberg, Thomas, *a. a. O.*, S. 1597.
(22) Inwinkl, Petra, *a. a. O.*, S. 290.

(23) Inwinkl, Petra, *a. a. O.*, S. 293. SARG の調査グループの役割は，(Entscheidung 2006/ 505/EG), [21. 7. 2006] で示され，このことは，1999 年に公表された EU 官報 (1999/468 /EG, ABl. L 1999 [17. 7. 1999, S. 33]) に従っている。Aufruf zur Einreichnung von Bewebungen auf der Grundlage der Entscheidung der Kommission vom 14. Juli 2006 zur Einsetzung einer Prüfgruppe für Standardübernahmeempfehlungen (2006/505/EG). このペーパーには，調査グループが，会計及び国内の基準整備の専門家からなる最高 7 名のメンバーから構成され，メンバーの候補者についての評価基準が記述されている。Oversberg, Thomas, *a. a. O.*, S. 1599.
(24) Inwinkl, Petra, *a. a. O.*, S. 294, Oversberg, Thomas, *a. a. O.*, S. 1597-1599.
(25) *Ebenda*.
(26) Inwinkl, Petra, *a. a. O.*, S. 294-295, Oversberg, Thomas, *a. a. O.*, S. 1599.
(27) 注（1）で挙げた *Börsen-Zeitung* Nr. 191, (5. 10. 2007) の他に，„EU-Parlament hält Druck auf IASB aufrecht-Standardsetter soll Europa-Belange stärker beachten-", *Börsen-Zeitung*, Nr. 193, (9. 10. 2007).
(28) Pellens, Berhard/Fülbier, Rolf Uwe/Gassen, Joachim, *a. a. O.*, S. 93.
(29) Pellens, Berhard/Fülbier, Rolf Uwe/Gassen, Joachim, *a. a. O.*, S. 93., Buchheim, Regine/Gröner, Susanne/Kühne, Mareike, *a. a. O.*, S. 1784-1785.
(30) EU-Parlament hält Druck auf IASB aufrecht-Standardsetter soll Europa-Belange stärker beachten-", *Börsen-Zeitung*, Nr. 193, (9. 10. 2007).
(31) Buchheim, Regine/Gröner, Susanne/Kühne, Mareike, *a. a. O.*, S. 1788.
(32) Buchheim, Regine/Knorr, Liesel/Schmidt, Martin, *a. a. O.*, S. 341.

第2章 EU承認プロセスを巡る IAS/IFRS 適用の会計実務への影響
―― DAX-30 の企業を中心とした分析 ――

はじめに

　前述したように，2005年（あるいは2007年）1月1日以降，EU加盟国の上場企業（親会社）の連結決算書にはIAS/IFRS適用が義務づけられ，EU域内の企業の決算書にはIAS/IFRSが普及していくかのように思われた。しかしそれとは逆に，IASBが公表するIAS/IFRSとEUで承認されるIAS/IFRSとの隔たりを示す結果となった。つまりEUが全面的に「IASBが公表するIAS/IFRS」を導入するのではないことが明らかにされた。IASBが公表するIAS/IFRSは"Voll-IFRS"，"Full-IFRS"，"IASB-IFRS"として，他方，EUが承認したIAS/IFRSは"EU-IAS/IFRS"（EU官報で公表されたIAS/IFRS）として区別される。IASBが公表するIAS/IFRSとEUで適用するIAS/IFRSとの相違は，EU法，IAS-VOに適合しているかどうかにかかっている[1]。

　本章では，EUのデュープロセスが議論されている理由についての考察をとおして，IASBが公表するIAS/IFRSとEUで承認されたIAS/IFRSには，どのような違いがあるのかについて探究することにする。

　EU-IAS/IFRSとIASB-IAS/IFRSの区別が論じられる根拠には，1つには中小規模企業のための会計基準（これ以降SMEsとする）の公表を目前にしていることが挙げられる。もう1つには，EU域内の加盟国の大規模企業が，どの時点で連結決算書にIAS/IFRSを適用できるのか，また適用したその

IAS/IFRS が，IASB の公表する IAS/IFRS なのか，あるいは EU の承認を経た IAS/IFRS なのかが問題となる。

前者の加盟国の会計制度に影響を及ぼす EU のデュープロセスは，中小規模資本会社に IAS/IFRS 適用が義務づけられるべきか否かの問題に関係する。IASB の SMEs の適用についての課題は，第 10 章で探究する。本章では，SMEs の適用と EU のデュープロセスについて考察することにする。

後者の大規模企業向けの EU デュープロセスが再検討される必要がある[2]とする見解は，既に適用が義務づけられた大規模資本会社への IAS/IFRS 適用時点と IASB による IAS/IFRS 公表の時点に生じるタイムラグを取り上げている。また企業はどちらの基準を適用すべきなのかを考察するためである。というのは，いくつかの企業は EU の承認前に，改訂 IAS 及び新しい IFRS を前倒しで適用している[3]からである。

第 1 節では，EU のデュープロセスが再検討されている理由について検討し，第 2 節では，企業が IAS/IFRS を適用する際に，IASB － IAS/IFRS が可決あるいは公表された時点と EU における承認プロセスを経て EU 官報で公表された時点とのタイムラグが，どのように生じるのかについて考察することにする。さらに第 3 節では，このタイムラグにおいて，実際に企業が前倒しで適用する IAS/IFRS にはどのような基準があるか，第 4 節では，EU － IAS/IFRS と IASB － IAS/IFRS のタイムラグに対する企業の対応を分析することにしたい。

第 1 節　EU と IASB における
　　　　　デュープロセスの企業への影響

図表 1 で示すように，2003 年 10 月 13 日，EU 域内の上場企業の連結決算書には IAS/IFRS が適用されることが承認される官報（(EG) Nr. 1725/2003）が公表され，その後 2004 年 12 月 31 日には，IAS/IFRS 第 1 号から第 40 号の適用が承認された。IASB では部分的に IAS/IFRS が改訂され，さらに新しい IFRS 及び解釈指針が公表されている。これらの基準及び解釈指針は，EU のデュー

第1節　EUとIASBにおけるデュープロセスの企業への影響　53

図表1　EUにおけるIAS/IFRS（IFRIC）の承認経過

IAS IFRS/IFRIC	承認の期日
IFRS第8号	2007年11月22日
解釈指針第10号	2007年6月2日
解釈指針第11号	2007年6月2日
解釈指針第9号	2006年9月9日
解釈指針第7号及び改訂IAS第21号	2006年5月9日
IFRS第7号，解釈指針第6号，改訂IFRS第1号，IFRS第6号，IFRS第4号，改訂IAS第1号，改訂IAS第39号	2006年1月27日
改訂IAS第39号処理及び評価：キャッシュフローヘッジ会計	2005年12月22日
IFRS第6号，解釈指針第4号，解釈指針第5号，改訂IAS第19号	2005年11月24日
改訂IFRS第1号，改訂IAS第32号及び改訂IAS第39号の変換承認	2005年11月16日
IFRS第1号，改訂IAS第39号及びSIC第12号の変換承認	2005年10月16日
解釈指針第2号の変換承認	2005年7月8日
IFRS第2号の変換承認	2005年2月11日
IAS第1号〜第40号の変換承認	2004年12月31日
IFRS第3号，第4号，第5号及び改訂IAS第36号，第38号の変換承認	2004年12月31日
IAS第32号と解釈指針第1号を承認	2004年12月31日
IAS第39号を部分的に変換承認	2004年12月9日
IFRS第1号の変換承認	2004年4月17日
IAS適用の承認	2003年10月13日

（出所）　DRSC, EU Endorsement der IAS［2008年3月18日現在］より作成した。

プロセスをとおして審議及び調査，そして承認あるいは否認されることになる。

　中小企業の会計制度を巡ってEUデュープロセスに視点が向けられているのは，IASBが，2008年（予定より遅れている）をめどにSMEsの基準を公表することが予定されていたことにある。そして，このSMEsの基準公表を目前に，EU委員会で „EU‑IFRS" が主張される根底には，1つには，EUにとって，

IASBが公表するIFRSについて承認の難度があるとされる。その難度は「容易」・「中間」・「高度」の3つに分類される[4]。

国内の中小規模の企業がIAS/IFRSを適用することを巡って，EUの承認プロセスについて，どのような見解があるかについて検討することにする。IASBのデュープロセスがEUのIAS/IFRSの承認に影響を及ぼすことになる。

第1段階: IASBのデュープロセス

IASBにおけるデュープロセスでは，「中小規模の企業の希望と要求を考慮していない」という批判がある。というのは，特定の企業によって委員会が構成され，この委員会によって中小規模の企業にも適用されるIFRSが検討される。結果的には，IASBにも望ましい影響力をもつ委員会が構成されるからである。IASBの決定に影響力を及ぼすには，例えばSMEsについていえば，デュープロセスへの積極的な参加者が求められる。しかし参加者にとって，英語の討議書を承認及び適用しなければならないことは，これまで適用していた国内の会計基準を前提に形成されるのではないこと，IASBによる承認は包括的見解にならざるを得ない[5]と指摘される。

IASBによるSMEsの公表が予定よりも時間がかかる背景には，図表2に示すように，国内におけるDRSCによる提案を初めとして，国内の関係者からのコメントが寄せられているという現状がある。また中小規模会社の会計基準は，商法の現代化法へ影響を及ぼすことになり，2007年11月にようやくBilMoG予備草案が公表され，商法改正の議論が展開されている。DRSCからは，BilMoGに対するコメントが出され，BilMoGにおける「中小規模資本会社に対する規制緩和策」は，今後のIASBによるSMEsとの関係が注目される（これは，第13章で扱うことにする。）。

EU域内の企業では，IAS/IFRSがEUのデュープロセスを経て適用されることから，IASB－IAS/IFRSの公表と企業の適用にはタイムラグが生じる。

第2段階: EUによるIAS/IFRS適用の承認

IASBによって可決したIFRSが，EU域内の企業の連結決算書に実際に適用されるに至るには，いわゆる承認のメカニズムを経なければならない[6]。EU

図表2　IASBによるSMEsに関する審議経過

時　期	SMEsに関する審議
1998年	プロジェクト開始
2004年6月1日	討議書（コメント120）
2005年4月5日	認識及び測定基準に関するアンケート調査（コメント101，そのうち，ドイツ8）
2005年10月1日	IASB公聴会
2006年1月24日	SMEs予備草案の調査
2006年2月12日	SMEs予備草案の調査，ワーキンググループの勧告が理事会に提出
2006年12月24日	SMEsの用語定義，範囲，IASBフレームワーク等の定義
2006年3月29日	SMEsの会計方針の見解，請負建設の進行基準等の試案
2006年5月26日	SMEs草案改訂の審議
2006年6月21日	SMEs草案（金融商品，測定原則，キャッシュフロー計算書，会計方針等）
2006年7月19日	SMEs草案（金融商品，ヘッジ会計，所得税等）
2006年9月21日	SMEs草案（金融商品，IAS第19号，IAS第11号，IAS第36号，所得税等）
2006年10月18日	SMEs草案（IFRS第1号等）
2006年12月14日	SMEs草案（フレームワーク，IAS第1号，SMEsの財務報告書，収益及び稼得利益報告書，キャッシュフロー計算書等）
2007年1月24日	SMEs草案（IAS第12号等）
2007年2月	SMEs公開草案公表
2007年9月19日	コメントの締め切りを2007年11月30日に延期（コメント162，そのうち，ドイツ10）
2008年3月12日	SMEs草案（会計方針，公正価値等）
2008年4月16日	SMEs草案の実験
2008年5月23日	小規模上場企業は草案においてSMEsの定義と同様に定義づけられる。
2008年6月17日	提案されたSMEs草案についての再検討
2008年7月23日	SMEs草案（投資資産，無形固定資産，企業結合，リース，引当金及び偶発債務，持分等）
2008年9月17日	提案されたSMEs草案についての再検討

（出所）　IASB, Meeting Summaries and Observer Notes, ［2008年11月20日］より作成した。

図表3 SMEs に関する DRSC の対応

	中小規模企業のための国際財務報告基準の展開	
	IASB	DRSC
1998年4月	特別の会計を要求することを考慮（特に、転換期あるいは開発途上及び新興産業の国における会計の必要性）	
2001年7月	基準アドバイザリー審議会（SAC）：「新興及び小規模企業の財務報告」研究プロジェクトの立ち上げについての同意	
2003年7月	IASB会議：新興及び中小規模企業のプロジェクト（既に活動しているプロジェクト）の進行過程における最初の意思決定	
2004年7月	討議書の公表：新興及び中小規模企業（SMEs）における予備見解	
2004年9月	討議書に関するコメント期間の締め切り：総計121の意見（そのうち、ドイツからの意見は11である）	IASBに対するドイツ会計理事会の見解
2005年1月	IASB会議：討議書に関する見解を基礎としてプロジェクト整備のための暫定的な決定	
2005年4月	IASBの新興及び中小規模企業（SMEs）の可能な認識及び測定の修正 35名（そのうちドイツは2名の代表）からなるIASBのSMEs研究グループの拡大	
2005年6月	IASBのSMEs研究グループの会議　アンケートのためのコメント提出締め切り：総計101見解（そのうちドイツから9の見解）	IASBに対するドイツ会計理事会の見解
2005年10月		公開討議への参加
2006年1月	IASBのSMEs研究グループの会議：IASBへの84勧告の完成：IASBでの第1回の会議	中小規模企業基準のIASBのプロジェクト委員長とドイツからは銀行代表との討論を遂行
2006年2月		国内の状況から考慮されなければならない視点を指摘するIASBへ書簡を送る。
2006年8月/11月	SMEsのIFRSに関するスタッフによる草案の公表	
2006年12月		提案された研究グループ草案の問題点を喚起するためにIASBへ書簡を送る。
2007年1月/2月		中小規模企業のIFRS草案に関する4つの情報形成の遂行（デロイトとの協力で）
2007年2月	SMEsのIFRS基準の公開草案の公表	
2007年2月〜10月	計画（これまで具体的な日程がない） ―討議完成 ―SMEs公開草案の後、試験的な終了	
2007年4月	ドイツ、フランス及びスペインにおける基準草案の公表	レーゲンスブルク大学財務会計・監査講座（Axel Haller教授）、ならびにDBI及びDIHKとの協力による中小規模企業のIFRS公開草案に関する企業アンケート調査
2007年5月		コメントのためのDSRの見解草案に関する企業のアンケート調査、20の中小監査法人、BDI及びPwCとの協力による約20社の中小規模の企業のためのIFRS公開草案に従ったサンプル決算書作成のためのプロジェクト開始
2007年9月		中小規模企業のIFRS公開草案についての公開討論会、サンプル決算書の作成に関するプロジェクトと企業アンケートによる調査結果
2007年10月	SMEsの公開草案に関するコメント提出期間の締め切り	IASBへのDSRの見解
2008年第2半期（予想）	最終的基準の公表（国内の立法者の決定に依存するので、必ずしも施行されるのではない）	

（出所）　IFRS-Standardentwurf für den Mittelsstand, in：*BB* Special 6/2007, S. 24

による承認において調査及び将来のコントロールに関係するのは，EU委員会，会計規制委員会（ARC），EU理事会，欧州議会である。IAS-VO 10条では，欧州議会と理事会は，EU委員会がIAS/IFRSを評価する際に，サポート及び審議するテクニカル委員会を設置することを指示している。この目的のために，2001年に決算書に関して審議するグループ（EFRAG）が設置された。2002年6月にEFRAGから実質的な活動を引継いだ専門委員会（TEG）が委員会の活動をしている。2006年にEFRAGの活動は再編成され，EFRAGは，EUにおけるIAS/IFRSの問題ないしは適用について諮問している。新しいIAS/IFRSを承認すべきか否かについて，EU委員会には，EFRAGを通じて決定できる主導権が義務づけられている。

このような承認のプロセスに，2006年7月15日に委員会による新たな決議によって，前章で述べたように，基準アドバイス・ビュー・グループ（SARG）が設置された。このグループはプライベート・セクターで設置され，IAS/IFRSのEU法への変換にEFRAGの見解を考慮に入れ，ARCに対してIAS/IFRSのEU法への変換を提案する前に，客観的であるかどうかについて諮問する。このグループは最高7名のメンバーから構成され，これらのメンバーには，国内の基準設定委員会とは独立した専門委員と高度な信用を有する委員から構成される[7]。

以上のようなEUのデュープロセスにおいてIAS/IFRS適用が承認された後に，企業によるIAS/IFRS適用が決定できる。しかしここで問題なのは，IASBが公表したIFRSがEUの承認を経ることなく，先に企業がIFRSを適用することができることである。

第3段階：企業によるIFRS適用の決定

今後，改訂IASあるいは新しいIFRSがEUのデュープロセスをとおして承認されたと仮定した場合，その当該年度の決算日に，会計処理をする企業からみれば，企業にとって，その基準を適用することが望ましいならば，基準をいち早く適用することができる。というのは，IAS/IFRS適用の決定には選択権が与えられ，選択権をとることは，企業の裁量の余地に委ねられているからで

ある。また継続性の原則が考慮されたとしても、企業は任意の裁量に従って選択権を履行することができる[8]からである。

このような3つの段階を経て、EU域内におけるIAS/IFRSの適用に際して生じる問題について考察することにする。

第2節　IASB‐IAS/IFRSから
　　　　EU‐IAS/IFRSへの変換に際して生じる問題

このようなEUのデュープロセスで問題となっているのが、IFRS第8号「事業セグメント」(以降、基準タイトルは省略) である。IFRS第8号は、図表1で示すように、2007年11月22日にEUで承認された。しかしこの基準の承認を巡り、以下で述べるように、「IASBによるIFRSの公表とEUにおける承認及び官報での公表のどちらの時点で、EU域内の企業は連結決算書にIFRSを適用することができるのか」という基準の適用開始時期を巡るタイムラグについて問題提起された。

さらにIFRS第8号は、既に承認されたIAS第14号「セグメント別報告」(以降、基準タイトルは省略) と内容的に矛盾する基準となったことから、既にEUで承認されたIAS第14号と矛盾するIFRS第8号のEUでの承認が問題となった。

EUにおけるIAS/IFRSの変換手続きにおいて、IAS/IFRSの変換時点を明確にすることは困難である。IASB‐IAS/IFRSが「EUで適用されるIAS/IFRS」とどのように区別されるべきかは、将来の承認の手続きに左右される。EU議会の役割が十分評価されず、承認の手続きの透明性が求められる[9]。EU議会の決議5条 (1999/468/EG) には、IAS-VOに従ったIAS/IFRSの変換に関する手続きが述べられている[10]。

私的基準の協定として、IASBがEU域内の上場企業の会計基準として義務づけられる会計基準を発令できないことから、EU委員会によって特別の調査及び承認メカニズム (承認手続き) が履行される。この承認手続きをとおして、

IASBの基準を間接的に適用するEU法へ変換される。その際に，EU委員会は，EU理事会と協力してさまざまなプライベート・セクターによって設置された組織の勧告を基礎として，IAS-VO3条2項に定められた基準と新しいIFRSとの適合性を調査し，EU第4号指令とEU第7号指令に合致しているかどうか，また欧州の公益，理解可能性，重要性，信頼性，比較可能性を充たしているかどうか，さらに企業の管理の業績評価及び経済的な決定が会計を基礎として可能となる（IAS規則3条2項）ことを前提として，新しいIFRSを法的行為としてEU官報で公表しなければならない。したがってIAS-VOに基づいて，加盟国の法律として公表されなければならない[11]。

しかし，EU法に変換されたEU-IAS/IFRSとIASB-IAS/IFRSとの間に問題が生じる。

企業のなかには，2006年12月31日まではUS-GAAPを適用していたが，2007年営業報告書ではEUで承認された新しいIFRSを適用しなければならないという企業がある。このようにUS-GAAPを適用している企業にとって，2007年営業年度から既存のIASを適用するよりも，新しいIFRSを適用する方が手間がかからないということがある。しかも既にEUで承認された旧IASが内容的にも矛盾する新しいIFRSに改訂された場合に，企業のとる方法として，新しいIFRSの前倒しの適用が選択されるであろう。

その例として，EU域内の上場企業が，2006年11月30日，IASBによって可決されたIFRS第8号（IAS第14号の廃止）を，2007年営業年度に適用する場合にみられる[12]。このIFRS第8号は，US-GAAPのSFAS第131号に近い基準とされる。そのためSFAS第131号を適用して，2007年営業報告書でセグメント報告書を作成した企業にとっては，この問題は，特に関心が深いとされる。というのは，たとえEU委員会によって公的に容認されなくても，これまでのセグメント別報告書にIAS第14号のような基本的に異なる報告形式を適用するよりも，2009年1月1日適用開始時期まで待たずして，SFAS第131号と類似したIFRS第8号を前倒しで適用することで手間を避けることができる[13]からである。

そこで問題となるのは，EU によってまだ容認されていない IFRS を適用できるかどうかである。IASB によって可決した IAS/IFRS が，EU 法にはまだ公式に変換されないにもかかわらず，決算日には既存の基準を適用して決算書を作成しなければならないのか，いい換えれば，新しい IFRS の前倒しの適用が，どれくらいの期間から可能であるかどうかが問われる[14]。

このような IASB‐IAS/IFRS と EU‐IAS/IFRS のタイムラグについて，次に検討することにする。

第3節　EU における承認のタイムラグ

EU における IAS/IFRS の承認メカニズムとそのメカニズムに関連する制度及び組織が複雑であることから，IASB による IAS/IFRS の公表と EU 法への変換にタイムラグが生じる。基準と解釈指針が，IASB で可決された日から EU で承認されるまでのタイムラグは，平均して 260 日となることを Pellens 等によって作成された図表4が示している[15]。

上場企業の決算書作成時点では，図表4に示されるように，IASB の IAS/IFRS の可決と EU における IAS/IFRS の承認の時期にタイムラグが生じることは明らかである。このタイムラグは，欧州企業には重要な問題となる。すなわち決算時期に，IASB‐IAS/IFRS を適用するのか，あるいは EU‐

図表4　選択された基準と解釈指針とのタイムラグ

基準/解釈指針	IASB 可決	EU 委員会の解釈	EU 官報での公表	承認までの日数
IAS 第32号改訂	2003年12月17日	2004年12月29日	2004年12月31日	380日
改善プロジェクト	2003年12月18日	2004年12月29日	2004年12月31日	379日
IFRS 第2号	2004年 2月19日	2005年 2月 4日	2005年 2月11日	358日
IAS 第39号改訂[注]	2005年 6月16日	2005年11月15日	2005年11月16日	153日
IFRIC 第6号	2005年 9月 1日	2006年 1月11日	2006年 1月27日	148日
IAS 第27号改訂	2005年12月15日	2006年 5月 8日	2006年 5月 9日	145日

（出所）　Pellens, Bernhard/Jödick, Dirk/Jödicke, Ralf, *a. a. O.*, S. 2504. 注）「公正な評価のオプション」を除く。

IAS/IFRSを適用するかによって，会計処理上の相違が生じることになる。

EU域内の上場企業が，IASB‐IAS/IFRSとEU‐IAS/IFRSのどちらの基準を適用できるかについて，Pellens等は，以下のような分析をしている[16]。

1 2つの基準の適用可能性

Pellens等は，基準の内容の観点，EU承認の時期の観点から分析している。基準の内容の観点から，1つはEU委員会によって既に解放（freigegeben, Freigabe）されたIAS/IFRSと新しいIFRSとに区別した上で，新しいIFRSには，これまで既存の基準ではまだ明らかに規定されていない領域がある。そのため，新しいIFRSは，既存のIAS/IFRSと同様に尊重されなければならない（例IFRS第8号10及び11にみられるように）[17]場合がある。

もう1つの場合には，新しいIFRSが，既存のIASを根本的に改訂をして初めて適合するという場合である。新しいIFRSは，既に承認されたIASと矛盾することになる場合である。

承認時期の観点から，EU承認プロセスの状態を分析することができる。つまり承認されようと否決されようと，まだ承認されていない状態，もう1つはEU承認プロセスにおいて完全に否決された場合である。IAS/IFRSの承認がまだ決定されない場合には，新しい基準がEU法へ変換されることはできない。したがって承認手続きにおいて，新しいIFRSのEU法への変換は明確に否定される[18]。

以上の4つの場合を表に示すと次のようになる。

図表5 まだ解放されていないIFRSについての分類基準

		承認手続きの位置づけ	
		解放の承認が なされていない	解放が否決される
新しいIFRSと既存の IFRSとの関係	既存のIFRSと矛盾する	①	③
	既存のIFRSと矛盾しない	②	④

（出所）Pellens, Bernhard/Jödick, Dirk/Jödicke, Ralf, *a. a. O.*, S. 2504.

図表5に示されたマトリックスから，Pellens等は，新しいIFRSが適用できるかどうかについて考察している。

2 EU承認手続きの位置づけ

新しいIFRSが既存のIAS/IFRSと矛盾しない関係にあるIFRSは，EUでまだ承認されていない場合と既に否決された場合に区分できる。

①の場合を，IFRS第8号とIAS第14号の関係でみていくと，IFRS第8号は，2006年11月30日にIASBによって可決された。IFRS第8号は，2003年9月29日に既にEUによって解放されているIAS第14号とは内容的に異なる基準である[19]。新しいIFRSには，既に適用されている規則と矛盾する規則が含まれている。まだ解放されていない新しいIFRSは適用できるかどうかが問われる。IAS-VOの解釈では，EU委員会でIAS-VOに基づき受け入れたIAS/IFRSに従って決算書を作成することを規定していることから，EU域内の企業は，EUで容認されたIAS/IFRSに従って決算書を作成すべきである。EU委員会は，前倒しのIAS/IFRSの適用を禁止している。新しいIFRSが既存の規則に矛盾し，明確に承認が否決された場合には，当然前倒しの適用は認められない。既存のIASに矛盾する新しいIFRSが否決された場合には，解釈が必要として黙認されたままである。しかし決算日後，まだ決算書が作成されていない前に承認された場合には，EU委員会は新しいIFRSの適用を容認する。

②の場合は，新しいIFRSがEU委員会によってまだ適用が解放されていない時に，もし既存のIASとIFRS第8号 (10-11)[20] が内容的に一致しているならば，新しいIFRSは，EU委員会のコメンタールに従って適用される。IAS-VOに従って，IFRS第8号 (10-11) ならびに「IFRSのフレームワーク」を判断基準として，前倒しの適用は，既存のIAS/IFRSに従って判断できる。IFRS第8号 (10-11) が既にEU法に変換されていることから，EU域内でもIAS-VOで定められていないことについても判断が可能である。そのことから，直接には法の効果がないが，変換されていないIAS/IFRSの前倒しの適用は可能となる。

3 新しい IFRS と既存の IAS/IFRS の関係

2004年11月における草案で，EU委員会が IAS 第39号を EU 域内での適用を解放した際には，IASB によって可決された規則の一部だけを変換した。いわゆる「公正な評価のオプション」の EU 法への変換は否決されたからである。EU 委員会は，IAS/IFRS の EU 法への変換についての承認を，IAS-VO 3条2項に従って調査している。すなわち明白に否決された規則であっても，EU 域内では適用されてもよいのか，あるいは適用しなければならないのかについて検討している。この検討に際して，図表5に示すように，新しい IFRS と既存の IAS/IFRS の関係が矛盾しているか，あるいは矛盾していないに2区分できる[21]。

③の場合，IAS 第1号 (14)「財務諸表の表示」(以降，基準タイトル省略)[22] では，IAS/IFRS の全体的な要件を備えている場合にのみ，決算書が新しい IFRS と既存の IAS/IFRS と一致していると認めてよいことが確認できる。つまり EU による解放が可能かどうかにかかわらず，例えば，IASB によって可決された IAS 第32号「金融商品：表示と開示」(以降，基準タイトル省略) は，EU 委員会によって，2004年12月29日には EU に変換された。というのは，解放された IAS 第1号 (14) に従って全体的な IFRS に適合するために，2004年12月31日に EU の官報で公表されたように，IAS 第1号 (14) を広義に解釈すると，EU 承認プロセスで一般的な参照をとおして，立法手続きの範囲を決める必要はないからである。

④の場合，新しい IFRS の EU 法への変換が，EU 委員会によって否決されるならば，基準は IAS-VO 3条2項の基準に適合しないことになる。それにも関わらず，委員会は IAS-VO のコメンタールに IFRS 適用の可能性をみいだすことができる場合がある。それは，基準が既存の IAS/IFRS に関係していることから，IFRS 第8号 (10-11) が IAS-VO を充たしている場合にあてはまる。

第4節　改訂 IAS と新 IFRS の矛盾に際しての企業の対応

　IAS 第 14 号が廃止される結果となるまで，EU における通常のデュープロセスでは，IAS 第 14 号の IFRS 第 8 号への変換が問題とならなかった。IASB によって IFRS 第 8 号は公表され，2009 年 1 月 1 日以降に適用開始されることとなった。

　しかし EU 議会では，IFRS 第 8 号に関して，IAS-VO 8 条に従って ARC の合意後，委員会は施行の権限に反することができるとした[23]。議会が考えていた調査期間内に公表することについて，可決に達していないとして，IAS-VO 8 条で示された手段に遡って，議会による異議申し立ては無視できないとされた[24]。

　IFRS 第 8 号が問題となった理由は，「IFRS 第 8 号は，基準の本来の性質が十分考慮されておらず，コンバージェンスの目的に適合させるための SFAS 第 131 号のコピーである」[25]ということである。この問題指摘の基礎には，

図表 6　EU のデュープロセスにおいて IFRS 第 8 号が問題にされるまでの過程

2006 年 1 月 19 日	IASB が 2006 年 5 月 19 日をコメント受け入れの締め切り日として IFRS 第 8 号草案を公表した。
2006 年 11 月 30 日	IASB が 2009 年 1 月 1 日適用開始とした IFRS 第 8 号を公表した。
2007 年 1 月 16 日	EFRAG が IFRS 第 8 号の EU 法への変換を勧告した。
2007 年 2 月 2 日	ARC が IFRS 第 8 号の EU 法への変換に同意した。
2007 年 4 月～5 月	EU 議会が IFRS 第 8 号の EU 法への変換に異議申し立てをし，EU 委員会は基準の決算書への影響について分析を開始した。
2008 年 1 月 8 日	IFRS 第 8 号に関するパブリックコメント IFRS 第 8 号に関して，EU 委員会は影響（潜在的効果）について分析した。この分析の 1 つとして，アンケート調査を実施し，このアンケートに対して，ドイツの組織・企業・個人から 25 件の回答が寄せられた。

（出所）　Oversberg, Thomas, *a. a. O.*, S. 1601, EU Nachrichten 2008（http://ec.euorpa.eu）[2008 年 3 月 16 日付] を基礎として作成した。

IFRS 第8号の性質が損なわれるのではないかという懸念によるものであった。IAS 第14号に比べ，IFRS 第8号は，企業管理に，場合によってはセグメントの定義及びセグメント情報の評価に裁量の幅を与えることは明らかであるからである。IFRS 第8号の基礎となっている「マネジメントアプローチ」を通じて裁量の幅が拡がるとされ，EU で IFRS 第8号の変換の決定があるまで，企業の IFRS 第8号の前倒しの適用はできないとされる。EU をとおして既に変換された基準（IAS 第14号）が新しい基準（IFRS 第8号）に代わるまで，あるいは公式に EU 法への変換があるまでは「旧」基準を適用する[26]としている。

しかし 2006 年営業報告書あるいは 2007 年営業報告書において，新しい IFRS 第8号をどのように処理しているかについて，次に，DAX-30 の企業を中心として，検討することにしたい。

第5節　IASB による IAS/IFRS の公表と企業の適用開始

これまで，EU 域内の企業が，IASB‐IAS/IFRS と EU‐IAS/IFRS のどちらを適用すべきかについてを考察した。その際に，IAS/IFRS の適用開始が問題となる。この IAS/IFRS の適用開始を考える上で，EU 委員会は，IAS 規則のコメンタールで「容認された IAS に従った決算書を作成しなければならない」としている[27]ことが前提となるであろう。このコメンタールが，単に EU 委員会の見解を示しているのではなく，法的な効力があるというわけではないが，原則として承認された IFRS は現行法として適用されるべきである。この原則が，EU 委員会サイドからの「まだ承認されていない IFRS は適用されるべきではない」ということと矛盾している。それは，特定のケースを明確に示して，IAS/IFRS の適用は否定できないとする場合である。というのは1基準が最後まで容認されないならば，連結決算書を IAS-VO に従って作成する企業は，この規則を基礎にすべきということを守ることができないし，しかも規則

図表7　IAS/IFRSの適用開始時

基　準	IASBによる可決	EUによる承認	EU官報による公表	EU域内における適用開始
IFRIC 2	2004年11月25日	2005年7月7日	2005年7月8日	2006年1月1日
IAS 39	2005年6月16日	2005年11月15日	2005年11月16日	2006年1月1日

(出所)　Pellens, Bernhard/Jödick, Dirk/Jödicke, Ralf, *a. a. O.*, S. 2505. SIC第12号も挙げているが、本章ではIFRIC第2号とIAS第39号を対象とする。

への権限が与えられないからである。特定のケースに限り、前倒しの適用を禁止するのは、EU委員会が前倒しの適用は望ましくないが、不可能ではないというケースを明らかにすることになる。しかし新しいIFRSが既に承認したIAS/IFRSに矛盾して、また承認プロセスにおいてもIFRSの承認が明白に否定された場合には、前倒しの適用を認めない[28]ということは明らかである。

　EU委員会が、既に承認されIAS/IFRSに矛盾する新しいIFRSの承認をまだ決定していない場合には、EU委員会は、この事例には解釈が必要として黙認したままとなっている。決算日後、また決算書の作成に直面している場合には、EU委員会は前倒しの適用を容認すると考えられている[29]。

　IASBが可決したIAS/IFRSがいつから適用開始されるのか、について考察する場合に、図表7から改訂IAS第39号「金融商品：認識及び測定」(以降、基準タイトル省略)、新しいIFRIC第2号「協同組合に対する組合員の持分及び類似の金融商品」は、EUの基準の承認時期に遡る営業年度が適用開始になった例である。

　IFRIC第2号及びIAS第39号の適用開始時期で問題となるのは、基準が改訂された場合に、どの程度、過去に遡及して、既に公開された営業報告書の修正が義務づけられるかについて、これまで明確な説明がなされていない。会計に関する規則委員会の取り決めに従って、制度によって統一化されることが予定される。しかし将来、承認されるIFRSについては、「各企業が、基準適用開始日後に始まる営業年度開始以降、附則に従って適用する」ことになる[30]

と判断される。

次に，既にEU法に変換されたIAS第14号に矛盾する新しい基準であるIFRS第8号のように，IASBによって公表され，まだEUでは承認されていない基準に対する企業の対応について考察することにする。

第6節　IASBによる IAS/IFRS公表に対する企業の対応

DAX-30のなかには，ニューヨーク証券取引所に上場し，2007年連結決算書において，まだUS-GAAPからIAS/IFRSに変換していない企業も含まれる。それらの企業では，2007年1月1日以降はIAS/IFRSを適用するため，2007年営業報告書ではUS-GAAPからIAS/IFRSへの変換のための移行期間となっている。

US-GAAPを適用している企業にとって，2007年1月1日以降からIAS/IFRSの適用が義務づけられているが，それ以前でも適用が認められている。そのため新しいIFRS第8号を前倒しで適用している企業がみられる。IFRS第8号は，US-GAAPのSFAS第131号と近い基準であることから，2007年営業報告書では前倒しでIFRS第8号を適用している企業がある。

従来のIAS第14号は廃止され，IFRS第8号を前倒しで適用する企業が存在することは，「EUの承認」を経て，「EU官報」で公表された基準を適用すべきとする前提が崩れることにもなる。

そのため企業のIASBによるIAS/IFRSの公表とEUにおけるIAS/IFRSの承認状況を開示している企業がある。IFRS第7号「金融商品：開示」(以降，基準タイトル省略)は，2007年1月1日以降に適用される。したがって2007年連結決算書では，IFRS第7号に従った金融商品に関する開示は拡張された開示となっている。

図表8に示すように，DAX-30上場企業がIASB IAS/IFRSとEU-IAS/IFRSにどのように対応しているかについて分析した。そのなかで，US-

図表8 IFRSの前倒しの適用

前倒しの適用の有無	EU承認の状況開示の有無	会　社　名	業　種	会計期間	IASB-IFRSとEU-IFRSの相違を示す開示状況		
					IFRS第7号 IASB：IFRS第7号「金融商品：開示」 （2007年1月1日施行）		IFRS第8号 IASB：IFRS第8号「事業セグメント」 （2009年1月1日施行）
無	×	adidas-salmon AG	小売業	2007年1月1日～2007年12月31日	新しいIFRS、改訂IAS及び解釈指針は、2007年12月31日に終わり切られる営業年度として適用されなければならないとして、IFRS第7号「金融商品」は2007年1月1日（施行時点）この新しい基準に、金融商品に関して広範囲の追加記載を求めている。		2007年12月31日以降の営業年度に適用され、連結決算書の作成に際して適用されてこない「新しい基準及び解釈指針」として挙げられる基準の1つにIFRS第8号が挙げられている。[IFRS第8号「事業セグメント」（施行2009年1月1日）：コンツェルンはこの新しい基準の影響を目下調査中である]としている。
	×	Allianz SE (2006年以降)	保険	2006年1月1日～2006年12月31日	2005年8月にIASBは改訂IAS第1号「財務諸表の表示」を公表している。改訂IAS第1号ではセグメントに関する追加加記を求めている。さらにIASBは2005年8月にはIFRS第7号「金融商品」を公表した。この基準は、金融商品及びAllianz社のコンツェルンの契約各額に関する追加記載を求め、改訂IAS第1号及びIFRS第7号は、2007年営業年度に適用されなければならない。この基準の適用が必要か、資金及び収益状況に重要な影響を及ぼすことは予想されない（現在調査中）。		直近に改訂公表された会計規則（2007年1月1日及びそれ以降に最初に適用）として、IFRS第8号「事業セグメント」が挙げられている。2006年8月「事業セグメント」が公表されている。IFRS第8号を基礎として企業の許諾者及びセグメントの企業の管理指標によって調査される（いわゆるマネジメントアプローチ）がIFRS第8号で定義されている。IFRS第8号はセグメント情報の表示についての説明ならびに報告義務のあるセグメント別の全体の売上高、総資産と総負債、ならびに減損実施された金額での当該セグメントを報告する義務が生ずる移行計算を求めている。
	○	BASF SE (2008年1月14日以降)	化学	2006年1月1日～2006年12月31日 2007年1月1日～2007年12月31日	2006年営業報告書では、まだ考慮されていないIFRSとしてIFRS第7号「金融商品：開示」がある。この基準は、金融商品の開示義務を拡張している。開示範囲に関係することは、補足としてIAS第32号の要件は、IFRS第7号に変換され、金融商品の処理及び記載及び評価に関する既にある記載義務の他に、IFRSにおける追加情報などリスクの性質と規模の情報を公開している。BASFは既に付属説明書にリスクの記載を公開しているので、2007年1月1日以降の営業年度に適用しなければならない。		2006年営業年度にはまだ適用されないEUによって承認されていないIFRSと解釈指針の決算書への影響が調査された。その基準の1つとして、IFRS第8号「事業セグメント」が挙げられている。従来のIAS第14号と企業のセグメント表示に関する際に適用されたSFAS第131号は、マネジメントアプローチ（企業のセグメント表示について）に関連する情報を提供する。IFRS第8号は、2009年1月1日及びそれ以降に早期の適用が認められている。これまで、セグメントの外部のセグメントの表示に使用される金額事業単位の内部のセグメントに関しても使用されている。IFRS第8号は、BASFグループの決算書への影響はないとしている。

69

		会社名	業種	会計期間	IFRS第7号関連の記述	IFRS第8号関連の記述
×	○	Bayer AG (BayerSchering Pharma)	化学・医薬品	2007年1月1日～2007年12月31日 2006年2月29日以降、Bayer社とBayer Schering Phama社となる。	新しい会計規定としてIFRS第7号が挙げられる。IFRS第7号「金融商品：開示」はIASBが2005年8月に公表した基準で、2007年1月1日あるいはそれ以降に開始される営業年度に関して、適用されなければならないとして、新しい基準は2007年営業年度以降説明書に付属説明書で説明する。IFRS第7号は営業報告書で説明開始となる。	2007年営業報告書では、IFRS第8号「事業セグメント」は、2007年11月にEUで承認された。この基準は、2009年1月1日及びそれ以降に適用されなければならない。セグメント報告書への実質的な影響はないとしている。
×	×	Bayerische Hypo-und Vereins-bank AG	金融	2006年1月1日～2006年12月31日	「まだ適用が義務づけられないIFRSの公表」として、[IASB]が、次のように新しく公表したあるいは改訂しているの基準とし、2007年1月1日以降では適用されない。IFRS第7号「金融商品」の記載について、2007年1月1日以降では適用されない。それに伴って、IAS第32号と完全に入れ替えられて、IAS第32号には一部が入れ替えられる。それによって、損益計算書、貸借対照表、注記の構成に修正が生じる。2007年1月1日以降のIFRS第7号で適用が説明されている。	IFRS第8号「事業セグメント」はIAS第14号に代わり、2009年1月1日以降に適用されることが説明される。
○	×	BMW AG	自動車	2006年1月1日～2006年12月31日	IFRS第7号「金融商品：開示」は決算書に適用されている。	会計規定の最初の適用は実質的な影響を及ぼさない。2006年営業報告書では、連結決算書の付属説明書に「2006年営業年度に公開されたIFRS第8号は第14号に代わり、2009年1月1日に開始する営業年度に適用しなければならない」としている。
×	×	Commerzbank AG	金融	2006年1月1日～2006年12月31日	基準と解釈指針の前倒し適用から除外される基準としてIFRS第7号「金融商品：開示」を挙げている。このこと、会計処理及び評価に重要な影響を与えないとしている。	基準と解釈指針の前倒し適用から除外される基準としてIFRS第8号を挙げている。このこと、会計処理及び評価に重要な影響を与えないとしている。
○	×	Daymler Chrysler	自動車	2006年1月1日～2006年12月31日 US-GAAP 2007年営業報告書以降IFRS適用	2006年営業及び公表後に早期適用する。IFRSに早期適用を決定した。2007年承認及び公表後に早期適用、IFRS第7号を2006年早期適用した。	2007年営業報告書にIFRS第8号「事業セグメント」と記述している。連結決算書はIFRS第8号を前倒し適用している。IFRS第8号は「企業が報告セグメントについてどのような金融情報を報告しなければならないか」を規定している。IFRS第8号はセグメント報告書では、IAS第14号に代わり、いわゆる「マネジメントアプローチ」に従っている。それによれば、事業セグメントについての情報は、内部の報告を基礎として公表される。

		会社名	業種	期間	記述
○	×	Deutsche Bank AG	金融	2007年1月1日～2007年12月31日	2007年営業報告書では、連結決算書及び付属説明書ではIFRS第7号「金融商品：開示」は2005年8月に公表されたIFRS第7号に従って作成された。2007年1月1日及びそれ以降に適用しなければならない、付属説明書「IFRS第7号の拡張」を考慮することによる、連結決算書への影響はなかったとしている。	2007年営業報告書では、2007年1月1日付きをもってコンツェルンは連結決算書及び中間決算書を作成した。中間決算書は、2006年12月31日まで公表及び、2007年3月に実施されたIFRSと一致して作成された。この報告書に含まれるIFRS第8号「事業セグメント」の規定に従って作成され、IFRS第8号は、可決したEUによる変換を必要とするが、EUによるIFRS法への変換を必要とするが、コンツェルンが最初の決算書を作成しなければならない場合にもおそらく適用しなければならない基準に基づいて決算書を作成しなければならない基準である。
○	○	Deutsche Börse AG	証券取引所	2006年1月1日～2006年12月31日	2007年営業報告書では、IFRS第7号「金融商品：開示」は2006年1月1日に前倒して適用している。その他IFRIC第11号を前倒して適用している。	IFRS第8号「事業セグメント」は前倒して適用しない。IAS第14号に代わり、SFAS第131号「事業セグメント」について新しい規定である。IFRS第8号に従って、いわゆるマネジメントアプローチによるセグメントの経済的状況について報告しなければならない。
×	○	Deutsche Lufthansa	航空業	2006年1月1日～2006年12月31日／2007年1月1日～2007年12月31日	2006年8月に公表された IFRS第7号「金融商品：開示」に関連したIAS第1号の追加「資本開示」が規定され、2007年1月1日及びそれ以降に最初に適用すべきであるので、記載義務は当社も適用している。基準適用の重要な影響、資産及び収益状況に変化がある。	2006年及び2007年の「事業セグメント」は、2006年11月に公表され、2009年1月1日開始の事業年度に最初に適用されるが、ばならない。IFRS第8号は、構造及び算定目的に内部の意思決定者に定期的に提出される報告書に適合している。IFRS第8号の最初の適用開始が、2007年報告書の記載内容及び事業セグメントの適用開始が重大な影響を及ぼさない。
×	×	Deutsche Post AG	郵便・物流	2006年1月1日～2006年12月31日／2007年1月1日～2007年12月31日	2006年営業報告書の付属説明書では、IFRS第7号「金融商品：開示」について、IFRS第7号の適用が、2007年1月1日以降であることが記載されている。2007年営業報告書の連結決算書におけるIFRS第7号、連結決算書付属説明書で説明されている。	2007年営業報告書の付属説明書において、3つの区分、1. IFRSに従って新しい規定と前年度との適合性、2. EUによって承認されているが適用していない基準、その他の基準に影響される事業セグメント。3. IFRS第8号「事業セグメント」が説明されている。EUによってまだ承認されていない基準が公表されているが、義務付けの最初の事業年度から開始することを決定することになるのは、IFRS第8号、いわゆる「マネジメントアプローチ」に基づいている。
×	○	Deutsche Post AG	郵便・物流	2006年1月1日～2006年12月31日／2007年1月1日～2007年12月31日		
○	×	Deutsche Telekom AG	通信	2006年1月1日～2006年12月31日／2007年1月1日～2007年12月31日		2007年営業報告書は、IFRS第8号に代わり、2009年1月1日に開始される報告年度に適用されなければならない。IFRS第8号「事業セグメント」を前倒しで締め切りとして、2007年12月31日から開始する事業年度から適用することをIFRS第8号は義務付けているが、同じではない、いわゆる「マネジメントアプローチ」に基づいている点である。
○	×	E.ON AG	エネルギー	2006年1月1日～2006年12月31日／2007年1月1日～2007年12月31日	2007年営業報告書で初めてIFRS第7号「金融商品：開示」が最初に適用され、新しい基準は、金融商品からのリスクの範囲について、質的及び量的開示を求めている（例えば、信用、支払手段、市場リスク等）。	2007年営業報告書はセグメント報告書を作成した。連結決算書はIFRS第8号「事業セグメント」を前倒して適用することを記述している。

	会社名	業種	期間		
○	Henkels KGaA	化学	2007年1月1日～2007年12月31日	2007年営業報告書には、IFRS第7号「金融商品：開示」が2007年1月1日から適用している。IFRS第7号「金融商品：開示」が適用され、連結貸借対照表示及び損益計算書、付属説明書において改訂されている。	2007年営業報告書の連結決算書の付属説明書にIFRSが説明され、IFRS第1号「財務諸表の表示」の前倒しの適用をとり、IFRS第7号「財務諸表の表示」に該当する新しい形式で適用している。
×	Linde AG	エネルギー	2006年1月1日～2006年12月31日	IASBないしはIFRICによって可決したIFRS第7号は、まだ2006年12月31日での連結決算書に適用されていない。なぜならまだ義務づけられていないし、あるいはまだEU委員会によって変換されていないからである。	IASBないしはIFRICによって可決したIFRS第8号は、まだ2006年12月31日での連結決算書には適用されていない。なぜならまだ義務づけられていないし、あるいはまだEU委員会によって変換されていないからである。
×	MAN AG	運搬車	2007年1月1日～2007年12月31日	2007年営業報告書における連結の付属説明書には、IFRS第7号「金融商品：開示」、改訂IAS第1号「財務諸表の表示」が適用されている。IFRS第7号及び改訂IAS第1号「財務諸表の表示」を適用しIAS第32号及び第31号並びに資本表示された金融商品（IAS第32号及び第31号）のキャッシュフロー及びリスクマネジメントに関する記述が拡張されて開示される。	2007年11月に公表されたIFRS第8号に代わりIAS第14号によると、2006年11月に公表されたIFRS第8号「事業セグメント」は、2009年1月1日以降に適用しなければならない。IFRS第8号に従ってセグメント報告を行わなければならない。この基準の適用によってセグメント報告に重要な影響を反映するとは考えていない。
×	METRO AG	小売業	2006年1月1日～2006年12月31日	2006年営業報告書の付属説明書において、IFRS第7号を最初に適用する場合に、重要な影響（変更）とはないとしている。2007年営業報告書「金融商品：開示」では、IFRS第7号の金融商品について開示義務が拡張されている。IFRS第7号は、類似した金融商品の分類を決め、その分類を基礎として資産、金融状況に関連する金融商品についての広範囲の情報、金融商品に関連する金融商品について生じるリスクの種類及び範囲の開示についての質及び量の開示に備えられる。	2006年営業報告書の付属説明書において、IFRS第8号を最初に適用する場合に、現在の評価には重要な影響を反映さないとしている。
×	Münchener Rückversicherungs-Gesellschaft	保険	2007年1月1日～2007年12月31日	2006年営業報告書にはIFRSの最初の適用として、IFRS第7号「金融商品：開示」はない。2007年1月1日以降に適用しなければならないIFRS第7号の最初の適用については、金融商品の計上及び評価方法の変更、特に計上及び評価の変更、基準の特にないリスクについての評価及び計上及び評価方法の変更はない。金融商品、特にリスクについての評価の変更はない。金融商品の他に、保険契約分からも生じるリスクは同様の規則は、改訂IAS第1号に対する法及び手続きについて開示されている。これに並行してIFRS第1号と同じ目的、方法の手続きについて、IFRS第7号の最初の適用として、2007年営業報告書には、IFRS第7号の最初の適用として追加開示が求められている。IFRS第7号の最初の適用として、金融商品、特に計上及び評価を行う金融商品と資本性金融商品の種類と範囲、金融商品から生じるリスクの種類と範囲、そのマネジメントとリスクについての開示の詳細して、補足的なリスク報告の詳細を指摘している。	2006年営業年度には、IFRS第8号「事業セグメント」には、セグメント報告の新しい規則が含まれ、セグメント報告適用しなければならない。2009年1月1日以降適用しなければならない。セグメント報告の最初の適用の影響は最終的には判断できないとしている。

	会社名	業種	期間	内容
○	RWE AG	電力・水道	2006年1月1日～2006年12月31日 2007年1月1日～2007年12月31日	2007年営業報告書の付属説明書に「計上及び評価方法の変更」のうちに既存のIFRS第7号が挙げられている。IASBが既存のIFRSには一連の改訂ならびにいくつかの新しい基準を可決した。2007年1月1日以降適用が義務づけられたIFRS第7号「金融商品：開示」は、既にIAS第32号に規定されている金融商品に注意すべきIFRS第7号の付属説明書の開示並びにIAS第30号に規定されているこれまで銀行及びそれに類する金融機関にとってはIFRS第7号を開示を含めて、それらの義務をも拡張しなければならない。IFRS第7号の公表とともに、IAS第1号は資本マネジメントの開示義務が拡張された。IFRS第7号の適用開始、付属説明書の記載の拡張に関係なく、RWE社の連結決算書には影響はない。2007年営業報告書の付属説明書に「計上及び評価方法の変更」のうちにIFRS第7号が挙げられ、決算日までにIFRSに施行が義務づけられたIFRSにも適用となる。さらにRWE社は、IFRS第8号「事業セグメント」を当該報告年度に始めて適用している。
×	Schering AG (BayerSchering Pharma)	化学	2006年1月1日～2006年12月31日 2007年1月1日～2007年12月31日 2006年12月29日（以降、Bayer社と合併して、社名Schering Pharma社となる。）	2007年営業報告書の付属説明書にIFRS第7号「金融商品：開示」の最初の適用開始を説明している。この金融商品の開示はこれまでとは異なり、IFRS第7号によってIAS第39号の区分と種類においてに拡張して説明していることが説明されている。2007年営業報告書の付属説明書に、「従来の基準で第14号「セグメント報告」に代わりIFRS第8号「事業セグメント」は、2006年11月にに公表された。この基準はEUでは2007年11月に承認された。2009年1月1日以降開始される営業年度に適用しなければならない。この基準をとることで、セグメント報告には実質的影響はない」としている。
○	Siemens AG	電気	2006年10月1日～2007年9月30日	2006年の営業年度には、US-GAAPに従った連結決算書に追加して、2006年12月31日に最初のIFRSに従った連結決算書（2006年9月30日）を作成した。2007年第1四半期の連結決算書でIFRSの適用を開始した。IFRS第8号「事業セグメント」は、US-GAAPのSFAS第131号との相違がないためにIFRS第8号を適用している。2007年第1四半期報告書からIFRS第8号を適用した。
×	ThyssenKrupp	鉄鋼		2007年の営業年度は、2005年～2006年連結決算書の付属説明書で、2007年1月1日及びそれ以降に適用開始となり、付属説明書にはIAS第30号「銀行及びそれに類する記載」及びIAS第32号「金融商品：記載と開示」の金融商品に関する記載が包括されている。IFRS第7号「金融商品：開示」は、2005年～2006年連結決算書の付属説明書に類することに記載し、2007年1月1日以降開始される営業年度に適用開始となっている。IAS第30号「銀行及びそれに類する記載」及びIAS第32号「金融商品と開示」の金融商品に関する記載が包括されている。2006年10月1日から2007年9月30日までの営業報告書では、IFRS第8号のマネジメント・アプローチに従ったセグメントの経済的状況についての報告が行われなければならない。2009年1月1日以降の適用が義務となる。「前倒しの適用はしない」と説明している。

×	○	TUI	旅行サービス業	2006年1月1日～2006年12月31日	2007年営業報告書の付属説明書には、「EU委員会によって承認手続きの範囲内で国内法への変換された形式で適用される改訂IASが表で示されている。2006年営業報告書で、新しく導入されたIFRS第7号「金融商品：開示」は2007年1月1日に金融商品に適用されることが説明されている。	2007年連結決算書の付属説明書には、改訂IAS及び新しいIFRSの「EUの承認状況」が表で示され、IFRS第8号は「EUの承認」を経たことが示されている。
×	○	Volkswagen AG	自動車	2006年1月1日～2006年12月31日 2007年1月1日～2007年12月31日	IFRS第7号「事業セグメント」は、2006年営業報告書では、EUの承認を経ていることが説明され、2007年営業報告書の付属説明書には「金融商品、公正価値で評価される金融商品、取得原価で評価される金融商品、その他に、IFRS第7号が公開処理に適用されない金融商品、その他に、IFRS第7号が公会計処理に適用しない金融商品には、関連会社及び共同会社の持分法に従った持分法による持分がある。	2006年連結決算書の付属説明書には、「IASBによって2006年1月1日以降に適用が義務付けられたすべての告示を考慮して適用している」と説明し、IFRSの告示のほかに、ドイツ商法が求めている記載及び改訂IAS及び改訂IFRSの基準についての「EUの承認」の状況が新たに表示している。2006年営業報告書では、IFRS第7号「金融商品：開示」についての「EUの承認」が表示されている。2007年営業報告書では、IFRSの「EUにおける承認状況」が表示され、IFRS第8号は「EUの承認」を経ていることが説明されている。

(出所) DAX-30社の2006年・2007年営業報告書から作成した。注記) DAX-30社のなかには、2007年1月1日以降からIAS/IFRSを適用する会社がある。そのため、SAP社のように、2006年営業報告書の連結決算書にはUS-GAAPを適用し、IFRS第7号及び第8号の適用時期について特別の記載がない。

GAAP 適用の企業が多い DAX-30 の上場企業が，特に EU の IAS/IFRS の承認を付属説明書で明確にし，企業の連結決算書への IAS/IFRS 適用状況を明らかにしている。その例として，Deutsche Börse 社，Metro 社，TUI 社，Volkswagen 社が挙げられる。この 4 社は，IASB-IAS/IFRS の公表と EU による承認時期を区別して説明している。

① Deutsche Börse 社

Deutsche Börse 社は，2006 年営業報告書では，「EU で適用すべき IAS/IFRS に一致して作成していることを説明し，連結状況報告書では商法の規定に適合して連結決算書の範囲を拡げている。連結状況報告書では商法 315a 条 1 項に従って求められる連結付属説明書及び報酬報告（コーポレート・ガバナンス，第 7 章を参照）が説明されている。また連結決算書は，IFRIC あるいは IASB によって他に述べられていない場合には，DRSC の会計解釈委員会によって決議された解釈（RIC）を参考にしている」(31) として，連結付属説明書の「一般原則」で説明している。

さらに新しい会計基準の適用は，図表 9 で示されている。

IAS 第 39 号及び IFRS 第 4 号「保険契約：金融保証」の適合については，全体的に与えられた金融保証が会計処理上認識されているということが確認される。さらに「2006 年営業年度において，以下の基準及び解釈指針は，IASB によって公表されたが，まだ EU 委員会によって承認されていないので，前倒しの適用を行なっていない」(32) ことが，図表 10 のように説明されている。

図表 9　2006 年以降適用する改訂 IAS/ 新 IFRS

基準/解釈指針	IASB の公表	施行時期
IFRS 4「保険契約：金融保証」に適合	2005 年 8 月 18 日	2006 年 1 月 1 日
IAS 21「外国為替レート変動の影響」に適合	2005 年 12 月 15 日	2006 年 1 月 1 日
IAS 39「金融商品：認識及び測定」に適合	2005 年 8 月 18 日	2006 年 1 月 1 日
IFRIC 4　判断：契約にリースが含まれているか否かの判断	2004 年 12 月 2 日	2006 年 1 月 1 日

（出所）　Deutsche Börse, *Geschäftsbericht 2006* より作成した。

図表 10　IASB-IAS/IFRS の公表と EU の承認状況

基準/解釈指針		IASB 公表時期	施行時期[1]	EU の承認時期[2]	予想される影響
IFRS 8	事業セグメント	2006年11月30日	2009年1月1日	2007年5月から6月に予定	付属説明書に追加記載
IFRIC 10	中間財務報告と減損	2006年7月20日	2006年11月1日	2007年5月から6月に予定	実質的影響はない
IFRIC 11	IFRS 第2号グループ及び自己株式取引	2006年11月2日	2007年3月1日	2007年5月から6月に予定	影響はない
IFRIC 12	サービス譲与契約	2006年11月30日	2008年1月1日	2007年6月から7月に予定	影響はない

(出所)　Deutsche Börse, *Geschäftsbericht 2006.* より作成した。注1) 営業年度の最初の報告期間への適用,前倒しの適用は容認されている。注2) EU 委員会によってEU 法へ変換：公表時期

　したがって, Deutsche Börse 社は, ドイツ証券取引所の株式化によりEU 域内の上場企業として, 営業報告書における連結決算書の付属説明書には, 前倒しの適用が容認されている基準 (例：IFRS 第8号) については, 前倒しの適用をとらないで, EU 承認を経て IAS/IFRS を適用するという立場を明らかにしている。しかし IFRS 第7号については前倒しの適用をしている。

② **Volkswagen 社**

　Volkswagen 社は, 2007年営業年度に初めて IFRS 第7号を適用し, それとともに改訂 IAS 第1号を適用したことを付属説明書で説明している。

　IFRS 第7号を適用することで, 連結決算書での金融資産及び負債について記載義務が拡張され, 改訂 IAS 第1号を適用したことで, コンツェルンの資本のマネジメントについて補足記載をしている。しかし IFRS 第8号は, 2007年連結決算書において,「IASB では既に可決しているが, まだ適用が義務づけられていないことから適用していない」と説明している。

図表 11　Volkswagen AG

(2007 年 12 月 31 日現在)

基準/解釈指針		適用義務開始	EU による承認	予想される影響
IFRS 8	事業セグメント	2009 年 1 月 1 日	承　認	セグメント報告書
IAS 1	財務諸表の表示	2009 年 1 月 1 日	未承認	決算書分類の新しい項目
IAS 23	借入費用	2009 年 1 月 1 日	未承認	資産としてみなされる貸借対照表価額の引き上げ
IFRIC 11	IFRS 第 2 号グループ及び自己株式取引	2007 年 3 月 1 日	承　認	無
IFRIC 12	サービス譲与契約	2008 年 1 月 1 日	未承認	無
IFRIC 13	カスタマー・ロイヤルティ・プログラム	2008 年 7 月 1 日	未承認	無
IFRIC 14	IAS 第 19 号―確定給付資産の制限，最低積立要件およびそれらの相互関係	2008 年 1 月 1 日	未承認	実質的には無い

(出所)　Volkswagen, *Geschäftsbericht 2007* より作成した。

③　Metro 社

Metro 社は，図表 12 に示すように，2006 年連結決算書の付属説明書に IFRS 第 8 号は，2009 年 1 月 1 日以降適用することを明らかにしている。また IFRS 第 7 号は 2007 年 1 月 1 日以降適用開始した。

図表 12　Metro AG

Nr.	タイトル	適用開始
IAS 1	財務諸表の表示	2009 年 1 月 1 日
IAS 23	借入費用	2009 年 1 月 1 日
IFRS 8	事業セグメント	2009 年 1 月 1 日
IFRIC 11	IFRS 第 2 号グループ及び自己株式取引	2007 年 3 月 1 日
IFRIC 12	サービス譲与契約	2009 年 1 月 1 日
IFRIC 13	カスタマー・ロイヤルティ・プログラム	2008 年 7 月 1 日
IFRIC 14	IAS 第 19 号―確定給付資産の制限，最低積立要件およびそれらの相互関係	2008 年 1 月 1 日

(出所)　Metro, *Geschäftsbericht 2007*.

④ TUI 社

TUI 社は，図表 13 に示すように，EU における IAS/IFRS の承認の状況を明らかにしている。IFRS 第 8 号は，2009 年 1 月 1 日以降適用しなければならないことが，EU において承認されていることを示している。

図表 13　TUI AG

基準/解釈指針		適用義務開始
IAS 1	財務諸表の表示	2009 年 1 月 1 日
IAS 23	借入費用	2009 年 1 月 1 日
IAS 27	連結及び個別財務諸表	2009 年 1 月 1 日
IFRS 2	株式報酬	2009 年 1 月 1 日
IFRS 3	企業結合	2009 年 7 月 1 日
IFRS 8	事業セグメント	2009 年 1 月 1 日
IFRIC 11	IFRS 第 2 号グループ及び自己株式取引	2007 年 3 月 1 日
IFRIC 12	サービス譲与契約	2009 年 1 月 1 日
IFRIC 13	カスタマー・ロイヤルティ・プログラム	2008 年 7 月 1 日
IFRIC 14	IAS 第 19 号──確定給付資産の制限，最低積立要件およびそれらの相互関係	2008 年 1 月 1 日

(出所)　TUI, *Geschäftsbericht 2007.*

DAX-30 社は，優良株式指数の株式を上場する企業としてみなされることから，これらの企業が，連結決算書に IAS/IFRS をどのように適用しているのか，について分析してきた。それは，IASB‐IAS/IFRS を適用しているのか，あるいは EU‐IAS/IFRS を適用しているのかについて 1 つの回答を示していると考える。

お わ り に

　2005年（遅くとも2007年）以降，EU域内の上場企業は連結決算書にIAS/IFRSを適用することが義務づけられたことから，それ以降はEUにおけるIAS/IFRS適用は定着したかのように思われた。しかし企業が，IASBによるIAS/IFRSの公表によって，その公表された基準を連結決算書へ適用しなければならないのか，あるいはEUにおける承認・EU官報による公表が，新しい基準の適用開始時なのか，新たな問題が企業の会計実務に生じている。

　なかでもEUデュープロセスが問題となっている背景には，IASB‐IAS/IFRSとEU‐IAS/IFRSの相違を巡って，2つの動きがみられる。

　EU‐IAS/IFRSとIASB‐IAS/IFRSの相違について，1つはSMEs公表に直面して，EUのデュープロセスの再検討，2つには企業の新しいIFRS適用に際して，EUにおける承認とIASBによるIAS/IFRS公表とのタイムラグ，EUにおいて既に承認したIAS/IFRSと新しいIFRSに矛盾が生じた場合，企業がどの基準を適用するのか，会計実務における混乱が生じるのではないか，あるいは将来改訂IAS/新IFRSが公表されるなかで，企業の適用する会計基準は常に変更されていくことになるのではないか，そしてそれは，投資家保護を基礎とする財務諸表の信頼性を揺るがすことになるのではないか。

　本章では，EUデュープロセスにおけるIASB‐IAS/IFRSとEU‐IAS/IFRSを中心として，この両者にはどのような相違があるのかについて検討した。EU官報で2008年3月末頃に修正IAS-VO（1606/2002）が公表されることがEU理事会で可決され，新しいコミトロギーについての修正が公表される。これまでのEUデュープロセスと実質的に異なる点は，1つには，EU議会と理事会の間で計画的な合意が行なわれなければならないということである。他方，EU議会と理事会による監督が実質的に拡張されることである。EU議会及び理事会も，また理由があれば提案を却下できるとしている。その提案の却下理由として，①委員会の提案が基礎的な法行為に予定される履行権限を越える。

②提案が IAS-VO の目的あるいは内容に一致しない。③提案が補完性（Subsidiarität）と相当性（Verhältnismäßigkeit）の原則を無視している場合には，提案は却下できる[33]としている。

EU 理事会あるいは議会による反論にあった場合には，委員会の提案は却下され，さらに EU 議会，EU 委員会は遅くても 3 ヵ月間の異議を唱える期間がある。この期間は，各国の言語での IFRS と解釈指針の EU 法へ変換される規則草案の送付とともに開始される。

IASB‐IAS/IFRS と EU‐IAS/IFRS における相違が調整されて初めて，各国の審議を経て，コンバージェンスのもとでの「IAS/IFRS」が設定されよう。そのために EU デュープロセスの再検討が必要なのである。

第 10 章で取り上げる中小規模会社の会計基準が，EU で承認されるまでには，どのような問題があるかについて，第 10 章で検討することにしたい。

[注]

(1) Senger, Thomas, IFRS-Bilanzierung und Prüfung von mittelständischen Unternehmen aus der Sicht eines mittelständischen Prüfers, S. 58, in : Baetge, Jörg/Kirsch, Hans-Jürgen, *Internationale Entwicklungen in der Rechnungslegung und Prüfung–aus der Sicht des Mittelstandes*, Düsseldorf 2007, Oversberg, Thomas, a. a. O., S. 1597. 従来，EU で IAS 適用が加盟国間で審議されるようになり，欧州における証券取引所に上場する企業の IAS 適用が拡がりをみせ，IAS 適用を認めるかどうかの決定が EU に迫られた際にも「欧州における IAS」という表現がみられた。
(2) Senger, Thomas, a. a. O., S. 59.
(3) Oversberg, Thomas, a. a. O., S. 1600.
(4) Senger, Thomas, a. a. O., S. 64‐65. 中小規模企業の会計基準に関して，IASB が公表する会計基準のなかで EU における承認の難易度が低いものとしてみなされるのには IAS 1・IAS 2・IAS 7・IAS 8 が挙げられ，中程度の難易度のものとしてみなされているのは，IAS 16・IAS 17・IAS 18・IAS 28 が挙げられている。さらに非常に難易度が高いものとしては，IAS 12・IAS 19・IAS 36・IAS 39 が挙げられている。
(5) Senger, Thomas, a. a. O., S. 58‐59. Senger, Thomas は「IASB/IFRIC によって基準と解釈が可決され，これが完全な基準（Full-IFRS）である。EU は加盟国の上場企業の IAS/IFRS 適用の可能性について決定し，その後，EU 法へ変換される基準と解釈は EU の官報で公表される。これが EU-IFRS である」としている。
(6) Senger, Thomas, a. a. O., S. 59‐60. EU 委員会による承認をとおして IASB が公表す

る IAS/IFRS が自動的に EU で承認されるということではないということが「公正価値-オプション」をとおして示されることになった。
(7)　Oversberg, Thomas, *a. a. O.*, S. 1597 - 1599.
(8)　Senger, Thomas, *a. a. O.*, S. 60 - 61. Senger, Thomas は,「EU による承認が決算日に行なわれ，改訂 IAS/IFRS が決算日には直に適用できるということは，原則的に EU 法が官報での公表によって法効果をもつという原則とは矛盾する」としている。企業が IASB によって公表された IAS/IFRS が，EU 委員会で近いうちに承認され，EU 法へ変換されるということが予想される場合，IASB によって公表された時期，その適用開始時が定められ，しかも企業の前倒しの適用が容認されている場合，しかし EU 委員会がまだ承認していないという状況で，企業の判断は裁量の余地に委ねられることになる。このような場合に，企業がどのように対処するかは，第5節の企業の連結決算書における IFRS 第7号「金融商品：開示」を例として，第5節で分析することにする。
(9)　Oversberg, Thomas, *a. a. O.*, S. 1597.
(10)　IAS-VO 3 条には，IAS/IFRS の引継ぎを確認することとして，①EU 第4号指令2条3項 (78/660/EWG) 及び第7号指令16条3項 (83/349/EWG) の規則に反しない。②公益に適合する。③経済的意思決定及び企業管理の業績評価を可能にする財務情報の十分な理解可能性，重要性，信頼性及び比較可能性の基準を充たすことを挙げている。
(11)　Pellens, Bernhard/Jödick, Dirk/Jödicke, Ralf, Anwendbarkeit nicht freigegebener IFRS innerhalb der EU, BB, 2007, S. 2503. この論文では，IAS/IFRS が EU のデュープロセスで「解放され」，EU 域内の加盟国の企業が連結決算書に IAS/IFRS を適用するという過程において，„freigegeben"「解放された」と表現している。この表現には，「承認された」„angenomen"「変換された」„übergenommen" と表現されている論文と比べて，EU での "Endorsement" の解釈に著者の考えが含まれていると考える。
(12)　Oversberg, Thomas, *a. a. O.*, S. 1600, IFRS 第8号草案についての公聴会後，いくつかの点で批判があったが，通常の変換手続きを前提として IASB によって，2006 年 11 月 30 日に IAS 第 14 号の IFRS 第8号への引継ぎが公表された。EFRAG による分析及び公聴会を経て，勧告が行なわれ，2007 年2月2日には，ARC では，加盟国は承認に合意をした。EU 議会は，最終的な審議において IFRS 第8号の変換に関して，すべての参加者，十分な審議が行なわれなかったことを理由に批判的であった。
　　　Pellens, Bernhard/Jödick, Dirk/Jödicke, Ralf, *a. a. O.*, S. 2503.
(13)　Pellens, Bernhard/Jödick, Dirk/Jödicke, Ralf, *a. a. O.*, S. 2503. IFRS 第8号と SFAS 第 131 号との相違は，IASB から「SFAS 第 131 号との相違」として，IFRS 第8号では，①非流動資産には無形固定資産を含むこと，②セグメント負債の開示を要求していること，③製品及びサービスを基礎とするのではなく，基準の基本原則を基礎として事業セグメントを決定することなどを要求している（ASBJ/FASF, 国際財務報告基準（IFRS's）2007 年1月1日現在の国際会計基準（IAS's）及び解釈指針を含む），2007 年，734 頁参照）。
(14)　Pellens, Bernhard/Jödick, Dirk/Jödicke, Ralf, *a. a. O.*, 2504.

(15) Pellens, Bernhard/Jödick, Dirk/Jödicke, Ralf, *a. a. O.*, S. 2503-2504.
(16) Pellens, Bernhard/Jödick, Dirk/Jödicke, Ralf, *a. a. O.*, S. 2504.
(17) IFRS 第 8 号の 37 では「IAS 第 14 号の廃止」，つまりセグメント別報告の廃止が述べられている。
(18) Pellens, Bernhard/Jödick, Dirk/Jödicke, Ralf, *a. a. O.*, S. 2504.
(19) 新しい IFRS 第 8 号には，既に適用されている IAS 第 14 号に矛盾する規則が含まれている。
(20) IAS 第 8 号 10 には「取引，その他の事象や状態に特に適用する基準や解釈指針が存在しない場合には，経営者は，次のような情報（省略）がもたらされるように会計指針を設定，適用するように判断しなければならない」としている。また 11 には，「第 10 項に記載される判断を行なうにあたり，経営者は次に挙げられる項目（省略）について上から順に参照して，適用可能性について検討しなければならない」と定めている（参照：ASBJ/FASF, 前掲書，874-875 頁。）。
(21) Pellens, Bernhard/Jödick, Dirk/Jödicke, Ralf, *a. a. O.*, S. 2504.
(22) IAS 第 1 号 14「財務諸表に IFRS を適用する企業は，注記において IFRS に準拠している旨を明示かつ十分に漏れなく記載しなければならない。財務諸表が IFRS のすべての規定に準拠していない場合には，当該財務諸表が IFRS に準拠していると記載してはならない」（参照：ASBJ/FASF, 前掲書，774 頁）。
(23) 期間内の施行に反対することを表明すれば，委員会は修正された変換勧告を ARC に伝えることができ，承認手続きを修正して継続するか，あるいは議会及び理事会に EU 設立条約に沿った提案を提出することができるとしている。
(24) Pellens, Bernhard/Jödick, Dirk/Jödicke, Ralf, *a. a. O.*, S. 2504.
(25) Oversberg, Thomas, *a. a. O.*, S. 1600.
(26) Oversberg, Thomas, *a. a. O.*, S. 1601.
(27) Pellens, Bernhard/Jödick, Dirk/Jödicke, Ralf, *a. a. O.*, S. 2505.
(28) *Ebenda.*
(29) *Ebenda.*
(30) *Ebenda.*
(31) Deutsche Börsen AG, *Geschäftbericht 2006.*
(32) *Ebenda.*
(33) DRSC, Neuigkeiten（http://www.deutschestandardssekter.de）［2008 年 3 月 16 日付］。EFRAG から „The EU endorsement status report : Position as at 12 March 2008" が公表された（http://www.efrag.org/homepage.asp）［2008 年 3 月 12 日付］。

第3章　勘定体系と会計制度の整合性

は　じ　め　に

　会計基準のコンバージェンスが進められる背景には，企業が国際的な競争を繰り拡げ，企業への投資を決定する投資家に信頼ある有用な情報を提供するため，資本市場における企業の経営業績比較のための会計基準の統一，IAS/IFRS との同等性評価が求められていることがある。しかし企業経営を映し出す決算書の数字が，複式簿記システムに基づき算出されるということは，会計制度整備の基礎にある会計数値への信頼性を与えるための手続きとして無視できない。それは，複式簿記の勘定システムを基礎にして，法律及び規則に従って作成されるのが決算書であるからである。したがってコンテンラーメンの各勘定項目は，決算書の作成に欠かすことのできない基礎である。それとともに，会計数値の信頼性を裏付けるため，複式簿記の記帳システムを構築しているといえよう。

　会計制度と複式簿記との関係に焦点をあてると，この複式簿記のシステムにおいて，最終的に各勘定の差額が「資本」へ振替えられ，集計される手続きの流れにおいて，この「資本」勘定は，資本維持及び債権者保護に基礎づけられる制度と結びつき，会計制度が形成されると考えられる。本章では，会計制度への影響要因を分析する際に，まず「会計制度の基礎に存在するものは何か」に遡り，ミクロ会計領域の「資本」が経済変化の影響を受けて，どのように企業の決算書に影響を及ぼしていくかを検討することにしたい。

　その際に，複式簿記システムのなかで，コンテンラーメンは，ドイツの会計

制度整備の基礎となる計算システムを基礎づけているといえよう。それは近年，コンテンラーメンが，企業取引の帳簿記帳からコンピュータ入力へ会計処理の実務が変化した現代において重要な基礎となったことからも明らかであろう。その意味で，コンテンラーメンの勘定配列は，損益計算書と貸借対照表の勘定構造の枠組みとして，勘定配列と金額を記号化することに寄与し，重要な役割を果たすことになった。

本章では，複式簿記のシステムとコンテンラーメンの関係を探究し，複式簿記の「資本」の性質から会計制度の「資本」を考察するために，簿記構造に遡って会計制度を探究することにする。

第1節では，コンテンラーメンが歴史的にどのような役割を果たしてきたのかを考察し，第2節では，勘定統一化と経済との関係について検討するために，業種別に整理された勘定体系に至った過程について探究することにする。さらに，第3節では，会計制度とコンテンラーメンの整合性を踏まえて，複式簿記が決算書の作成の流れにおいて，制度との接点となっているのは何かについて明らかにすることにしたい。第4節では，コンテンラーメンと複式簿記との関係を考察し，コンテンラーメンが，会計制度へどのような影響を及ぼしているのかについて考察することにしたい。第5節では，コンテンラーメンと商法会計，IAS/IFRSとの関係を考察する。第6節では，コンテンラーメンを基礎とした複式簿記システムを踏まえて，商法会計とIAS/IFRSとの財務諸表の表示上の実質的相違を検討することにしたい。

本章のねらいは，複式簿記における勘定の損益差額が資本勘定に振り替えられ，制度また経済的変化によって，「資本」がどのように変化するのかについて考察するための計算構造からのアプローチである。

第1節　企業のコンテンラーメン

コンテンラーメンの歴史的展開

コンテンラーメンは，企業の期間別比較あるいは同業種の企業間における経

営比較(経営内部比較・経営外部比較)等,統一的な勘定記号を通じた比較を目的としていた。その他,勘定の統一化は,簿記記帳の簡素化を企業の協力に求めるもので,企業外部の財務省,経済監査士,一般大衆,従業員,株主等に対する簿記のあり方を示し,明確な勘定及び分類を示すことから始まった[1]。このようなコンテンラーメンの役割は,歴史的にみて,どのような意味をもっていたかについて考察することにしたい。

ドイツのコンテンラーメンの普及は Schmalenbach (Eugen Schmalenbach),Schär (Johan Friedrich Schär) によって展開されてきた学説にその基礎をみい出すことができる[2]。コンテンラーメンの構築の背景には,経済界における勘定統一の動きがみられる。その契機となったのは,ドイツ機械製造業協会 (Verein Deutscher Maschinenbau-Anstalten=VDMA) の勘定システムに遡ることができる。第三帝国時代に,国家は経済傾向を無視して経済性に関する帝国経済管理委員会 (Reichskuratorium für Wirtschaftlichkeit=RKW) にコンテンラーメンの展開を委ねた[3]。それが1937年に発令された,いわゆる認可コンテンラーメン (Erlasskontenrahmen) (ライヒコンテンラーメン [Reichskontenrahmen]) である。これはすべての経済団体に対する拘束力をもつラーメン (枠組み) であった。このような枠組みが形成された上で,個別の経済団体による部門別の枠組みが形成された[4]。このコンテンラーメンは,帝国経済管理委員会 (RKW) によって公表された「簿記組織に関する指令」("Richtlinien zur Organisation der Buchführung") とともに,製造業に拘束力を与えることになったのである。これは,各経済領域におけるコンテンラーメンの普及に寄与した[5]。

したがって認可コンテンラーメンは,経済界において企業に拘束力のあるコンテンラーメンとして,部門別のコンテンラーメンを展開するために勘定の区画が示された。この時期,多くの経済部門及びグループに適用される勘定の整理が行なわれ,企業独自のコンテンプランが展開されることになった[6]。

1951年にはドイツ連邦産業協会 (Bundesverband der Deutschen Industrie=BDI) の連邦経営経済委員会 (Betriebswirtschaftlichen Ausschuss des Bundesverband) から公表された共通コンテンラーメン (Gemeinschafts-Kontenrahmen=GKR) が広く普及

し，会計制度の統一化に寄与した。このコンテンラーメンを基礎として約200部門のコンテンラーメンが展開された[7]。GKRの公表は，1953年とされる説もある[8]。

1971年には，産業コンテンラーメン (Industrie-Kontenrahmen=IKR) が公表された。IKRは，1978年EU第4号会計指令に適合しており，前述の1949年と1951年に公表されたGKRは，IKRに引継がれた[9]。1986年には会計指令の導入とともに，従来のIKRは改良された形式で紹介された。その後会計指令法に適合したコンテンラーメンの存在価値が高まっていた。この時期以降，コンテンラーメンは，各業界においても重要となる。小売業のコンテンラーメン (Einzelhandels-Kontenrahmen)，卸売業及び貿易業のコンテンラーメン (Kontenrahmen für den Gross-und Aussenhandel) が勧告されたのも，この時期であった[10]。なかでもドイツ連邦税理士業界のコンピュータ処理組織（Datenverarbeitungsorganisation des steuerberatenden Berufes in der Bundesrepublik=DATEV e. G）によって導入されたコンテンラーメンは，その代表的なものである。これは税理士が携わる中小規模の企業の簿記記帳に普及した[11]。このコンテンラーメンには，SKR3とSKR4がある。

今日では多くの種類のコンテンラーメンが，企業それぞれの業種別に適用されている。しかし企業がコンテンラーメンを適用すべきとする規定はなく，各経済団体によるコンテンラーメンが勧告されるにとどまっている。

第2節　コンテンラーメンの基礎原則の基準化

コンテンラーメンは，勘定システム化にあたり，勘定グループの包括，区分のための上位概念として基礎原則に基づいている。この基礎原則をみていく場合に，まずコンテンラーメンとコンテンプランを明らかにする必要があろう。

1　コンテンラーメンとコンテンプラン

取引を記帳し，取引事象を時間的な整理に従って認識し，また正確に記録整

理するためには検証が可能であることが必要である。そのため簿記記帳の勘定による整理手段としてもコンテンラーメンによる表示は重要となる。

コンテンラーメンは，下記の図表1のように，まず10の勘定クラス別に，1桁の数字で分類されており，さらに10の勘定グループは2桁の数字で分類されている。10の勘定種類は3桁の数字で分類され，さらに勘定種類は4桁の数字で表示される[12]。

図表1のようにコンテンラーメンから，それぞれ企業の特殊性（部門，構造，規模，企業の法形態等）に従って整理された独自のコンテンプランが展開されることになる。コンテンプランは，コンテンラーメンから導き出された企業の各経営によって必要とされて開設された勘定である。このコンテンプランは簿記記帳を簡素化する機能があり，コンテンプランを用いることで，次の図表2のような簿記記載は，図表3のようなコンテンプランで処理することができる。

したがって，コンテンラーメンは経済部門ごとの企業の各経営のコンテンプランの作成のための単一の基本的な整理をいう。企業は，コンテンラーメンから企業の業種，構造，規模，法的形態等に見合う独自のコンテンプランを展開する。コンテンプランでは，企業の要求に応じた勘定の種類に勘定を細分することができる。コンテンプランには，企業で記帳する勘定が含まれる。また勘定名を勘定番号に入れ替えることで，記帳の作業の手間を省くことができる。IKRはコンピュータ記帳にも応用できる。主要簿は，通常4桁の勘定番号がつけられ，人名勘定（得意先及び仕入先勘定）には常に5桁の勘定番号がつけられる。

図表1　コンテンラーメンとコンテンプラン

勘定クラス	1　金融資産	例）コンテンラーメン
勘定グループ	11　現金	
勘定種類	113　銀行預金	例）コンテンプラン
勘定種類	1130　Kreissparkasse	
	1131　Deutsche Bank	
	1132　Commerzbank	

（出所）Deitermann/Schmolke/Rückwant, *a. a. O.*, S. 71.

図表 2　簿記記帳

例）建物 5,000 を現金で購入した（貨幣単位省略）。

	現　　金		
		建　物	5,000

	建　　物		
現　金	5,000		

（出所）　Deitermann/Schmolke/Rückwart, *a. a. O.*, S. 86 を参考に作成した。

図表 3　コンテンプランによる表示

現金（勘定番号）2880
建物（勘定番号）0590

	0590		
2880	5,000		

	2880		
		0590	5,000

（出所）　Deitermann/Schmolke/Rückwart, *a. a. O.*, S. 86 を参考に作成した。

　実務において，さまざまな業種別のコンテンラーメンが展開されているなかで，勘定分類の基礎となっているのが IKR である。

2　産業コンテンラーメン（IKR）

　前述したように，1971 年に BDI が最初に IKR を公表した。さらに 1978 年には 1949 年・1951 年に公表してきた GKR を引継ぎ，EU 会計指令法（EU-Bilanzrichtliniengesetz）に適合したコンテンラーメンに改良した[13]。ここでは，IKR の勘定クラスについて分析することにする。まず IKR は，図表 4 に示すような勘定クラスである。

　コンテンラーメンは，図表 5 のような 10 種類の勘定クラスからなり，さらに勘定グループ，勘定種類に細分類されて構成される[14]。

　この 10 種類の勘定クラスは，図表 6 のような商法規定の貸借対照表と損益計算書に適合する。

　以上のように，財務簿記の勘定クラスは，商法の規定に適合している。

　他方，勘定クラス 0 から 9 の計算構造は，Scholz によれば，勘定クラス 0 から 8 までの計算グループ I が貸借対照表と損益計算書を示し，勘定クラス 9 は計算グループ II として，原価計算及び給付計算を示している。計算グループ

88 第3章 勘定体系と会計制度の整合性

Ⅰは，決算書分類原則（Abschlussgliederungsprinzip あるいは貸借対照表分類原則 Bilanzgliederungsprinzip）に基づく財務簿記，また計算グループⅡは営業過程分類

図表4　IKRの勘定クラス

クラス0・1・2	クラス3・4	クラス5	クラス6・7	クラス8	クラス9
残高計算	損益計算		開始及び締切勘定	任意

（出所）Risse, *a.a.O.*, S.32, Bornhofen, *a.a.O.*, S.70.

図表5　IKRの勘定クラス別の勘定項目

0	1	2	3	4	5	6	7	8	9
無形固定資産・有形固定資産	金融資産	流動資産・借方経過勘定	自己資本・引当金	債務・貸方経過勘定	収益	営業費用	その他の費用	結果計算	給付計算

（出所）Wedell, Harald, *Grundlagen des Rechnungswesens*, Herne/Berlin 2006, S. 270-271 より作成した。

図表6　コンテンラーメンと商法規定の関係

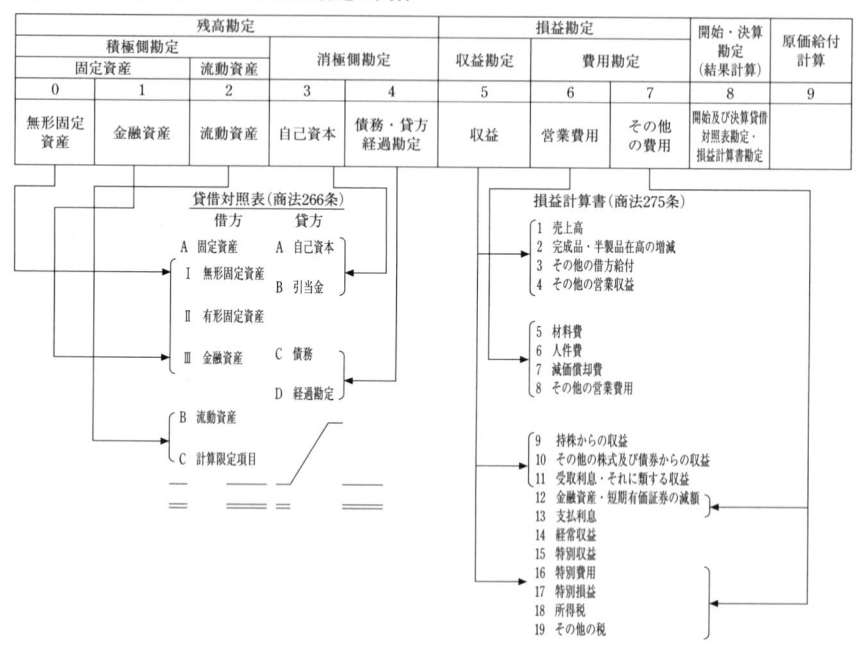

残高勘定					損益勘定			開始・決算勘定（結果計算）	原価給付計算
積極側勘定			消極側勘定		収益勘定	費用勘定			
固定資産		流動資産							
0	1	2	3	4	5	6	7	8	9
無形固定資産	金融資産	流動資産	自己資本	債務・貸方経過勘定	収益	営業費用	その他の費用	開始及び決算貸借対照表勘定・損益計算書勘定	

貸借対照表（商法266条）
借方　　　　貸方
A 固定資産　A 自己資本
Ⅰ 無形固定資産　B 引当金
Ⅱ 有形固定資産
Ⅲ 金融資産　C 債務
　　　　　　D 経過勘定
B 流動資産
C 計算限定項目

損益計算書（商法275条）
1 売上高
2 完成品・半製品在高の増減
3 その他の借方給付
4 その他の営業収益
5 材料費
6 人件費
7 減価償却費
8 その他の営業費用
9 持株からの収益
10 その他の株式及び債券からの収益
11 受取利息・それに類する収益
12 金融資産・短期有価証券の減額
13 支払利息
14 経常収益
15 特別収益
16 特別費用
17 特別損失
18 所得税
19 その他の税

（出所）Scholz, *a. a. O.*, S. 39 を参考に作成した。

原則（Prozessgliederungsprinzip）に基づく経営簿記を示している[15]。

　計算グループIは，図表4に示すように，勘定クラス0から4までの勘定によって残高計算を示す。勘定クラス5から7までの勘定では損益計算を示す。勘定クラス8は，各勘定の締め切りによって貸借対照表と損益計算書による結果計算を示す。勘定クラス8は，決算書作成のための勘定クラスである。

　計算グループIIは，図表6に示すように，勘定クラス9で，経営給付の算出及び市場動向から生じる価値変動を考慮して記録することになる。計算グループIが財務簿記領域の計算機能であるのに対して，計算グループIIは経営簿記領域の計算機能を担っている。

　この2つの基礎原則，決算書分類原則と営業過程分類原則が，コンテンラーメンの基礎となって，各業種別のコンテンラーメンが構築されていることが明らかになる。

　次に，2つの基礎原則が，どのように業種別のコンテンラーメンの基礎となっているかについて検討することにしたい。

第3節　業種別コンテンラーメンの基準化

1　コンテンラーメンと基礎原則

　主たる業種のコンテンラーメンとして，図表7に示すようなコンテンラーメンが示されている。これらのコンテンラーメンの勘定クラスは，営業過程分類基準と決算書分類基準の2つの基準に区分できる。

　まず決算書分類原則は，勘定クラスが商法規定で定められている年度決算書項目の配列に従って作成されることを基礎としている。この基礎原則に基づき勘定クラスが，貸借対照表の借方財及び貸方財，損益計算書の費用及び収益勘定，さらに決算勘定から構成される。このコンテンラーメンのシステムは，財務簿記（商業簿記）の記帳体系を示している。財務簿記の勘定配列は，決算書作成のための分類原則となっている。

　それに対して営業過程分類原則は，原価種類，原価発生場所，原価単位に基

図表7　業種別コンテンラーメン

段階	小売業	卸売業	GKR	SKR 03	SKR 04	IKR(1986年)
	営業過程分類基準				決算書分類基準	
0	固定資産・資本	固定資産・資本	固定資産・長期資本	固定資産・資本	固定資産	無形資産及び有形資産
1	金融資産	金融資産	金融資産・流動資産及び長期資本	金融資産・私財	流動資産	金融資産
2	経過勘定	経過勘定	中性費用及び収益	経過勘定	自己資本	流動資産及び借方経過勘定
3	商品仕入	商品仕入及び在高	材料及び在高	商品仕入及び在高	他人資本(引当金・債務)	自己資本・引当金
4	原価種類	原価種類	原価種類	営業費用	営業収益(売上高)	債務・貸方経過勘定
5	任意	原価種類(任意)	原価種類(任意)	任意	営業費用(材料費)	収益
6	任意	売上原価	原価(任意)	任意	営業費用(人件費)	営業費用(材料費,人件費,減価償却費)
7	任意	任意	半製品及び製品原価の在高	製品在高	その他の収益及び費用	その他の費用(利子及び税等)
8	売上	商品販売	原価賦課	売上高	任意	結果計算
9	決算	決算	決算	経過勘定・集合勘定	経過勘定・集合勘定	原価及び給付計算

（出所）　Jörg, Wöltje, *Buchführung und Jahresabschluss*, 2001, S.59.

づく経営内における製品製造までの過程を基礎としている。経営過程における勘定クラスは，企業における価値の流れが勘定クラスの流れに反映されている。

　例えば，IKRにおける原価及び給付計算は，図表8のように示されている。

　したがって，営業過程分類原則に基づく勘定クラスが，経営過程に従って配列されているのに対して，決算書分類原則に基づく勘定クラスは，図表6に示されるように，商法規定に従った貸借対照表及び損益計算書の分類項目の配列に準じていることが明らかになる[16]。

　次に，業種別のコンテンラーメンと基礎原則の関係について掘り下げて考察すれば，小売業及び産業のコンテンラーメンに適用されている貸借対照表分類原則は，資産勘定，資本勘定，費用勘定，収益勘定，さらに決算書勘定の5つの勘定システムから形成されている[17]。それに対して，卸売業及び貿易取引のコンテンラーメンは，営業過程分類原則に基づいている。これは1927年以降，Schmalenbach（Eugen Schmalenbach）の提案によるもので，営業過程に適合した勘定で整理された。しかしそれ以降は，Kosiol（Erich Kosiol）によって決算書分類原則に改良された。というのは，コンテンラーメンには営業過程よりも決算手続が影響するからである[18]。

図表8　勘定クラスの細分類

勘定クラス　9
勘定クラス90-92：経過勘定を含む原価及び給付計算に接続する。 　　　　　　　　財務簿記と原価給付計算を結びつける。 勘定クラス93：主材料及び補助材料に分類される原価計算 勘定クラス94：原価単位に算入される製造原価の認識のための原価単位計算 勘定クラス95：製品 勘定クラス96：内部売上ならびにその費用（内部損益） 勘定クラス97：売上原価及びその他の営業費用 勘定クラス98：売上高 勘定クラス99：経常損益の記載を含めた結果（損益）計算

（出所）　Scholz, *a.a.O.*, S.41. より作成した。

以上，みてきたようにコンテンラーメンは，2つの基礎的原則に基づき構築されていることが明らかになる。そのため，2つのどちらかの基礎原則に基づくコンテンラーメンが構築され，まず産業の共通となるコンテンラーメンが構築された。

2　産業共通コンテンラーメン（Gemeinschaftskontenrahmen der Industrie=GKR）

1953年には，BDIによってGKRが公表された。これは卸売業，貿易，小売業，商業ならびに銀行，保険業での適用が勧告されたコンテンラーメンである。GKRは，これまで述べてきたコンテンラーメンと同様に，図表9で示すように，まず10種類の勘定クラスからなる。

しかしこのGKRは産業における共通したコンテンラーメンとして構築されたが，結果的には，業界における共通のコンテンラーメンとして構築されるには至らなかった。

その後登場したのが，DATEV-コンテンラーメンSKR 3であった。コンピュータ産業におけるコンテンラーメンとして，1986年に会計法指令の法整備に適合する勘定分類が構築されるに至った。この勘定クラスは，図表10で示すように，製造業における営業過程に基づき配列された[19]。

図表 9　GKR の勘定クラス

勘定クラス									
0	1	2	3	4	5　6	7	8		9
固定資産及び資本	金融資産	中性損益	材料棚卸	原価勘定	原価製造勘定に関して任意	完成品及び半製品	営業収益：製品・給付及び商品等の売上		決算原価

（出所）Deitermann/Schmolke/Rückwart, a. a. O., S. 69.

図表 10　DATEV の勘定クラス

0	1	2	3	4	5　6	7	8	9
固定資産及び資本	金融資産	支払手段で材料等を購入	原材料在高	諸経費（営業費用）	原　　価	製品及び半製品	営業収益（売上高等）	決算書

（出所）Bornhofen, a. a. O., S. 69 より作成した。

　これまでのコンテンラーメンは，EDV 簿記のコンテンラーメンに適用されることになり，物的勘定（主要簿勘定）は4桁の勘定番号，人名勘定（顧客勘定／得意先勘定）は5桁の勘定番号で示された[20]。

3　経済における統一的コンテンラーメン

　EDV 簿記のコンテンラーメンに対応したのが，DATEV-コンテンラーメンであった。このコンテンラーメンは，1988 年に SKR 1 から SKR 2，SKR 3，SKR 4 を経て改良された。SKR 3 は，営業過程分類原則に基づき，SKR 4 は，決算書分類原則に基づいている[21]。

① SKR 3

　SKR 3 のコンテンラーメンは，10 種類の勘定クラス（0. 固定資産及び資本，1. 金融資産及び債務，2. 経過勘定，3. 商品仕入及び在高，4. 営業費用，5 及び 6. 任意，7. 製品在高，8. 売上高，9. 繰越勘定及び集合勘定）に分類されている。この勘定クラスは，営業過程に従って配列されており，営業過程分類原則に適合している。

　固定資産及び資本（0）は，営業活動の開始を前提としており，金融資産（1）で商品（3）を購入し，また購入代金の支払いが済まされないと債務（1）

が発生する。商品の売買取引は，購入（3），保管（3）及び販売（8）を通じて行なわれる。その際，売買取引にともなって営業費用（4）が発生する。そして営業活動の商品販売をとおして，収益（8）が生じ，営業活動の締め切り（9）が行なわれる。このように，勘定クラスは，経営の成果算出から成果処分に至るまでの過程を反映している。1988年に考案された卸売及び小売業のためのコンテンラーメンは，営業過程分類原則に適合している。営業過程分類原則は，中小規模経営の実務においては支配的な原則である[22]といわれている。

② **SKR 4**

SKR 4 の勘定クラスは，0. 固定資産，1. 流動資産，2. 貸方財，3. 貸方財，4. 営業収益，5. 営業費用（材料費），6. 営業費用（人件費），7. その他の損益，8. 任意，9. 繰越勘定及び集合勘定に分類されている。このような勘定クラスは，法律上の年度決算書（貸借対照表，損益計算書）に従って決まる。したがって決算書分類原則に適合している。同様に，1986年に考案された IKR は決算書分類原則に適合していることから，IKR は SKR 4 との相違はみられない。小規模資本会社の SKR 4 に従った貸借対照表の締め切りが，図表11で示される。

これまで述べてきたコンテンラーメンは，財務簿記のコンテンラーメンと経営簿記のコンテンラーメンに区分できる。まず財務簿記は，期間計算を目的として価値増加と価値消費，つまり期間における財産あるいは資本構造の増減を認識する。他方では，決算期間の全体期間における価値消費を費用として認識し，価値増加を収益として認識している。

経営簿記は，企業経営内部における製品の原価計算であり，IKR では，図表7で示すように勘定クラス9において原価計算を包括している。成果の製造及び運用に際して，発生する原価の認識・分配・算出の記帳である[23]。

コンテンラーメンは，企業にとってどのような役割を果たしているのかについて考察すれば，これまで述べてきたコンテンラーメンは，現在において義務づけられた性質のものではないといえる。確かに1937年のライヒ経済省の発令では「認可コンテンラーメン」(Erlasskontenrahmen) が義務づけられ，前述し

図表 11　小規模資本会社の貸借対照表とコンテンラーメン

0	1	2	3
固定資産	流動資産	貸方財	貸方財

<table>
<tr><td colspan="2" align="center">貸借対照表</td></tr>
<tr><td>
A. 固定資産
　Ⅰ 無形固定資産
　Ⅱ 有形固定資産
　Ⅲ 金融資産
</td><td>
A. 自己資本
　Ⅰ 資本金
　Ⅱ 資本準備金
　Ⅲ 利益準備金
　Ⅳ 利益及び損失繰越金
B. 特別準備金
</td></tr>
<tr><td>
B. 流動資産
　Ⅰ 棚卸資産
　Ⅱ 債権及びその他の資産
　Ⅲ 現金残高
　　連邦銀行預金
　　金融機関預金
　　小切手
C. 経過勘定
</td><td>
C. 引当金

D. 債務

E. 経過勘定
</td></tr>
</table>

(出所)　Bornhofen, a.a.O., S.71.

たように，各業種で 200 以上のコンテンラーメンがつくられることになったが，コンテンラーメンの義務づけは 1953 年には連邦経済省によって中止された。その後今日に至るまでコンテンラーメンが企業へ義務づけられるには至っていない[24]。

しかし簿記に形式的な正規性を求めようとすれば，まず記帳の勘定をコンテンラーメンに基づき分類することが必要となる。さらに企業の勘定システムを比較するために，経営経済学上の研究及び経済団体によってコンテンラーメンが展開されている。その背景には，企業におけるコンテンラーメンは，完全及び体系的な勘定を概観して理解することを可能にするという根拠がある。コンテンラーメンのシェーマは，経営内外部の比較のためには必要とされる。ただしコンテンラーメンは，法律では規定されておらず，勧告にとどまっている。いわゆる企業の判断に委ねられている[25]。

第 4 節　コンテンラーメンと複式簿記の関係

1　複式簿記の勘定システム

　簿記のシステムは，基本的には，カメラル簿記，単式簿記，複式簿記の3つに区分される。カメラル簿記は行政で使用され，Soll-Ist の計算である。これは，予め計画された収支が実際の資金流入及び流出で比較される計算である。それに対して単式簿記と複式簿記は，商人の簿記システムである。この2つの簿記のうちのどちらを商人が使用しなければならないかについて，法律では規定されていないが，商法242条2項では損益計算書の作成が求められており，単式簿記からは損益計算書が作成できないことから，商人は複式簿記を利用しなければならないことになる。

　営業取引は，少なくとも借方と貸方の2つの勘定に記帳され，各営業取引は2つの主要簿と補助簿に記帳される。その際，簿記を理解するのに不可欠なのは，まずは棚卸表と貸借対照表であるとされる[26]。

　商人は商業を開始するために開始棚卸表を作成し，各営業年度の締め切りには，年度棚卸表を作成しなければならない（商法240条1項及び2項）。棚卸表は，簿記とは独立して，商人の全体的な営業に帰属する資産と負債を種類・量及び価値に従って，決算日に表示したものであるが，棚卸表は貸借対照表を作成するための基礎となることから，複式簿記の基礎となっている。というのは，残高の受け入れ，支払い，測定等の具体的な認識行為に棚卸表は重要となるからである[27]。

　以上，コンテンラーメンと勘定体系において述べてきた勘定は，近年の計算システムの変化によって，簿記記帳からコンピュータ入力へ変換されるとともに，コンテンラーメンの役割にも変化がみられる。

2　コンテンラーメンのコンピュータへの導入

　BDI は，企業経営の改善のためにコンテンラーメンの構築のための枠組み

の分類（Grobgliederung）を公表してきた。そして1951年にはGKRを推奨し，1960年には企業経営の会計システムが，特にコンピュータの普及から基本的に変化したため，当協会は1971年に新しく考案したIKRを提案した。したがって営業過程分類原則を基礎としたGKRと決算書分類原則を基礎としたIKRが，企業経営において共通のコンテンラーメンとなっている。

なかでもIKRはIAS/IFRSとの調和化に対応して，一般的にコンテンラーメンは実務に適応するものになっている。近年では，ドイツ連邦税理士及び経済監査士職業コンピュータ組織団体が，GKRに倣ってSKR3を公表し，さらにIKRに倣ってSKR4を公表した[28]。

SKR3の基礎となっている営業過程分類原則には，Schär及びSchmalenbachの学説が息づいている[29]。営業過程分類原則は，1937年のライヒコンテンラーメンに変換され，1949年～1950年のGKRに引継がれた。営業過程分類原則に基づいている業種別のコンテンラーメンの例として，卸売業，貿易業等が挙げられる。

それに対して，SKR4は決算書分類原則に基づいて構築されたコンテンラーメンであり，勘定の体系に年度決算書における勘定配列を前提としている。このコンテンラーメンの勘定クラスは，商法規定の貸借対照表と損益計算書の分類に準じている。

第5節　コンテンラーメンと会計制度

以上述べてきたように，ドイツ商法の会計規定と複式簿記におけるコンテンラーメンは結合して，会計制度は形成されてきた。2005年以降，上場企業の連結決算書には，IAS/IFRSが適用されなければならない。本節では，商法会計制度に基づくだけではなく，IAS/IFRSを適用しなければならない企業の場合に，投資家あるいは債権者にとって有用な会計情報を提供するために，勘定科目と会計制度は整合性があるのかどうかについて検討することにしたい。

1　商法に従った決算書の作成

　ドイツ企業は，年度決算書を商法の会計規定に従って作成している。個人商人及び人的会社（OHG・KG）は，商法242条に従って貸借対照表と損益計算書を作成している。他方，資本会社（GmbH・AG）は，貸借対照表と損益計算書の他に，商法264条に従って，会計項目別について説明した付属説明書（Anhang）を作成しなければならない。その他に，大中規模の資本会社は，商法289条に従って状況報告書（Lagebericht）を作成しなければならない。これらの年度決算書は，利害関係者のための情報として，また利益処分，課税計算のために作成される[30]。

　しかし国際的にグローバル化している上場企業の連結決算書は，特に投資家のための情報として重要となっている。そのために，資本提供者に対する自己資本と他人資本を区分して，投資家に適切な意思決定を促す決算書を提供しなければならない。上場企業にとって連結決算書の作成には，国際的な理解と比較可能性が求められ，企業の実際の経営状況を反映させることが前提となる。この前提には，これまでの商法上の規定である債権者保護，保守主義，低価主義の評価（商法252条1項），不等主義の原則による会計処理は適合しない。

　商法の会計規定における評価基準は，債権者保護に基づき利益留保性準備金の設定を可能にする。他方，投資家保護を基礎とするIAS/IFRSは，投資家に企業の財務諸表をとおして，意思決定に役立つ有用な情報を伝達する基準である。

2　IAS/IFRSに従った決算書作成

　EU域内の上場企業は，前章で述べたように，「EUにおける承認の手続き」を経て，EU域内の加盟国は，EU‐IAS/IFRSを適用して連結決算書を作成することになる。さらに企業の決算書は，コーポレート・ガバナンス改革とも結びついて，連結決算書は取締役の責任のもとで作成され，独立した決算書監査人によって監査される。その後に，決算書は監査役会によって承認されることになる[31]。

従来の商法会計制度では，企業は商法の会計規定に従って企業の法的形態別に決算書を作成していた。しかしIAS/IFRSには，会社形態，企業規模区分基準がない。

以下において，商法規定とIAS/IFRSの年度決算書における実質的な相違を明らかにして，従来から商法会計の基礎となったコンテンラーメンと勘定体系の決算書への影響について検討することにしたい。

第6節　商法会計規定とIAS/IFRSにおける財務諸表表示の実質的相違

商法会計は，債権者保護及び基準性の原則を基礎としている。それに対して，IAS/IFRSは，企業の投資家に対して，企業の決算書の信頼性・透明性及び比較可能性を基礎としている。商法とIAS/IFRSにおける目的の相違には重要な相違がある。

従来の商法上の年度決算書は，将来はIAS/IFRSの基準によって補足される。それによって，資産・資金及び収益に関する実際的かつ意思決定に有用な情報を伝達するものへ変化する傾向にある。IAS/IFRSの年度決算書は，貸借対照表，損益計算書，自己資本変動計算書，キャッシュフロー計算書，付属説明書から構成される。

IAS第1号「財務諸表の表示」で定められている貸借対照表と損益計算書における分類シェーマは強制されているものではない。IAS/IFRSでは，貸借対照表には，主要項目である有形固定資産，金融資産，棚卸資産等が記載される。さらに詳細な分類は，付属説明書で行なわれる。表示の継続性，主要項目との関連，前年度との比較について定められている[32]。

商法では，貸借対照表（商法266条）と損益計算書（商法275条）の分類が定められ，商法275条では，損益計算書の表示形式には選択権が与えられている。それに対して，IAS/IFRSに従った損益計算書は，IAS第1号「財務諸表の表示」において，図表12のように再分類が示されている[33]。

第6節　商法会計規定とIAS/IFRSにおける財務諸表表示の実質的相違

図表12　IAS/IFRS に従った貸借対照表

積極側		消極側	
資　産		資本及び負債	
固定資産		自己資本	
無形固定資産		株式資本	
有形固定資産		その他の剰余金	
のれん		利益剰余金	
その他の無形資産		少数株主持分	
金融資産		長期債務	
流動資産		長期借入金	
棚卸資産		繰延税金	
営業債権		長期引当金	
その他の流動資産		短期債務	
（繰延税金）		営業債務	
現金及び現金同等物		短期借入金	
		短期引当金	

（出所）　Deitermann/Schmolke/Rückwart, a.a.O.,S.515.

　その他に，IAS 第1号では，基本財務諸表として自己資本変動計算書の作成が追加された。

　自己資本変動計算書は，名目資本，資本準備金，再調達準備金，利益（損失）繰越，年度剰余金等が記載される[34]。

　キャッシュフロー計算書は，企業の財務状況を明確にするために，営業年度における支払手段の流入・流出及び増減，それらの原因を示すためのものである。商法279条1項に従って，コンツェルン企業は，キャッシュフロー計算書を作成及び開示すべきことが義務づけられている。IAS/IFRS に従ったキャッシュフロー計算書は，営業活動におけるキャッシュ（年度剰余金＋固定資産減価償却費＋長期引当金の設定等）・投資活動におけるキャッシュ（固定資産の調達及び売却等）・財務活動におけるキャッシュ（借入金・債務返済等）の3区分から構成される。この3区分におけるキャッシュの合計は，当該営業年度における支払手段残高の変動を示している[35]。

　IAS/IFRS に従った付属説明書（あるいは注記）は，実質的には商法284条に

図表13 損益計算書の形式

総原価法	売上原価法
収　益	**収　益**
その他の営業収益	売上原価
製品棚卸高の増減	売上総利益
退職給付費用	その他の収益
減価償却費	販売費
その他の営業費用	一般管理費
金融費用	その他の費用
関連会社の利益に対する持分	金融費用
税引前利益	**税引前利益**
税費用	税費用
当期利益	**当期利益**

（出所）　Deitermann/Schmolke/Rückwart, *a.a.O.*, S.515.

従った記載よりも範囲が拡く，投資家にとって適切な情報を含むものになっている。付属説明書では，貸借対照表及び損益計算書の前年度との比較による変化について詳細に述べられる。会計処理及び評価処理に関して，実際上の資産・資金及び収益状況に関する投資家への情報を現実に即して表示する。そのなかで，商法と異なる点として挙げられる[36]のは，①税法で認められるような高額の減価償却をしない。②短期有価証券は取得原価を超える決算日価額（時価）で評価する。③未実現利益は再調達準備金と相殺する。④土地の再評価（利益留保性準備金を取り崩す）を行なう。その他，①決算日後の損益についての情報，②偶発損失，③資本持分状況，④取締役及び監査役の構成員とその報酬等が記載される。

　その他，商法とIAS/IFRSには，図表14に示すような相違がみられる。

　コンテンラーメンは法制度ではなく，また企業の会計処理に義務づけられているというわけでもない。しかし企業の決算書の公正性を整えるには，コンテンラーメンの枠組みのもとで，通常の営業取引を記帳する勘定システム体系に基礎づけられた記帳の正規性を維持することが必要である。決算書上の数字は，営業取引の会計処理が各項目別に資産，負債及び資本，収益及び費用勘定へ記帳され，さらに収益及び費用勘定が損益勘定に振り替えられ，損益勘定の

図表14　会計処理に関する相違

	商法の会計規定	IAS/IFRS
会計目的	債権者保護を基礎とする利益分配を保守主義のもとで算定	投資家にとって意思決定に有用な情報に備える
支配的原則	狭義の保守主義	期間に適合した利益算定，真実かつ公正な表示
利益留保性準備金	債権者保護から肯定	否定
取得原価主義	価値の上限を取得原価とする。	特定の資産については再評価し，売買目的の有価証券は取得原価を適用しない。
実現主義	売買を履行して利益を認識する。	売買を履行する以前にも利益を認識する。
不等主義	主要な原則としている。	否定
金融商品	借方計上の会計処理には選択権が与えられている。	借方計上の会計処理は義務である。
税法上の減価償却	逆基準性の原則に従った会計処理として認める。	否定
再調達原価	否定	肯定：再評価積立金によって相殺する。
長期請負工事	完成後の引渡し時に利益認識する。	損益計算書で完成程度に従って利益実現と認識する。
製造原価	個別原価と総原価の選択	総原価
売買目的有価証券	取得原価主義・低価主義	決算日における時価評価による損益を再評価積立金で相殺する。
費用性引当金	貸方計上に選択権が与えられている。	貸方計上処理を禁止している。
長期負債	現在の給料を基礎として評価する。	将来の給料を基礎として評価する。
外貨債権	取得原価主義・低価主義	決算日の時価評価・取得原価を超過した時価評価も認める。
外貨債務	取得原価を超過した時価を認める。	決算日に時価主義：外貨相場が著しく下落した場合にも時価評価を認める。

(出所)　Deitermann/Schmolke/Rückwart, *a.a.O.*, S.517-518.

102　第3章　勘定体系と会計制度の整合性

図表15　複式簿記の勘定システム

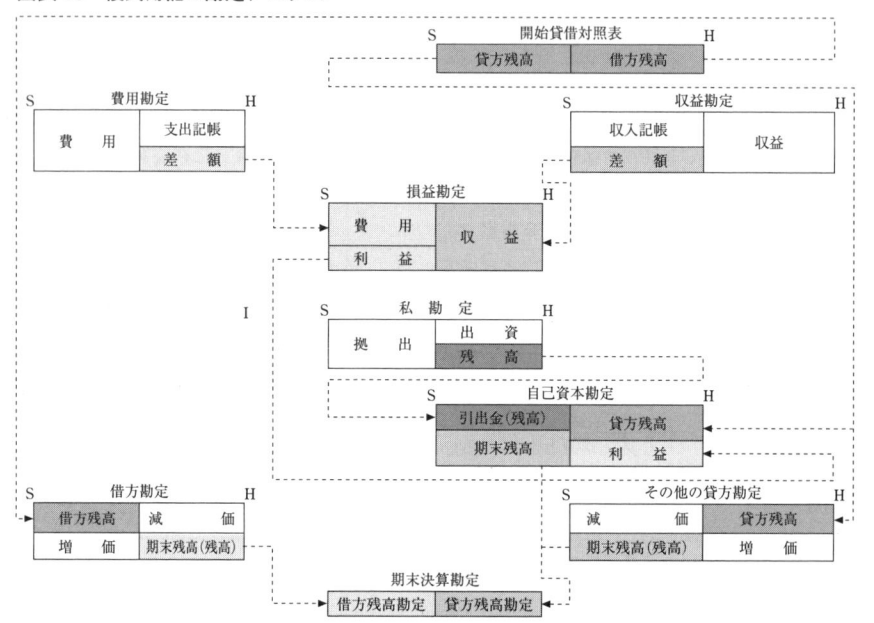

S	開始貸借対照表	H
	貸方残高　借方残高	

S	費用勘定	H
費　用	支出記帳	
	差　額	

S	収益勘定	H
	収入記帳	収益
	差　額	

S	損益勘定	H
費　用	収　益	
利　益		

S	私勘定	H
拠　出	出　資	
	残　高	

S	自己資本勘定	H
引出金(残高)	貸方残高	
期末残高	利　益	

S	借方勘定	H
借方残高	減　価	
増　価	期末残高(残高)	

S	その他の貸方勘定	H
減　価	貸方残高	
期末残高(残高)	増　価	

期末決算勘定
借方残高勘定　貸方残高勘定

（出所）　Schenk, Gerald, *Buchführung*, Berlin, Heidelberg 2005, S.66.

差額が資本勘定へ振り替えられて，各勘定の残高が決算書上の数字に集計された結果を示している。図表15のような複式簿記システムにおいて，簿記記帳と決算書の数字との因果関係を明確にすることで，複式簿記と決算書との整合性が検証できる。

　勘定システムに従って各取引は記帳されるが，私的勘定は，個人商人の簿記において私的に支出した場合に記帳される勘定である。

お わ り に

　商法会計制度とIAS/IFRSの調和化において，「自己資本と他人資本との区分」の議論は，商法で規定されている法的会社形態における人的会社の「資本」の概念に影響する。「資本を純資産として認める」IAS/IFRSに適合できる

かどうかについて検討するために，計算構造論的アプローチから考察した。

　各国の会計制度が，これまで企業の会計実務に定着している勘定システムが，資本市場における国際的調和化をとおして，どのように展開されていくのかについて検討した。勘定システムが，簿記記帳システムを通じて，企業の年度決算書の作成に至るまでには法制度の整備が必要であり，そのためにはコンテンラーメンと法制度の接点を明らかにすることが整合性を検討することになる。

　コンテンラーメンは，複式簿記の正規性を維持するために必要で，複式簿記に基礎づけられた計算過程から経済現象に適応した会計処理が行なわれ，各会計目的に従った利益算定が，企業の決算書に関わる利害関係者の意思決定及び経営判断の資料となる。そのため，コンテンラーメンと勘定体系における数字算定が検証できることを前提として，財務諸表の数字に客観性が与えられるといえよう。

　本章では，コンテンラーメンと複式簿記，複式簿記の勘定体系と法制度との整合性を検討してきた。

　その結果，コンテンラーメンと商法会計規定の接点となっているのは，決算書分類原則である。この原則を基礎として，コンテンラーメンは法制度と結びついている。この結合に整合性を与えるには，コンテンラーメンの勘定に基づき商法266条及び275条の規定に従って年度決算書が作成され，整理されることである。しかし記帳の正当性を維持するための勘定体系，複式簿記・コンテンラーメンに従った会計処理には，会計政策の余地が残されている[37]ことも避けられない。そのため，必ずしも複式簿記システムに従った利益算定が「客観的な数値」として保証できるものではない。

　本章では，資本と利益の関係を複式簿記の記帳の流れから考察することで，資本を巡る複式簿記と商法会計制度の関係を検討した。商法上の自己資本は，人的会社の場合，複式簿記の記帳システムでは，会社所有者の営業出資金として受け入れられ，自己資本として認識され，年度末の課税の対象となる剰余金が振り替えられる。しかし設立時，営業過程において必ずしも法的に確定した

固定資本が存在しているというわけではない。自己資本は債権者への債務返済の担保として、また営業のための資金融資のために必要である[38]。

[注]

(1) Scholz, Hans-Gunther, *Betriebliches Rechnungswesen*, Köln 1998, S. 38.
(2) Engelhardt, Werner H./Raffeé, Hans/Wischermann, Barbara, *Grundzüge der doppelten Buchhaltung*, Wiesbaden 2002, S. 191.
(3) Wöltje, Jörg, *Buchführung und Jahresabschluss*, Stuttgart, 2001 S. 56.
(4) Engelhardt, Werner H./Raffeé, Hans/Wischermann, Barbara, *a. a. O.*, S. 191.
(5) Wöltje, Jörg, *a. a. O.*, S. 40.
(6) Engelhardt, Werner H./Raffeé, Hans/Wischermann, Barbara, *a. a. O.*, S. 192.
(7) Wöltje, Jörg, *a. a. O.*, S. 56.
(8) Deitermann, Manfred/Schmolke, Siegfried/Rückwart, Wolf-Dieter, *Industrielles Rechnungswesen IKR*, Darmstadt 2004, S. 69 参照。
(9) Scholz, Hans-Gunther *a. a. O.*, S. 38.
(10) Wöltje, Jörg, *a. a. O.*, S. 56-57.
(11) Risse,Joachim, *Buchführung und Bilanz für Einsteiger*, Heidelberg 2001, S. 31.
(12) Deitermann, Manfred/Schmolke, Siegfried/Rückwart, Wolf-Dieter, *a. a. O.*, S. 69, S. 86.
(13) Wöltje, Jörg, *a. a. O.*, S. 56.
(14) Scholz, Hans-Gunther *a. a. O.*, S. 38.
(15) Scholz, Hans-Gunther, *a. a. O.*, S. 40-41.
(16) Wöltje, Jörg, *a. a. O.*, S. 58.
(17) Engelhardt, Werner H./Raffeé, Hans/Wischermann, Barbara, *a. a. O.*, S. 193-194.
(18) Engelhardt, Werner H./Raffeé, Hans/Wischermann, Barbara, *a. a. O.*, S. 193.
(19) Bornhofen, Manfred, *Buchführung 1*, Wiesbaden 2002, S. 69.
(20) Deitermann, Manfred/Schmolke, Siegfried/Rückwart, Wolf-Dieter, *a. a. O.*, S. 69.
(21) Bornhofen, Manfred *a. a. O.*, S. 69-70.
(22) Bornhofen, Manfred *a. a. O.*, S. 69.
(23) Wöhe, Günter/Kußmaul, Heinz, *Gründzüge der Buchführung und Bilanztechnik*, 4. Aufl., München 2002, S. 1.
(24) Wöhe, Günter/Kußmaul, Heinz, *a. a. O.*, S. 47.
(25) Shenk, Gerald, *Buchführung*, Berlin, Heidelberg 2005, S. 72.
(26) Schenk, Gerald, *a. a. O.*, S. 66.
(27) Schenk, Gerald, *a. a. O.*, S. 67.
(28) Wörner, Georg, *Handels-und Steuerbilanz nach neuem Recht, Mit IAS/IFRS und US-GAAP*, 8. Aufl., München/Wien 2003, S. 35.
(29) Olfert, Klaus, *Buchführung*, Leipzig 2004, S. 66.

(30) Deitermann, Manfred/Schmolke, Siegfried/Rückwart, Wolf-Dieter, *a. a. O.*, S. 513.
(31) *Ebenda.*
(32) Deitermann, Manfred/Schmolke, Siegfried/Rückwart, Wolf-Dieter, *a. a. O.*, S. 515.
(33) *Ebenda.*
(34) Deitermann, Manfred/Schmolke, Siegfried/Rückwart, Wolf-Dieter, *a. a. O.*, S. 515-516.
(35) Deitermann, Manfred/Schmolke, Siegfried/Rückwart, Wolf-Dieter, *a. a. O.*, S. 516.
(36) Deitermann, Manfred/Schmolke, Siegfried/Rückwart, Wolf-Dieter, *a. a. O.*, S. 516-517.
(37) Meyer, Claus, *Bilanzierung nach Handels-und Steuerrecht*, Herne/Berlin 2001, S. 57.
(38) Weber, Jürgen/Weißenberger, Barbara E., *Einführung in das Rechnungswesen*, 7. Aufl., Stuttgart, 2006, S. 151.「個人企業は，理論的にも，全く自己資本がなくても営業が可能である。」としている。しかし自己資本は融資を受けるための信用を示し，出資者の責任を示すことから企業の存続と成長にとって重要である。

第4章 会計制度の基礎

はじめに

　前章では，簿記記帳における勘定体系と商法の会計規定との整合性について検討した。その結果，勘定体系は業種別に定着していること，また勘定体系が，営業過程分類原則，決算書分類原則に基づく2種類のコンテンラーメンからなることが明らかになる。
　そのうちの一つの決算書分類原則は会計制度と結びつき，商法の貸借対照表と損益計算書の雛形の配列と適合している。このコンテンラーメンは，商法の貸借対照表と損益計算書の会計規定に適合した勘定体系であることが明らかになった。
　コンテンラーメンのなかで，GKR は製造業の勘定体系をとり，IKR は商法の会計規定と一致しているとともに各企業に共通した勘定体系をとっている。さらに，SKR 3，SKR 4 はコンピュータの普及にともない，簿記処理の簡素化をもたらし，コンピュータ会計への導入に寄与した。その意味で，コンテンラーメンは，コンピュータ会計における記号と数字による取引の表示に有益であったといえる。
　この他に，コンテンラーメンは，決算書作成のための「勘定科目表」としての役割をもつことから，企業の会計実務では決算書による経営比較に役立ってきた。
　コンテンラーメン・複式簿記と商法規定の整合性が保たれることによって，商法会計制度が整備されている。さらに簿記記帳に合法性を与えるために，

「正規の簿記の諸原則」(GoB) によって「帳簿の正当性」(正規性) と「決算書の正当性」が維持され，商法では決算書の作成及び公開（ディスクロージャー）が規定されている。大陸型の法体系をもつ国の会計制度は，EU指令の国内法化によって，商法の会計規定とコンテンラーメンの勘定体系の整合性が保たれ，企業の個別決算書の勘定配列が整備されている。

近年では，商法会計とIAS/IFRS・US-GAAPとの調和化を図るために，前述したようにドイツ会計基準委員会（DRSC）が設置され，この委員会からドイツ会計基準（DRS）が公表されている。GoBの枠組みのもとに，DRSの基礎概念として新しい会計フレームワーク（草案段階）が形成されようとしている。

前章では，会計制度の基礎とされる複式簿記と法規定の関係について検討したことから，本章では，会計制度の基礎とされる会計理論について考察することにしたい。ドイツの伝統的な会計理論と考えられるのは貸借対照表論であり，その変遷をとおして，会計理論はどのように変化しているか現代の評価をとおして検討することにしたい。さらに経済的変化の影響を受けている資本会計に焦点を絞り，本章では，「資本の概念」の変化を考察するための理論的考察を探ることにする。

第1節　貸借対照表論の変遷

1　貸借対照表論解釈を基礎とする商法会計制度

前章で述べたように，勘定からなる簿記記帳を行なう企業の勘定体系は，実体のある資産（財産）計算を基礎として，貸借対照表を中心にして展開される。現代では会計（Rechnungswesen, Rechnungslegung）という名称が会計という専門分野を示すようになった。商法会計制度に基礎づけられた会計制度のもとでは，むしろ貸借対照表法（Bilanzrecht）という呼び方が一般的であった。一方，貸借対照表論（Bilanztheorie）は，法的な枠組みから独立して，純粋に経営経済学上の観点から，商法会計の意義・目的及びフレームワークを導き出そうとしてきた[1]。したがってこれまでの会計フレームワークは，商法の会計規

定と貸借対照表論が並行に展開され，形成されてきたと考えられる。

1985年商法典第3編「商業帳簿」において「すべての商人のための帳簿」について規定された会計規定は，法律上の規定で商取引行為から財産目録を作成することの必要性から誕生した。その会計規定は商慣習を基礎として構築されてきた商法，株式法，あるいは税法等の法律に基づき，商人の取引記帳という会計目的を前提として，貸借対照表論が展開されてきた。

貸借対照表論について，その代表的な法律家の古典的理論として，Simon (Hermann Veit Simon) の静的貸借対照表論 (statische Bilanztheorie) が挙げられる。静的貸借対照表における会計目的は，商人ないし企業の資産 (Vermögen) の年度測定にある。この目的は，各営業年度の締め切りには，総ての資産及び負債を貸借対照表で認識し，純財産を算定することである。その意味で，貸借対照表は，資産貸借対照表 (Vermögensbilanz) を示すことになる。これは，資本構造，つまり自己資本と他人資本を示し，他の年度決算書の利用者に対して投資資本の運用を伝える。静的貸借対照表は，債権者保護及び会計報告に役立ち，利益算定には重点が置かれない。また利益 (損失) は，2つの期首と期末の純資産の増 (減) を示す。

この静的貸借対照表論によれば，評価規定には，2つの特徴が挙げられる。1つは清算を前提としている静態論，2つには継続を前提としている静態論である。清算を前提としているのは，支払能力の決定に年度決算書の役割を見出す考え方で，所有資産によって所与の負債を決済できるかどうか (債務支払可能性) を算定することがねらいとされる。

それに対して，継続企業を前提としているのは，決算日以降の企業存続 (継続企業) を前提として，年度決算書で純資産，できるだけ最小限のリスクで責任を負う純資産増価，利益分配を算定することに重点が置かれている[2]。

2　動的貸借対照表論

一方，動的貸借対照表論 (Dynamische Bilanz) では，法律上の商取引に必要とされる財産計算が，Schmalenbach によって企業管理という経営経済学的な必

要性に視点が向けられるようになった。従来の財産目録（Inventar）の計算による経営管理とは別に，商人（Kaufmann）に貸借対照表，損益計算書の作成が求められるようになり，経営経済学的な観点から，財産目録の役割を引継ぎ，特に貸借対照表の形式的解釈及び実質的解釈を中心として，貸借対照表論が展開された。この動的貸借対照表論は，年度決算書の実質的な役割を企業管理のために比較可能な，発生主義に基づく期間計算を決定することにある。

したがって，Schmalenbach のビランツ・シェーマは，商法の会計規定に関連づけて，以下のように解釈される[3]。

図表 1　シュマーレンバッハのビランツシェーマ

借方側（未決前給付）	貸方側（未決後給付）
支出・未費用（例　要償却資産）1)	費用・未支出（例　偶発損失引当金）
支出・未収入（例　貸付金）	収入・未支出（例　借入金）
収益・未費用（例　自己創設設備）	費用・未収入（例　引当金）2)
収益・未収入（例　売掛金）	収入・未収益（例　前受金）

（出所）　Quick, Reiner, *Bilanzierung in Fällen*, Aufl., 2, Stuttgart 2004, S.3 より作成した。原文では 1) 機械減価償却 2) 未履行の修繕引当金となっている。

3　有機的貸借対照表論（Organische Bilanz）

次に登場したのが，有機的貸借対照表論である。有機的貸借対照表論は，Schmidt（Fritz Schmidt）によって論じられたことでよく知られている。この有機的貸借対照表論が，商法と IAS/IFRS との調和化のために，「公正な価値」（時価評価）が商法規定に導入されることになれば，Schmidt の貸借対照表上の価値基準として，再調達価値を優先することにおいて注目される[4]。

前述してきたように，静的貸借対照表論と動的貸借対照表論の枠内において，資産表示あるいは期間的な損益計算が，主な会計目的として認識されるのに対して，有機的貸借対照表は，損益と資産算定を同時に二元的目的として求める（いわゆる全体経済的な評価）。この貸借対照表評価の目的は，名目資本だけでなく，企業の収益を名目財の実質として維持するという目的でもって，貨幣価値変動を排除することにある。この有機的貸借対照表論によって，営業年度

において全体経済の現実の状態を認識する場合にのみ，プラス志向の利益を獲得することができる。物価上昇に際しては，企業利益は，物価上昇経済における潜在的利益（インフレーション時の名目利益）を平準化して維持できるように配分されなければならない[5]。Reinerは，このことを次のような例で説明している。

　例）商品 300 を 350 で販売する。その際，時価は 330 であった（貨幣単位省略）。

　この場合，名目利益は 50 である。しかしインフレーションの時期での販売利益は 30 である。実質の販売利益は 20 となる。

　この説明は，有機的貸借対照表によれば，決算日に，資産は継続的な再調達価額によって最高価額で評価する（時価主義）。再調達原価が原価より上昇すれば，再調達価額に引き上げられなければならないからである。

　Reinerによる貸借対照表論の説明をみてきたが，次にこれまでの貸借対照表論についての現代の評価を検討することにしたい。

4　伝統的な貸借対照表論についての現代的評価

　ドイツ会計制度は，1861 年ドイツ一般商法典，1937 年株式法，1965 年株式法を巡って，1897 年商法典の法規定にある「不確定の法概念」（unbestimmte Rechtsbegriffe）の枠組みのもと，経営経済学領域ではさまざまな伝統的な貸借対照表論が展開されてきた。前述した 3 つの貸借対照表論に基づき，Reinerの説明に従って，その特徴を述べてきた。そして，Reinerは，この 3 つの伝統的な貸借対照表論について，次のような評価を与えている。

　静的貸借対照表論は，継続性を前提とした貸借対照表の静的解釈によって，個別評価原則に適合した個別価値で評価をする。そのため売却対象物は，販売価額として最高価額で評価される。例えば，固定資産の場合，取得額を借方へ計上しなければならない。その際，場合によっては償却額は減額される。そのため，年度決算書における情報価値としては，客観的な価額が示されるという点では利点がある。しかし決算書の利用者にとって，静的貸借対照表は企業の

現在の支払能力を知るための情報としては利用価値が乏しい[6]。

それに対して動的貸借対照表論は，年度決算書で算定された期間損益が企業管理のための手段として利用価値が高い。しかし実態の認識が発生主義によって決定され，発生主義による会計処理が行なわれるということから，主観的な測定に基づくことになり，動的貸借対照表には客観性が足りないという欠点がある[7]。

静的貸借対照表論，動的貸借対照表論及び有機的貸借対照表論は，貸借対照表を中心として論じられ，また商法会計規定においても基礎づけられた。商法会計規定は，序章で示したように，伝統的に法律と同様に，立法過程の手続きに従って貸借対照表法として会計制度が形成されてきた。そのため経営経済学領域では，商法38条 GoB の研究が進められてきた。GoB を巡って GoB の本質論，GoB 導出の方法論等が議論され，そして長い間，商法38条の「不確定の法概念」とされていた GoB は，経営経済学者と法律家の間で論争されてきた。

GoB 論を巡る経営経済学者と法学者の長い論争を経て，これまで「不確定の法概念」である GoB は，1970年代に入り，アメリカの一般に承認された会計原則に倣って Leffson (Ulrich Leffson) による GoB 論[8]が論じられるようになり，1985年商法典の GoB は一般原則として解釈されることになった。1985年商法典を契機に，GoB の内容は法律学と経営経済学において論じられているが，商法上の概念 GoB は，経営経済学領域では会計原則の形成へ移行していくことになった。しかしそれは商法の会計規定と切り離して論じられるのではなく，常に商法の会計規定との関係において論じられてきた。

第2節 商法を基礎とする会計フレームワーク

商法典第3編「商業帳簿」には，すべての商人，資本会社，組合，金融機関についての会計規定が定められている。その補足規定として，法形態の特別法（株式法，有限会社法，組合法），会社規模特別法（開示法1条に該当する個人会社及び

個人商人等），業種特別法（例，交通及び住宅企業等）[9] が規定されている。このような法規定の枠組みのもと，会計目的を基礎として GoB が形成されている。会計目的は，帳簿記帳及び年度決算書の作成規定を基礎として，記録，会計報告（情報），資本維持，利益分配算定の会計目的が挙げられる[10]。この会計目的のために，会社は，商法典第3編の「商業帳簿」に定められた規則に従って，年度決算書を作成し，年度決算書を開示する。商法の規定を基礎として会計フレームワークが形成される。

GoB は，帳簿記帳（商法238条1項／239条4項1文），棚卸手続きの簡素化（商法241条），年度決算書作成（商法243条），評価手続きの簡素化（商法256条）の法規定の枠組みのもとで考察されなければならない。このような商法上の GoB は，「完全なる商人」及び他の事業体の利益算定の枠内において税法（所得税法5条1項）にも適用される[11]。これが，いわゆる基準性の原則である。

GoB は，「不確定の法概念」であることから，法規定が一定の問題について規定していない場合あるいは法規定の適用及び解釈に疑問が生じた場合，ないしは規定に裁量の余地（Lück）がある場合には，GoB が適用される。その際，GoB は，帰納法，演繹法及び解釈法に従って解釈されてきた。

帰納法は，GoB を「正規，名誉ある商人の見解」から導出されるべきであることを示す。ここで問題なのは，「名誉ある商人にとって基準となるもの」の確定である。また当該商人には，他のグループは参加できない。しかし新しい会計処理では，帰納法は否定される。

他方，演繹法は，GoB を会計目的から導出し，会計目的の導出のための意思決定手段として「法律及び基本となる EU 指令，連邦裁判所及び欧州裁判所の判例，連邦財務裁判所の判例，判決を下す地位にある者（Spruchstelle）［商法324条］等，専門意見，ドイツ経済監査士協会（IDW）の専門的見解，ドイツ商工会議所（DIHT）及び会議所（IHK）の専門的見解，経営経済学の認識，専門文献ならびに正規の商人の会計実務」[12] とする。連結決算書についての会計処理についての判断のためには，IASB が発行している IAS/IFRS，つまり GoB の解釈のための補足的な規則が追加されることになる。

第2節　商法を基礎とする会計フレームワーク　113

　その他に，解釈法がある。これは商法上の会計処理規定を，以下の基準に基づいて全体的な解釈を行なう方法である。

　法規定の条文及び文言の意味，意義関係，歴史的起源，立法者の法資料及び見解，経営経済学的あるいは客観的及び目的論的観点，憲法との合致(13)等が基礎として挙げられる。

　GoBは，3つの領域，記録，棚卸，会計処理からなるとされるが，帳簿記帳領域におけるGoBは，すべての記帳が義務づけられた営業取引の確認のために必要であり，その際に，実質的なGoBには完全性（網羅性），正当性及び真実性，証憑との照合が求められる。形式的なGoBには明瞭性と確実性が保証されるべきとしている。

　棚卸領域におけるGoBは，資産及び負債を完全に，正しく，検証ができ，各個別に認識できなければならない。その際に，完全性（網羅性），正当性及び真実性，検証可能性及び記録，個別認識及び評価が基準となる。

　会計処理領域におけるGoBでは，年度決算書を完全に，内容的に正しくならびに明瞭に，概観のあるものに作成されることが保証されなければならない。その際に，計上原則によって，貸借対照表上の借方及び貸方への計上が明確にされるべきである。

　また評価原則として3つの評価原則，実現原則（貸借対照表には，実現した利益及び損失が記載されてもよい），不等原則（いわゆる費用は発生，収益は実現で認識することを意味している），慎重な評価原則（古い見解でもあるが，借方ではできるだけ低く評価し，貸方ではできるだけ高く評価されるべきである）が挙げられる。しかし慎重な評価原則には，近代的な解釈が求められている。近年の解釈によれば，価値評価の範囲で選択できるに際して，十分確実性が考慮されるならば，貸方は上限ではない評価が選択され，借方は下限ではない評価が選択されることが求められる(14)。さらに対応の原則が挙げられるが，この原則は事象の対応と時間（期間）対応に区分されている。事象の対応では，収益にともない発生しあるいは収益に対応する費用は，収益に対応させなければならない。時間の対応は，期間内に発生する損益の収入と支出が，各会計期間に配分されなければならな

いことを示す。特別損益は，損益が発生した期間に相殺されなければならない。その他，補足原則として，経済性の原則，実質性の原則，ゴーイング・コンサーンの原則，正当性及び完全性の原則が挙げられる[15]。このなかで，経済性の原則は，補足情報の有用性が重視され，情報収集の準備にかかる費用よりも情報が有用であることを意味する。また実質性の原則は，決算書の利用者の意思決定に適切である情報のみが決算書に含まれるとする。この2つの原則は，いわゆるアングロ・サクソン型の会計原則では，重要性の原則にあたる。

明瞭性及び概観性に基づくならば，年度決算書における会計項目は，明瞭にかつ概観性のある配列をして，理解しやすく表示されなければならない。投資家情報が，不十分で，また勘定の相殺によって，貸借対照表の細目分類について概観が損なわれるようなことがあってはならないのである。

合致の原則は，年度決算書の時間的な経過において，形式的かつ実質的な合致からなる。形式的な貸借対照表合致の原則は，期末貸借対照表＝開始貸借対照表を充たすことを意味している。実質的な合致の原則は，評価及び方法の継続性を維持することで，年度決算書において会計処理された価値は，継続されなければならない。

商法の会計規定の枠内において，会計目的から導き出され，会計処理を行なう場合に，遵守すべき原則が具体的に示される。この会計原則が，商法の会計規定に基礎づけられている。

しかし近年，立法過程において規定された商法の会計規定が，国際的に承認された会計基準との調和化のために，新しい会計基準について検討することが求められ，民間のDRSCが設置された。この委員会による正当な手続き過程（デュープロセス）に基づき，第6章の図表2に示すような組織形態においてDRSが審議されるようになったのである。一般に草案の段階で公開され，各組織及び個人からの意見を受け入れ，委員会で審議した結果，草案の修正を経た後に，DRSとして，最終的には連邦法務省の承認を経て，官報で一般に公表されるという最終的な手続きは，立法に委ねられている[16]。

EU統合のもとで，EU指令との調和化が行なわれるため，会計指令の国内

法化は，商法の会計規定にも影響することになる。1998年以降のEUとの調和化のための会計に関わる法改正は，序章で述べたとおりである。

このようにGoBのもとに，商法会計規定が成文化されてきた。しかし2005年以降，EU域内の上場企業の連結決算書にIAS/IFRS適用が義務づけられた以上，DRSCで審議されているDRSは，商法とIAS/IFRS及びUS－GAAPとの調和化のもと公表されていくことになるであろう。その際，DRSの概念フレームワークは，会計基準を解釈するための基本的概念を示したものである。

次に，DRSのフレームワーク（公開草案）についてみていくことにする。

第3節　国際的調和化を基礎とする会計フレームワーク

これまで伝統的に商法の概念GoBが「不確定の法概念」として展開されてきたが，EU指令との国際的調和化，さらに現代においてはIAS/IFRS及びUS－GAAPとの調和化のためのフレームワークが構築されようとしている。

2002年10月16日にDRSCによって「正規の会計の諸原則」（Grundsätze ordnungsmäßiger Rechnungslegung=GoR）（草案）[17]が公表された。本草案の構成は，①目的，②位置づけ，③適用領域，④会計決算書の利害関係者，⑤会計の目的，⑥一般規定，⑦情報及び利益算定原則，⑧会計決算書を構成する書類，⑨決算書における計上，認識及び説明，⑩価値評価，⑪会計決算書を構成する書類の分類項目，⑫作成回数，⑬開示，⑭ドイツ会計基準（DRS）の適用開始，A．草案の理由書，B．法とドイツ会計基準の両立性，C．IAS/IFRSとUS－GAAPとの比較等から，図表2に示されるようなフレームワークで構成されている[18]。この公開草案では，DRSフレームワークが，EU第4号指令2条5項が商法に適正に変換されていないことで，商法との不一致があることが示される。その一方では，現行及び今後展開されていく法律及び会計基準のガイドラインであることが述べられている。このフレームワークは，商法に規定されている連結決算書及び連結状況報告書，年度決算書及び年度状況報告書，中間

図表2 フレームワークの概要

草案構成	CoR（正規の会計の諸原則）
①目的	現行及び将来の法律及び基準の解釈のための指針
②位置づけ	個別基準ではなく枠組みである。
③適用領域	法形態に関係なく，全企業の連結決算書及び連結状況報告書・年度決算書及び年度状況報告書に適用される。
④会計決算書の利害関係者	株主・社債券者・債権者
⑤会計決算書の目的	会計報告，利益配当，利益算定，意思決定資料
⑥一般規定	資産，資金及び収益状況について事実に即した概観を決算書及び状況報告書で伝達，経済性（実質性）の優先，基準及び法規定からの逸脱に際して付属説明書での説明，取締役による決算書の確認，会計処理に適用した計上・評価及び連結方法についての説明，会計処理方法の変更から生じる影響についての説明
⑦情報及び利益算定原則	情報原則：利害関係者の有利な情報提供，利害関係者保護，情報の目的適合性，重要性の原則，決算書及び状況報告書のタイムリーな作成，完全性，信頼性，情報の中立性，慎重性，明瞭性，単一性，理解可能性，相殺禁止，比較可能性，形式及び実質的継続性，利益算定の原則：個別評価，決算主義，期間区分，発生主義，実現主義，損失の予測認識
⑧会計決算書の分類項目	貸借対照表，損益計算書，キャッシュフロー計算書，セグメント報告書，自己資本変動計算書，付属明細書，状況報告書
⑨決算書における計上，認識，説明	資産定義及び計上基準，負債定義及び計上基準，商法計上選択権の排除，自己資本・収益及び費用の記録，収益及び費用の表示と説明
⑩価値評価	名目資本維持による評価，製造原価及取得原価での評価，特別減価償却，減価償却，資産の時価評価，負債の時価評価
⑪会計決算書の分類項目	完全性，比較可能性及び明瞭性，決算書は商法とドイツ会計基準と合致による分類，損益計算書は売上原価法をとる。
⑫決算書の作成回数	最低年1回の作成
⑬開示	タイムリーな作成と開示を行なうべきであるが，法律の規定を遵守すべきである。
⑭ドイツ会計基準の適用開始	DSRと一致した作成

(出所) DRSC, Grundsätze ordnungsmäßiger Rechnungslegung, E-Rahmenkonzept, Stand 16.10.2002, S.1-42.

決算書に適用されることになる。草案は，従来の商法規定を基礎として決算書を作成するための原則だけではなくて，将来の会計処理にも影響する。そのため，DRSフレームワーク（公開草案）では，IAS/IFRS・US‐GAAPとの調和化を図るため，公開草案では，DRSとIAS/IFRS・US‐GAAPとの比較が試みられている。以下で，その比較を検討することにしよう。

フレームワーク（公開草案）は，IASBによる財務諸表の作成及び表示のフレームワーク，FASB概念フレームワークの目的に適合しているが，実質的な原則は，IASBフレームワークに定められているのではなく，個別の基準にある。IASBは，フレームワークを国際的に適用できるようにするためには，その根拠を示す必要がある。IASBフレームワークは，DRSのフレームワークと同様に，年度決算書及び連結決算書に適用され，また企業の法形態に関係なく適用される。US‐GAAPでは，連結決算書が対象となる。企業の法形態には関係しない。基本的には，US‐GAAPと概念フレームワークでは，上場企業が対象となっている。

決算書がどのような利害関係者を対象としているかについては，IASBフレームワークとFASB概念フレームワークで示されている決算書の利用者グループは，DRSフレームワークで示されているよりも広範囲に及ぶ。つまり前者の2つのフレームワークでは，株主，社債券者，仕入先，顧客，従業員，行政当局，一般大衆等が利害関係者として挙げられている。そのため決算書の利害関係者の範囲が広く，投機目的の投資家が求める情報にも適合することを前提としている。

一般条項については，以下の原則が検討されている。

情報及び利益算定原則として，アングロ・サクソン型の規定には，概念フレームワークの原則に適合した「質的特質」が含まれる。

IASBのフレームワークとFASB概念フレームワークによれば，便益の発生及び消滅をともなう会計項目は，計上及び認識されなければならない。それに対して，本公開草案では50％以上の確率を定めている。例えばIAS第37号「引当金，偶発債務及び資産」及び第23号「借入費用」（以降，タイトル略）で

は,「起こりうる」という基準について引当金を設定していることを考えると,本公開草案の測定基準に適合している。評価についての信頼性は,IASBのフレームワークとFASB概念フレームワークに従った評価の信頼性は,本草案のフレームワークで主張した見解に適合する。

資産の定義と計上についてみた場合,DRSフレームワーク草案における期間区分及び計上基準に適合している。しかし計上選択権は,IFRSとUS-GAAPに存在しない。したがって資産計上の条件を充たすと同時に,借方へ計上しなければならない。

負債の定義及び計上についてみた場合,公開草案のフレームワークにおける期間区分及び計上基準は,IASBのフレームワークとFASB概念フレームワークに適合している。しかし計上選択権は,IFRSとUS-GAAPには存在しない。そのため,計上条件を充たすと同時に,貸方へ計上しなければならない。

自己資本は,IASBのフレームワークとFASB概念フレームワークに「資産」と「負債」との差額として定義されている。その限りにおいて,自己資本は純資産額を示すものである。「資産及び持分」という概念は,FASBの協議事項にもみられ,IASBは,それに適合する構想を考えている。

収益及び費用の認識について,本公開草案における収益及び費用の認識基準は,IASBのフレームワークとFASB概念フレームワークに適合する。「利益認識」の考え方は,IASBとFASBの協議事項にもみられる。

収益及び費用の記載と説明について,IASBは,特別費用及び特別収益に関する狭義の期間配分を考えている。本公開草案のフレームワークは,IASBの基準よりもUS-GAAPに適合している。

評価基準について,IFRSとUS-GAAPは,現在では折衷型の評価に準じている。付すべき時価価値(公正な価値)は,本公開草案のフレームワークの定義に一致している。しかし現在は,時価評価,例えば固定資産に関して認めないという見解である。

① **取得原価/製造原価で評価すべき資産価値:新しい評価**

取得原価及び製造原価は,IFRS(IAS第2号7以下;IAS第16号4以下)に従って,

IAS 第 23 号が固定資産の製造及び取得原価との関係において発生する他人資本利子の会計処理に計上選択権を規定している（IAS 第 23 号 10 以下）。その点において，DRS フレームワークの草案とは異なる。US - GAAP に従った取得原価及び製造原価の区分は，基本的にはフレームワーク（草案）で行なわれる区分処理に適合している。US - GAAP は，原則上，開発費の借方への計上は禁止している。しかしそれは，基準書 SOP98-1 によって廃止され，その結果，開発費の大部分は計上義務とされている。他人資本利子の借方への計上義務は，特定資産の製造及び取得原価に関してのみ該当する。

② 取得原価／製造原価で評価すべき資産価値：継続評価

IFRS および US - GAAP によれば，公開草案のフレームワークのモデルとは異なり，「即時償却」（impairment test）を遂行しなければならない。稼得額（認識可能な金額）が継続的な帳簿価額よりも少額である場合には，IAS 第 36 号 6「資産の減損」（以降，タイトル略）に従って，計画外減価償却を行なわなければならない。稼得額は，正味売上高（正味実現価値）及び使用価値の最大額として定義される。計画的減価償却は，IAS 第 36 号によれば価値減少が持続するかどうかとは無関係に行なわなければならない。帳簿価値が，当該財産価値の「公正価値」より高額である場合には，SFAS 第 144 号「長期性資産の減損又は処分の会計処理」（以降，タイトル略）に従って特別減価償却が行なわれなければならない。特別減価償却を行なう根拠がなくなった場合には，公開草案のフレームワークに従って，また IAS 第 36 号 99 でも，価値を引き上げなければならない（増価命令）。SFAS 第 144 号 15 には，基本的に価値の引き上げが定められている。

③ 不確実な価値評価

発生確率がそれぞれ異なっている場合には，IAS 第 37 号，IAS 第 36 号以下に従って，最も発生確率の高い価値が考慮される。すべての起こりうる事象が等しい確率である場合には，期待価値で評価されなければならない。これは，DRS のフレームワークにおける規則に適っている。US - GAAP に従って，発生確率がそれぞれ異なっている場合には，発生確率が高い価値で評価されなければならない。起こりうる事象がすべて等しい確率である場合には，もっとも確率の低い価値で評価されなけ

ればならない (FIN 14.3, SFAS 第5号)。したがってこの規則は DRS のフレームワークの規則に反する。

④ 貸借対照表の配列

IFRS には，貸借対照表の分類シェーマは存在しない。だが最低限の記載義務（貸借対照表表示）は規定されている（IAS 第1号 66）。貸借対照表分類シェーマは，US-GAAP においても規定されていない。借方側には通常流動性の高いもの，貸方側には経過期間が長いものから分類する。産業別に個別規定がある。アメリカ証券取引委員会（SEC）による最低限の分類規定がある（SEC 規制 S-X，規則 5-02）。

⑤ 損益計算書の配列

IFRS では，売上原価法，総原価法が認められている（IAS 第1号 77）。しかし分類シェーマはない。ただし最低限の記載義務（損益計算書に関して）が規定されている（IAS 第1号 75）。上場企業では，損益計算書に「1株あたりの利益」が表示される。US-GAAP によれば，会計実務では売上原価法が支配的である。SEC 規則では，損益計算書を売上原価法（SEC 規制 S-X，規則 5-03）で作成しなければならないことから，特に決まった損益計算書分類シェーマは存在しない。上場企業では，損益計算書に「1株あたりの利益」を表示することになっている。

⑥ 付属説明書

付属説明書についての分類項目の規定は，IFRS 及び US-GAAP のフレームワークと異なるところはない。

⑦ ドイツ会計基準の開始時期

草案の規則は，SIC-8「IAS の適用開始」に適合する。IFRS の「適用開始」は IASB の協議事項にもみられる。同様に US-GAAP にも適用される。もちろん SEC は，一定の規制緩和を認めている。

以上，みてきたように DRSC において審議されているフレームワークは，IFRS と US-GAAP のフレームワークとの調和化のもとで，DRS の基本概念の解釈のために必要とされている。商法上の概念 GoB は，会計を取り巻く環境の変化に対応しながら，概念を変えてきた。そして現代においては会計基準の国際的調和化という環境に適応したフレームワークが構築されようとしてい

る。

第4節　GoB から GoR への移行

民間レベルの DRSC が 1998 年に設置されたことから，DRSC が公表する DRS は，法の立法過程における審議から独立して，デュープロセスの手続きに基づき審議されることになった。商法 342 条で DRS の適用が連結決算書に制限され，このフレームワークの原則が，連結決算書及び連結状況報告書，年度決算書及び状況報告書，中間報告書にも適用されることになる[19]。

1　フレームワークの一般条項と個別規定

通常，商法及び DRS の個別規定を適用することで，「真実かつ公正な概観」(true and fair view) を伝達することになる。しかしきわめて稀な場合に法規定及び DRS から逸脱する場合がある。その際には，付属説明書での記載が必要になる。フレームワークは，一般規定及び個別規定の関係に関しては，EU 第 4 号指令及び第 7 号指令に適合するものでなければならない。このフレームワークは，「正規の会計の原則」として，相互に両立もしくは対立の関係（in kompatiblem oder konfliktärem Verhältnis）にあることが前提とされている。例えば，会計の形成に際して，目的適合性及び信頼性に基づくような情報の原則は，IAS/IFRS と US‐GAAP に倣って構築され，内容的な解釈では国際的な会計基準の考え方に近いものとなっている。

フレームワークの草案に挙げられている原則は，目的適合性，つまり過去の資料を基礎として将来の予測を可能にし，それを前提にして証明もしくは修正できる情報の適正性を意味している。これは，情報の種類及び重要性ならびにタイムリーかつ完全な報告をさす。信頼性は，一義的で誤りがないことを意味している。慎重性の原則は，従来の過度の慎重性は縮小され，評価原則としてではなく，不確実な将来の予測をするための規則である。したがって慎重性の原則は，借方側における恣意的な過小評価，貸方側における恣意的な過大評

価，また費用の過大計上による利益留保性準備金を認めるのではない。そのため状況報告書においてもリスクとチャンスが均等に報告されるべきである。その他に，補足原則として，明瞭性，一義性，理解可能性，比較可能性，相殺禁止，重要性（経済性），形式及び実質的継続性の原則が挙げられている。

他方，利益算定にあてはまる原則は，ゴーイング・コンサーン，個別評価，決算日主義，収益及び費用の期間単位での認識，実現主義と損失見越原則 (Verlustantizipationsprinzip) による期間区分が挙げられている。そのなかで，実現主義は，将来の経済的便益の発生が予測的に算定できる場合に，利益の認識について新しい国際的な基準に近づいた解釈をするようになっている[20]。利益は決算日に実現する，もしくは実現できるものでなければならない。通常，商品の販売時点が，実現の時点と認められる。また，実現可能性は，基本となる商品売買が実現し，それにともなう資産が，支払代金もしくは支払請求権と交換できる場合に存在する[21]。

損失見越原則は，実現時点を考慮することなく，将来の経済的便益が消失すると予測でき，また信頼ある測定がなされる場合に損失を認識することになる。しかし個別決算書における「慎重性の原則」の制限 (Relativierung des Vorsichtsprinzips) が，債権者保護，所得税負担にどのような影響を及ぼすかについては未定である[22]。

2 フレームワークに従った計上規定

この計上規定は，資産，負債，収益及び費用についてのフレームワークとして示される。

資産は，経営内部で利用するかもしくは市場での販売に基づき，根拠のある確率でもって将来の経済的便益が期待できる場合には，過去の取引事象に基づき企業が処理できる資源であるとする。この確率を根拠として，資産と認識するのであるが，フレームワークでは50％以上を基準としている。その場合，有形もしくは無形，自己創設もしくは有償取得の資産が対象となる。経済的所有の基準によって資産の帰属を判断する。資産は，信頼しうる価値見積が可能

である場合にのみ，借方へ計上できる。

それに対して，負債は，過去の取引に基づく第三者に対する債務である。確率（50％以上）の高い将来の経済的便益で決済すべきである。その債務には，法的かつ経済的な第三者の債務が含まれる。しかし費用性引当金は含まれない。費用性引当金が貸方に計上されるのは，負債価値について信頼しうる見積ができる場合にのみ計上可能となる。

自己資本は，資産及び負債の残余に対する社員（株主）の請求権である。

収益は，支払手段ないしは支払手段に等しい価値が直接流入する形式で，もしくは負債が減少する控除形式で示される。自己資本は，会計報告期間における経済的便益の増加である。

費用は，支払手段ないしは支払手段に等しい価値が直接流出する形式で発生し，会計報告は経営期間における経済的便益の減少である。

収益及び費用は，便益の増加ないしは減少が確実かつ信頼しうる測定ができる場合にだけ認識できる。収益及び費用も，便益の発生及び消滅が確実に生じ，信頼しうる算定ができるかどうかは，法律及びDRSに委ねられている[23]。

損益要素に影響するかどうかを判断できるために，損益計算書は，通常の営業活動で測定かつ記載すべき損益と特別損益を区分表示している。損益計算書は，売上原価法に従って作成しなければならない。だが材料及び人件費は付属説明書に区別して記載しなければならない。

価値評価の基礎は名目資本維持である。すなわちインフレーションの影響を無視した会計は容認されない。次に，評価規定のフレームワークについて検討することにする。

3 フレームワークに従った評価規定

資産に関する評価基準として問題になるのは，以下の評価である。

① 取得原価もしくは製造原価
② 継続的取得原価もしくは製造原価

③ 付すべき時価（公正な価値）

各評価基準の定義は，主として IAS/IFRS 及び US-GAAP に適合する[24]ことになる。資産が継続的に価値減少する場合には，企業は計画外減価償却として，特別価値償却，即時償却しなければならない。その際に，従来の帳簿価値が企業の特別価値を超えるかどうかを調査しなければならない。当該企業の特別価値は，再調達価値及び獲得可能価値（回収価値）の最小価値である。獲得価値は，使用価値及び正味売却価値の最大価値である。

負債は，返済額もしくは時価で計上されなければならない。当該返済額が，利子額を含まなければ割引を行なわなければならない。帳簿価値の増減は，各決算日にも調査されなければならない。帳簿価値が最初の記帳額を下回るならば，価値の切り下げをして，前年の即時償却の外的要因が後に消滅した場合には，価値を切り上げなければならない。取得原価もしくは製造原価の価値評価が容認されるかどうかは，法律及び DRS によって決まる[25]。

以上が，計上及び評価のフレームワークである。このフレームワークは付属説明書にもあてはまる。

4 フレームワーク

法律及び DRS に従って付属説明書に記載されなければならないのは，次の項目である。

① 基礎となる会計基準とこの基準との合致の証明
② 会計処理及び評価方法：外貨換算
③ 連結グループ及び連結方法の記載
④ 損益計算書及び貸借対照表における個別項目についての説明
⑤ キャッシュフロー計算書に関する説明
⑥ セグメント報告書に関する説明
⑦ 自己資本変動計算書に関する説明
⑧ その他の記載義務となる記載
⑨ 任意的記載

付属説明書の役割は，各計算書との関連づけをするための記載を行なうことになる。

以上みてきたように，当該フレームワーク（公開草案）の基本方針は，以下，3つの点に集約される。
① 国内の変換規定に従って，IASを適用しなければならないというEU規則の適用範囲内において，企業も国際的な会計決算書の開示に努めなければならない。
② 国際的会計の形式及び実質的な原則が引継がれなければならない。
③ 保守主義，債権者保護及び利益留保性準備金設定を認めた伝統的なドイツ商法規定から逸脱することになる。

GoRの包括的枠組みの概念を通じて，個別決算書と連結決算書の統一に努められる。特に債権者保護及び基準性に関して，個別決算書の機能への影響がどのようなものであるかについてはまだ解決がみられない。

以上みてきたように，ドイツにおける伝統的な会計理論とDRSのフレームワーク公開草案について検討してきた。

お わ り に

本章では，商法会計制度の基礎として，コンテンラーメンに従った簿記記帳がGoBによって「帳簿の正当性（正規性）」が保たれ，さらに企業の財務諸表の正当性が維持されるために，商法の「不確定の法概念」(GoB)について経営経済学の観点からの解釈の変化を探究した。これまで伝統的に商法の概念としてのGoBが，経営経済学の領域において論じられてきたように，IAS/IFRSとUS-GAAPにおけるフレームワークを踏えた，DRSのフレームワークが論じられ，会計理論として構築されていくことになることが予想される。

商法会計制度が，IAS/IFRSとの調和化に傾斜していくなかで，このフレームワークの公開草案は，DRSを解釈する上での基本的なガイドラインとなるであろう。基本的には，商法会計制度の枠組みの空洞を補充するために，

IAS/IFRS, US‒GAAP に近づけられるための DRS のフレームワークになる[26]ことが考えられる。

[注]

(1) Quick, Reiner, *Bilanzierung in Fällen*, Aufl., 2, Stuttgart 2004, S. 1. Bilanzrecht と Bilanztheorie の解釈は，Moxter 教授の著書にも現われているといえよう。
Moxter, Adolf, *Bilanzlehre* は，Bilanztheorie, Wiesbaden 1984 と *Bilanzrecht*, Wiesbaden 1984 に分冊されているように，ドイツの会計制度は，商法における会計規定の解釈と経営経済的なアプローチからの貸借対照表論の解説から構成される。前書では，第1編古典的動的貸借対照表論と静的貸借対照表論を論じ，第2編近代的動的貸借対照表論，第3編法的な意味の貸借対照表における理論として貸借対照表論が論じられている。後書では，商法の会計規定が解説されている。この2冊を，Moxter 教授からフランクフルト大学の学生は学んでいた。現在でも，フランクフルト大学の会計学の講義では，動的アプローチと静的アプローチという研究のアプローチが，Moxter 教授の弟子達によって受け継がれている。
(2) Simon, Hermann Veit, *Die Bilanz der Aktiengesellschaft und Kommanditgesellschaften auf Aktien*, 3. Aufl., Berlin 1899, S. 169. in : Quick, Reiner, *a. a. O.*, S. 1‒2.
(3) Schmalenbach, Eugen, *Die dynamische Bilanz*, 11, Aufl., Köln-Opladen 1953, S. 55. in : Quick, Reiner, *a. a. O.*, S. 3.
(4) Wöhle, Claudia B, *Bilanztheorie im Wandel der Zeit*, Basel 2004.
(5) Schmidt, Fritz, *Die organische Tageswertbilanz*, 3. Aufl., Leipzig 1929, S. 102‒108, S. 112‒116.（1951 年復刻版）, in : Quick, Reiner, *a. a. O.*, S. 4.
(6) Quick, Reiner, *a. a. O.*, S. 2.
(7) Quick, Reiner, *a. a. O.*, S. 4.
(8) Leffson, Ulrich, *Die Grundsätze ordnungsmäßiger Buchführung*, Düsseldorf 1981. GoB が一般原則として解釈されるのは，GoB の体系が記録の原則と会計報告の原則から構成され，さらに原則が形式的及び実質的原則に区分され，その原則の内容は明瞭性，完全性（網羅性），検証可能性，正当性（恣意性排除），個別評価の原則，慎重性，継続性，期間限定の原則，不等の原則等から構成されているからである。
(9) Quick, Reiner, *a. a. O.*, S. 7.
(10) Quick, Reiner, *a. a. O.*, S. 5.
(11) Quick, Reiner, *a. a. O.*, S. 9.
(12) IDW, *Wirtschaftsprüfer-Handbuch 2000, Handbuch für Rechnungslegung, Prüfung und Beratung*, Band 1, 12. Aufl., Düsseldorf, in : Quick, Reiner, *a. a. O.*, S. 10.
(13) Quick, Reiner, *a. a. O.*, S. 5. S. 10. 例えば，基本法第 140 条がある。
(14) Quick, Reiner, *a. a. O.*, S. 14.

(15) Quick, Reiner, *a. a. O.*, S. 10-15.
(16) 拙稿「ドイツ会計基準委員会の設置とその背景」『アドミニストレーション』第7巻第1号 (2000年9月20日)。
(17) DRSC, Grundsätze ordnungsmäßiger Rechnungslegung, E-Rahmenkonzept-Entwurf vom, 16. 10. 2002. 伝統的な GoB では, 簿記 (Buchführung) であったが, DRS では「会計」(Rechnungslegung) となっている点が異なる。また「会計」と翻訳した方が意味としては理解できる場合もあるが,「決算書」を意味している場合も含まれると考えられるので, その際には,「会計決算書」という用語をあてている。
(18) 川口八洲雄稿「第6章ドイツの概念フレームワーク公開草案」『会計制度の統合戦略』森山書店, 2005年, 175頁-199頁参照。ドイツ会計基準 (DRS) 及び公開草案はドイツ会計基準委員会のホームページから得ることができる (http://www.standardsetter.de/)。
(19) DRSC, DSR, Rahmenkonzept-Entwurf vom 16. 10. 2002, Ziff. 4, in : Heyd, Reinhard, *Internationale Rechnungslegung*, Stuttgart 2003, S. 763.
(20) Heyd, Reinhard, *a. a. O.*, S. 765.
(21) DRSC, DSR, Rahmenkonzept-Entwurf vom 16. 10. 2002, Ziff. 40, in : Heyd, Reinhard, *a. a. O.*, S. 766.
(22) Heyd, Reinhard, *a. a. O.*, S. 766.
(23) DRSC, DSR, Rahmenkonzept-Entwurf vom 16. 10. 2002, Ziff. 78-80, in : Heyd, Reinhard, *a. a. O.*, S. 767.
(24) DRSC, DSR, Rahmenkonzept-Entwurf vom 16. 10. 2002, Ziff. 85-92, in : Heyd, Reinhard, *a. a. O.*, S. 768.
(25) *Ebenda*.
(26) DRSC, DSR, Rahmenkonzept-Entwurf vom 6. 10. 2002, Ziff. 85-92, in : Heyd, Reinhard, *a. a. O.*, S. 763-764.

第5章 資本市場に向けた会計制度整備の前提

はじめに

　近年の会計法の改正は，主として資本市場における会計制度に向けた制度整備にある。この会計制度整備は，前章で考察した会計フレームワーク（公開草案）が，IAS/IFRS 及び US‐GAAP との調和化のために構築されていることを前提として行なわれてきた。商法上の会社形態別における「資本」の定義は，前章でみてきたように，会計目的である利益計算にとっても重要であることは，複式簿記の勘定システムにおいても明らかである。複式簿記の勘定システムのなかで，各取引が記帳され，損益勘定の差額は，最終的に「資本勘定」に振り替えられ，資本増加は営業活動のプラスとして，他方，資本減少は営業活動のマイナスを示す。複式簿記システムにおける開始資本と損益差額，つまり資本と利益の区分を巡って，商法は債権者保護を基礎として，会社の「資本」は，法的形態別に規制されている。

　しかし近年の経済発展にともない企業のグローバル化によって，債権者保護の会計制度から「資本市場に向けた会計制度」へ移行している。そのため，商法会計制度は，新しい経済現象に対応するために，また EU の経済統合という社会経済の変化によって，EU 加盟国では，国内の会計制度と EU 指令との調和化，さらに IAS/IFRS との調和化を経て，新たな会計制度へ変化している。その過程において，EU では，EU 第4号指令及び第7号指令の EU 加盟国への国内法化をとおして，EU 指令の会計規定が適用される会社を「資本会社」と定義した。しかし商法会計制度のもとでは，決算書の作成，監査，公開の会

計規定が会社形態別に定められており，商法会計制度の国際的調和には，会計規定の適用対象となる会社形態の相違が障害となっている[1]。というのは，商法上の会社形態別の会社設立に際して，出資形態が異なることから「資本の概念」も異なるからである。

本章では，債権者保護から投資家保護へ移行する制度変化の過程で，近年の会計における「資本」の変化を探ることにしたい。

第1節 簿記から会計制度への歴史的変遷

会計制度は，商人の簿記記帳から始まり，会計処理の規定が定められる過程で培われてきた。今日の複式簿記の基礎は，15世紀北イタリアの商業都市ジェノバとベニスにおいて実用化されたもので，1494年にPacioli（Luca Pacioli）によって紹介されたことで知られている。しかしこの時期ドイツ商人によって任意の帳簿が記帳されている。その例として，アウグスブルクのFugger家の貿易商の簿記記帳が挙げられる。この簿記記帳は，管理手段としての役割のために記帳され，ドイツでは，1511年にFugger家が決算書を作成したことが最初とされ，1579年以降は，定期的に貸借対照表が作成された[2]とされる。

しかし法律では1673年フランス商事法に「商人のための簿記及び棚卸表の作成義務」が定められ，これは，Ludwig 14世の治世に，1861年初頭ドイツ一般商法典に引継がれた。そこでは，破産に際して，正規の帳簿記帳が，負債算定のために義務づけられ，正規の帳簿記帳は企業の意思決定に備えるためのものであった。それとともにまた債権者保護を基礎とする破産防止のためでもあったとされる。しかし世界恐慌がドイツにも及ぶ頃になると，資本会社の債権者は有限責任によって莫大な危険に陥ることになり，1937年株式法では，株式会社会計に対して公開義務が求められた。会社の責任は，債権者保護に基づく株主への利益配当制限と決算書の公開義務に限られた。株式法の会計規則は，債権者に対しては安全性の原則を，商人には慎重性の原則を基礎として会計政策，つまり配当政策は，経営者及び多数の株主に左右されることになっ

た(3)。

1965年株式法では,伝統的に債権者保護を基礎としていたが,株主に対する情報を改善することで,安全性の原則に基礎づけられた利益配当の確保に向けられていた。さらに1969年開示法では,債権者及び株主の他に,一般公開を求める利害関係者が現われ,このように企業の利害関係者層が増えたことから,会社の法的形態に関係なく公開の範囲が拡げられ,特に大規模企業には一般公開の義務が求められるようになった(4)。歴史的にみても,正規の簿記記帳は,債権者保護のために必要とされていたが,さらに株式法及び開示法によって利益配当制限と公開が義務づけられ,その過程で,会計制度が形成されてきた。

第2節　EU会計指令の国内法化

会計制度の形成過程で,EU指令の国内法化前までは,ドイツの会計規定は,1965年株式法に規定されていた。しかし1985年商法典では,個別決算書指令（EU第4号指令）及び連結決算書指令（EU第7号指令）に関わる会計規定と監査指令（EU第8号指令）が国内法化され,新しい会計規定が定められた。ここで初めて1965年株式法の会計規定が,1985年商法典に組み込まれることになった。これに際して,債権者及び株主の利害の保護を強化するために,すべての資本会社の個別決算書及び連結決算書が,公開されることが義務づけられた。しかしここで配当及び課税政策の影響を及ぼす個別決算書は,連結決算書から切り離され,ドイツ上場企業の連結決算書の国際化の前提が築かれた(5)のである。

その際,EU指令の国内法化に際して,「資本会社」の範囲が定められ,資本会社の規模区分基準値が加盟国の会社に適用されることとなった。その適用の対象となった会社形態に,ドイツでは株式会社（AG）,株式合資会社（KGaA）,その他,有限会社（GmbH）等が該当する。

1985年商法典における「資本会社」には,「有限資本会社」（KapCombH）は

入らなかった[6]。このことが，後に欧州裁判所とドイツ連邦国間の裁判をとおして，商法改正（2000年2月24日 KapCoRiLiG）の契機となった[7]ことは前述したとおりである。これを機に，商法264a条で人的責任社員からなる会社，合資会社（KG）及び合名会社（OHG）が人的会社とされた[8]。有限資本会社（KapCombH）が資本会社の範囲に入ることによって，商法で定義される会社形態にも，EUで定められた資本会社の公開義務の法規定が適用され，EUレベルでの会計の国際的調和化は，中規模資本会社，いわゆる有限資本会社（KapCombH）の会計制度にも波及することになった。これまで有限資本会社の決算書の公開がまだ制度化されなかった現状において，EU第4号指令及び第7号指令の商法会計規定への変換は，すべての資本会社の個別決算書及び連結決算書の公開義務を拡張することに役立った[9]。

EU指令における「資本会社」は，貸借対照表総額，売上高，従業員数等によって，大中小規模区分基準値が設定され，この企業の規模区分基準値が加盟国の国内法へ変換されている。

第3節　EU会計指令とIASとの調和化

EU第4号及び第7号指令によるEU域内の会計規定の調和化には，最小限の法案（die Vorgabe von Mindestvorschriften）として加盟国選択権と企業選択権が認められた。このEU指令と国内法との調和化は，商法会計制度とアングロ型の会計基準との調和化を示すものでもあった。

しかしIOSCOによって国際的な資本市場における統一的会計基準としてIAS/IFRSが承認され，EU加盟国の上場企業の連結決算書にIAS/IFRS適用が義務づけられたことが，EU域内の会計基準の統合を進めることになった。

その基礎にあったのは，ニューヨーク証券市場に進出したドイツ企業にとって，国内証券市場での商法に準拠した連結決算書の作成及び公開義務に，US-GAAPに準拠した連結決算書の作成が加わって二重の負担であったことである。その負担をなくす企業による働きかけ[10]が，商法292a条の新設をもた

らす結果となったことは既に述べたが、この条項をとおして、商法において国際的会計基準（US-GAAP及びIAS/IFRS）の選択適用が認められることになった。商法292a条では、上場企業に対して、2004年12月31日までの暫定処置として、国際的会計基準（US-GAAP及びIAS/IFRS）を適用した連結決算書を作成することで、商法に従った連結決算書の作成義務が免責された。

　資本市場における会社の「資本」は直接金融に基礎づけられ、証券取引所に上場する「上場会社」とは、証券取引法2条で定められている「有価証券」（株式、株式代用証券、債務証書、享益証券及びオプション証券、株式又は債券に準ずるその他の証券等）を組織された市場で取引する企業をいう。この組織された市場とは、国家の監督のもとで取引が認可されている証券取引所をさしている[11]。

　IAS/IFRSは、国際的な資本市場に上場する企業が適用する会計基準として、IOSCOによって承認されたことから、これまで商法会計制度をとる国々は、IAS/IFRSとの調和化を行なうため、資本市場向けの会計制度に整備する必要があった。これまで金融機関の企業支配は、企業経営と会計制度に影響を及ぼしていた。

第4節　金融機関の支配力及び株式分散化

　債権者保護から投資家保護への転換は、資本市場の制度改革を進めることでもあった。従来の商法・株式法における議決権の制限、会計及び株式持合い（wechselseitige Beteiligung）の法改正に合意が得られたことから、資本市場向けの法改正が実現したといえる。それは、「銀行の支配力」（Macht der Bank）が長い間（1965年株式法以降、約40年間）経済構造に影響を及ぼしてきた[12]ことが、法改正をもたらした一要因でもある。そのきっかけとなったのは、大企業の破綻であった。コーポレート・ガバナンス改革の国際的な動きの影響を受けたことと、また国際的な証券取引所に進出する企業が増加し、欧州における証券市場の活性化、統一した会計基準の必要に迫られ、IOSCOがIAS/IFRSを統一会計基準として承認したことも無視できない。

1990年頃から株式法を巡って，銀行による支配と「監査役の空洞化」(Aufsichtlücke) に対する批判が過熱した。1995年にSPDが，「透明性及び競争法」草案を提案し，キリスト教民主同盟 (CDU)/キリスト教社会同盟 (CSU)/自由民主党 (FDP) 等の政党による政府レベルで，作業グループが，企業及び銀行における「管理と透明性」という名のもとで株式法改正作業に携わった。1996年11月26日付で，最初の法改正草案が提出され，その後1998年1月28日に最終政府草案KonTraGが公表された。1998年3月5日には若干の修正が施され，その後可決した。1998年5月1日には，KonTraGが施行された。この法改正とともに並行に進められてきたKapAEGが，1998年4月24日に可決し，連邦法務省から商法改正が公表された。この法案の可決によってコンツェルン企業の会計問題が取り上げられることになった。それとともに株式会社数は次第に増加し，当時まだGmbHは圧倒的な数ではあったが，株式会社数も年々増加傾向にあった。この法改正は，「個人株主の分散化」を目的としていた[13]。

1965年株式法においてもまだ利益留保性準備金の設定と取り崩しが可能で，利益留保性準備金の設定は，制限されないままであった。ドイツ企業にとって，評価方法，減価償却方法に選択権が認められていることに何ら疑問がなかったのである。また企業の経営上の隠蔽を回避するために，付属説明書及び状況報告書に記載することは，企業にとっても「厄介なもの」としてだけのものに過ぎなく，それらについて法規定がないことに甘んじる傾向があった。その結果，株式法は，GoBに従った商法上の慎重性の原則を重視する債権者保護の目的のため，借方は過少評価，また貸方は過大評価で評価することになったのである。これに対して，アメリカのUS-GAAPは，市場情報を優先して意思決定に有用な情報を株主に提供し，資本市場の監督と許可システムを強化するものであった。US-GAAPは，基本的に債権者保護とは異なる基準であった[14]。

しかしこのような債権者保護を基礎とした保守的な会計処理を可能にする商法会計制度に変化が生じることになった。

第5節　証券取引所における会計基準整備の背景

　資本市場へ移行する法制度への影響要因として，公開（Publizität）が基礎となった。その「公開」には，2つの根底（Wurzel）がある[15]。1つには，企業によって公表（offenlegen）されるべき資料が，会計法によって定められることである。商法において「公開」が補われ，その内容は専門的な知識をもつ閲覧者には理解し易いものとなること。また2つには，会計領域を超えて，企業の広い範囲に及ぶ資料を公表すべきことが資本市場の規定で定められたことである。

　ドイツ法における企業の「公開」の基礎は，これまで取引所法あるいは資本市場法の規則ではなく，商法，会社法及び会計法で示されていた。商法242条，商法264条は，すべての商人（個人事業所）及び商事会社に年度決算書の作成が義務づけられた。そのため資本会社は，貸借対照表，損益計算書，付属説明書ならびに状況報告書[16]を作成し，商法325条では，年度決算書の開示が義務づけられている。この開示義務は，商業登記簿に年度決算書が提示され，商業登記簿での公開（Registerpublität）を示すものであった。さらに連邦官報には，商業登記簿の備え付け場所と番号を指示しなければならない。特に大規模な上場した株式会社は，商業登記簿に提示された資料を連邦官報に告示することが義務づけられている（商法325条）。

　他方，公的取引（amtlicher Handel）に株式を上場している上場企業は，取引所法（44条1項3号）に従って，年度決算書及び状況報告書を遅滞なく一般公開しなければならない。会計法と資本市場法による公開には，発行する企業の販売目録書に会計規定が含まれることで，2つの公開が義務づけられることになる。公的取引に関する取引所認可のための販売目録書には，営業報告書として貸借対照表及び損益計算書，付属説明書が含まれなければならない（取引所認可規則21条）。したがって上場企業の上場認可のために，会計規定が必要で，会計規定のGoBが重視されることになる。その際，販売目録書には利益留保

性準備金は排除されるべきとされ，販売目録書の年度決算書には，GoBを考慮した資本会社の資産，資金及び収益状況について実際の状況が反映されるものでなければならない。このような企業の決算書は，投資家に意思決定のための資料が開示されることを保証することになった。

　貸借対照表，損益計算書ならびに付属説明書が，過去の事象を記録しているのに対して，状況報告書は過去及び将来志向についての記載が含まれ，「真実かつ公正な概観」(商法264条3項，289条1項)を示す資料となっている。状況報告書には，会社の営業及び事業が真実に基づき説明されなければならない。そのため，状況報告書には，社会及び経済状況について広い範囲の情報が含まれている。その他に，会社の将来，研究開発等についても説明され，企業の投資家にとっても有用な状況報告書となるよう企業の判断に委ねられている[17]。

　これまで公開規定は，投資家保護として機能していなかったが，大企業の破綻が相次いだことから，資本市場の規制が厳しくなり，株主及び債権者保護が前面に現われ，近年ではドイツ新興企業の自己資本不足が目立ったことから資本市場を強化すべきとする議論へと発展していった。特に，欧州の法律を通じてドイツ資本市場法が動き出し，取引所認可指令，取引所販売目録指令，中間報告書指令は，取引所認可法(1986年12月16日)に変換された。その他，取引所認可販売目録書の相互承認，発行及び販売目録は，EU指令によって，販売目録法(1990年12月13日)と販売目録規則(1990年12月17日)に変換された。

　1994年7月30日に第二次資本市場振興法が，有価証券取引所法とともに，連邦監督庁の設置等，重要な公開義務が改定され，取引所法44a条に定められたad-hoc公開とインサイダー取引の法規則は重要な役割を果たしている。このような過程を経て，会計制度とは別に，資産情報から投資情報へと重点移行した資本市場における開示義務が展開されていくことになった[18]。

　また債権者保護から投資家保護へ移行する経済的な変化にともない，自己資本の引き上げに企業の関心が深まった[19]ことも無視できないであろう。間接金融から直接金融へ企業の関心が変化した背景には，金融・経済が変化したことによる。

第6節 自己資本を基礎とする経済の変化

企業の多くが，資本市場に向けた金融を企業成長のチャンスとしてみなすようになった[20]。資本市場のグローバル化及び規制緩和，金融市場の規制緩和と会計基準の調和化が，バーゼルⅡをとおして波及し，他方ドイツの銀行の利回りが国際的に低下し，リスク及び利回りの強化を考慮した政策が中心となっていった[21]。その政策の1つが，資本市場における第1次から第4次にわたる資本市場振興法による経済活性化のための政府の資本市場活性化政策である[22]。銀行の貸し渋り，中規模企業向けの融資，資金調達方法を創造するための政策的圧力，ドイツの金融の中心地としてのイニシャティブを背景に，ドイツ金融業は，近年多くの金融商品を展開し，あるいは中規模企業の金融を国際的な競争力の基礎として強調できる中規模企業の資金力を擁護している。リース及びファクターリングの他に，経済界で，特にメザニ資本に関心が深まっていることも，会計上の「資本の概念」の変容をもたらしたといえる。また中規模企業の自己資本不足の克服のためでもあることは明らかである。中規模企業にとって，メザニ資本は，心理的理由からあまり望ましくない私的持分であるが，少なくとも経済的な自己資本を引き上げるための最も重要な経済的方法である[23]。

図表1に示されるように，KfW[24]の調査によれば，多くの企業の資金源は自己金融であることを示している。自己資本は，健全な企業の基本として認め

図表1 すべての企業の資金調達手段の割合

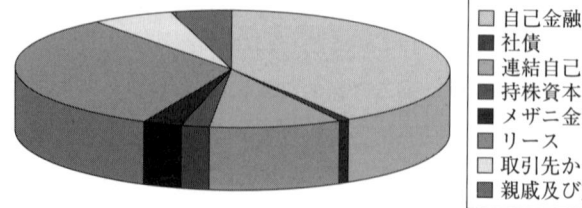

- 自己金融（利益・減価償却・引当金）
- 社債
- 連結自己金融
- 持株資本
- メザニ金融商品（匿名社員，劣後債券）
- リース
- 取引先からの借入金
- 親戚及び友人からの借入金

（出所） kfw-bankgruppe, *Unternehmensbefragung 2007*, S.64より作成した。

図表2　金融商品の概要

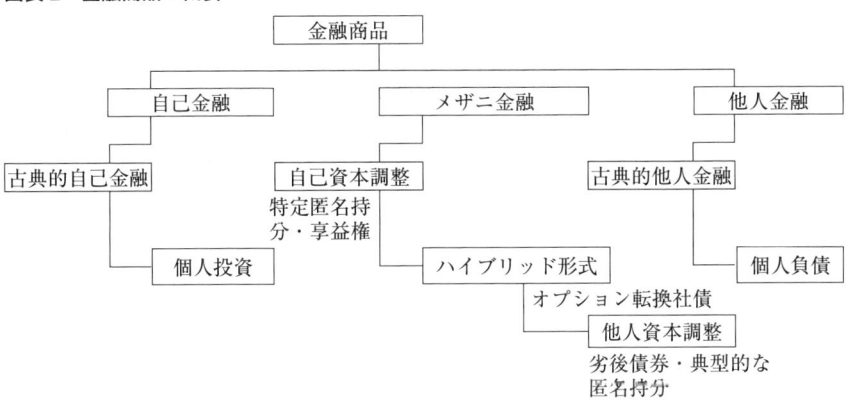

```
                           金融商品
          ┌───────────────┼───────────────┐
        自己金融          メザニ金融        他人金融
     ┌─────┴─────┐    ┌─────┴─────┐    ┌─────┴─────┐
  古典的自己金融   │  自己資本調整   │  古典的他人金融   │
                  │   特定匿名持     │                  │
                  │   分・享益権     │                  │
              個人投資      ハイブリッド形式       個人負債
                          オプション転換社債
                            他人資本調整
                          劣後債券・典型的な
                          匿名持分
```

（出所）　Schmeisser, Wilheim/Clausen, Lydia, Mezzanines Kapital für den Mittelstand zur Verbesserung des Ratings, *DStR*, 2008, S. 689.

られ，多くの会社が他人資本を望んでいない。他人資本は，外部の資本提供者の影響を受けることから他人持株としてみなされ，自己資本と他人資本の間に位置するメザニ資本が注目されている。契約上5年から10年間の担保あるいは市民権がメザニ金融に際しては求められない。その代わりに，出資者が直接的に企業価値増価の分配あるいは10％～20％の利子を受けることができる。

　図表1は，経済を支えている中小規模企業の資金調達は，自己金融であることを示している。しかし近年の自己資本を中心として金融の関心の高まりは重要であり，自己資本と他人資本の区分が難しいメザニ資本が出現し，図表1に示されているように，メザニ資本の占める割合はまだ多くないが，中小規模の企業の資金調達として，最近注目されている。メザニ金融は，会計処理上，図表2のような区分で示される。

お わ り に

　以上みてきたように，商法会計制度における債権者保護から資本市場における投資家保護へ移行する背景には，経済事象の変化に基づく企業の資金調達形

態の変化と企業に対する投資家保護のための開示義務の強化という制度上の法規制がある。経済及び制度の変化にともない，複式簿記上の「個人事業の資本」は，「コンツェルン企業の資本」へ変化するとともに，また自己資本の性質も変化しているといえよう。

商法会計制度から資本市場向けの会計制度へ移行するには，公開義務に関する制度導入が求められた。商法における会計規定に従った公開と上場企業の証券取引所における決算書以外の資料の公開，また決算書を含めた販売目録書における資料の公開についての制度整備が，経済及び社会現象の変化に対応して資本の変容をもたらした要因である。

貸借対照表が商法の会計規定に従って作成される際に，資本は払込済資本，資本準備金，利益準備金，年度剰余金あるいは損失金に区分される。しかし企業の資金調達の形態が，経済的変化にともなって変化し，いわゆる間接金融から直接金融に変化すると，「資本の概念」も変化することになる。これまでの資本金は，企業が発行する金融商品の種類によっては，完全に資本としてみなされないものも発生することになる。その典型的な例が，メザニ資本である。

このメザニ資本が会計処理上無視できない背景には，メザニ金融商品の普及という経済変化が挙げられる。商法上の企業規模区分基準値の売上高を超える中小規模の資本会社が増え，IFM 経済研究所，ボンの中小規模資本会社の規模区分基準値は，それぞれ異なっている。その相違は，中小規模資本会社の直接金融による資金調達にも影響を及ぼしている。従来は，大規模資本会社に該当する企業の資金調達形態にみられた直接金融が，中規模資本会社の融資形態にも直接金融が普及するようになった。このような経済変化によって，人的会社における資本と IAS/IFRS 適用に際して生じる「資本の概念」の相違，したがって経済的な変化による「資本の概念」の変化に注目する必要がある。本章では，経済的変化によって「資本の概念」が変化した背景について検討した。

その他に，会計制度が資本市場向けに移行していく背景には，会計実務における企業の「会計不正」がある。会計に関わる年度決算書，付属説明書，状況報告書の他，連結決算書，連結付属説明書，連結状況報告書の公開が電子開示

されることになった。それとともに，企業には，コーポレート・ガバナンスの説明を年度別に記載することが取締役及び監査役会に義務づけられており，この義務を定めている株式法 161 条が「透明性及び公開性の法律」(TransPubG) によって導入された(25)。企業の資金調達方法の経済的変化にともない，投資家保護の会計制度は，これまでの商法会計制度におけるディスクロージャー制度にも重要な影響を及ぼすことになった。

[注]

（1） Biener, Herbert, *a. a.O.*, S. 23. 資本会社法指令法（2000 年 2 月 24 日付）[BGBl. 1. S. 154‑162] が会計指令と連結会計指令の改定，年度決算書の開示の改善，他の商法規定の改定のために導入され，この法律でもって，10 数年の長い EU 委員会との決算書に関する対立 [1999 年 4 月 22 日付の判決及び 1998 年 9 月 29 日付の判決を巡る欧州裁判所との争議] は終結した。詳細な内容は，本章注（6）及び注（7）の本文を参照。
（2） Coenenberg, Adolf G., *Jahresabschluss und Jahresabschlussanalyse*, Stuttgart 2006, S. 10‑11.
（3） *Ebenda*. Coenenberg, Adolf G. は 2002 年 IAS-VO が発令され，2005 年以降，EU 域内の上場企業の連結決算書に IAS/IFRS が義務づけられるまでの制度変遷を 1511 年から 1579 年にわたる Fugger 家の複式簿記に遡って，会計目的の歴史的展開をとおして管理手段として簿記会計を特徴づけている。
（4） Fey, Gerrit, *Unternehmenskontrolle und Kapitalmarkt*, Stuttgart 2000, S. 1‑2, S. 26‑27.
（5） Coenenberg, Adolf G., *a. a. O.*, S. 11‑12.
（6） Biener, Herbert, *a. a. O.*, S. 25‑26.
（7） Biener, Herbert, *a. a. O.*, S. 23, S. 58, S. 545‑567.
（8） Biener, Herbert, *a. a. O.*, S. 59‑60. 会社の法的な性質と資本金の計算は具体例で示され，資本会社は，会社設立に法的行為が必要であることから，法人格としての擬人的組織をとっている。それは，最低限の出資金の払い込み，商業登記簿への登記等によって法人格として認められるからである。(Schultz, Volker, *Basiswissen Rechnungswesen*, München 2006, S. 80‑83.) ドイツ企業の法的形態の多くは有限会社である。この会社形態に適用される有限会社法は，商法と分離して，1898 年有限会社法に規律され，1980 年に大改正され，さらに 2008 年に改正法が施行された。他方，株式会社法は，EU における欧州共同体法に基づく法統一で進められ，ドイツ連邦共和国では商法と会社法が別々に扱われる場合が多い（村上淳＝守矢健一，ハンス・ペーター・マルチュケ著『ドイツ法入門』〔改訂第 6 版〕，有斐閣，2005 年，163‑164 頁）。

(9) Biener, Herbert, *a. a. O.*, S. 61.
(10) Pellens, Bernhard/Fülbier, Rolf Uwe/Gossen, Joachim, *a. a. O,*. S. 48. Keun, Friedrich/Zillich, Kerstin, *Internationalisierung der Rechnungslegung, IAS und US-GAAP im Wettbewerb*, August 2000, S . 28.
(11) 日本証券経済研究所『外国証券関連法規集―ドイツ―』, 2002年, 3-4頁。
(12) Fey, Gerrit, *a. a. O.*, S. 2, S. 45, S. 47.
(13) Fey, Gerrit, *a. a. O.*, S. 38, S. 35-36.
(14) Fey, Gerrit, *a. a. O.*, S. 38-41.
(15) Schröder, Oliver, *Unternehmenspublizität und Kapitalmärkte*, Baden-Baden 2002, S. 56-57.「公開」としたのは, 開示について用語の使い分けがなされていることから, 次の訳語を充てた。「公開」(Publizität), 特に「公表義務」(Veröffentlichungspflicht),「開示義務」(Offenlegungspflicht) の解釈に区別されている。
　　　開示義務は商業登記簿に提示して公表することができ, また公表義務は連邦官報で公表ができるという点で使い分けがされている (Schröder, Oliver, *a. a. O.*, S. 57の注277で説明されている)。
(16) 大規模資本会社には商法267条1項3号で定めているが, 小規模資本会社には商法264条1項3文で状況報告書の作成は定められていない (Schröder, Oliver, *a. a. O.*, S. 56.)。
(17) Schröder, Oliver, *a. a. O.*, S. 58. 法規定で状況報告書について法律で詳細な規定をすることが避けられる理由である。状況報告書はIAS/IFRSを適用することで詳細な内容となる。
(18) Schröder, Oliver, *a. a. O.*, S. 60-61. 監査及び公開の規定については大中小規模資本会社別に説明する必要があるが, この開示は, 近年では, コーポレート・ガバナンス報告とともに電子で開示されることになった。
(19) Dürr, Ulrike L., *Mezzanine-Kapital in der HGB-und IFRS-Rechnungslegung*, Berlin 2007, S. 4, S. 295.
(20) Werner, Horst S., *a. a. O.*, S. 19
(21) Brezski, Eberhard/Böge, Holger/Lübbehüsen, Thomas/Rohde, Thilo/Tomat, Oliver, *Mezzanine-Kapital für den Mittelstand*, Suttgart 2006, S. 1.
(22) 日本証券経済研究所, 前掲書, 195-232頁。
(23) Brezski, Eberhard/Böge, Holger/Lübbehüsen, Thomas/Rohde, Thilo/Tomat, Oliver, *a. a. O.*, S. 2.
(24) ドイツ復興金融公庫 kfw-Bankengruppe (http://kfw. de/)
(25) Strieder, Thomas/Kuhn, Andreas, Die Offenlegung der jährlichen Entsprechenserklärung zum Deutschen Coporate Governance Kodex sowie die zukünftigen Änderungen durch das EHUG, *DB*, 2006, S. 2247.

第6章　会計制度形成への影響要因

はじめに

　前章では，ドイツ会計制度の基礎となっている商法・株式法上の会計規定が，近年 EU 法の国内法化のもとで，どのような経済的変化の影響を受けて変化してきたかについて考察した。この制度変遷には，EU 加盟国における国内法化の影響は回避できないが，そのなかで EU の制度に適合しない会計実務については，欧州裁判所をとおして制度整備が求められたことも無視できない。

　他方，DRSC では IAS/IFRS との調和化のための会計基準について審議されている。その際，DRSC のデュープロセスにおける各業界からのコメントは，会計基準設定へ影響する。国内の経済政策は，直接金融から間接金融への企業の資金調達形態を転換する政策を実施し，EU 域内の金融統合のもとでは「金融の中心」をめざした国際的な金融市場における市場活性化に向けた政策が実施された。このような経済政策は，上場企業の会計制度にも重要な影響を及ぼした。

　その一方では，ニューヨーク証券市場に上場する企業には，SEC の厳格な監督下で US-GAAP の適用が義務づけられている。IAS/IFRS が資本市場における国際的な会計基準として，各国代表からなる IASB で審議される会計基準のコンバージェンスが進んでいる。その中心となるのは，IASB と FASB の協力体制のもとでの IAS/IFRS と US-GAAP の調和化である[1]。

　制度上は，2005 年以降企業の連結決算書に IAS/IFRS 適用が義務づけられた。しかし会計実務では，企業は EU の IAS/IFRS，あるいは IASB の

IAS/IFRS のどちらを適用するのかを巡って，前章では，EU 委員会及び理事会におけるエンドースメントによって承認された会計基準が，加盟国の上場企業の連結決算書にどのように影響するのかを考察した。

その他に，各国の長い伝統からくる政治，経済，社会及び文化の影響要因が会計基準作成に影響し，会計制度が形成されていくと考えられる。本章では，序章で扱った法改正の変遷過程において会計制度形成過程には，どのような国内の経済及び政策的要因が影響し，制度として整備されているのかについて検討することにしたい。

第1節　会計制度へ影響を及ぼす経済的・政策的環境要因

1　経済的及び政策的影響

これまでみてきたように，企業は商法会計制度を基礎としていた。そのため 1998 年 KapAEG によって，商法 292a 条をとおして資本市場へ進出する国際的な市場で競争する大企業の経済的な障害は取り除かれた。しかし国内では，Metallgesellschaft 社のような企業危機から，銀行及び監査役会における役割に疑問が呈され，Philipp Holzmann 社の危機に関連した政策的出来事，Mannesmann 社を巡って Vodafone 社と Airtouch 社の合併合戦等に対する株式制度について論争された。これらの経済問題は，資本市場による企業のコントロールのもとで市場だけではなく，すべての競争メカニズムへの関心を高めた[2]。株式法が，資本市場をとおして企業のコントロールへどのように影響を及ぼしていくのか，有用な会計情報を提供することなどが，商法改正の理由となっていた。また国際的な投資家に対する公正な会計情報を提供できないことは，グローバル・プレーヤーの企業としては，国際的資本市場での競争力強化の障害となった。

2 企業経営及び経済の影響

　ドイツ企業が，これまで間接金融を通じた資金調達を行ない，また資金を調達する巨大金融機関が企業経営を支配するという経済構造が，証券市場の発展を遅らす原因でもあった。そのため，債権者保護を基礎とする商法会計制度が長い間定着してきた理由でもある。しかしこのような経済において支配力を有する銀行の企業支配が，企業破綻の原因ともなった。そのため法による制度改革が求められることになり，「銀行の支配力」による債権者保護，監査役会，議決権制限等の法改正に目が向けられ，金融機関の支配権の分散化，企業経営再建のため取締役，監査役会，決算監査人の責任について再検討が行なわれることになった。その法改正が KonTraG であった。KonTraG は，経済に影響力をもつ金融機関の支配力の制限，近年の企業破綻の原因となっているドイツ企業経営の透明性の改善を目的にしていた[3]。

　この法改正の目的の1つは，支配力を集中している銀行の権限を制限することで，監査役会と決算監査人の協力の効率化が図られようとされていた。また企業破綻の原因が，巨大コンツェルン企業の伝統的な経営体質にあることから，巨大銀行による企業の資本参加が銀行の企業経営権の支配につながること，また監査役による取締役会の監督が困難という状況をつくることになった。このような企業経営の状況における経営判断に関する意思決定は，結果的には企業の破綻をもたらす。その典型的な例が，Metallgesellschaft 社，Bremer Vulkan 社[4] である。

　図表1は，会計不祥事が明らかになった企業を示している。なかでも破綻した企業の監査役，取締役，決算書監査人に対する社会的な批判が高まり，序章図表2に示すように，1995年1月26日にドイツ社民主党（SPD）による株式法改正の提案が出された。さらに1997年5月20日には90年同盟/緑の党による企業統制の改善と銀行支配の制限に関する提案をきっかけ[5] に，同年11月11日に KonTraG の法改正作業がはじまった。

　この法改正は，取締役の監督システムの強化（株式法91条2項），取締役には監査役会に対する企業の経営計画の他に，リスク報告書を報告することが義務

図表1 会計スキャンダルとなった企業

	年	業　種
Herstatt-Bank	1974	銀行
Neue Heimat	1982	不動産
Co op	1988	食料
Metallgesellschaft	1993	鉱業
Jürgen Schneider	1994	不動産
Balsam/Procedo	1994	スポーツ施設建設
Bremer Vulkan	1996	船舶
Flowtex	2000	穿孔作業
E M. TV	2000	メディア
Infomatec	2000	IT
Philipp Holzmann	2002	建設
Comroad	2002	情報通信
Phenomedia	2002	ソフトウェア
Hugo Boss	2002	紳士服
MLP	2002	金融機関
Bankgesellschaft Berlin	2002	銀行

（出所）　Peemöller, Volker H.Hofmann, Stefan, *Bilanzskandale*, 2005, S.80-S.125 より作成した。

づけられた(商法315条)。さらに連結付属説明書には，キャッシュフロー計算書，セグメント報告書（商法297条1項）が含められた。この法改正によって監査役会による監督システムが強化され，ドイツのコーポレート・ガバナンスとして，外部監査の整備は，また債権者保護から投資家保護向けへ移行する会計制度整備に重要な影響を及ぼすこととなった。そこで重要なのは，ドイツ会計基準委員会（DRSC）が設置されたことが挙げられる。これまでの会計規定は，立法過程の手続きに従って審議され，公的な管轄下で定められた。しかしKonTraGの法改正によって，連邦法務省の諮問機関として，立法過程とは独立して，会計基準について審議する必要から，民間の会計基準審議会が設置されることに

なったのである。DRSC の組織及び任務は，商法341条，商法342条，商法342a条に規定され，民間の委員会設置が商法で認められることになった[6]。

3 制度形成に及ぼす裁判所判例の影響

KapCoRiLiG の法改正は，1999年4月20日に欧州裁判所が，ドイツ連邦共和国に対して，EU条約違反という判決を下した（Rs. C-272/97）ことに始まった。EU委員会は，1990年加盟国に対して有限合資会社指令（GmbH&Co. Richtlinie）［90/605EWG］を1993年までに国内法化することが決議されていた。この判決によって，ドイツはEU第4号指令及び第7号指令を，人的会社（自然人が有限責任ではない有限合資会社，合資会社，合名会社等）に適用するためには法改正をする必要があった。この裁判は，EU指令の国内法化が完全に行なわれていなかったことに対する判決であった。この欧州裁判所の判決には，次の2つの根拠があった。

① 有限会社指令の変換をしていない（GmbH & Co-Richtlinie）［1999年4月22日付］（C-272/97）。

② EU指令に従った年度決算書の開示をしていない場合に，十分な制裁がなされていない［1998年9月29日付］（C-191/95）。

その具体的な事件は，もともと欧州裁判所の判決（訴訟事件 C -97/96）［1997年12月4日付］（1997年判例集（S.I-6843））ドイツダイハツディーラー協会対ダイハツドイツ有限会社の裁判であった。この裁判は，会社法で年度決算書を開示しない場合に定められている処分について，EU第1号指令開示法6条（68/151/EWG）に対する違反とされた。ドイツが法改正をしなければ，欧州裁判所は，拈払金もしくは過料（Zwangsgeld）の支払いを課すことをEU委員会に求めるものであった[7]。

この2つの判決は，たとえ調和化によって得られる利点よりも不利になることが多くても，委員会及び欧州裁判所が，EU法の国内法化を遂行することを優先するように，EU加盟国に対して明示するものであった。

この裁判の背景には，以下のような現状があった。

EU 委員会は，既に 1995 年「会計領域での調和化：国際的調和化を背景にした新戦略」(KOM95/508) によって，会計規定の調和化の領域に新しい政策を資本市場のグローバル化のために示した。しかし，その時は，EU 域内の連結決算書は，国際資本市場，特にアメリカのニューヨーク証券取引所においても，受け入れられると考えられていた。そのため，EU 委員会は，EU 理事会の承認でもって，市場を利用する企業の会計を国際的な流れに適合するために，もしくはこの国際的に最小限適合するように新しい政策を告示したにすぎなかった。当時，委員会は中規模資本会社の利害関係者については将来検討したいという意向であった。また中規模会社は政策が変更されることを期待して，会計の開示には関心をもっておらず，またこれに関して直接関係のない各連邦州も無関心であった。また監査が義務づけられていない短式の貸借対照表及び付属説明書の開示が，小規模資本会社に対して規定されていなかったために，債権者保護及び他の利害関係者保護に適したものではなかった。他の加盟国の多くが，当時，企業の規模区分値を引き上げ，大規模資本会社及び KapCombH に対する強制される規則を回避していた。補完性の原則［権限配分の原則］に従って，いかなる範囲で規則に定めることが必要かどうかは加盟国に委ねることで，既に片付いていたものと考えられていたのである。

法的会社形態に従った会計開示が義務づけられるのは，ある意味では危険であるとしている。というのは，グローバル化は，世界の大規模資本市場（アメリカ）における投資家の関心に向けられ，US-GAAP の承認を強いることになり，他の利害関係者保護がなおざりにされる恐れがあるからである。すなわち EU では，上場企業に強制する資本市場の会計基準が，段階的にすべての資本会社及び KapCombH に拡げられることになることが予想されたからである[8]。

その他，会計制度の形成過程において，「会計基準のあり方」のそのものに影響を及ぼしたのが，アングロ・アメリカ型の基準設定方法，デュープロセスであろう。

第2節　会計制度形成への
　　　会計基準設定システムの影響

　序章図表1で示したように，法改正の手続きは，立法過程で審議されるといった制定法（kodifiziertes Recht/Code）に基づいていた。しかし会計規定については，DRSCが連邦法務省の諮問機関として設置（商法342条）され，アングロ・サクソン及びアメリカ型の会計基準審議会でとられてきたにデュープロセスに基づく会計基準審議方法が導入された。法改正の審議過程において，DRSCで審議したDRS草案を，最終的に連邦法務省に提案して承認を受けた後に，連邦官報でDRSを公表するという手続きへと変化した。DRSCは，基準設定機能と諮問機能，さらに国際的な会計基準委員会への代表として派遣される委員会としての役割を果たしている。商法規定で定められていない規定について具体的な基準をつくり，会計処理上の判断のため裁量の余地を与える規定では，その裁量を制限し，DRSCには法の選択権を制限することが認められている。またDRSCは，特定の会計処理に関する勧告を行ない，商法290条〜315条までの改正，EU第4号指令及び第7号指令の近代化，公正価値指令等の国内法化が課題となっている。

　立法過程においては，一般にできるだけ多くの事象に適用できるような包括的基準を可決するという方法がとられている。そのため商法においても，すべての商人に公正な会計処理及び評価規定を規定するには，それを補足するための企業の規模及び法形態には統一した規定が必要となる。この手続きでは，会計が公的利害を尊重して理解されていることを明らかにしている。そのため，連邦参議院及び連邦議会で広範囲に及ぶ専門的な討議をすることで，社会における一般に認められるような結果が支持され，個別の利害に影響されないように保証されるべきである[9]。しかしこのような法規定の他に，GoBの遵守が各会計規定に求められる。そのためGoBという「不確定の法概念」が何を意味するのかを考慮して，商人実務（会計実務と理解される）の範囲内で，法形成

図表2　DRSCのデュープロセス

ドイツ会計基準設定手続き

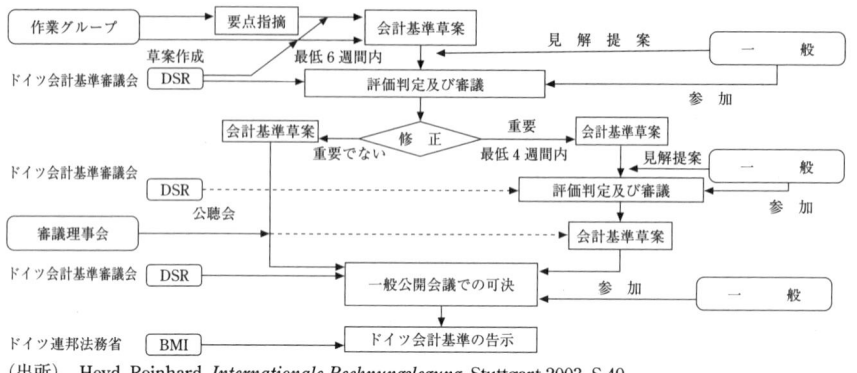

組織	プロセス
作業グループ	草案作成 → 要点指摘 → 会計基準草案 ← 見解提案 ← 一般
ドイツ会計基準審議会 [DSR]	最低6週間内 評価判定及び審議 ← 参加 ← 一般
ドイツ会計基準審議会 [DSR]	会計基準草案 → 修正（重要でない／重要）→ 最低4週間内 会計基準草案 ← 見解提案 ← 一般
審議理事会	公聴会 → 評価判定及び審議 ← 参加 ← 一般
ドイツ会計基準審議会 [DSR]	会計基準草案 → 一般公開会議での可決 ← 参加 ← 一般
ドイツ連邦法務省 [BMI]	→ ドイツ会計基準の告示

（出所）Heyd, Reinhard, *Internationale Rechnungslegung*, Stuttgart 2003, S.49.

（Rechtsfortbildung）によって展開されるのである。これまでGoBの内容的な解釈について，係争事件となった場合には，裁判所による判決をとおして，GoBの解釈には，法領域において重視されてきた。しかし裁判官は司法権の権限として法律に支配され，裁判所の判決は法源として機能しなかった。そこで判決は，法規定から演繹法的に導出した一般的原則に拘束された[10]。このことは，前章で述べたGoBの「商法会計のフレームワーク」と位置づけていることでもある。このような立法領域でのGoBの解釈には，会計の個別問題の解決がともなうことから，立法とは他のグループ，経済監査士，専門的見解によってGoBの内容が具体化される必要がある。このような背景を経て，GoBという基準展開の過程が，プライベートセクターでの透明性を高めた審議へと移行していった。

　上記のデュープロセスの過程において，各組織団体の参加による審議が可能となり，フレームワークに基づき各基準の審議が一定期間に向けて進められる。最終的には連邦法務省の承認を得て告示される[11]。GoBの会計基準形成には，これまで述べてきた影響要因を受けた会計基準が作成されることになる。

　商法とIAS/IFRSとの調和化のために，DRSは，資本市場活性化の経済政策

を前提とした法改正のもとで公表されてきた。

その法改正が，これまで述べてきたKapAEG，KonTraG，KapCoLiRiGであった。これらの法改正は，段階的に企業のIAS/IFRS及びUS-GAAPの適用を可能にし，ニューヨーク証券市場に進出する企業のUS-GAAP適用にも配慮されていた。そのことが，次のKapAEGの法改正にも伺える。

第3節　商法会計制度への IAS/IFRS 導入による資本市場政策の拡大

EU指令の国内法化は，EU第4号指令及び第7号指令による個別決算書・連結決算書についての会計規定と商法との調和化によって行なわれてきた。その後，国際的に承認された会計基準（US-GAAPもしくはIAS/IFRS）の連結決算書への適用を可能にしたのがKapAEGであった。この法改正が，SECが求めるアメリカ会計基準（US-GAAP）を適用した連結決算書の作成によって，商法による連結決算書の作成義務が免責され，企業の負担を軽減するための法改正となったことは既に述べた。ここでは，商法292a条をとおして，ドイツ商法が国際的な会計基準の受け入れを拡張したことに焦点をあてて，考察することにしたい。

KapAEG 商法 292a 条 作成義務[12]

(1)　上場企業，コンツェルンの親会社は，コンツェルン決算書及び状況報告書を(2)の条件に適合して作成し，かつ325条，328条に準拠してドイツ語圏及びドイツ市場に公開した場合には，後文の規定に準拠して作成する必要はない。免責のための資料を公開する際には，ドイツ法に準拠して作成されたコンツェルン決算書及び状況報告書ではないことが明白に示されなければならない。

KapCoRiLiG 商法 292a 条 作成義務[13]

(1)　親会社もしくはその子会社によって発行された有価証券取引法2条1項1文における有価証券によって証券取引法2条5項における組織された市場を利

用している親会社は，2項の要件に適合した連結決算書及び状況報告書を作成し，325条，328条に従ってドイツ語及びユーロで連結決算書及び状況報告書を開示する場合には，本項の規定に従って作成する必要はないものとする。1文は，組織化された市場での取引のための認可が申請されている場合にも適用される。免責書類の開示に際して，ドイツ法に従って作成されていない連結決算書及び状況報告書が対象となることが明白に示されなければならない。

（以下修正なし）

(2) 連結決算書及び連結状況報告書が免責効力をもつのは，
 1. 親会社及びその子会社が免責連結決算書に295条，296条を妨げることなく連結されている。
 2. 連結決算書及び状況報告書が，
    (a) 国際的に承認された会計基準に従って作成されている。
    (b) 指令83/349/EWG，場合によっては291条2項2文における金融機関及び保険会社に対して示された指令に合致している。
 3. 上記に従って作成された書類の表示能力が，本項規定に従って作成された連結決算書及び状況報告書の表示能力に等しい場合。
 4. 付属説明書及び連結決算書に関する説明が，次の記載を含んでいる場合，
    (a) 適用された会計原則についての記載
    (b) ドイツ法から逸脱した会計処理，評価及び連結方法についての説明
 5. 免責書類は318条に従って選任された決算書監査人によって監査され，その他に決算書監査人によって，免責のための条件が充たされているかどうかが証明されている場合。

(3) 連邦法務省は，連邦財務省及び連邦経済省との合意で，2項3号に従って同等であるために，親会社の連結決算書及び連結状況報告書がどのような条件を個別的に充たさなければならないかについて，規定することができる。これは，適用に際して同等性がある会計基準が示される方法で生じうる。

以上のように，当初のKapAEG 292a条は，市場を利用する企業の範囲を具

体的に示すとともに，IAS/IFRS 適用の企業を拡大する内容に改正された[14]。

これまで「上場会社」の範囲が狭く規定されていた。つまり株式法 3 条 2 項に従った「上場した株式会社」は，証券市場で株式の上場が認可されているというだけにとどまっていた。また「取引所」という用語，市場で取引されている有価証券の認可に及ぶ適用範囲について解釈が困難であった。

KapCoRiLiG では，証券取引所法 2 条 1 項における「有価証券」は，株式，株式を代用する証券，債券，享益証券，オプション株式，市場で取引ができる株式もしくは債券に準じるその他の有価証券である。

さらに「組織された市場」とは，法の意味における市場をさし，国家的に承認された場所によって規制され，かつ監督されている市場で規則に従って開設されている市場である。一般大衆に，直接もしくは間接的に公開されている市場である。

この KapCoRiLiG の法改正は，証券市場に上場する中小規模の新興企業の証券市場への上場にも対応した。その例としてドイツ証券取引所のノイアマルクト及び S-MAX 市場開設に義務づけられていた IAS/IFRS 及び US-GAAP 適用によって，市場への上場の活性化を図る政策とも連動し，1997 年に開設されたノイアマルクトは，アメリカの IT 産業の好景気によって，2000 年末から 2001 年初めにかけて，一時は最高の上場企業数に達したことが挙げられる[15]。

しかしその後，IT 産業経済の不景気にともない市場では，企業の破綻が増加して，上場企業は減少傾向となり，ノイアマルクトは S-MAX とともに廃止され，新しい証券市場の組織再編の市場に統合されていった[16]。2003 年 1 月 1 日からドイツ証券取引所では，新たなセグメント，プライム（主要）基準とジェネラル（一般）基準の上場基準によって DAX, M-DAX, S-DAX, Tec-DAX, NEMAX-50 の株式指数が新たに設けられた。

プライム基準とジェネラル基準は，上場認可の基準を設けている。最小限の法的要件と追加条件として，上場企業の認可は厳しいプライム基準によって，企業の年度決算書に IAS/IFRS 及び US-GAAP の適用が義務づけられている。

他方，1997年開設されたノイアマルクトは，企業のIAS/IFRS及びUS-GAAPを上場後2年以内に適用することを義務づけ，企業の決算書の透明性を要求した。しかしアメリカのIT産業不況の煽りを受けて，新興企業の破綻増加によって，ノイアマルクトは廃止された。この時，投資家の被害が大きく，これを受けて投資家保護の政策がさらに強化されて，2003年2月25日に連邦政府によって，「透明性のある資本市場，企業の責任と投資家保護」という市場監督のための投資家保護が唱えられた。これを受けて会計法改革法（BilReG）と会計監督法（BilKoG）の改正法案が提出された[17]。

BilReGでは，商法292a条（2004年12月31日付）を削除し，商法315a条が改めて新設された。2005年以降，加盟国における上場会社の連結決算書にIAS-VOに従って，商法規定にIAS/IFRSが導入され，これまでの商法上のGoBを基礎として形成されてきた商法会計制度は，アングロ・サクソン/アメリカ型の会計基準を適用する企業を考慮して，国際的な資本市場へ進出しやすい制度となった。

第4節　EU指令の国内法化に向けた資本市場政策

資本市場に進出する企業の年度決算書へのIAS/IFRS及びUS-GAAP適用を市場拡大のための政策として進めていく一方，EUでも，2001年にCESRが，EU委員会によって会計基準のエンフォースメントのために設置された。証券監督とEUとの協議調整を主たる任務としている。このCESRの監督のもと，ドイツは，KonTraGの法改正で，金融機関による企業支配の権限分散から証券市場における経済政策として，1990年第1次資本市場振興法から第4次までにわたって証券取引法の改正が行なわれ，2002年5月1日には，これまでの連邦銀行監督庁，連邦保険会社監督庁，連邦証券取引庁が統合して，連邦金融監督庁（BaFin）が設立した[18]。

この監督庁（BaFin）は，ドイツ連邦財務省と法務省の協力で始まったBilKoGの法改正では，2005年3月に設置されたプライベートセクターのドイ

ツ会計監督所（DPR）と協力して，企業の会計を監督することになった[19]。2005年1月1日以降，EU加盟国の上場企業は，連結決算書にIAS/IFRSを適用しなければならない。US-GAAPを適用した企業を考慮して，IAS/IFRSの連結決算書への適用義務は，2007年に延期されたが，EU加盟国における上場企業の連結決算書へのIAS/IFRS適用義務で会計基準の統一がほぼ整った。これによって，EU域内の上場企業に対する会計基準と監督体制は制度的に整備されたことになる。

証券取引所における上場企業の会計制度が，2004年12月17日にEUでは透明性指令（the Transparency Guidelines Implementation Act=TUG）[20]が可決したことから，新たな制度の影響を受けることになる。2004年5月には，経済及び財務省理事会において，TUGについて政策的合意が得られた。この指令は，EUの金融市場における国内法との調整を行なうための財務アクションプラン（Financial Services Action Plan）の変換の最終的なもので，またEU加盟国の証券市場に上場する企業の開示規則の最低限の基準を引き上げる意味をもつものであった。EU法における規制市場，つまりドイツ国内に所在する証券取引所のフランクフルト（Deutsche Börse AG），ベルリン，ブレーメン，デュッセルドルフ，ハノーハー，ミュンヘン，スッツガルト，ハンブルク[21]のハンザ同盟証券取引所のスタートアップマーケット（Start Up Market）における公的市場及び規制市場における上場企業の報告義務が定められた。

TUGの主たる目的は，資本市場の上場企業の期間的及び継続的開示の基準を改正して，市場の透明性と投資家保護を促進することにある。内容としては，企業情報開示のための原則（13条〜18条）は，Ad-hoc-Mitteilungen，期間的開示（1年決算報告書 半年決算報告書・中間営業管理報告書），現行の報告義務に関する規則からなり，この指令の国内法化によって，取引所法（BörsG），証券取引法（WpHG），取引所認可規則（BörsZulV）の改正が必要となった。

証券取引所のプリマ基準で上場する企業，ジェネラル基準で上場する企業及び地域取引所の公的市場で株式の上場が認可された発行体，その他にエントリー基準があり，株式及び債券を規制市場で取引できる株式及び債券発行者の

間には，これら3つの基準が存在する[22]。

　TUGの国内法化によって，ドイツ証券取引所のプリマ基準で上場している企業は，開示のための実質的な追加条件を必要としない。というのは，2003年1月1日取引所の市場組織の再編によって，IAS/IFRSあるいはUS-GAAPの会計基準に従って年度報告書及び状況報告書，第1期・第2期・第3期の四半期報告書を英語及びドイツ語で作成しているからである。このことは，年度決算書及び連結決算書が義務づけられた企業（発行体）にもあてはまる[23]。

　資本市場に関するEU指令の国内法化によって，上場企業の会計制度が，商法会計制度及びDRSと異なる点は，証券関連規定の改正を通じて会計制度が形成されていることである。その意味で，EU指令を通じた経済政策の影響を受けて制度整備が行なわれていることが明らかになる。GoBの会計フレームワークが，証券市場における上場企業の会計制度とどのように関連づけられていくかは，今後の課題とされる。

お わ り に

　本章では，会計制度形成の背景には，法改正の根拠となった経済的現象，経済政策，国外からの影響，裁判の判例，会計基準設定機関の組織と基準及び制度の審議過程に影響を及ぼす要因があることが明らかになる。ドイツ会計制度は，これまでの商法規定は，伝統的な立法過程において審議が行なわれていた。現在では，民間の会計基準委員会において，一般からの提案を受け入れた審議形態（図表1）となった。すなわちドイツ会計規制へ影響を及ぼす立法者と並んで，民間機関が踏み込む基準設定となった[24]。

　さらに，会計制度が法改正だけによる制度形成にとどまることなく，アングロ・アメリカ型の会計基準設定機関と証券監督機構の体制のもとで形成されることになった背景には，今後，IASBを中心に会計基準づくりに各国が参加していくなかで，国際的な投資家志向の会計制度を選択すべき時代の流れがあったと考える。

おわりに　155

しかし新たな制度に，会計実務はどのように対応していくのか，もともと商法とIAS/IFRS及びUS‐GAAPはまったく異なる性質のものである。そのため長い伝統のなかで形成され，商慣習となった会計実務がどのように新たな制度へ変化していくのかは，会計実務の分析によって明らかになるであろう。

[注]

（1） Heyd, Reinhard, *a. a. O.*, S. 40. Erchinger, Holger/Melcher, Winfried, Stand der Konvergenz zwischen US‐GAAP und IFRS : Anerkennung der IFRS durch die SEC, *KoR* 5/2007, S. 245‐254. 当該論文では，コンバージェンスはUS‐GAAPとIAS/IFRSの間の相違を減らし，2つの基準の近似値を示すとしている（S. 249）。その他IASBとFASBの共通のフレームワークを検討した論文として，以下の論文が挙げられる。Kampmann, Helga/Schwedler, Kristina, Zum Entwurf eines gemeinsamen Rahmenkonzepts von FASB und IASB, *KoR* 9/2006, S. 521‐530.
（2） „Die Mannesmann-Affäre", in : *FAZ*（2005年12月21日付）。商法292a条の免責規定が商法に組み込まれるに至った経緯には，ダイムラー・ベンツ社のロビングがあったとされる（Keun, Friedrich/Zillich, Kerstin, *a. a. O.*, S. 28.）。Fey, Gerrit, *a. a. O.*, S. 1, S. 3‐5.
（3） Dörner, Dietrich/Menold, Dieter/Pfitzer, Norbert（Hrsg）, *a. a. O.*, S. 3‐9.
（4） Peemöller, Volker H. /Hofmann, Stefan, *Bilanzskandale*, Berlin 2005, S. 87, S. 94.
（5） 拙稿「ドイツにおける資本市場活性化政策のもとでの会計制度の動向」『會計』第160巻第2号，森山書店，42頁。Biener, Herbert, *a. a. O.*, S. 39, Seibert, Ulrich, *a. a. O.*, S. 4‐7.
（6） 拙稿「ドイツ会計基準委員会の設置とその背景」『アドミニストレーション』第7巻第1号（2000年9月20日）で，参考資料としてドイツ会計基準委員会の諸規定は翻訳している。
（7） 拙稿「ドイツにおける会計制度の動向と企業の動き」『會計』第158巻第2号，森山書店，43‐45頁。Biener, Herbert, *a. a. O.*, S. 58, S. 545‐567.
（8） Biener, Herbert, *a. a. O.*, S. 23‐25.
（9） Klein, Gabriele, *Internationale Rechnungslegung und Konzernabschluss*, Wiesbaden 2003, S. 42‐45. 商法で共通の規定を定め，その他，株式法，有限会社法，開示法，組合法という企業の形態別の法律で，特別に規定されているということになる。
（10） Klein, Gabriele, *a. a. O.*, S. 43, Coenenberg, Adolf. G., *a. a. O.*, S. 46‐48.
（11） Heyd, Reinhard, *a. a. O.*, S. 47‐57, Coenenberg, Adolf. G., *a. a. O.*, S. 46.
（12） Biener, Herbert, *a. a. O.*, S. 32‐34, Sodan, Helge（Hrsg.）, *Wirtschaftsrecht*, Baden-Baden 1998, S. 748.
（13） Biener, Herbert, *a. a. O.*, S. 32‐33, S. 219.

(14) Heyd, Reinhard, a. a. O., S. 39.
(15) 拙稿,「ドイツ資本市場における上場企業の会計制度」『会計プログレス』No. 3, 2002年, 99頁。
(16) 日本証券経済研究所編『ヨーロッパの証券市場 2004年版』2004年, 72頁, 154頁, 182-185頁。ドイツ証券取引所のセグメントには公定市場が第1部市場, 規制市場が第2部市場, 自由市場という非公定規制市場があり, この市場では, 外国株式, ワラントを扱っている。
(17) Bundesregierung, Bilanzrechtsmodernisierung (2004年4月21), (http://www.bundesregierung.de/[2005. 2. 3]), Wendlandt, Klaus/Knorr, Liesel, a. a. O., S. 53-54. 会計法改革法 (2004年12月4日) はIAS-VOの国内法化による会計法の改正と会計士の独立性, また会計監督法 (2004年12月15日) では会計監査所の設置が連邦法務省の法改正主旨となっている。
(18) 日本証券経済研究所編, 前掲書, 219頁。
(19) 森美智代・ダルシーアンネ共著「会計基準の統合と会計監督による制度整備」『會計』第168巻第4号, 森山書店, 12頁-22頁参照。
(20) Buchheim, Regine/Ulbrich, Philipp, EU-Transparenz-Richtlinie : Neuregelung der periodischen und laufenden Berichterstattung kapitalmarktnotierter Unternehmen, KoR 7-8/2004, S. 273. EU域内の規制市場における証券取引に関わる市場及び証券は, 2004年4月証券サービス指令 (ISD) に定義づけられている。
(21) 日本証券経済研究所編『図説ヨーロッパの証券市場 2004年版』2004年, 183頁参照。1991年にフランクフルト証券取引所を母体として8つの証券取引所の上部機構としてドイツ証券取引所が設立した (日本証券経済研究所編, 前掲書 2002年, 196頁参照)。
(22) Buchheim, Regine/Ulbrich, Philipp, a. a. O., S. 273.
(23) Buchheim, Regine/Ulbrich, Philipp, a. a. O.,S. 273-274.
(24) Pellens, Bernhard/Fülbier, Rolf Uwe/Gassen, Joachim, a. a. O., S. 48.

第7章 コーポレート・ガバナンス改革が会計制度へ及ぼす影響

は じ め に

　商法会計制度は，これまで債権者保護のもとで企業の財務諸表における利益留保の会計処理を容認してきた。しかし企業が国際的な資本市場に進出し，グローバル化していくことで，企業の財務諸表の比較可能性が求められ，現代においては投資家保護を基礎とする会計制度へ変化している。国際的に証券市場へ進出する企業には，世界の個人投資家に向けて適正な利益配当が求められ，活動的な企業は自己資本率の引き上げに注目し，企業の関心は証券取引所への進出に向かっていった。それには，企業が直接金融に向けて，投資家が適正な判断ができるための信頼ある有用な情報を提供していかなければならない。

　しかしEU指令の国内法化以降においても，1965年株式法における保守的な会計処理，銀行と監査役会の役割について問題が残されていた。そのため1998年KonTraGの法改正は，1965年株式法の近代化を図るコーポレート・ガバナンス改革として，前述したように，1998年KapAEGの法改正は会計制度改革として，新しい制度が企業の営業報告書に取り入れられ，2007年には，1985年商法典のIAS/IFRSとの調和化のための会計法現代法化（BilMoG）草案の審議に入った。

　従来の商法会計制度は，大企業株の大部分が銀行所有株式，銀行の寄託証券による企業の支配構造，創業者株で占められた株式所有構造等の経済構造を背景として，保守的な会計制度とみなされてきた。そうした経済構造を背景に，

会計制度改革は金融機関から資本市場に向けて、つまり債権者保護から投資家保護への転換を基礎として進んでいる。また企業経営組織の改革はコーポレート・ガバナンス改革として進められ、この2つの改革は密接に関係している。

会計制度改革は会計実務を変えたのか、従来の資本維持、自己金融、利益留保の保守的な会計処理は変化しているのかが問われる。1998年KapAEGの商法改正では、2004年12月31日までの暫定処置として、連結決算書にはUS-GAAPとIAS/IFRSの適用が選択できるという制度を導入した。本章では、1998年から2004年の間の営業報告書を中心として、コーポレート・ガバナンス改革が会計制度へ及ぼした影響について考察し、金融機関による企業支配から資本市場に上場する企業の会計制度へ変化することによって、会計実務にはどのような影響がみられるかについて検討することにしたい。

第1節　コーポレート・ガバナンス改革が会計制度に及ぼす影響

まずコーポレート・ガバナンス改革と会計制度改革の関係を明らかにするために、コーポレート・ガバナンス改革の経済及び制度背景について考察することにする。

1　経 済 背 景

会計制度改革となったKapAEGは、序章図表2で示すように、KonTraGの法改正と並行に実施され、コーポレート・ガバナンス改革と切り離すことはできない。企業のコーポレート・ガバナンス改革の経済的背景となったのは、金融機関による大企業支配であった。ドイツの金融機関は、ユニバーサルバンクとして証券業務に携わり、企業の資金調達に介入している。また銀行の寄託証券による企業の議決権代理行使、取締役を任命できる監査役会には銀行からの役員を派遣できる[1]。このような大企業経営への銀行の介入から生じた企業経営破綻を再建するために、「銀行の支配力」と「監査役会の空洞化」を巡る1965年株式法（AktG）の改正が、1990年代初頭議論された。

第1節　コーポレート・ガバナンス改革が会計制度に及ぼす影響　*159*

図表1　各大銀行の株主総会における議決権による相互支配（1992年）

（単位：％）

	Deutsche Bank	Dresdner Bank	Commerz Bank	Bay. Vereinsbank	Bayr. Hypothekenbank	総計
Deutsche Bank	32,07	14,14	3,03	2,75	2,83	54,82
Dresdner Bank	4,72	44,19	4,75	5,45	5,04	64,15
Commerz Bank	13,43	16,35	18,49	3,78	3,65	55,70
Bay. Vereinsbank	8,80	10,28	3,42	32,19	3,42	58,11
Bayr. Hypothekenbank	5,90	10,19	5,72	10,74	23,87	56,42

（出所）　Baums, Theodor, Vollmachtsstimmrecht–Ja oder Nein?, *AG*, 1/1996, Jg.41, S.14.

　図表1は，1990年代の銀行株式における議決権の持合いを示したものである。図表1からドイツ経済構造が，大銀行の株式の相互持合いによって成り立っていることがわかる。

　図表2は，ドイツの銀行が大企業の経営に影響を及ぼすことのできる議決権付株式を占めていること，また大企業が3大銀行から資金調達していることが明らかになる。このような経済構造が企業の組織形態の不透明性をもたらし，前述したような企業の破綻を引き起こしたとされる。その代表的な例として，図表2に示されているBremer Vulkan社が挙げられる。

　大銀行による企業支配によって生じる企業経営が不透明であることについて，その改善策として，ドイツ社会民主党（SPD）は，1995年に「透明性及び競争法」（Transparenz- und Wettbewerbsgesetz）という法改正草案を提案した。CDU/CSU/FDPの政党を中心とした政府レベルで，作業グループは「企業領域・銀行における監督と透明性」を掲げて「株式法改正」を行なおうとした。この株式法改正の主たる目的は，資本集中と株式所有の分散であった。資本集中の強化は，株式会社数の増加に関係していた。有限会社の増加に比べ，会社数としてはまだ少ないが，1965年には株式会社は2,508社，1998年には約4,800社に急増した[2]。

　次に，コーポレート・ガバナンス改革の制度背景について考察することにする。

図表 2　1992 年における 24 大企業の株主総会における銀行の議決権付株式

(単位：%)

企　業	Deutsche Bank	Dresdner Bank	Commerz bank	合計	全銀行
Simenns	17,61	12,44	4,52	34,57	95,48
Volkswagen	5,93	6,71	2,43	15,07	44,05
Hoechst	9,00	32,81	27,68	69,49	98,46
BASF	18,58	17,61	4,16	40,35	94,71
Bayer	18,98	17,93	4,75	41,66	91,32
Thyssen	7,20	9,93	2,01	19,14	45,37
VEBA	13,00	25,28	3,70	41,98	90,85
Mannesmann	15,94	18,76	4,09	38,79	98,11
Deutsche Bank	32,07	14,14	3,03	49,24	94,73
MAN	7,11	9,48	2,30	18,89	48,20
Dresdner Bank	4,72	44,19	4,75	53,66	91,26
Preussag	9,86	6,35	1,89	18,10	99,46
Commerz bank	13,43	16,35	18,49	48,27	97,55
VIAG	4,60	7,14	1,70	13,44	49,10
Bayr. Vereinsbank	8,80	10,28	3,42	22,50	84,69
Degussag	6,45	25,13	2,27	33,85	60,65
AGIV	3,92	9,37	1,37	14,66	99,09
Bayr Hypo	5,90	10,19	5,72	21,81	92,12
Linde	23,65	13,08	21,21	57,94	99,07
Deutsche Babcock	15,66	12,50	3,21	31,37	90,58
Schering	14,10	19,94	6,65	40,69	94,50
KHD	66,41	5,49	2,07	73,97	97,96
Bremer Vulkan	6,62	10,88	7,13	24,63	61,53
Strabag	5,25	2,27	2,27	9,79	99,28
平均	13,95	14,93	5,87	34,75	84,09

(出所)　Baums, Theodor, a. a. O., S.12 より作成した。

2 制度背景

コーポレート・ガバナンスには，企業管理と監督という意味がある。さらに掘り下げてみれば，制度及び規制といった企業破綻の予防措置として企業行動をコントロールし，管理組織の管理方法と協力という意味がある。その際，取締役及び監査役ないしはその組織，従業員及び共同決定者，取引所及び資本市場，銀行及び企業監督の市場，開示及び決算書監査人等，多くの関係者及び機関が規則に関係している。

　コーポレート・ガバナンスの規則は，政府と立法者及び民間からなる組織で作成され，さらに経済的な適合性が求められる。そのため KonTraG の法改正から始まったコーポレート・ガバナンスの考え，提案及び規則·づくりには，4団体からの見解が取り入れられている[3]。

　コーポレート・ガバナンス原則委員会 (Grundsatzkommission Corporate Governance, Frankfurter Initiative) ［フランクフルト主導］の見解は 2000 年に第1バージョン，2001 年に第2バージョンが公表された。これは現行法の改正及び改革をしないで，企業関係者のそれぞれの義務をとおして，企業とコンツェルンのために実務上のモデル「ベスト・プラックティス」を重視したものであった。これは，一般的条件，取締役の権限及び使命，情報及び開示義務，取締役メンバーの報酬と利害関係者，監査役会についての規定が中心的な課題となった。

　またベルリン主導のコーポレート・ガバナンス (German Code of Governance des Berliner Initiativkreis) は，取締役，監査役，株主総会，監査人の効率的な協力体制を達成するために，特に大規模上場企業の競争力のある企業に対する経営経済的な管理思考を主張した。その際，中心となったのは，企業及びコンツェルンの実務であり，その現状の評価のためのチェックリストがつくられた。その内容は，取締役メンバー数，監査役会の情報提供，行動，報酬等の中心的な手続き，取締役のための基準（基礎原則，使命，組織，意思決定，行動，報酬等），取締役会と同様の監査役会のための基準，株主及び従業員のための基準（株主の権利，従業員の共同決定等），透明性及び監査に関する基準（会計及び開示，決算書監査

等)，会社ならびにコンツェルンにおけるコーポレート・ガバナンス等がチェックリストに挙げられた。

さらにドイツ財務分析及び資産経営協会 (DVFA) のコーポレート・ガバナンスのスコアカードは，5つの基準領域におけるコーポレート・ガバナンスに関連する要因の認識と数値化である。つまり委員会，株主権利，透明性，企業管理（取締役・監査役），監査等の領域において，企業独自のコーポレート・ガバナンスの評価をめざした[4]。

そして，企業管理・企業コントロール，株式法の現代化をもとに組織された政府委員会の最終報告書は，企業の管理及びコントロールの組織の問題点を認識し，資本市場のグローバル化及び国際化によって行なう企業及び市場構造の変換によって，現代に適応できるものにするための提案を提出した。この目的は，次のような内容に具体化された。

第2節 コーポレート・ガバナンスの目的

政府委員会によるコーポレート・ガバナンスは，ドイツの金融市場の強化をめざすことにあった。ドイツ企業の競争力改善，国際化のチャンスを利用し，情報及び伝達技術の迅速な発展，企業コントロール及び管理，ならびに既存の問題点を取り除き，ドイツシステムを構築することで，さらに規制を進めるのではなく，国家秩序と内部規制手段の関係を新たに再編することであった。

この委員会報告は，上場企業のためのコーポレート・ガバナンス（ベスト・プラックティス・コード），つまり法規制にあった。これは，取締役及び監査役の管理機関，株主及び投資家（株主総会，株主の権利，投資家保護），企業金融（規制緩和，新しい金融及び再編手段），情報技術及び公開（会計，決算監査，監査役及び決算書監査，設立監査）の内容から構成されている[5]。

コーデックスには，2002年から改正を経て2008年には上場企業の管理と監督のための80の勧告と23の奨励が織り込まれた。この規則は，法的な拘束を超えるものではないが，企業に適用されなければならないというものでもな

い。しかし上場企業は，株式法161条に従って，コーデックスの勧告を遵守しているかどうか，またどの程度遵守しているかについて，各年度説明しなければならない。他方では，コーデックスの奨励に反することもできる[6]というもので強制されているわけではない。

そのため各企業のコーポレート・ガバナンスへの取り組みはさまざまである。その現状は，2002年コーデックスの勧告時よりも，2007年営業報告書の調査結果では，企業のコーデックスの遵守率が高くなっている[7]とされる。

次に，DAX-30企業の株式所有構造と会計実務の関係に焦点をあてて，1998年から2004年連結決算書をとおして分析することにしたい。

第3節　DAX-30企業の株式所有構造と会計実務

1998年商法改正では，KonTraGによるコーポレート・ガバナンス改革における「株式の分散化」は，企業の連結決算書における会計処理にどのような影響を及ぼしているのか，まず企業の株式所有構造において，銀行及びその他の金融機関による株式所有率の高い企業を中心として，会計処理にどのような影響を及ぼしているかについて考察することにしたい。

DAX-30の企業は，コーポレート・ガバナンスに関する報告書を公表するとともに，会社の株式所有構造について，図表3に示すような内容で公開している。

コーポレート・ガバナンスの制度整備には，「株式所有構造の開示」は重要である。しかし，図表3に示すように，すべての企業が開示しているというわけではない。また株式法改正の目的であった「株式の分散化」が完全に実現しているとはいえないことが明らかになる。

1つには，ドイツの代表的な大規模資本会社，DAX-30の企業であってもまだ創業者の株式が大部分を占めている企業がある。2つには，株式所有構造を開示していない会社もみられる。3つには，国内の株式所有構造については開示されておらず，国外別の開示にとどまっている会社もみられる。

図表3　DAX-30 の株式所有構造

	企業名	会計基準	年月	国内	国別
1	Adidas-Salomon AG	IAS/IFRS	2003年	開示なし	ドイツ16%、北アメリカ34%、ヨーロッパ(ドイツを除く)28%、匿名投資家13%、経営者5%、その他の国4%
2	Allianz AG	IAS/IFRS	2004年	自己株式5%、Münchener Rückversicherungsgesellschaft AG 12%、機関投資家48%、投資会社19%、個人(従業員を含む)16%	開示なし
3	Altana AG	IAS/IFRS	2003年	Susanne Klatten 50,1%、機関投資家 30,7%、その他(個人)19.2%	開示なし
4	BASF AG	US-GAAP	2004年	銀行保険会社52%、投資会社17%、個人28%、その他2%、商工業1%	開示なし
5	Bayer AG	IAS/IFRS	2001年	銀行保険会社55%、投資会社12%、個人24%、工業及び商業3%、その他6%	外国33%(イギリス10%、アメリカ8%、スイス・リヒテンシュタイン8%、ベルギー2%、オランダ1%、ルクセンブルク4%)、その他6%
6	Bayerische Hypo-und Vereinbank AG	IAS/IFRS	2004年	浮動株81,6%、Münchener Rückversicherungsgesellschaft AG 18,4%	開示なし
7	Bayerische Motoren Werke AG	IAS/IFRS	2004年	開示なし	開示なし
8	Commerz bank AG	IAS/IFRS	2004年	ドイツ(個人投資家23,3%、Münchener Rückversicherungsgesellschaft AG 9,5%、機関投資家19,2%)、外国個人投資家1,0%、機関投資家31,2%、その他15,8%)	ドイツ52%、スイス6%、EU(ドイツを除く)20%、アメリカ15%、その他7%
9	Continental AG	US-GAAP	2003年	Alliance Capital Management 11,75%、Barclays Bank 5,49%、持株グループ5,1%、浮動株77,66%	開示なし
10	Daymler Chrysler AG	US-GAAP	2003年	Deutsche Bank 12%、Kuwait 7%、機関投資家53%、個人投資家28%	ドイツ70,8%、ヨーロッパ(ドイツを除く)6,7%、アメリカ15%、その他7,5%
11	Deutsche Bank AG	US-GAAP	2003年	銀行保険会社17%、従業員・退職者9%、その他個人投資家9%、その他の機関投資家65%	ドイツ53%、外国47%
12	Deutsche Börsen AG	IAS/IFRS	2003年	個人投資家4%、機関投資家93%、戦略投資家3%	ドイツ41%、イギリス24%、アメリカ26%、ヨーロッパ7%、その他2%
13	Deutsche Lufthansa AG	IAS/IFRS	2004年	浮動株91,4%、GENUJO Achte Beteiligung GmbH 8.6%	ドイツ70,85%、アメリカ(147カ国)2,68%、ベルギー2,81%、スイス2,87%、ルクセンブルク3,05%、アメリカ7,51%、イギリス10,23%
14	Deutsche Post AG	IAS/IFRS	2003年	KfW 銀行グループ42,6%、ドイツ連邦銀行20,0%、(個人26,3%、機関投資家73,7%)、浮動株37,4%	ドイツ30,19%、アメリカ23,98%、イギリス21,63%、イタリア7,51%、イギリス0,50%、オランダ0,53%、スウェーデン1,41%、フランス2,68%、ルクセンブルク3,41%、スイス4,69%、ベルギー5,25%
15	Deutsche Telekom AG	HGB	2003年	機関投資家70%、個人投資家30%	ドイツ43%、北アメリカ30%、その他ヨーロッパ25%、アジア2%
16	E.ON AG	US-GAAP	2004年	銀行投資家56,15%、自己株式5,20%、バイエルン州4,96%、ADR2,28%、その他31,41%	ドイツ54,60%、イギリス12,20%、北アメリカ18,86%、ドイツ以外のヨーロッパ12,44%、その他1,90%(国外)
17	Fresenius Medical Care AG	US-GAAP	1999年	外国機関投資家2%、外国投資家1%、国内投資23%、国内の個人投資家74%	開示なし
18	Henkel KGaA	IAS/IFRS	2003年	ヘンケル家50%以上、管財人6.11%	開示なし
19	Infineon Technologies AG	US-GAAP	2003年	Siemens Trust 18,23%、その他の株主74,78%、Capital Group International 6,99%	開示なし
20	Linde AG	IAS/IFRS	2003年	個人20%、機関投資家48%、大株主32%	ドイツ27%、北アメリカ31%、イギリス14%、スイス5%、その他23%
21	MAN AG	IAS/IFRS	2003年	外国機関投資家9%、国内機関投資家13%、投資会社27%(Allianz AG, Commerz Bank AG 等)、未公開株主51%	開示なし
22	Metro AG	IAS/IFRS	2004年	創立者56%、浮動株44%	開示なし
23	Münchener Rückversicherungsgesellschaft AG	IAS/IFRS	2004年	Allianz AG 9,4%、Hypo Vereinsbank 10%、銀行0,3%、保険会社4,4%、投資会社10,0%、その他の機関投資家55,0%、個人10,9%	開示なし
24	RWE AG	IAS/IFRS	2003年	機関投資家39%、自治体33%、Allianz AG 7%、Münchener Rückversicherungsgesellschaft AG 5%、個人13%、従業員3%	ドイツ53,5%、北アメリカ31%、イギリス14%、スイス5%、その他23%
25	SAP AG	US-GAAP	2004年	開示なし	開示なし
26	Schering AG	IAS/IFRS	2003年	個人投資家・その他の会社19%、その他6%、不明7%、機関投資家68%	ドイツ14,1%、北アメリカ35,5%、ヨーロッパ19,1%、イギリス・アイルランド8,8%、その他の国3,7%、その他18,8%
27	Siemens AG	US-GAAP	2003年	個人投資家24%、投資会社18%、金融機関58%	ドイツ41%、イギリス14%、アメリカ13%、スイス・リヒテンシュタイン6%、ルクセンブルク5%、その他6%、ヨーロッパ7%、その他9%
28	Thyssen Krupp AG	US-GAAP	2003年	機関投資家78%、個人投資家20%、その他2%	ドイツ43,7%、北アメリカ10%、ヨーロッパ(ドイツを除く)36%、その他0,3%、イギリス10%
29	TUI AG	IAS/IFRS	2003年	機関投資家85%、個人投資家15%	開示なし
30	Volkswagen AG	IAS/IFRS	2002年	外国機関投資家29%、個人投資家38,6%、ニーダーザクセン13,7%、国内機関投資家8,9%、自己株式9,8%	開示なし

(出所)　DAX-30 の企業のコーポレート・ガバナンス報告書で開示されている株式所有構造より作成した。株式所有を完全に100%で開示していない企業もある。

いずれにせよ，2004年営業報告書では，株式所有構造について，まだ完全な開示が行なわれているとはいえない。ディスクロージャーの制度整備にはまだ課題が残されている。

次に，図表3のDAX-30の企業のなかで，未開示の企業と保守的な株式所有構造である企業の決算書について検討することにしたい。

第4節　株式所有構造の決算書へ及ぼす影響

図表3で示されたDAX-30の株式所有構造は，2003年から2004年において，株式所有構造を開示している状況を示している。しかしAdidas-Salomon

図表4　Adidas-Salomon社の株式所有構造

(単位：%)

ドイツ以外の欧州	44%
北アメリカ	29%
ドイツ	13%
匿名投資家	7%
経営者	5%
その他	2%

(出所)　Adidas,(http://www.adidas-group.com/)
　　　　［2006年11月7日］より作成した。

図表5　BMW社の株式所有構造と投資家の種類，地域別の投資家（2007年10月）

(単位：%)

株式所有者		投資家の種類		地　域　別	
Stefan Quandt	17.4%	戦略的投資家	46.6%	ドイツ	6.3%
Johanna Quandt	16.7%	機関投資家	43.2%	ドイツを除く欧州	7.7%
Susanne Klatten	12.5%	その他の投資家	10.2%	イギリス及びアイルランド	9.7%
浮動株	53.4%			北アメリカ	17.1%
				その他	2.4%

(出所)　BMW Group,(http://www.bmwgroup.com/)［2007年4月25日］より作成した。

図表6　SAP社の地域別の株式所有者の分布

（単位：％）

北アメリカの機関投資家と個人投資家	31,4%
欧州の機関投資家	15,8%
ドイツの機関投資家	10,8%
イギリス及びアイルランド機関投資家	2,2%
その他の機関投資家	25,2%
ドイツの個人投資家・不明	14,6%

（出所）　SAP,(http://www.sap.com/)〔2006年11月7日〕より作成した。

社，BMW社，SAP社は，株式所有構造の開示を他の企業の開示よりも遅れて公表した。

　銀行保険会社の株式保有が50％以上を占める企業は，BASF社，Bayer社，DaymlerChrysler社（1998年以降DaymlerBenzから社名変更），E.ON社等が挙げられる。

　本章では，BASF社，Bayer社，DaymlerChrysler社，E.ON社を取り上げ，株式所有構造が会計実務に与える影響に焦点をあてて考察する。

① **BASF社**

　図表7のように，BASF社の監査役会の報酬に関する開示が行なわれ，監査役の年金積立金の割合が高いのが特徴である。

　図表2で示されているBASF社の場合，銀行及び保険会社の株式保有率が高い背景には，年度決算書における利益留保型の会計処理がみられる。グラフ1は，10年間にわたるBASF社の年度利益と利益配当・利益準備金設定額との関係を示している。2000年と2001年における準備金と配当利益の関係は，グラフ1で示すように，会計基準の変更による会計数値に著しい差額がみられる。また2001年には利益準備金の設定と利益の関係が並行であるにもかかわらず，利益配当は減少傾向となっている。2001年の年度利益の著しい上昇は，グラフ1と図表8に示すように，会計基準の変更によるものであることが明らかになる。

第4節　株式所有構造の決算書へ及ぼす影響　　167

図表7　取締役及び監査役の報酬

(単位：100万ユーロ)

	2005年	2004年	2003年	2002年
取締役報酬	15,3	14,0	11,9	13,6
固定報酬	5,0	4,8	4,6	4,4
変動報酬	10,3	9,2	7,3	9,2
1999年/2000年オプション権利履行	1,4	0,6	2,3	1,7
監査役報酬	3,4	2,7	2,2	2,2
固定報酬	0,5	0,5	0,5	0,5
変動報酬	2,9	2,2	1,7	1,7
前取締役と遺族の総報酬	5,8	6,0	6,7	5,0
前取締役と遺族のオプション権利履行	2,9	1,3	1,3	1,1
取締役及びその遺族の年金引当金	77,7	69,9	58,1	55,7
取締役及び監査役の借入				
取締役及び監査役の特権についての責任関係				

(出所)　BASF, *Geschäftsbericht 2003*, S.65 及び *2005*, S.79 より作成した。

グラフ1　BASF社の利益配当と年度利益及び利益準備金の関係

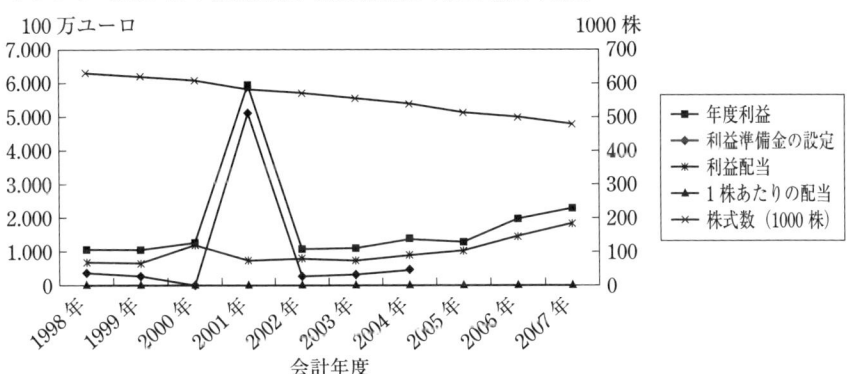

[グラフ：1998年～2007年の会計年度における年度利益、利益準備金の設定、利益配当、1株あたりの配当、株式数(1000株)の推移]

(出所)　BASF, *Geschäftsbericht 2007* より作成した。

　BASF社は，2001年は，商法からUS-GAAPへの会計基準を変更することで，会計処理上の相違から，図表8及び9に示すように，自己資本及び損益に関して，商法とUS-GAAPに従った会計処理による会計数値に差額が生じた。

図表8　US-GAAP に従った損益

(単位：100万ユーロ)

	2001年	2000年
年度決算書上記載された税引後利益及び少数株主持分	5.858,2	1.239,8
US-GAAP に従った補足調整		
請負工事における利子の借方計上	50,7	53,7
自己開発及び使用ソフトの借方計上	64,1	51,0
年金基金の評価	81,7	118,9
市場価値及び長期外貨換算項目の評価及び時価による金融商品の会計処理	-74,3	69,4
有価証券の評価	-4,5	
持分法に従って会計処理される会社に際しての評価調整	-30,3	8,3
その他の調整	-6,8	-9,0
繰延税金及び課税減額の会計処理	-252,0	-73,7
少数株主持分（社外社員持分）	5,6	-4,8
US-GAAP に従った損益	5.692,4	1.453,6

(出所)　BASF, *Geschäftsbericht 2001*, S.122.

グラフ1に示すように，利益準備金は，2005年 IAS/IFRS 適用後は設定されていない。

図表8は，年度利益が商法と US-GAAP に従った会計処理及び評価によって差額が生じていることを示している。なお自己資本についても，図表9に示すように，商法と US-GAAP に従った会計処理及び評価の相違から会計数値に差額が生じている。

銀行及び保険会社が占める株式の多い企業である BASF 社の会計処理は，投資家保護を基礎とする会計処理というよりも債権者保護を基礎とする会計実務の特徴を示している。

次に，銀行及び保険会社の占める割合の多い企業として，Bayer 社が挙げられる。

図表9　US-GAAPに従った自己資本

(単位：100万ユーロ)

	2001年	2000年
年度決算書上記載された自己資本	**17.521,8**	**14.294,8**
少数株主持分	−359,7	−481,3
少数株主持分を控除した自己資本	17.162,1	13.813,5
US-GAAPに従った補足調整		
請負工事における利子の借方計上	566,5	517,9
自己開発及び使用ソフトの借方計上	165,2	101,1
年金基金の評価	860,9	795,1
市場価値及び長期外貨換算項目の評価及び時価による金融商品の会計処理	37,6	102,7
有価証券の評価	363,3	254,3
持分法に従って会計処理される会社に際しての評価調整	126,0	156,3
その他の調整	116,5	69,2
繰延税金及び課税減額の会計処理	−841,3	−557,4
少数株主持分（社外社員持分）	−18,6	−23,8
US-GAAPに従った自己資本	**18.538,2**	**15.228,9**

(出所)　BASF, *Geschäftsbericht 2001*, S.123.

② **Bayer 社**

グラフ2は，Bayer社の自己資本・引当金及び準備金，利益配当の1995年から2004年までの推移を示したものである。利益配当は平均した推移であるが，自己資本と利益準備金及び引当金は上昇傾向にある。

Bayer社の各営業報告書から，準備金は利益準備金，引当金は短期と長期に区分した引当金を図表10に示すことができる。1998年KapAEG（商法292a条）とKonTraGの法改正が，連結決算書にはどのような影響を及ぼしたかについて考察すると，その1つとして，図表10から，1998年から2004年にわたる営業報告書における連結決算書の表示形式が異なることが明らかになる。その1つとして，2000年までは連結利益と包括利益との区分表示がなされていない。しかし2001年以降，区分表示され，連結利益が減少し，2003年は連結損

グラフ2　Bayer社の自己資本と引当金・準備金・利益配当の推移

100万ユーロ

凡例：
- ◆ 引受済資本
- ■ 自己資本
- ▲ 引当金
- ✕ 準備金設定
- ✳ 利益配当

（出所）Bayer, *Geschäftsbericht 1998-2004* より作成した。

図表10　Bayer社の連結決算書における貸方側の会計数値

(単位：100万ユーロ)

	1998年	1999年	2000年	2001年	2002年	2003年	2004年
引受済資本金	1.867	1.870	1.870	1.870	1.870	1.870	1.870
準 備 金	9.087	11.134	12.454	14.087	12.405	11.704	9.795
利益準備金	7.121	7.965	9.047	9.841	10.076	10.479	8.753
外 貨 換 算	－979	227	465	759	－593	－1.699	－2.003
包 括 利 益			0	545	－20	－18	37
連 結 利 益	1.614	2.002	1.816	965	1.060	－1.361	603
引 当 金	7.271	6.714	7.163	7.172	8.397	8.863	9.368
短期引当金	1.628	1.344	1.701	1.477	2.257	2.448	2.969
長期引当金	926	1.192	1.208	1.288	1.215	1.343	1.400
少数株主持分	211	176	237	98	120	123	111
利 益 配 当	747	949	1.022	657	657	365	402

（出所）Bayer, *Geschäftsbericht 1998-2004* より作成した。

第4節 株式所有構造の決算書へ及ぼす影響　*171*

失になっている。また少数株主持分（外部社員持分）は負債の部に表示されている。図表10で示すように，2003年連結損失が生じているにもかかわらず，利益配当は平均的な配当がなされている。他方，利益準備金設定額は，2003年までは上昇傾向にあるといえる。

次に，DaymlerChrysler社の場合について考察することにする。

③ DaymlerChrysler（Benz）社

DaymlerChrysler社は，Chrysler社と合併する1997年まではDaymlerBenz社であり，ニューヨーク証券取引所に上場する1992年には，商法からUS-GAAPに会計基準を変換している。その際の移行計算書は，図表11と図表12に示すように，自己資本と年度剰余金には，商法とUS-GAAPにおける会計数値に差額が生じている。

図表12から明らかになるのは，少数株主持分（外部社員持分）は自己資本に分類され，引当金の表示が一括表示となっている。その他の自己資本として

図表11　商法からUS-GAAPへの移行計算書（年度剰余金）

（単位：100万ドイツマルク）

	1994年	1993年	1992年
ドイツ商法に従った連結決算書における年度剰余金	895	615	1,451
／少数株主持分	159	-13	-33
／ドイツ規則に従って修正された年度損益	1.054	602	1.418
／適正な稼得利得の増減（目的積立金：引当金及び評価処理）	409	-4.262	774
	1.463	-3.660	2.192
US-GAAPに従ったその他の影響			
長期請負工事	53	78	-57
のれん及び企業買収	-350	-287	-76
1994年6月30日におけるMBL自動車リースGmbH&Co.KGの連結外し	-652	—	337
年金引当金及び年金者の医療費	-432	-642	96
外貨換算	-22	-40	-94
外貨為替オプション取引	633	-225	-438
有価証券	-388		
その他の評価差額	73	292	88
繰延税金	496	2.627	-646
新しい会計基準の第1回目の適用から影響前のUS-GAAPに従った年度連結損益	874	-1.839	
US-GAAPに従った有価証券の会計処理に関する新しい会計基準の第1回目の適用から生じる影響（235万DMの所得税後）	178	—	
US-GAAPに従った連結損益	**1.052**	**-1.839**	**1.350**
US-GAAPに従った1株あたりの連結損益	DM21,53	DM(39,47)	DM29,00
US-GAAPに従った預託株式あたりの損益	DM 2,5	DM(3.95)	DM 2,00

（出所）　DaymlerBenz, *Geschäftsbericht 1993*, S.73, *Geschäftsbericht 1994*, S.67より作成した。

図表12　商法からUS-GAAPへの移行計算書（自己資本）

（単位：100万ドイツマルク）

	1994年	1993年	1992年
ドイツ商法に従った自己資本	**20.251**	**18.145**	**19.719**
／少数株主持分	-151	-561	-1228
ドイツ規定に従って修正された自己資本	20.100	17.584	18.491
／適正な稼得利得の増減（目的積立金：引当金及び評価処理）	6.205	5.770	9.931
	26.305	23.354	28.422
US-GAAPに従ったその他の影響			
長期請負工事	262	207	131
のれん及び企業買収	1.978	2.284	1.871
1994年6月30日におけるMBL自動車リースGmbH&Co.KGの連結外し	-652		
年金引当金及び年金者の医療費	-2.250	-1.821	-1.212
外貨換算	63	85	-342
外国為替オプション取引	1.013	381	580
有価証券	27	—	
その他の評価差額	-185	-698	-1.708
繰延税金	2.874	2.489	-138
US-GAAPに従った自己資本	**29.435**	**26.281**	**27.604**

（出所）　DaymlerBenz, *Geschäftsbericht 1993*, S.73, *Geschäftsbericht 1994*, S.67より作成した。

図表13　KapAEGの法改正前の自己資本と他人資本の推移

（単位：100万ドイツマルク）

	1988年	1989年	1990年	1991年	1992年	1993年	1994年	1995年	1996年
引受済資本	2.118	2.577	2.330	2.330	2.330	2.330	2.565	2.568	2.577
資本準備金	370	2.114	2.117	2.117	2.117	2.117	4.904	4.948	5.080
利益準備金	6.755	11.195	11.934	13.182	13.440	12.747	12.048	16.271	19.033
その他の自己資本								927	297
少数株主持分		767	881	1.214	1.228	561	151	1.324	936
引当金								33.681	34.886
年金引当金	8.026	10.086	10.831	10.790	12.217	12.759	13.150		
その他の引当金	6.744	16.624	16.536	17.239	22.478	23.128	22.446		

（出所）　DaymlerBenz, *Geschäftsbericht 1996*, S.89より作成した。

包括損益が表示されている。グラフ3から，ニューヨーク証券取引所に上場した以降，利益準備金の設定が上昇傾向にあることが明らかになる。

また引当金と利益準備金の設定は，グラフ4に示すような傾向を示している。

第 4 節　株式所有構造の決算書へ及ぼす影響　173

グラフ 3　DaymlerBenz 社の資本と準備金設定の推移
（単位：100 万ドイツマルク）

― 引受済資本
― 資本準備金
― 利益準備金

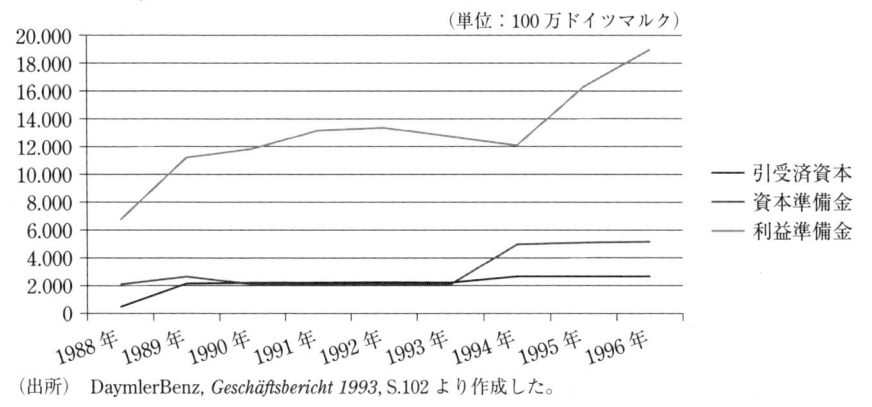

（出所）　DaymlerBenz, *Geschäftsbericht 1993*, S.102 より作成した。

グラフ 4　Daymler Benz 社の準備金と引当金の推移
（単位：100 万ドイツマルク）

― 利益準備金
― 年金引当金
― その他の引当金
― 貸借対照表利益

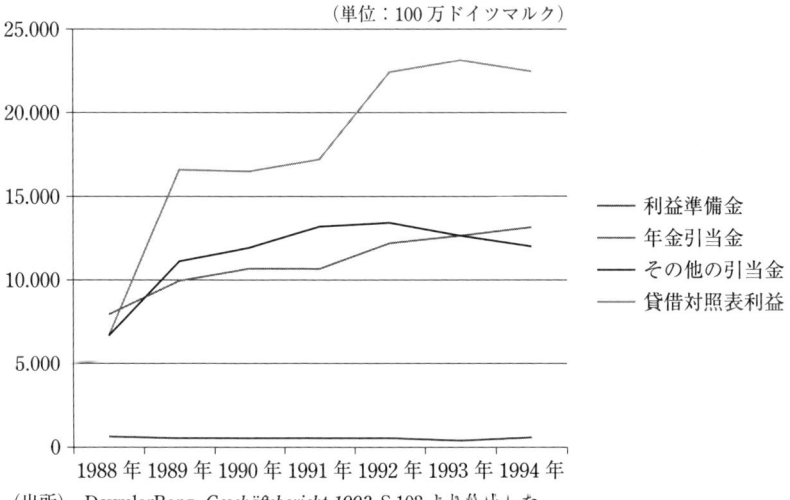

（出所）　DaymlerBenz, *Geschäftsbericht 1993*, S.102 より作成した。

④　E.ON 社

　E.ON 社は，1999 年に商法から US-GAAP に会計基準を変換して連結決算書を作成している。図表 14 に示すように，商法と US-GAAP における自己資本の数値の違いが明らかになる。US-GAAP を適用して，1999 年からは，連

図表14 自己資本の推移

(単位：100万ユーロ)

	1995年	1996年	1997年	1998年	1999年	1999年	2000年	2001年	2002年	2003年	2004年	2005年	2006年	2007年
自己資本														
会計基準	HGB					US-GAAP								IAS/IFRS
払込済資本	1.248	1.262	1.271	1.285	1.307	1.985	1.985	1.799	1.799	1.799	1.799	1.799	1.799	1.734
資本準備金	1.973	2.068	2.125	2.220	2.197	11.402	11.402	11.402	11.402	11.564	11.746	11.749	11.760	11.825
利益準備金	5.722	6.635	7.931	8.262	10.878	12.36	14.75	11.795	13.472	16.976	20.003	25.861	24.350	26.828
包括利益						546	866	-260	-761	-309	268	5.331	11.033	10.656
自己株式						0	-925	-274	-259	-256	-256	-256	-230	-616
少数株主持分	1.77	1.816	1.618	1.701	2.99	4.888	5.123	6.362	6.511	4.625	4.144	4.734	48.712	49.374

(出所) E.ON, *Geschäftsbericht 1999-2007* より作成した。

グラフ5　E.ON社の自己資本の推移

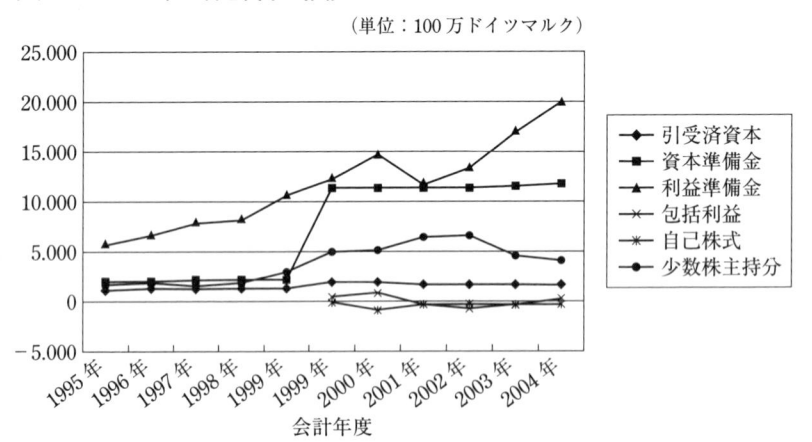

(単位：100万ドイツマルク)

(出所) E.ON, *Geschäftsbericht 1999-2007* より作成した。

結貸借対照表には，少数株主持分と包括利益を表示している。E.ON社の株式所有構造は，図表15に示すように，機関投資家の占める割合が多く，「株式の分散化」はみられない。これは，企業内における利益準備金の設定額が上昇している点を考慮すれば，投資家保護というよりもむしろ債権者保護向けの連結決算書となっていると考えられる。

図表14をグラフ5で示すと，さらに利益準備金設定額の上昇が明確になる。

E.ON社は，2000年にVIAG社とVEBA社の合併によって現在の社名に変更[8]した。図表14では，1999年のUS-GAAPに従った会計数値（Form20-F）

図表15　1999年から2005年におけるE.ON社の株式所有構造の推移

(単位：%)

株式所有構造	保険金融機関	個人投資家	公的機関及びその他	投資会社	産業・商業,交通	自己株式	アメリカ預託証券	その他
2005年営業報告書	60.77%		4.96%			4.75%	1.94%	27.58%
2004年営業報告書	56.15%		4.96%			5.20%	2.28%	31.41%
2003年営業報告書	56.15%		4.96%			5.20%	2.28%	31.41%
2000〜2001年営業報告書	61.4 %	14.2%	8.3 %	10.9%	2.5%	1.8 %	0.9 %	
1999〜2000年営業報告書	61.4 %	14.2%	8.3 %	10.9%	2.5%	1.8 %	0.9 %	

(出所)　E.ON, *Geschäftsbericht 1999-2005* より作成した。

と商法の会計規定による会計数値による2つの会計数値が示されている。

E.ON社は，2006年営業報告書までUS‐GAAPに従って連結決算書を作成し，2007年営業報告書からはIFRSに従って連結決算書を作成している。E.ON社は，エネルギー産業を営み，公営企業から民営化した企業である。図表15に示すように公的機関（例えば，バイエルン州）が株式を所有する。

他方，図表3から2004年営業報告書における個人投資家及び浮動株は，DAX-30の企業には少ないことが明らかになる。特に，銀行及び保険会社による企業の株式所有数が多い企業4社を中心として考察してきた。

これら4社は，1998年商法292a条によって，IASあるいはUS‐GAAPの選択適用が可能となったことから，会計基準を変更して連結決算書を作成した企業である。4社の連結決算書の貸方部に焦点をあてて分析した。2004年連結決算書の会計基準の適用は，また完全にEU域内のIAS/IFRS適用が義務づけられていないことから，1998年KonTraGの法改正が，どの程度浸透しているのかについて考察するために，企業の株式所有構造を基礎として，会計実務を分析した。その結果，「株式の分散化」はまだ完全に浸透していないこと，それとともに利益留保型の会計処理が残っているといえよう。

お わ り に

DAX-30企業には，2003年から2004年決算書における株式所有構造では，金融機関及び保険会社の保有する株式が多い。また2003年営業報告書では，

株式所有構造について未公開の企業も存在する。企業の株式所有構造において浮動株及び個人投資家が占める割合も少ないことが明らかになった。2003年及び2004年における企業の決算書からは，コーポレート・ガバナンス改革が目的とする「株式の分散化」は実現しているとはいえない。

図表3で示すように，株式所有構造を公開していなかったAdidas-Salomon社，BMW社，SAP社は，遅れて株式所有構造を公表した。

DAX-30社とM-DAX会社の株式所有構造と会計処理との関係から考察して，株式所有構造における浮動株の占める割合が多い企業は，企業の株の不安定は避けられないが，平均的な利益配当が行なわれていると考えられる。前述の4社を分析して，銀行及び金融機関による株式保有の割合は高く，債権者保護を基礎とした会計処理の傾向がみられる。しかしそれとともに，連結損失が生じた場合にも，利益配当は平均的な配当が行なわれているといえる。

KonTraGの法改正によって進められているコーポレート・ガバナンス改革が，コーポレート・ガバナンス・コーデックスに従って，取締役及び監査役の報酬が公開され，企業の営業報告書における状況報告書と連結決算書は充実した内容となり，従来よりも企業経営の透明性が増している。企業の投資家向けの財務報告は，企業の株式分散化を前提として一般的な公開が普及しているといえる。

しかし2004年営業報告書では，2005年IAS/IFRS適用義務の前段階から，まだ株式所有構造が家族所有，関連会社所有，親会社所有，機関投資家所有の割合が占める割合が多い企業には，利益留保型の債権者保護の会計処理が存続している。

次章では，資本市場に上場している企業の2004年以降のIAS/IFRS適用状況に焦点をあて，企業の自己資本の会計処理を分析することにする。

[注]

（1） ドイツの投資家は銀行をとおして企業の無記名株式を購入し，その株式を銀行に寄

託し，さらにその寄託株式の議決権の代理行使を銀行に委託している。そのため大企業の株主総会でその寄託株式の議決権を銀行が行使する。また大企業の監査役会にも銀行が参加することによって，完全に大企業の支配は大銀行に掌握される（日本証券経済研究所編，前掲書，128-129頁参照）。
（2） Fey, Gerrit, *a. a. O.,* S. 35.
（3） Heyd, Reinhard, *a. a. O.,* S. 754-755. フランクフルト・コーポレート・ガバナンス基本原則委員会，ベルリン・コーポレート・ガバナンス委員会，シュマーレンバッハ協会，ドイツ財務分析及び資産経営協会（DVFA）等の委員会が審議した（拙稿「ドイツ資本市場における上場企業の会計制度」『会計プログレス』第3号，日本会計研究学会，2002年，92頁）。ベルリンで2001年9月19日から20日に経済監査士機関のシンポジューム「グローバル競争におけるコーポレート・ガバナンスの改革の必要性」が開催された。Baums Theodorを中心としたコーポレート・ガバナンスの政府委員会の勧告が提案され，その提案に対する連邦政府の意見表明が公表された。このシンポジュームでは，EU委員会の会計原則（エンフォースメント），イギリスのビューパネル，ドイツのエンフォースメント，SECのシステムが報告された（*WPg-Sonderheft*, 12/2001）。
（4） Heyd, Reinhard, *a. a. O.,* S. 755-756.
（5） Heyd, Reinhard, *a. a. O.,* S. 754. Marx, Friedhelm, Überlegungen der Bundesregierung zur Umsetzung der Vorschläge der Regierungskommission, *WPg-Sonderheft*, 12/2001, S. 9-11.
（6） Werder, v. Axel/Talaulicar, Till, Kodex Report 2008 : Die Akzeptanz der Empfehlungen und Anregungen des Deutschen Corporate Governance Kodex, *DB*, 2008, S. 825. ドイツコーポレート・ガバナンス・コーデックスは，2002年2月26日に公表されてから各年度の改定を経て，現在，2008年版が公表されている（http://www.corporate-governance-code.de/）。
（7） 2007年営業報告書の調査結果によれば，2007年5月23日のコーデックスが改定され，2007年には81社を（2006年82社）を対象として，DAX-30企業は97%（2006年86.7%）が準拠し，M-DAX企業は平均して，2007年92,4%（2006年92,3%），S-DAX企業は86,2%（2006年88,8%）がコーデックスに準じているという調査結果が出ている（*WPg*, 12/2007, S. 501）。この数字は，コーポレート・ガバナンス・コーデックスが強制されなくても企業に浸透していることを示している。
（8） 1923年にVIAG（Vereinigte Industrie-Unternehmungen Aktiengesellschaft [Viag]）はドイツ帝国の持株会社として，ベルリンに設立され，1965年にドイツ連邦はVEVAの株の過半数を民間に売却し，一部民営化を図った。2000年6月にVEBAとVIAGが合併し，国家の資本参加による会社として60年から80年代の民営化後に，DAXに上場して，国際的規模の大企業として成長した（〔http://www.eon.com/de/〕にE,ON社の歴史が紹介されている）。

第8章 資本市場における上場企業の会計実務（1）
― DAX-30 企業を中心として ―

は　じ　め　に

　前章では，1998年 KapAEG 以降，2004年までの上場企業の連結決算書を中心として分析することで，商法から US-GAAP 及び IAS/IFRS へ会計基準を移行した際に，自己資本の会計数値の差異が生じていることが明らかになった。この会計実務には，商法会計制度のもとで債権者保護・資本維持の原則を中心とした会計実務が定着していることが考えられる。

　新しい会計制度によって従来の保守的な会計政策が変化しているのかどうかを明らかにするためには，投資家保護を基礎とする公平な利益分配を実現するために，資本と利益が公正な表示となっているかどうかを明らかにする必要がある。

　本章では，特に2004年以降の連結決算書に焦点をあてて，IAS/IFRS を適用することで，従来の商法に準じた会計処理に，どのような変化がみられるかについて考察することにしたい。

　ドイツ企業が商法に従って連結決算書を作成した場合の会計数値，さらに商法会計規定から IAS/IFRS へ会計基準を移行した場合の会計数値，また商法から US-GAAP へ，さらに US-GAAP から IAS/IFRS へ会計基準が変更された場合，各企業の会計実務は実質的にどのように変化しているのかを探究することにする。

　2005年（2007年以降）をめどに IAS/IFRS を適用しなければならないドイツ

企業の会計実務では，DAX-30企業の場合には，図表1に示すように，①商法からIAS/IFRSへ移行して決算書を作成した企業，あるいは②商法からUS-GAAPへ移行し，その後US-GAAPからIAS/IFRSへ移行して連結決算書を作成している企業，③依然としてUS-GAAPを連結決算書に適用している企業に分類できる。本章では①から③までの企業の会計実務をDAX-30，次章ではM-DAXの連結決算書をとおして分析することにしたい。

第1節　DAX-30企業の会計基準適用の現状

図表1は，EU域内のIAS/IFRS適用義務に際して，DAX-30の企業におけるIAS/IFRS及びUS-GAAPの適用状況を示したものである。この図表1を基礎として，考察していくことにする。

図表1　DAX-30における会計基準適用状況の概要

業種	DAX-30	会計基準適用に際しての記述	会計基準	変換年
小売業	Adidas AG (2006年社名変更)	1996年営業報告書では，商法及びIASに従った連結決算書を作成した。1997年営業報告書で連結決算書にIASを適用したことが監査証明書で示されている。	IAS/IFRS	1997年
医薬品	Altana AG 注1)	SECのもとでのForm 20-Fを作成している。	US-GAAP	2001年〜2005年まで開示
		「商法292a条の意味における連結決算書は，IASの基準で求められている資料ならびにEU第7号指令に従って連結状況報告書に関して追加的に求められる記載を含んでいる。連結決算書は，取締役の責任にあり，経済監査人の任務は連結決算書がIASに適合しているかどうか，また商法292a条2項に従って他の免責条件を充たしているかどうかを監査の判断に基づき判断することにある」として，経済監査人と取締役の責任を明確にしている。	IAS	1999年
保険	Allianz SE 注2)	EUにおいて適用されるべきIFRSに従っている。商法315a条1項に従って商法規定ならびに定款規定を補足的に適用した連結決算書及び連結状況報告書の作成は，会社の取締役の責任にある。	US-GAAP から IAS/IFRSへ	2006年
		取締役の説明では，損益及び自己資本は，商法とUS-GAAPが合致する移行計算で記載されている。監査人の報告書では商法の規定に従った年度決算書と状況報告書の作成が取締役の責任において行われたことが証明されている。	HGB/ US-GAAP	2004年まで
化学	BASF AG 注2)	2003年営業報告書には，年度決算書が商法及び株式法ならびにドイツ会計基準に従って作成され，その際IAS/IFRSは，できるだけ商法会計計算上及び評価選択権の範囲内で考慮されている。US-GAAPに合致して，損益及び自己資本は移行計算で示される。2004年営業報告書では移行期の会計処理がなされ，2005年営業報告書ではIAS/IFRSに従った営業報告書として監査法人が証明している。社外社員の持分は自己資本の部に表示されている。	IAS/IFRS	2005年

化学・医薬品	Bayer AG	2005年営業報告書には，2002年以来全体のIAS/IFRSを適用したと記述している。開示されている1998年営業報告書における監査証明書には，連結決算書の作成及び内容は，取締役の責任にある。取締役の任務は，監査人によって実施された監査に基づき，連結決算書がIASに適合しているかどうかを判断することである。社外社員の持分は，2004年営業報告書には，他人資本と自己資本の中間に表示されている。それに対して2005年営業報告書では自己資本の部に表示されている。それ以降，2006年営業報告書及び2007年営業報告書でも自己資本の部に表示されている。Schering社は，2006年9月にBayer Schering Pharma社の結合企業となる。	IAS/IFRS	1994年以降
金融	Bayerische Hypo-und Vereinsbank AG	1997年1月1日付でIASに従った開始連結決算書を作成し，IASの最初の適用は，IAS第8号49に従って実施しており，その後IAS第1回目の適用に必要な会計処理及び評価方法に遡及して行なっている。	IAS/IFRS	1997年以降
自動車	Bayerische Motoren Werke AG	2000年営業年度にIAS/IFRS適用とされているが，実質的には2001年1月1日から12月31日までの連結決算書にIAS/IFRSを適用しており，商法とIAS/IFRSの適用から生じた差額は自己資本に設定あるいは相殺している。	IAS/IFRS	2000年以降
金融	Commerzbank AG	1997年営業報告書の連結決算書から適用開始している。	IAS/IFRS	1997年以降
自動車部品	Continental AG	1998年から2004年まではUS-GAAPを適用した。2004年1月1日から2004年12月31日までの連結決算書はUS-GAAPに従って作成された。	US-GAAP	1998年～2004年
		2005年1月1日から12月31日の連結決算書は，IAS/IFRSに従って作成された。US-GAAPからIFRSへの変換に生じる価値評価の差額は自己資本で相殺している。	IAS/IFRS	2005年以降
自動車	Daymler Chrysler AG	1993年からUS-GAAPへ変更した。商法で容認される範囲内で設定されていた引当金がアメリカ基準では設定されない。容認されない引当金の差額は，取り崩され，自己資本及び年度利益に影響する。1993年における会計基準の変更による会計数値の差額は，引当金と特別利益である。US-GAAPに従ってプラス約580万マルクは引当金，棚卸資産，債権に該当する。この差額をアメリカの投資家の利益配当に充てず，「目的準備金」として設定すると説明している。	US-GAAP	1993年～2004年
		1993年に商法からUS-GAAPへ移行したが，2005年から2006年度の年度決算書は，IAS/IFRSに従って作成した。2007年12月31日に，改訂IAS第1号「財務報告書―資本開示」が適用された。前倒しで，IFRS第8号「事業セグメント」が適用された。IFRS第8号はIAS第14号セグメント報告に代わり，セグメント報告に，いわゆる「マネジメントアプローチ」をとっている。内部報告書を基礎として事業セグメントについての情報が公表されている。	IAS/IFRS	2005年以降
金融	Deutsche Bank AG	1999年連結決算書以降，2002年までIASを適用し，2003年連結決算書にUS-GAAPに移行し，2007年1月1日以降，IAS/IFRSに従って連結決算書を作成している。	IAS/IFRS	2007年1月1日以降
		2003年1月1日以降，2006年12月31日までUS-GAAPを適用して連結決算書を作成していた。	US-GAAP	2003年1月1日～2006年12月31日
証券取引所	Deutsche Börse AG	1999年以降ドイツ証券取引所は株式会社として組織された。	IAS/IFRS	2000年以降
航空業	Deutsche Lufthansa AG	1998年営業報告書からIAS/IFRSを適用した。1998年営業報告書に商法からIASへの移行計算書が示されている。	IAS/IFRS	1998年以降
郵便・物流	Deutsche Post AG	「1999年連結決算書に最初にIAS/IFRSを適用した」としているが，実際には，2000年営業報告書における連結決算書からIASを適用している。2000年の連結決算書へのIAS適用は，「商法292a条に従って，免責された連結決算書をIASに従って作成した」としている。2005年連結決算書におけるIAS/IFRS適用についての監査証明書では，EUで適用されるべき，かつ商法315a条1項に従って補足的に適用されるべき商法規定に従って連結決算書を作成した。	IAS/IFRS	1999年以降

通信	Deutsche Telekom AG	2004年営業報告書の連結決算書におけるUS-GAAPと商法における会計処理の相違について説明している。商法とUS-GAAPに従った会計処理における相違は、連結決算書の年度利益と自己資本に実質的相違が生じた。	商法とUS-GAAP	1996年～2004年
		1995年1月2日に商業登記簿に株式会社として登録され、1996年ニューヨーク証券取引所の預託証券に上場し、US-GAAPを適用し、1996年から2004年まで商法とUS-GAAPの二重基準による連結決算書を作成してきた。2005年以降EU域内の上場企業にIAS/IFRS適用が義務づけられたことから、2005年営業報告書で最初にIAS/IFRSを適用して連結決算書を作成した。	IAS/IFRS	2005年以降
エネルギー	E.ON AG 注3)	2000年営業報告書において、前VEBA社と前VIAG社の会計処理及び評価を完全に商法からUS-GAAPに変換している。前VIAG社は、IASを適用し、前VEBA社はUS-GAAPを適用していた。両会社の合併に際して、US-GAAPに従って、前VIAG社の連結決算書への編入は、E.ON社の商業登記簿への登記日を基準としている。そのため、登記時から12月31日の決算日にまで1999年から2000年の営業報告書におけるVEBA社とVIAG社の会計期間の違いから、合併した後の経済的な展開を正確に期間比較することはできないという問題がある。	US-GAAP	2006年US-GAAPからIAS/IFRSへの移行期
		2006年営業報告書の連結決算書にはUS-GAAPを適用して作成したが、2007年営業報告書から連結決算書にIAS/IFRSの適用を開始した。	IAS/IFRS	2007年以降
医薬品	Fresenius Medical Care AG	2007年営業報告書の連結決算書にはUS-GAAPが適用されている。それとともに、追加的にIFRSに従った報告書も作成している。その報告書では、IAS第28号の持分法に従った連結決算書を作成している。Form-20-F報告書が作成されている。2004年/2005年営業報告書の連結決算書ではUS-GAAPを適用している。	US-GAAP	
化学	Henkel KGaA	2003年から2007年営業報告書における連結決算書にIASを適用している。	IAS/IFRS	2003年以降
半導体	Infineon Technologies AG	Form-20-FのアニュアルレポートとUS-GAAPに従った連結決算書を開示している。	US-GAAP	
産業用ガス	Linde AG	2002年営業報告書にIAS/IFRSと商法における会計処理の相違が記述されている。損益計算書は、売上原価法で作成している。	IAS/IFRS	2002年以降
運搬車	MAN AG	1998年7月1日から1999年6月30日までの営業年度の連結決算書にIASを適用している。	IAS/IFRS	1998/99年以降
小売業	Metro AG	実質的には2000年連結決算書からIASを適用して作成している。2000年営業報告書で、経済監査士の監査証明書に、「連結決算書の作成及び内容は取締役の責任にあり、連結決算書がIASに適合しているかどうかを判断することは、我々の使命である」としている。2004年営業報告書までは、連結決算書にIAS/IFRSを適用していることが述べられているが、EU委員会におけるIAS/IFRSの承認については説明されていない。2005年営業報告書にはEU委員会におけるIAS/IFRSの承認状況が示される。	IAS/IFRS	1999年以降
保険	Münchener Rückversicherungs-Gesellschaft AG	1998年の会計数値を基礎として、1999年連結決算書でIASを適用開始した。	IAS/IFRS	1999年以降
電力・水道	RWE AG	1998/99営業報告書からIASを適用開始し、外部報告の透明性を一層改善した。「IASに従った会計処理によって、商法と比較して明らかに高い利益となった」としている。	IAS/IFRS	1998/99年以降
ソフトウェア	SAP AG	1997年連結決算書は商法に従って作成しているが、1998年～2005年までUS-GAAPに従って決算書を作成し、Form-20-Fも開示した。2005年にはIAS/IFRSに従った連結決算書と追加的にUS-GAAPに従った連結決算書を作成した。2007年営業報告書にはUS-GAAPに従った決算書を公開している。	US-GAAP	1998年以降
		2007年IFRS連結決算書を作成して公開している。	IAS/IFRS	2007年に変換

182　第 8 章　資本市場における上場企業の会計実務 (1)

化学	Schering AG	2000 年営業報告書では，IAS を連結決算書に適用しているが，連結決算書の部分的に US-GAAP の基準を適用している。新しい会計基準として，IAS 第 39 号「金融商品：認識及び測定」，IAS 第 40 号「投資不動産」，IAS 第 16 号「有形固定資産」が 2000 年 12 月 31 日以降適用されている。	US-GAAP	2000 年移行期
		US-GAAP と IAS の移行計算が示され，IAS 適用は，US-GAAP との実質的な見解において相違をもたらした。連結利益と自己資本への US-GAAP の影響が示されている。	IAS/IFRS	2001 年以降
電気	Siemens AG	2001 年営業報告書から，これまで商法に従った連結決算書を作成してきたが，商法 292a 条に従って US-GAAP に準拠した連結決算書が作成された。その際，商法と US-GAAP における会計処理の相違を説明している。	US-GAAP	2001 年〜2006 年
		2007 年営業報告書で，2006 年 12 月に US-GAAP に準拠した連結決算書を作成するとともに，2006 年 9 月 30 日に最初の IFRS を適用した連結決算書を作成した。	IAS/IFRS	2006 年 9 月 30 日開始
鉄鋼	Thyssen Krupp AG	Thyssen AG による Kruppe AG の企業買収の企業合併後，US-GAAP に従って会計処理された。1998 年 12 月 4 日が最初の連結決算日となった。2003 年〜2004 年監査証明書には US-GAAP に従った連結決算書の作成及び内容は，会社の取締役の責任にあるとしている。経済監査人の任務は，実施した監査を基礎として連結決算書に関する判断を表明することであるとしている。	US-GAAP	1998 年〜2004 年
		2005 年 9 月 30 日に最後の US-GAAP 連結決算書が作成され，これまでの US-GAAP に従った会計から IFRS に変換された。2005〜2006 年営業年度開始から IFRS に従った連結決算書が作成された。2004 年 10 月 1 日に開始連結貸借対照表及び開始連結損益計算書が作成された。	IAS/IFRS	2005 年以降
旅行サービス業	TUI AG	1998/1999 年連結決算書から IAS を適用している。	IAS/IFRS	1998 年以降
自動車	Volkswagen AG	1999 年営業報告書では連結決算書の作成に商法を適用している。2001 年営業報告書で IAS を適用した。	IAS/IFRS	2001 年以降

注 1)　Altana AG は，2008 年 3 月 8 日時点では DAX-30，同年 3 月 20 日には M-DAX となる。注 2)
SE はヨーロッパの会社形態として EU の規則で認めている。しかしドイツ国内ではドイツの株式法が適用される。注 3)　2000 年に VEVA と VIAG が合併して E.ON AG へ会社名変更
(出所)　DAX-30 の企業が開示している 1998 年から 2007 年までの営業報告書から作成した。

　図表 1 から 1998 年 KapAEG を機に，商法 292a 条をとおして IAS/IFRS 及び US‐GAAP を適用した企業，その後 2004 年 BilReG 以降，商法 315a 条に従って IAS/IFRS を適用した企業，EU の IAS-VO によって，2005 年以降 IAS/IFRS 適用が義務づけられ，IAS/IFRS へ移行した企業，しかし 2005 年に IAS/IFRS を適用できない企業に対して 2 年延期され，2007 年に IAS/IFRS 適用する企業，2007 年営業報告書においても，まだ IAS/IFRS 適用に至らず，IAS/IFRS 適用の準備段階である企業があることが明らかになった。

　図表 1 に挙げられている DAX-30 社が適用する会計基準は，企業の業種，企業の規模あるいは提携企業と無関係ではなく，特に国際的組織の企業の場合，US‐GAAP 適用 (Form-20-F) と IAS/IFRS を適用した連結決算書を作成及

び開示している。

各企業の会計基準の変更によって，次節では，会計数値にはどのような変化がみられるかについてみていくことにする。

第2節　商法から IAS/IFRS への会計基準の変換

DAX-30社は，図表1に示すように，IAS/IFRSを適用する年度はそれぞれ異なっている。

2007年営業報告書で連結決算書にIAS/IFRSを適用した企業，またUS-GAAPに従った連結決算書からIAS/IFRSに変換した企業（Deutsche Bank社，DaymlerChrysler社，Deutsche Telekom社，SAP社等），そのなかには2つの会計基準を適用して開示している企業もある。さらに2007年営業報告書においてもUS-GAAPを適用している企業（Fresenius Medical Care社，Infineon Technologies社）がみられる。このことからも，ニューヨーク証券市場へ上場する企業の会計基準のUS-GAAPからIAS/IFRSへの変換にはIASBとFASBの共同プロジェクトの動向が影響するであろう。

まず本節では，商法の会計規定からIAS/IFRSへ移行した企業の会計処理についてみていくことにする。

商法からIAS/IFRSへ会計基準を移行した企業には，以下のような企業がある。

① **Bayer 社**

Bayer社は，1994年以降IASを適用している。

1995年から2004年営業報告書まで10年間にわたって，Bayer社の自己資本と自己金融の手段となる引当金と減価償却費の推移を，グラフ1に示すことができる。グラフ1で示される2003年の連結損失（-1.361百万ユーロ）は，外貨換算による損失の影響から生じたものである。2001年以降自己資本の減少傾向がみられる一方，引当金の設定額が上昇していることが明らかになる。自己資本は下降傾向であるにもかかわらず，引当金設定額は年々上昇傾向にあ

グラフ1　Bayer 社の自己資本と自己金融

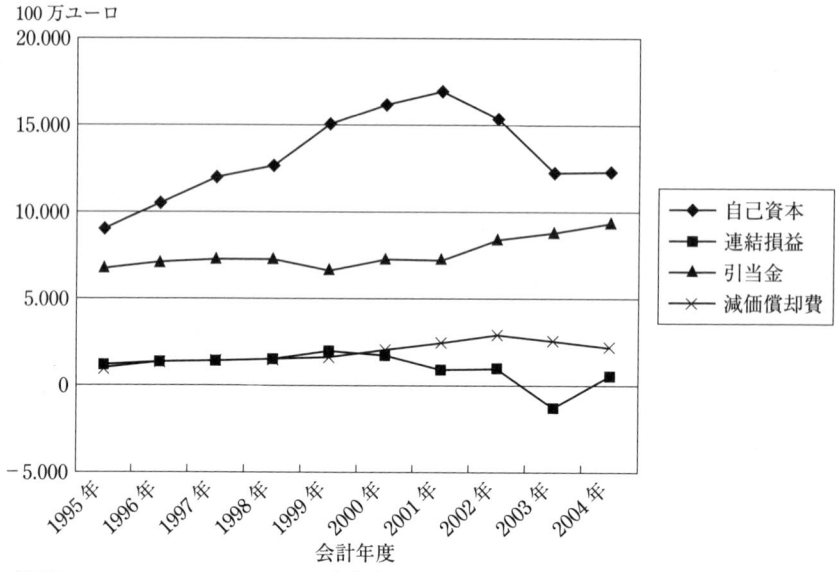

100万ユーロ

凡例：
- 自己資本
- 連結損益
- 引当金
- 減価償却費

会計年度

（出所）　Bayer, *Geschäftsbericht 2004* より作成した。

る。自己資本は 1995 年から 2001 年まで上昇している。グラフ 2 から，自己資本の上昇傾向は，準備金の設定によるものであることが考えられる。というのは，自己資本には利益準備金が含まれているからである。グラフ 2 から株主への利益配当は平準化されていることを考えると，企業の内部留保型を基礎として，株主には平均的な配当を維持していると判断される。

2006 年 9 月 13 日の臨時株主総会で，Schering 社は Bayer Schering Pharma 社の業務提携が承認され，2006 年 12 月に商業登記簿に登記された[1]。

Bayer 社の 2003 年から 2007 年にわたる連結決算書における自己資本の推移は，グラフ 3 に示される。2005 年営業報告書以降の連結決算書では，2004 年連結決算書における連結損益，準備金が修正された数字で開示されている。2004 年連結決算書における自己資本の会計数値と 2005 年連結決算書の自己資本の会計数値には差額が生じた[2]。その理由として，2005 年連結決算書では，自己資本に，「少数株主持分」が含められて表示され，準備金には「連結損益」

グラフ2　Bayer社の自己資本と引当金・準備金・利益配当の推移

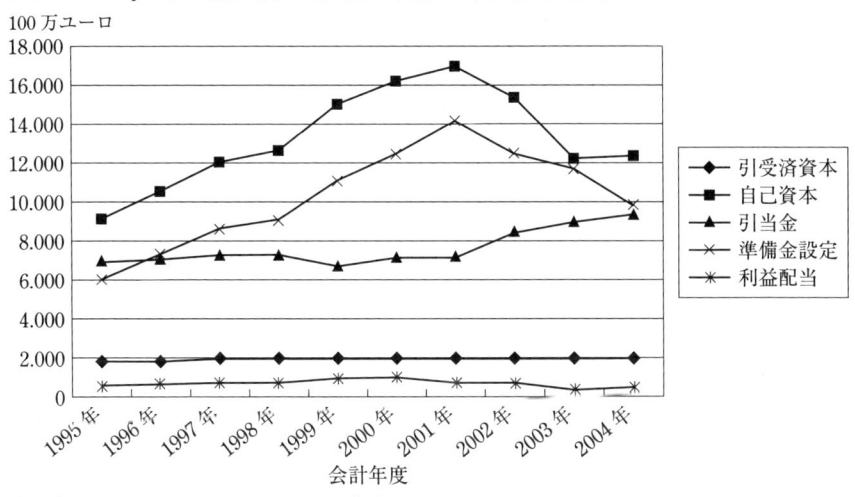

100万ユーロ

凡例：
- 引受済資本
- 自己資本
- 引当金
- 準備金設定
- 利益配当

会計年度：1995年～2004年

（出所）　Bayer, *Geschäftsbericht 2004* より作成した。

グラフ3　Bayer社の2003年から2007年連結計算書における自己資本と準備金・連結損益の推移

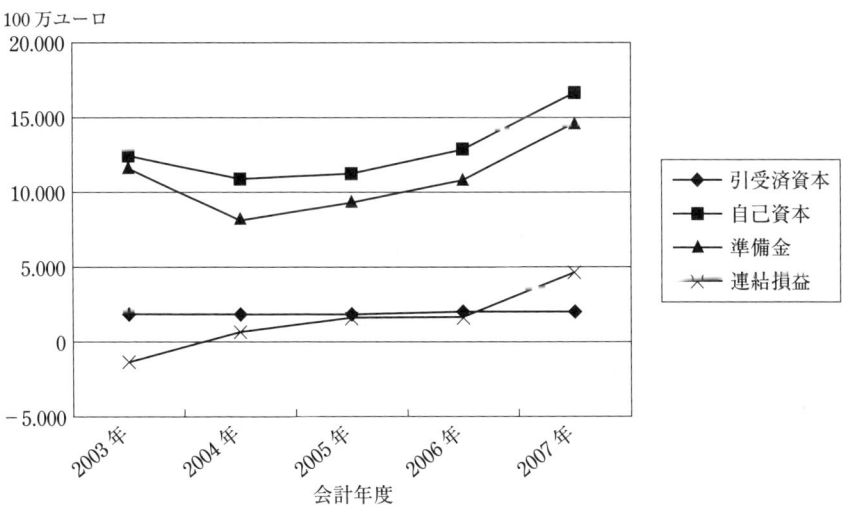

100万ユーロ

凡例：
- 引受済資本
- 自己資本
- 準備金
- 連結損益

会計年度：2003年～2007年

（出所）　Bayer, *Geschäftsbericht 2007* より作成した。

が含まれていないことによるものである。

グラフ3では，2003年には連結損失（-1.361百万ユーロ）が生じたにもかかわらず，準備金の設定が高いのは，過去の利益が分配されず，準備金に連結企業の利益が設定されたものであることが，2003年営業報告書で明らかになる。

BMW社とVolkswagen社の商法からIAS/IFRSへの移行における会計数値の変化については第12章で扱っている。その他，Deutsch Börse社，Deutsche Lufthansa社，Linde社，MAN社，Metro社，TUI社が挙げられるが，本章ではLinde社を取り上げる。

② **Linde社**

Linde社は，2002年営業報告書でIAS/IFRSを適用した。その際，連結貸借対照表における商法とIAS/IFRSにおける会計数値の差額が生じている。その差額の説明では，引当金，貸方計算限定項目，自己資本についての比較表が作成されている。さらに，2002年営業報告書の連結決算書では，図表2のような移行計算書が開示されている。2003年営業報告書では「少数株主持分」を自己資本と他人資本の間に区分表示していた。しかし2004年営業報告書では自己資本の区分に表示される。2005年営業報告書では，自己資本から「少数株主持分」を控除した自己資本が表示されている。

また2003年営業報告書及び2004年営業報告書では，連結貸借対照表における引当金の区分表示が異なり，長期と短期に引当金が区分表示されている。

商法改正及び会計基準の変更によって，区分表示の変更及び会計数値に差額が生じ，会計表示及び評価の継続性が損なわれているといえよう。

Linde社の場合，引当金設定額は，図表3に示すように，IAS/IFRSに従った引当金設定額は，商法上の設定額より高額になっているが，2003年営業報告書ではIAS/IFRSによる引当金額は修正されて2.097（百万）ユーロとなっている。結果的には，商法上の設定額よりも低額となっている。しかし2001年から2007年にわたる引当金設定の推移は，IAS/IFRS適用後も上昇傾向を示している。

自己資本については，図表4に示すように，商法規定よりもIAS/IFRSに従

図表2　Linde社の移行計算書

連結貸借対照表（2001年12月31日）(単位：100万ユーロ)

	IFRS	HGB	差額
借方			
無形固定資産	3.327	3.326	1
有形固定資産	4.417	4.339	78
金融固定資産	199	191	8
賃貸資産	601	—	601
固定資産	8.544	7.856	688
棚卸資産(商法では前払金を控除する)	1.047	852	195
金融機関からの債権	176	—	176
その他の債権及び資産	2.402	2.285	117
有価証券及び支払手形	531	424	107
流動資産	4.156	3.561	595
繰延税金及び計算限定項目	168	49	119
貸借対照表総額	12.868	11.466	1.402
貸方			
自己資本(少数株主持分に関する調整)	4.356	4.276	80
引当金及び繰延税金	2.420	2.217	203
金融負債	3.795	3.798	－3
金融機関からの債務	543	—	543
その他の債務	1.486	1.110	376
計算限定項目	268	65	203
貸借対照表総額	12.868	11.466	1.402

(出所)　Linde, *Geschäftsbericht 2002*, S.163.

図表3　Linde社のHGBとIFRSに従った引当金

(単位：100万ユーロ)

HGBに従った2001年12月31日についての引当金	2.217
年金引当金の引き上げ	221
繰延税金に関する引当金の引き上げ	39
その他の調整	－57
IFRSに従った2001年12月31日についての引当金	2.420

(出所)　Linde, *Geschäftsbericht 2002*, S.167

図表4 Linde 社の HGB と IFRS に従った自己資本

(単位：100万ユーロ)

HGB に従った 2001 年 12 月 31 日についての自己資本	**4.276**
金融サービス	-119
有価証券	113
繰延税金	89
年金	-221
開発費	105
暖簾	84
パーチェス法による会計処理	-72
その他の項目	101
IFRS に従った 2001 年 12 月 31 日についての自己資本	**4.356**

(出所) Linde, *Geschäftsbericht 2002*, S.168.

った会計数値が高い。

次に，商法から GAAP へ変換した企業の会計処理について検討することにする。

第3節 商法から US‒GAAP, US‒GAAP から IAS/IFRS への会計基準の変換

商法から US‒GAAP へ変換した企業には，BASF 社，Continental 社，Deutsche Telekom 社，E.ON 社，Siemens 社，ThyssenKrupp 社等が該当する。本節では，Continental 社，DaymlerCrysler 社，SAP 社，Schering 社の例をみていくことにしよう。

① **Continental 社**

Continental 社は，1998 年までは商法に従って連結決算書を作成してきた。しかし 1999 年以降，商法から US‒GAAP へ会計基準を変更し，2004 年以降 US‒GAAP から IAS/IFRS へ会計基準を変更して連結決算書を作成している。グラフ4から，1999 年に商法から US‒GAAP へ変換した場合における自己資本の差異が大きいことが明らかになる。

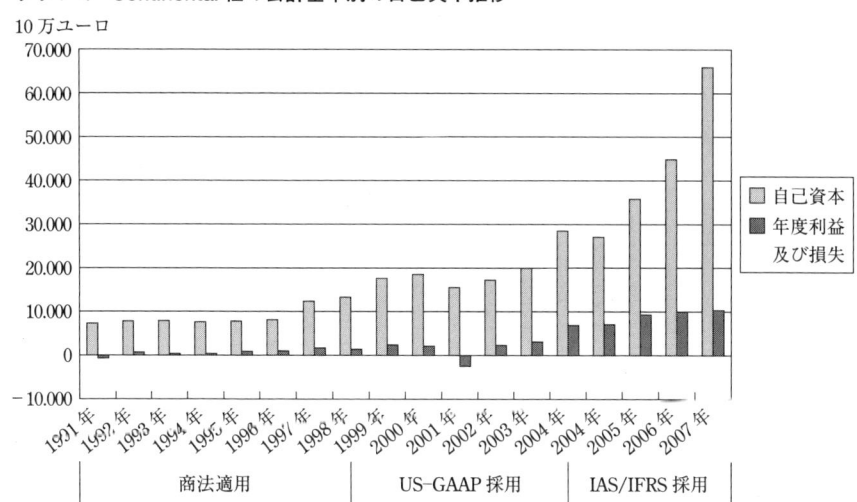

第3節 商法から US-GAAP，US-GAAP から IAS/IFAS への会計基準の変換　189

グラフ 4　Continental 社の会計基準別の自己資本推移

10 万ユーロ

凡例：自己資本／年度利益及び損失

会計年度と会計基準：商法適用｜US-GAAP 採用｜IAS/IFRS 採用

（出所）Continental, *Geschäftsbericht 2001-2007* より作成した。

　2004 年の会計数値は US-GAAP と IAS/IFRS の 2 つ会計基準における会計数値が示され，2 つの会計基準による会計数値の相違が生じている。その数値の差額が生じる内訳は，図表 5 で示す内容である。

　Continental 社の連結決算書では，「少数株主持分」が自己資本に含めて表示されているが，それまで，自己資本には「少数株主持分」は含められていない。US-GAAP では「少数株主持分」は，負債として自己資本から区分され，1991 年から 2003 年まで「少数株主持分」は自己資本とは区分されている。しかし IAS/IFRS では自己資本としてみなされることから，2004 年以降は自己資本の内訳として「少数株主持分」は表示されている。グラフ 4 に示すように，自己資本は，年度利益の上昇よりも 2004 年以降著しく上昇している。

図表5　2004年1月1日から12月31日に関する連結自己資本の移行計算書

(単位：100万ユーロ)

	2004年 1月1日	2004年 12月31日
US-GAAPに従った連結自己資本	**1.983,2**	**2.842,3**
年金債務		
保険数理による利益及び損失の実現	-339,8	-312,3
期限がきていない計画調整の実現	-121,6	-110,1
年金評価から差額の自己資本に算入された金額の取り崩し	56,1	165,2
Mayfieldタイヤ製造社(米)における生産停止のため再建処置に基づく清算額	—	30,2
パートタイム契約の評価からの差額	-67,1	-58,8
長期引当金及び債務の評価差額ならびに割引	81,1	77,1
自己創設無形固定資産		
開発費の借方計上	19,8	26,2
減価償却累計額	-15,1	-16,7
純帳簿価額	4,7	9,5
その他	2	7,7
繰延税金の税効果	41,5	-9,2
転換社債		
転換時点の自己資本	28,2	69,9
債務の累積支払利息	-23,1	-5,3
少数株主持分		
自己資本の分類	151,4	224,2
Phoenixグループの買収による少数株主持分の時価評価	—	6,8
IFRSに従った連結自己資本	**1.796,6**	**2.937,2**
差　額	-186,6	949

(出所)　Continental, *Geschäftsbericht 2005*, S.94.

第3節　商法から US-GAAP, US-GAAP から IAS/IFAS への会計基準の変換　*191*

グラフ5　DaymlerChrysler 社の自己資本と引当金の推移

100万ユーロ

[グラフ：1996年から2006年までの自己資本と引当金の推移を示す折れ線グラフ。縦軸0〜50.000、横軸 会計年度。凡例：自己資本、引当金]

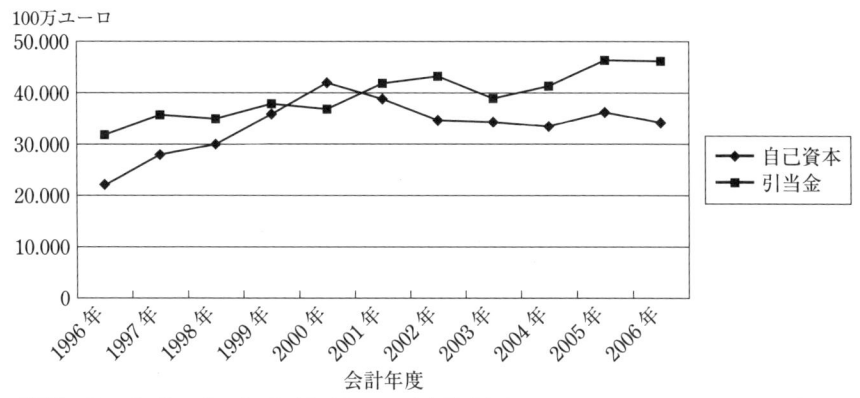

（出所）　DaymlerChrysler, *Geschäftsbericht 2004* より作成した。

② DaymlerChrysler 社

DaymlerChrysler 社は，グラフ5では，1998年から2004年まで US-GAAP に従って連結決算書を作成し，2005年以降 IAS/IFRS に従って連結決算書を作成したことを示している。

グラフ5で示しているように，自己資本と他人資本の1996年から2004年までの推移をみると，連結決算書においても引当金額は，自己資本を上回る金額で設定されていることが明らかになる。

③ SAP 社

SAP 社は，1998年以降連結決算書では会計基準を商法から US-GAAP へ移行している。SAP 社は，1996年及び1997年連結決算書を商法に従って作成しており，「少数株主持分」は自己資本の分類に表示されている。

前年度の会計数値を US-GAAP に変換して表示する必要があるために，1999年営業報告には，5年間の連結決算書の会計数値比較表では，1997年以降 US-GAAP に従った連結決算書の会計数値比較表が報告されている。その際，これまで「自己資本」の区分に表示されていた「少数株主持分」は，1997年連結決算書以降の会計数値では，他人資本に含めて表示されている。グラフ6から他人資本が，1998年以降上昇している。しかし2001年以降は，他人資

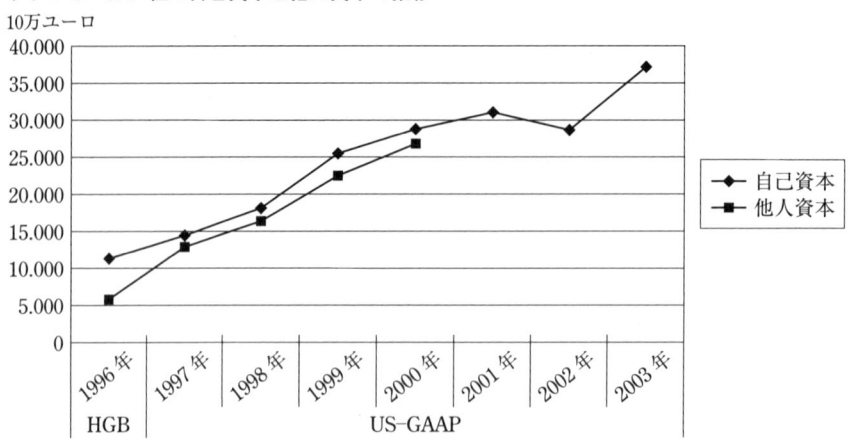

グラフ6　SAP 社の自己資本と他人資本の推移

10万ユーロ

（出所）　SAP, *Geschäftsbericht 1996-2003* より作成した。

本は短期と長期に区分されていることから，「少数株主持分」は短期他人資本に含められている。したがってグラフ6に他人資本は2000年以降示すことができない。

　1999年に公表された連結決算書は，商法に従った会計規定で作成され，US－GAAPへの移行計算書が補足されている。その際，連結損益計算書は売上原価法に変更された[3]。これまで自己金融の手段とされる減価償却費が減少傾向にあり，1995年頃から利益配当が上昇している。US－GAAPを適用してニューヨーク証券取引所への上場に備えている[4]ことが予想される。

　2007年営業報告書の連結決算書はUS－GAAPを適用しているが，IFRS連結決算書は，営業報告書とは切り離して個別に公開されている。基本的にはEU域内の上場企業には，2007年から連結決算書にIFRSが適用義務となることから，SAP社は2007年営業報告書ではUS－GAAPに従った会計処理の連結決算書を開示し，営業報告書とは別に，IFRS連結決算書を作成し，開示している。

　商法からUS－GAAPに変換する場合には，連結決算書において「商法とUS－GAAPの実質的に異なる会計処理を記述しなければならない」[5]として，商法とUS－GAAPの会計処理上の相違を説明している。

第3節　商法から US-GAAP, US-GAAP から IAS/IFAS への会計基準の変換　　*193*

　商法に従って作成された個別決算書は，2002 年以降から 2007 年まで開示されている。個別決算書における商法に従った会計処理は，従来の債権者保護，保守主義的な会計処理として，引当金設定にみることができる。

　その他，SAP 社は 2007 年には Form-20-F を開示している。IFRS 連結決算書には，US-GAAP から IFRS への移行にあたって生じる会計数値の差額が示されている。US-GAAP から IFRS への移行のための会計処理については，第 4 節で述べることにしたい。

④ **Schering 社**（BayerScheringPharma 社）

　前述したように，2006 年以降は，BayerSheringPharma 社の営業報告書が公表されている。2000 年から 2005 年営業報告書における連結決算書の自己資本と引当金の推移について，グラフ 7 で示すことができる。2000 年連結決算書において「少数株主持分」は自己資本と区別して表示されている。

　2000 年の連結決算書には，1999 年に払込株式のうち開始資本の持分と払込

グラフ 7　US-GAAP から IAS/IFRS への移行期における自己資本と引当金の推移

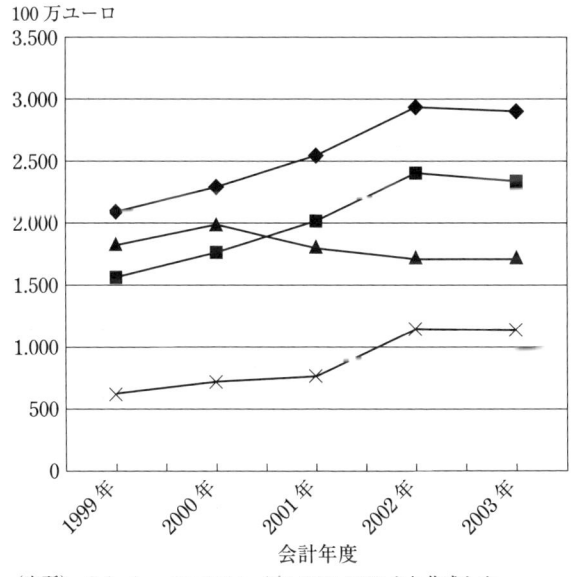

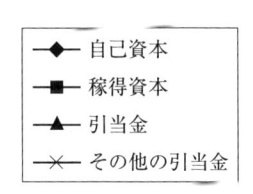

100 万ユーロ

凡例：
- ◆ 自己資本
- ■ 稼得資本
- ▲ 引当金
- × その他の引当金

（出所）　Schering, *Geschäftsbericht 1999-2003* より作成した。

金との差額は，利益準備金で相殺し，払込株式の開始資本（引受済資本）は利益準備金から資本準備金に振替えられた[6]。2001年連結決算書では，獲得資本に包括利益と利益準備金が包括されている[7]。そのため利益準備金は連結決算書には表示されていない。グラフ7の引当金設定自体は下降しているが，その他の引当金は上昇の傾向にある。この時期は US‐GAAP と IAS/IFRS が並行して適用されている。図表6で示されるように，2004年及び2005年の期間は，EU 域内における IAS/IFRS への変換時期前でもある。

2004年営業報告書における連結決算書では，引当金は長期及び短期引当金に区分され，従来の「その他の引当金」が削除されている。また2005年営業

図表6　Schering 社の US‐GAAP 及び IAS/IFRS に従った連結決算書の移行計算書

（単位：100万ユーロ）

	2005年	2004年	2003年
IFRS に従った連結利益	**619**	**500**	**443**
US‐GAAP に調整			
企業買収			
取得した F&E プロジェクト	—	—	14
その他の差額	－6	－11	15
F&E の取得	－33	－9	—
有形固定資産			
他人資本利子の資産計上	0	－1	－1
増価	0	－1	0
棚卸商品	－1	5	4
年金引当金	－9	－9	2
その他の引当金	－2	－4	15
株式オプション計画	2	－9	3
US‐GAAP への調整の税効果	18	10	－6
US‐GAAP に従った連結利益	**588**	**471**	**489**

（出所）　Schering, *Geschäftsbericht 2004*, S.133.

第3節　商法から US-GAAP, US-GAAP から IAS/IFAS への会計基準の変換　　195

図表7　Schering 社の US-GAAP と IAS/IFRS に従った自己資本の移行計算書

(単位：100万ユーロ)

	2005年	2004年	2003年
IFRS に従った自己資本	**3.283**	**2.833**	**2.922**
少数株主持分	-18	-17	-16
少数株主持分に対する自己資本	3.265	2.816	2.906
US-GAAP に調整			
企業買収			
F&E の取得	-147	-135	-141
その他の差額	14	20	42
開発プロジェクトの買収	-42	-9	—
有形固定資産			
他人資本利子の資産計上	15	15	16
増価	-4	-4	-3
棚卸商品	26	27	22
年金引当金	280	216 注)	-33
その他の引当金	12	14	18
Schering コールオプション	-2	-5	-7
株式オプション計画	11	19	22
US-GAAP への調整の税効果	-104	-104	-11
US-GAAP に従った自己資本	**3.324**	**2.870**	**2.831**

(出所)　Schering, *Geschäftsbericht 2004*, S.134.　注) 2005年営業報告書では -104 に修正されている。

報告書では，連結決算書において自己資本の部に利益準備金，その他の準備金の設定がみられる。

　Schering 社は，商法から US-GAAP, US-GAAP から IAS/IFRS への変換を経て会計処理をしている企業である。会計処理上 US-GAAP と IAS/IFRS の2つの会計基準を適用している。その際，図表6及び7のような移行計算書が作成されている。

以上のように，連結決算書における会計基準の US‐GAAP から IAS/IFRS への変換は，会計処理上の相違は連結利益及び自己資本の数字に影響を及ぼしている。

2005年以降，①商法から IAS/IFRS へ，② US‐GAAP から IAS/IFRS へ移行して連結決算書を作成しなければならないということになる。その企業の例に，① Linde 社と② SAP 社のケースを取り上げることにする。

第4節 自己資本と他人資本の会計実務

商法上の会計規定に従って会計処理をしてきた場合に，貸借対照表を中心として債権者保護の会計処理が行なわれてきた。特に貸借対照表を中心にみた場合に，借方側の会計処理は過小計上，貸方側の会計処理は過大計上という保守主義が根底に内在している。このような保守的な会計処理の思考は，2007年11月の BilMoG の法改正においても，完全には捨て去られてはいない。

本節では，DAX-30企業の商法から IAS/IFRS へ，商法から US‐GAAP へ，さらに，US‐GAAP から IAS/IFRS へ会計基準の移行過程において，貸借対照表の貸方側における「資本」を中心として，各基準における自己資本の変化，したがって「他人資本と自己資本の区分」と「資本と利益の区分」について分析することにする。

商法会計において引当金設定は，これまで保守的な会計処理としてみなされてきた。商法会計から IAS/IFRS へ移行することによって，連結決算書における引当金設定は，どのように変化しているのか，について検討することにする。

① Linde 社

Linde 社は，2002年営業報告書で IAS/IFRS を適用し，連結決算書における引当金の会計処理について，次のように記述している。「IAS 第37号引当金，偶発債務及び偶発資産について，**その他の引当金**（引用文ではゴッシク）が設定される。その場合，将来資源の流出が予想される第三者に対する過去の事象か

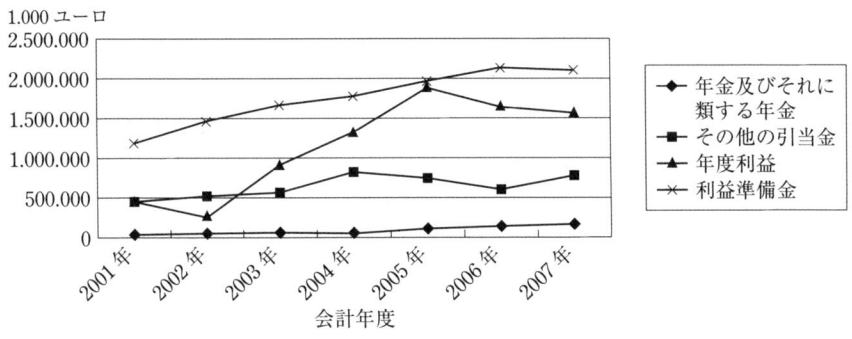

第4節　自己資本と他人資本の会計実務　　*197*

グラフ8　SAP社の引当金と自己資本の推移

1.000 ユーロ

凡例：
- ◆ 年金及びそれに類する年金
- ■ その他の引当金
- ▲ 年度利益
- ✕ 利益準備金

会計年度：2001年～2007年

（出所）　SAP, *Geschäftsbericht 2001-2007* より作成した。

ら生じる現在の債務が予想され，信頼しうる見積りができる場合に限る。引当金は認識しうるリスク及び不確実な債務が確実に発生する金額で考慮され，償還請求とは相殺されない。設定額は，決算日に考慮されるべきコストの上昇も含まれる。保証サービス引当金は，過去の評価と将来の損害手続きを考慮して設定される。払い戻し債務は，債務の利子を控除した価値で発生した時点に借方へ計上され，それと同時に—適切な金額で—引き当てられる。借方項目の減価の発生及び引当金の利子控除について利用期間に費用が配分される。」(161頁)この営業報告書における説明から，IAS/IFRSにおける引当金と従来の商法における引当金とは，どのような相違があるのかを考察する必要がある。

DAX-30社の企業のなかで，年金引当金とは別に，(1)「その他の引当金」に多額が設定されている場合，また(2)「その他の引当金」には，多種類の引当金が設定されている場合がある。この2点に焦点をあてて，SAP社の引当金設定をみることにする。

② SAP社

個別決算書における「その他の引当金」設定額が，年金とそれに類する引当金の設定額が多いことが明らかになる。またSAP社は，グラフ8に示すように，個別決算書においても，年度利益及び損失に関係なく，利益準備金設定額は上昇傾向にある。また引当金の長期及び短期区分表示前には，年金及びそれ

に類する引当金と比べれば，多額のその他の引当金が設定されていることが明らかになる。

　SAP社の場合は，2007年営業報告書におけるIAS/IFRS適用の連結貸借対照表の表示形式がUS-GAAP適用及びIAS/IFRSに準じた連結貸借対照表を作成し，公開している。2007年以降，EU域内の上場企業は，IAS/IFRSを適用しなければならないことから，2007年営業報告書における連結決算書では，IAS/IFRSに従った「少数株主持分」は自己資本に含めて表示される。しかし2006年連結決算書まで包括利益及び損失が，連結決算書の自己資本の部に表示され，2006年連結決算書では「少数株主持分」は，負債と自己資本の間に区分表示されている。また引当金区分も，これまでとは異なり，その他の引当金は長期及び短期債務に区分表示されている。

お わ り に

　以上みてきたように，DAX-30の企業の連結決算書は，1998年，2005年，2007年と3つの段階を境にして，商法からIAS/IFRSへ，商法からUS-GAAPへ移行し，さらにUS-GAAPからIAS/IFRSに変更して作成されている。会計数値の比較可能性から考え，伝統的に継続性を基礎とする会計処理が前提となっているにも関わらず，会計基準の変更は，会計実務にどのような影響をもたらしているのかを考察するために，本章では，2004年以降の連結決算書の企業の会計実務における商法上の会計処理からIAS/IFRS適用へ，US-GAAPからIAS/IFRS適用へ変更された会計処理から生じる相違について分析してきた。

　DAX-30の企業の連結決算書の貸方側を中心として分析してきたが，この調査結果からいえることは，各会計基準に従った会計処理上，会計数値の継続性が損なわれ，比較が困難となっているということである。また大規模企業の会計処理においても，結果は，商法改正をとおして利益留保型の会計処理はなくなっていないことが明らかになる。

[注]

（1） Schering Konzern, Umbennung, (http://www.schering.de) に開示され，詳細は (http://www.bayerscheringpharma.de) を参照［2008年5月24日付］。

（2） 2004年営業報告書と2005年営業報告書における会計数値の差異

(単位：100万ユーロ)

	2004年連結決算書	2005年連結決算書
開示資本	1.870	1.870
自己資本	12.268	10.943
連結損益	603	685
準備金	9.795	8.277

社外社員持分 (Anteile anderer Gesellschafter) は「少数株主持分」を意味している。

（3） SAP, *Geschäftsbericht 2000*, S. 57.
（4） ニューヨーク証券取引所で取引されている ADR は優先株式から将来は普通株式に移される計画である。SAP, *Geschäftsbericht 2002*, S. 87.
（5） SAP, *Geschäftsbericht 2000*, S. 57.
（6） Schering, *Geschäftsbericht 2001*.
（7） *Ebenda*.

第9章 資本市場における上場企業の会計実務 (2)
― M-DAX 企業を中心として―

はじめに

　前章では，DAX-30 企業を中心として，商法から IAS/IFRS へ変換した企業，商法から US-GAAP へ変換した企業，US-GAAP から IAS/IFRS へ変換した企業の会計実務を分析してきた。DAX-30 に上場した企業は，国際的な証券市場でグローバルプレイヤーとして活動する企業であるとともに，ニューヨーク証券取引所に上場している企業も多い。そのため，2007 年営業報告書においても US-GAAP を適用し，まだ IAS/IFRS を適用していない企業がある[1]。

　一方，M-DAX 企業は，ドイツ及び欧州の証券市場における投資家を基盤としており，IAS/IFRS 適用を 2005 年営業報告書から開始した企業が多い。本章では，M-DAX 企業の会計実務分析には，M-DAX 企業の株式所有構造において，どの程度の浮動株が占められているのかに焦点をあてて，商法あるいは US-GAAP から IAS/IFRS への変換に際して，どのような会計実務がみられるかを分析することにする。

第1節　M-DAX 企業の会計実務の現状

　本節では，図表1に示す M-DAX の企業を中心として，商法あるいは US-GAAP から IAS/IFRS への会計基準の変換状況について考察することにする。

　図表1によって明らかになるのは，DAX-30 企業に比べ，株式所有構造のデ

図表 1　M-DAX 企業の商法から IAS/IFRS への移行期の会計

	M-DAX 企業名	業種	開示	株式所有構造
1	Aareal Bank	金融機関	2004 年連結決算書以降 IAS/IFRS を適用した。	浮動株 62.77%, Aareal Holding Verwaltungsgesellschaft mbH 37.23%
2	AMB Generali Holding AG	保険業	1999 年連結決算書以降 IAS を適用している。	AMB 85.49%, 浮動株 14.51%, 個人投資家 3% 以下
3	Altana AG	エレクトロニック産業	1997 年連結決算書に IAS 適用し、1999 年連結決算書に US-GAAP を適用し、2000 年 IAS を適用している。	Susanne Klatten 株式 50.1%, 機関投資家 30.7%, 自己株式 3.1%, その他 16.1%
4	AWD Holding AG	金融機関	2005 年連結決算書以降 IAS/IFRS を適用した。	個人投資家 7.9%, 機関投資家 47.1%, 非浮動株 13.4%, Maschmeyer 同族株 30.5%, その他 1.1%
5	Beiersdorf AG	ビューティーケア産業	1998 年以降 IAS を適用した。	発行された全体株式所有は会社の監査役のメンバーが 50.6% を所有し、その他の監査役メンバーが 1% 以下を所有している (2007 年連結決算書 42 頁参照)。
6	BERU AG	エレクトロニック産業	2003/04 年連結決算書以降 IAS/IFRS を適用した。	浮動株 17.83%, Borg Warner 82.17% (2007 年 12 月現在)
7	Bilfinger Berger AG	建設サービス業	2000/01 年連結決算書以降 IAS/IFRS を適用した。	個人投資家（外国 1%, 国内 25%）, 機関投資家（外国 19%, 国内 30%）, Allianz AG 25% [2007 年 12 月 31 日現在]
8	Celaness AG	化学	2007 年連結決算書に IAS/IFRS を適用していないが、SEC の From-10 を開示している。	未開示
9	Celesio AG	製薬	2004 年連結決算書以降 IAS/IFRS を適用した。	浮動株 47.1%, Franz Hainel & Cie. GmbH 52.9%
10	Comdirect bank AG → S-DAX	金融機関	2000 年連結決算書以降 IAS を適用した。	浮動株 20.41%, Commerz Bank 79.59%
11	Degussa AG注) 2007 年 9 月 12 日以降 EVONIK に社名を変更した。	化学	2004 年度連結決算書に US-GAAP から IAS/IFRS に移行した。	Desussa AG の Evonik Industrie AG への移行により、新会社の子会社の 100%の株式が保有された。
12	Douglas Holding AG	ビューティーケア産業	2005/06 連結決算書以降 IAS/IFRS を適用した。	浮動株 68.59%, Dr. August Oet ker Finanzierung-und Beteiligung GmbH 15.06%, HEJANA Beteiligen KG 5.54%, Dr. Jörn Kreke 5.45%, Sparinvest Holding A/S 5.36%
13	Dyckerhoff AG → S-DAX	建設財	1995 年連結決算書以降 IAS/IFRS を適用した。	優先株…Buzzi Unicem S. p. A, Casale Monferrato, Italien 62.20%, 浮動株 37.80% 議決権株…浮動株 5.10%, Buzzi Unicem S. p. A, Casale Monferrato, Italien 70.71%, Buzzi Unicem Deutschland GmbH, Frankfurt a. M., 24.19%

14	Fielmann AG → S-DAX	眼鏡	2004/05 年連結決算書以降 IAS/IFRS を適用した。	浮動株 28,99%、Günter Fielmann 36,8%、Fielmann Familienstiftung 11,36%、Fielmann Interopzik Gmbh&Co. KG 15,12%、Marc Fielmann 7,73% [2007年12月31日現在]
15	Fraport AG	フランクフルト空港	1999 年連結決算書以降 IAS を適用した。	Land Hessen 31,62%、Stadt Frankfurt 20,19%、Deutsche Lufthansa AG 9,96%、Julius Bär Holding AG 5,09%、The Capital Group Companies, Inc 4,70%、Artisan Partners Ltd. Partnership 3,87%、Taube Hodson Stonex Partners Limited 3,01%、Morgan Stanley 2,90%、その他 18.66% [2008年3月現在]
16	Fresenius AG	医療・化学	2001 年まで商法に従った連結決算書を作成し、2002 年～2004 年 US-GAAP を適用し、2005 年 IAS/IFRS を適用した。2005 年から 2007 年までは IAS/IFRS に従った連結決算書と、US-GAAP に従った連結決算書を作成している。US-GAAP 連結決算書に従って連結決算書が作成されていることが証明されている。SE の会社形態を適用している。	普通株…ドイツ 4%、イギリス 9%、USA 9%、Allianz Lebensversicherungs AG 5%～10%、Else Kröner-Fresenius Stiftung 60%、その他のヨーロッパ 8% 優先株…浮動株 32%、USA 13%、その他のヨーロッパ 13%、ドイツ 17%、その他の地域 1%
17	GEA Group Aktiengesellschaft	テクノロジー産業	2004 年 US-GAAP を適用し、2005 年 IAS/IFRS を適用した。	Kuwait 7,9%、浮動株 61,4%、Otto Happel 20,6%、Allianz AG10,1%
18	Hannover Rückversicherungs-AG	保険業	2005 年連結決算書以降 IAS/IFRS を適用した。	浮動株 86,3%、個人投資家 13,7%
19	Heidelberger Druckmaschinen AG	印刷機製造業	1997 年から 1998 年連結決算書に IAS/IFRS を適用している。	浮動株 78%、RWE 10%、Allianz 12% [2008年3月現在]
20	Heidelberg Cement AG	建築資材製造業	1994 年連結決算書以降 IAS/IFRS を適用した。	浮動株 14,04%、Spohn Cement GmbH 53,60%、Senator Eh. Dr. med. h. c. Adolf Merckle (davon über VEM Vermögensverwaltung GmbH und drei weitere Gesellschaften 25,46%)、Schwenk Betelligungen GmbH & Co. KG (nach unseren Berechnungen) 6,90% (2008年4月現在)
21	Hochtief AG	建設業	1998 年以降 IAS/IFRS 適用している。	浮動株 64,93%、Rasperia 9,99%、ACS 25,08% [自己株式 4,9%を含む] (2007年12月)
22	HUGO BOSS AG	衣料	1999 年から 2001 年までが商法から IAS への移行期。2002 年以降は IAS を適用している。2001 年には商法と IFRS の連結決算書を作成している。	優先株自己株式及び浮動株 12%、(普通株 45%) V. F. G. International N. V. 88%、(普通株 55%) [2008年4月現在]

203

No.	会社名	業種	IAS/IFRS適用状況	株主構成
23	IKB Deutsche IndustrieBank AG → S-DAX	金融機関	2007/2008年連結決算書からIAS/IFRSを適用した。	機関投資家及び個人投資家39,3%、KFW銀行グループ45,5%、Privatbankiers Seit 1789, 4,5%、Stiftung Industrieforschung 10,7%
24	IVG Immobilien AG	不動産投資	2004年連結決算書以降IAS/IFRSを適用している。	浮動株78,93%、Santo Holding 10,97%、Sal Oppenheim 10,10%
25	IWKA AG	機械製造業	2005年12月31日にIAS/IFRSへ変換した。	浮動株100% [2007年2月15日現在]
26	K+S AG	肥料及び塩製造	2005年連結決算書以降IAS/IFRSを適用した。	浮動株89,7%、固定株10,3% [2007年3月現在] (注)
27	Karstadt Quelle AG (→ Arcandor AG) → SE	小売業	2007年社名変更、旧社名で2001年営業報告書以降IASを適用し、新社名で、IAS/IFRS適用の2007年連結決算を開示した。	浮動株44,2%、Arcandor AG 2,5%、Madeleine Schickedanz 53,3% [2008年1月25日現在]
28	Klöckner & Co AG	鉱業	1999年IASを適用した。	浮動株100% (2007年4月現在)
29	Koenig & Bauer AG	印刷機製造業	2001年営業報告書からIASを適用している。	浮動株47,6%、Kronseder 52,4%
30	Krones AG	機械製造業	2004年~2005年連結決算書以降IAS/IFRSを適用した。2004年連結決算書ではIAS/IFRS適用は監査報告書では証明されていないが、会計処理上はIASが適用されており、商法からIASへの移行期である。	家族株53,1%、少数投資家24,6%、ドイツ投資家11,0%、アメリカ・ヨーロッパ・カナダ11,3%
31	Leoni AG	電線ケーブル製造業	2002年US-GAAPを適用し、2005年以降IASを適用	個人投資家30%、機関投資家70% [2008年1月現在]
32	Medion AG	エレクトロニクス産業	1999/2000年以降IASを適用している。IASと商法に従った決算書を作成した。	浮動株45%
33	Merck KGaA	化学及び製薬	2001年連結決算書以降IASを適用した。	Barclays Bank PLC, London/UK, Fidelity International Ltd. 3%~5%、Capital Research and Management Company, Los Angeles/US, Sun Life Financial Inc.,Toronto/Kanada 5%~10%
34	mg technologies AG	テクノロジー産業	2007年連結決算書以降IAS/IFRSを適用した。	関連会社及び機関投資家による株取得
35	MLP AG	財務コンサルタント業	2003年連結決算書以降IAS/IFRSを適用した。	Familie Lautenschläger 32,45%、Harris Associates L. P. 10,73%、Landesbank Berlin AG 6,73%、Fidelitz Management & Research LLC 3,35%
36	Norddeutsche Affinerie AG	銅製造及びリサイクル業	2003年連結決算書以降IAS/IFRSを適用した。	個人投資家36%、その他の機関投資家54%、Hamburger Gesellschaft für Vermögens-und Beteiligung management mbH 5%、HSH Nordbank AG Deutschland 5%
37	ProsiebenSat. 1 Media AG	メディア	2004年連結決算書以降IAS/IFRSを適用した。	浮動株37,3% (原始資本)、優先株74,7%
38	Puma AG	スポーツ用品	1993年連結決算書以降IASを適用した。	浮動株36,55%、PPRグループ64,34% (大株主)

39	Rheinmetall AG	自動車部品及び安全設備	2000年連結決算書以降 IAS を適用した。	自己株 3％、北アメリカ機関投資家 26％、ヨーロッパ 65％、不明 6％
40	Rhön-Klinikum AG	医療	2000年連結決算書以降 IAS を適用した。	浮動株 16％、機関投資家（北アメリカ・アジア）10％、その他のヨーロッパの機関投資家 22％、ドイツ機関投資家 28％、Familie Münch 24％
41	Salzgitter AG	鉄鋼テクノロジー	1998/1999年連結決算書以降 IAS を適用した。	自己株 10,10％、機関投資家（その他地域）1,7％、機関投資家（ヨーロッパ）7,0％、機関投資家（イラント・アイルランド）9,1％、機関投資家（アメリカ）17,0％、機関投資家（ドイツ）7,0％、ニーダーザクセン 25,2％
42	**Schwarz Pharma AG**	バイオテクノロジー	2001年から2003年までの連結決算書は、US-GAAP を適用し、2005年連結決算書以降 IAS を適用した。	2007年12月31日時点までSchwarzpharma AG の監査役及び取締役の全株所有であったが、現在では1％以下となっている。(2007年営業報告書 121頁)
43	SGL Carbon AG	炭素製品製造	2007年連結決算書以降 IAS/IFRS を適用した。	1992年に GreatLakes（アメリカ）と SIGR（ドイツ）の共同提携で設立された。（SGL Carbon 100％：個人投資家とその他 57％・機関投資家 43％）
44	STADA Arzneimittel AG	医療	2002年連結決算書以降 IAS/IFRS を適用した。	機関投資家約 64％、薬局及び医者約 14％、その他（不明）[2007年12月3日現在]
45	Südzucker AG	食料	2000/01年連結決算書以降 IAS を適用した。	浮動株 35％、SZVG 55％、ZSG 10％
46	**Techem AG**	エネルギー	2004年9月30日に最初の IAS/IFRS 適用の連結決算書を開示した。	Marcquarie 96,32％ [2008年1月現在]
47	Vossloh AG	鉄道建設	2004年連結決算書以降 IAS/IFRS を適用した。	個人投資家を含めたその他 21％、その他のヨーロッパの機関投資家 8％、フランス機関投資家 5％、ドイツ機関投資家 8％、イギリス機関投資家 14％、アメリカ機関投資家 13％、Vossloh GbR 31％
48	Wacker Chemie AG	化学	2006年連結決算書以降 IAS/IFRS を適用した。2006年連結決算書には商法及び IFRS に従った会計数値を掲載している。	普通株…Dr. Alexander Wacker 50％以上、Blue Elephant Holding GmbH 10％以上、その他 5,03％
49	WCM Beteiligungs-und Grundbesitz AG	不動産	2004年1月1日に IAS/IFRS を適用した。	2007年1月15日に破産手続き
50	**Wella AG**	ビューティーケア		
51	Wincor Nixdorf AG	IT産業	2004年5月以降の IAS/IFRS 適用である。	浮動株 100％（2007年3月現在）
52	Zapf Creation AG	玩具産業	2005年連結決算書以降 IAS/IFRS を適用した。	浮動株 33,32％、Daxton Investing, New York 2,22％、自己株式 3,18％、Nicolas A. Mathys, Zürich 18,41％、MGA Entertainment Inc, Los Angeles/der MGA Entertainment Inc. Nahmestehende Familientrust 42,87％

(出所）ドイツ・コーポレートガバナンス良明委員会（http://www.corporate-governance-code.de/）[2008年4月11日現在] に掲載されている M-DAX 企業の営業報告書から作成している。
注) 網掛けの企業は上場していない。（株式所有が完全に100％で開示していない企業もある）(2008年10月26日現在)。

ィスクロージャーが完全ではないことである。また企業の浮動株式の占める割合が50％以下の企業が多く，浮動株式がまったくない企業も少なくない。図表1で浮動株式の占める割合が50％以上を占めている企業は，Douglas Holding社，Hannover Rückversicherung社，Heiderberger Druckmaschinen社，Hochtief社，IVG Immobillien社，IWKA社[2]，K+S社，Klöckner社，SGL Carbon社，Wincor Nixdorf社等が該当する。

M-DAX企業には，Rhön-Klinikumのように，旧東ドイツの病院が民営化して上場している企業もある[3]。またなかにはWCM社のように，M-DAXの上場を廃止され，破産手続きに入っている企業がある。DAX-30の企業が安定した上場企業であるのに対して，M-DAXの上場には変動がみられる。

次節では，まずM-DAX企業が，商法からIAS/IFRSへの移行において，どのような会計処理をしているのかについて考察することにする。

第2節　商法からIAS/IFRSへの会計基準の変換

商法からIAS/IFRSへの移行に際して，企業の決算書において著しく変化しているのは，自己資本の部であることはDAX-30企業の場合と変わらない。

M-DAX企業の連結決算書における自己資本は，DAX-30企業の場合のように，IAS/IFRS適用以降，自己資本は著しく上昇傾向を示している。

① **Dyckerhoff社**

Dyckerhoff社は，1995年にIAS/IFRSを適用した。グラフ1で明らかなように，1995年以降の自己資本は著しく上昇傾向にある[4]。商法からIAS/IFRSへ会計基準を移行した企業の多くは，商法の会計規定に従った自己資本よりIAS/IFRSを適用した場合の会計数値が高いのは，Bilfinger Berger社の場合も同様である。

206　第9章　資本市場における上場企業の会計実務 (2)

グラフ1　Dyckerhoff 社の自己資本と年度利益の推移

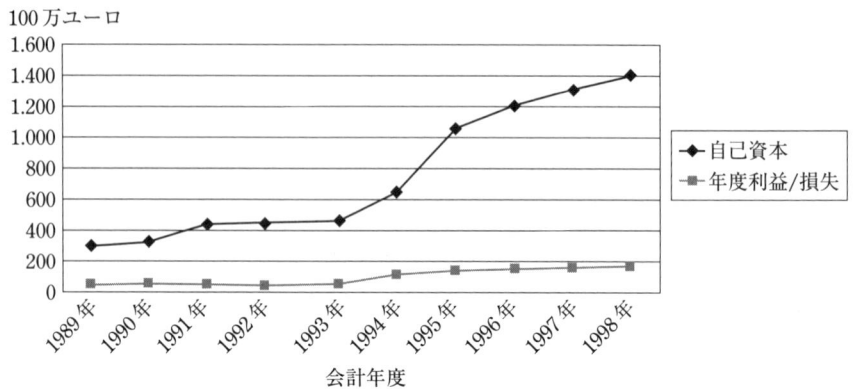

[グラフ：100万ユーロ単位、1989年〜1998年の自己資本と年度利益/損失の推移]

（出所）　Dyckerhoff, *Geschäftsbericht 1998* より作成した。

② **Bilfinger Berger 社**

　グラフ2は，Bilfinger Berger 社の10年間にわたる「資本の部」の会計項目の推移を示している。Bilfinger Berger 社の場合，1998年から1999年は，商法規定に従った会計数値を示している。資本の部の10年間の推移をみて注目

グラフ2　Bilfinger Berger 社の10年間にわたる資本の部の推移

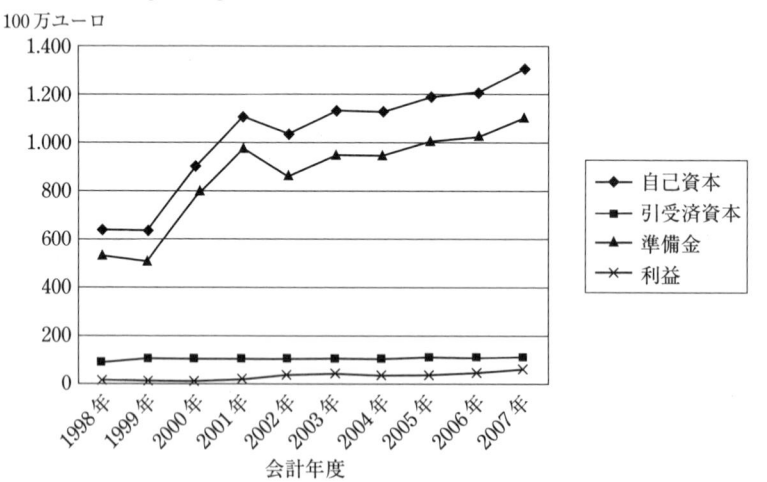

[グラフ：100万ユーロ単位、1998年〜2007年の自己資本、引受済資本、準備金、利益の推移]

（出所）　Bilfinger Berger, *Geschäftsbericht 2007* より作成した。

されることは，商法会計規定に従った自己資本は，他年度に比べ著しく低く，さらに自己資本の増加において準備金の占める割合が極めて高い。その意味で貸借対照表の貸方部における利益が平均した会計数値となっているのに対して，準備金設定割合が多いことを示している。

IAS/IFRS を適用したことによって，企業の保守的な会計処理が投資家保護向けの会計処理に変化しているとはいえないであろう。

Bilfinger Berger 社の株式所有構造は，図表2及びグラフ3に示すように，株主には，機関投資家が占める割合が多く，利益配当は個人投資家の保護に基礎づけられたものとなっていない。

M-DAX 企業は，DAX-30 社の株式所有構造の開示に比べ，当初未開示の企業が多かったが，2007年連結決算書において，図表1の M-DAX の株式所有構造の開示が年度ごとに普及していることが明らかになる。

図表2　国別の機関投資家

国別	機関投資家								個人株主
	ドイツ	イギリス	アメリカ	スイス	イタリア	フランス	ベルギー	その他	
%	25%	29%	18%	4%	3%	2%	2%	5%	12%

(2007年12月31日現在)

次に，株式所有構造と企業の会計処理の関係について分析することにしたい。

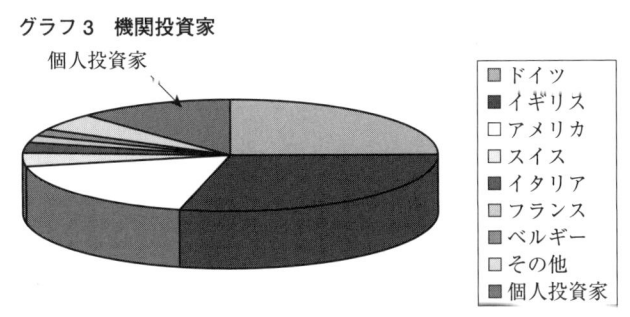

グラフ3　機関投資家

■ ドイツ
■ イギリス
□ アメリカ
□ スイス
■ イタリア
■ フランス
■ ベルギー
□ その他
■ 個人投資家

(出所)　Bilfinger Berger, *Geschäftsbericht 2007* より作成した。

208　第9章　資本市場における上場企業の会計実務 (2)

グラフ4　Bilfinger Berger 社の10年間にわたる引当金の推移

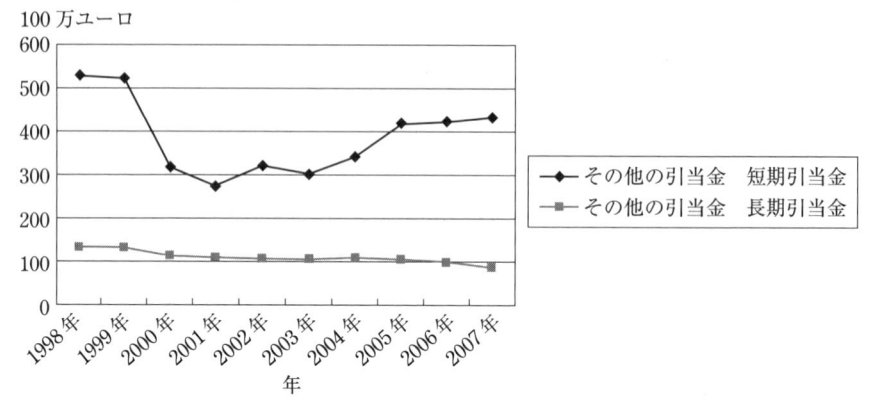

100万ユーロ

凡例：
- ◆ その他の引当金　短期引当金
- ■ その他の引当金　長期引当金

(出所)　Bilfinger Berger, *Geschäftsbericht 2007* により作成した。

例えば，Bilfinger Berger 社の株式所有構造の場合には，浮動株が少なく，機関投資家の割合が多く占める。さらに，グラフ4より1998年連結決算書の商法に従った引当金の設定額は，高額で設定されていたことが明らかになる。

2000/01年連結決算書に IAS/IFRS の適用を機に，短期「その他の引当金」の会計数値は著しく下落傾向となっている。その理由の1つに，付属説明書から費用性引当金を設定していないことが考えられる。その際，第三者に対する法的債務及び実際に生じた債務についての引当金が設定されていると判断できる。

第3節　商法から US‐GAAP，US‐GAAP から IAS/IFRS への会計基準の変換

Techem 社は，図表1で示されるように，株式所有構造からみて，従来の機関投資家によって所有される伝統的な形態をとる企業である。1998年から2003年までの営業報告書における連結決算書には，US‐GAAP を適用していることが明らかとなる。また2004年以降は，IAS/IFRS を適用して連結決算書を作成している。

第3節　商法から US-GAAP，US-GAAP から IAS/IFRS への会計基準の変換

図表3　Techem 社の自己資本の推移

	US-GAAP							
	1997年	1998年	1999年	2000年	2000年	2001年	2002年	2003年
自　己　資　本	47.707	52.614	18.409	168.328	86.065	98.383	111.548	125.955
資 本 準 備 金	44.476	44.476	44.476	116.474	59.552	59.711	59.711	59.711
利 益 準 備 金	－1.315	2.466	4.496					
貸借対照表利益	－527	641	－35.588					
短 期 引 当 金	21.626	21.269	45.567	34.277	17.525	26.172	27.863	37.495
長 期 引 当 金	44.752	63.299	57.890	72.153	36.891	28.619	24.833	26.852
借方繰延税金						98	566	2.042
貸方繰延税金				5.366	2.744	2.063	3.957	7.030
その他の包括利益					81	－1.181	－442	－706
包　括　利　益					2.093	15.172	27.598	42.269
貨　幣　単　位	1.000 ドイツマルク（DM）				1.000 ユーロ			

（出所）　Techem, *Geschäftsbericht 1997-2003* より作成した。　注）2000年はドイツマルクとユーロで表示されている

　引当金の設定は，図表3より短期と長期に区分された「その他の引当金」を示し，それとその他の貸方側の会計項目との比較を示したものである。連結決算書では，「少数株主持分」は，他人資本と自己資本の中間に区分表示されている。

　2000年営業報告書から連結貸借対照表利益の表示が変更され，包括利益と外貨換算差額が区分表示されている。また図表3より，2000年営業報告書における連結決算書には包括利益が表示されるようになった。

　Techem 社は，2004年に US-GAAP から IAS/IFRS へ移行して連結決算書を作成しているので，2004年営業報告書の連結決算書では，少数株主持分は，自己資本の区分表示に含まれる。

　図表3に示される会計数値は，1997年から2000年まではドイツマルクの貨幣評価である。2000年から2003年は，ユーロの貨幣単位で表示されている。1999年までは利益準備金が設定され，連結貸借対照表利益が表示されている。

グラフ5　Techem 社の US-GAAP に従った引当金の推移

(出所)　Techem, *Geschäftsbericht 1997-2003* より作成した。

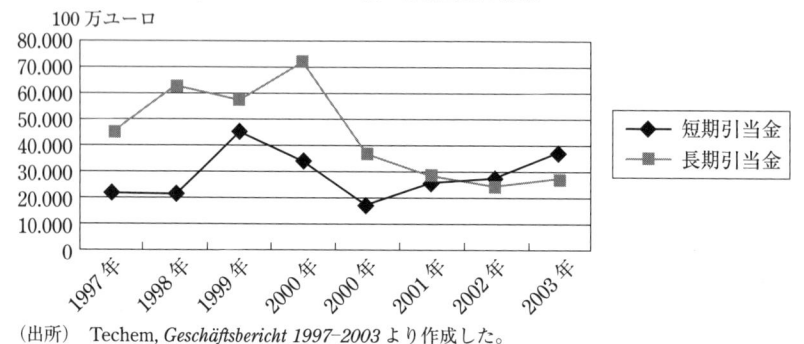

図表4　IAS/IFRS に従った会計数値

(単位：1.000 ユーロ)

	IAS/IFRS		
	2004 年	2005 年	2006 年
自 己 資 本	125.383	166.562	231.089
資 本 準 備 金	59.711	59.851	59.851
利 益 準 備 金	81.680	122.024	142.616
短 期 引 当 金	52.200	77.595	56.449
長 期 引 当 金	32.406	36.854	32.927
借方繰延税金	10.556	5.937	1.737
貸方繰延税金	4.454	14.457	17.695
その他の包括利益			
留 保 利 益	81.680	122.024	

(出所)　Techem, *Geschäftsbericht 2004, 2005, 2006* より作成した。

しかし 2000 年には利益準備金及び連結貸借対照表利益は表示されず，それらは，包括利益及びその他の包括利益に含まれると考えられる。

2002 年営業報告書以降は，グラフ5に示すように，短期引当金が長期引当金よりも設定額が高くなっている。図表3では，ドイツマルクからユーロへの通貨単位の変更に際して，会計数値の差が示されている。図表5に示すように，2004 年は，US-GAAP と IAS/IFRS に従った連結決算書における会計数

第3節　商法から US-GAAP, US-GAAP から IAS/IFRS への会計基準の変換　　*211*

図表5　連結決算書における US-GAAP から IAS/IFRS への移行における差額

(単位：100万ユーロ)

	US-GAAP	差額	IAS/IFRS
引　当　金	84,7	-3,8	80,9
貸方繰延税金	7,8	-4,0	3,8
留　保　利　益	41,6	-3,6	38,0
自　己　資　本	129,0	-3,6	125,4
少数株式持分	3,0	0	3,0

(出所)　Techem, *Geschäftsbericht 2003/2004* より作成した。

値の差異が生じている。そのため，各年度の比較可能性は損なわれていると考えられる。その例として，2006年営業報告書における連結決算書に表示された自己資本は，2005年には206.565千ユーロとなるが，図表4で示すように，2005年営業報告書における連結決算書の自己資本は166.562千ユーロとなっており，40.000千ユーロの差額が生じている。また2006年営業報告書における自己資本の区分に「親会社の社員に帰属する資本と準備金」が表示されている。

Techem 社は，商法から US-GAAP へ，さらに US-GAAP から IAS/IFRS へ会計基準を変更したことによって，連結決算書の各年度の比較可能性は短期には可能であるが，長期には比較できない。そのため，このような会計情報が，投資家にとって有用でかつ信頼ある情報といえるかどうか明らかでない。

US-GAAP から IAS/IFRS へ会計基準を変更した際に生じた会計数値の差異は，図表5で示される。Techem 社の場合，連結決算書に US-GAAP を適用した場合よりも，IAS/IFRS を適用した場合の方が，連結決算書に表示された貸方側の会計項目は過小評価となっている。

次に M-DAX 企業における商法から IAS/IFRS 適用に際して，破産企業には，どのような会計実務があったのかについて考察することにしたい。

第4節　破産状態にある M-DAX 企業の会計実務

かつて M-DAX に上場していたが，2006 年には破産状態となり上場廃止された企業がある。その例として WCM 投資会社が挙げられる。この会社の会計処理について考察して置きたい。

WMC 社は，2007 年 6 月 15 日にフランクフルト区裁判所（破産裁判所）への破産手続きを提出した[5]。この会社の 2001 年から 2005 年までの連結決算書

図表 6　WCM 社の貸方側の推移

（単位：1.000 ユーロ）

	1992年	1993年	1994年	1995年	1996年	1997年	1998年	1999年	2000年	2001年	2002年	2003年	2004年
資 本 金	162.713	162.713	162.713	162.713	162.713	162.713	162.713	169.728	180.727	288.825	288.825	288.825	288.825
準 備 金	74.045	74.045	74.045	88.834	109.286	141.134	238.280	640.693	854.757	597.258	221.683	221.683	221.683
連結貸借対照表利益	3.712	13.497	20.268	18.021	30.125	105.846	210.357	234.543	177.692	459.996	-13.153	-374.114	-494.468
特別準備金	18.459	937	1.076	917	908	897	887	0	0	0	0	0	0
引 当 金	6.913	5.018	19.508	8.260	13.478	23.985	25.230	86.378	160.204	365.915	425.899	312.153	288.535

（出所）　WCM, *Geschäftsbericht 2000-2004* より作成した。

図表 7　WCM 社の貸方側の推移

（単位：1.000 ユーロ）

	2000 年	2001 年	2002 年	2003 年	2004 年
資 本 金	180.727	288.825	288.825	288.825	288.825
資本準備金	467.755	400.051	221.683	221.683	221.683
利益準備金	387.002	197.207	0	0	0
特別準備金	0	0	0	0	0
貸借対照表利益	177.692	459.996	-13.153	-374.114	-494.468
その他の引当金	85.325	176.272	250.728	156.370	131.983
年金引当金	6.525	14.222	175.171	155.786	156.552
納税引当金	68.354	175.421			

（出所）　WCM, *Geschäftsbericht 2000-2004* より作成した。

図表8　WCM社の商法とIAS/IFRSにおける自己資本の差額

(単位：100万ユーロ)

	2004年1月1日	2004年12月31日
HGBに従った自己資本	**304,4**	**188,0**
有価証券の市場価格評価へ適合	-2,3	-14,2
金融商品に際しての適合	0,3	0,3
暖簾の計画的償却の廃止	0,0	1,8
請負工事への進行基準の適用	10,3	-3,3
年金引当金の適用	-24,1	-27,3
その他の引当金の評価	2,1	1,6
繰延税金	33,5	32,6
IFRS第3号の適用から生じる効果	95,4	65,6
営業部門からくる効果（住宅不動産）	-3,5	0,0
連結グループの変更からくる影響	18,5	13,6
土地の減損償却	-26,6	-21,1
その他の変更	-5,5	-2,8
IFRSに従った自己資本	**402,5**	**234,8**

(出所)　WCM, *Geschäftsbericht 2005*, S. 65 より作成した。

を分析することにする。

　図表6の準備金と引当金の内訳は，図表7に示される。図表6と図表7によって，企業の連結貸借対照表利益は，2003年以降損失へ転じたことが示される。その際に，利益準備金設定額が下降していることが明らかになる。

　WCM社は，2004年1月1日以降に商法からIAS/IFRSへ会計基準を変換し，その移行計算書は，図表8及び図表9のようになる。

　図表9より，2002年に連結利益から損失に転じ，借方繰延税金には損失の繰延べが含まれていることが示される。

　企業の収益力は，貸方側に現われるということを示している。図表7に示されるように，経営不振となると貸方側の利益準備金が設定できず，引当金設定額も減少傾向となる。図表8に示されるように，IAS/IFRSに準じた自己資本は，商法に準じた自己資本よりも高額となっている。

　M-DAX企業は上場廃止して，S-DAX企業への上場に変更する企業もあり，

図表9　WCM社の商法とIAS/IFRSにおける年度損益の差額

(単位：100万ユーロ)

	2004年
HGBに従った連結損益	**−109,0**
有価証券の会計処理と評価	−12,5
暖簾の計画的償却の廃止	1,8
請負工事の進行基準の適用	−7,6
年金引当金の評価	−0,8
その他の引当金	−7,7
繰延税金	−0,9
IFRS第3号の適用から生じる効果	−24,8
不動産からの収益	3,5
連結グループの変更の影響	−10,6
土地の減損償却	5,5
その他の変動	2,7
IFRSに従った連結損益	**−160,3**

(出所)　WCM, *Geschäftsbericht 2005*, S. 65 より作成した。

図表10　WCM社の繰延税金

(単位：1.000ユーロ)

	2005年12月31日		2004年12月31日	
無形固定資産	1.473	2.595	1.317	733
有形固定資産	6.098	3.669	6.322	2.779
金融資産としての不動産	0	0	0	0
金融資産	120	6	12	12
その他の資産	2.663	38.667	3.801	37.255
棚卸資産	82.369	2.064	36.682	3.747
引当金	13.308	−30	1.401	−7.623
金融負債	419	−2.822	1.376	−27.130
その他の債務	−64.566	−14.901	−46.037	−27.491
税法上の損失繰延	20.447	0	10.447	0
その他	304	−8	−234	203
借方及び貸方繰延税金の相殺	−25.130	−25.130	21.30	21.300
合計	37.505	4.110	36.387	3.785

(出所)　WCM, *Geschäftsbericht 2005*, S. 99 より作成した。

M-DAX 上場は，DAX-30 企業に比べ変動的である。

IAS/IFRS 適用に際して，繰延税金の会計処理について会計政策の余地が与えられることになる。BilMoG の法改正では，このような新しい会計政策にどのように対処するかが課題となる。

お わ り に

M-DAX 企業の場合，IAS/IFRS 適用した会計年度と株式所有構造についてのディスクロージャーは，DAX-30 社の場合に比べ，M-DAX 企業では，まだ完全な制度として定着していない。また株式所有構造において浮動株式の占める割合が低い。そのため IAS/IFRS を適用して連結決算書を作成した場合に，まだ保守的な利益留保の傾向がみられることは否定できない。引当金の表示に関しても，IAS/IFRS に準じて長期と短期に区分して表示しなければならない。したがって，連結決算書における区分形式において，会計項目の内容よりも，どの区分に分類されるべきかということだけが重要となり，IAS/IFRS あるいは US-GAAP を適用して，決算書における透明性あるいは比較可能性が十分保証されるかどうかは，明らかではない。

[注]

(1) EU では IAS/IFRS を適用義務としているが，DAX-30 企業の Fresenius Medical Care AG, Infineon Technologies AG は 2007 年連結決算書には US-GAAP を適用している。
(2) IWKA 社は，M-DAX の上場を廃止している（2008 年 8 月 25 日現在）。
(3) PHÖN-KLINIKUM 社は，1999 年と 2000 年の連結決算書の比較によって，IAS/IFRS と商法における会計基準から生じる会計数値の差額を公開している（自己資本：IAS/IFRS：319（百万）ユーロ，商法：230,2（百万）ユーロ）。
(4) Dyckerhoff 社の場合，2003 年から 2007 年までの連結決算書における自己資本には，利益準備金設定額の上昇傾向がみられる。
(5) WCM 社の破産手続は（http://www.wcm.de/）で公開されている。

第10章 中小規模会社の
個別決算書への IAS/IFRS 適用の影響
――基準性の原則を巡って――

は じ め に

　EU 域内の資本市場に上場する資本会社の連結決算書には IAS/IFRS 適用が義務づけられたが，2004 年 BilReG では，個別決算書への IAS/IFRS 適用には選択権が与えられた。そして情報伝達の目的のための個別決算書については IAS/IFRS 適用が認められた[1]。IASB による SMEs（中小規模企業の会計基準）草案公表後，個別決算書への IAS/IFRS 適用についての議論が浮上している。しかし，SMEs 草案の段階でコメントが寄せられ，基準の公表には時間がかかっている。SMEs 草案が可決すれば，中小規模企業あるいは非上場企業の個別決算書に IAS/IFRS 適用を認めることとなり，ひいては IAS/IFRS 適用が義務づけられることになる。個別決算書を巡る国際的なコンバージェンスを得るには，まだ各国の国内事情が異なるだけに，多くの課題が残されている。そのなかで，商事貸借対照表の税務貸借対照表に対する基準性の原則，商法上の会社形態別の会計規定における自己資本と他人資本の区分の相違が論点となっている。

　IAS/IFRS の適用は連結決算書に限定されるのではなく，個別決算書へも影響を及ぼすことが予想され[2]，EU では個別決算書の IAS/IFRS 適用は義務づけられなかったが，IASB によって公表された SMEs 草案について検討しなければならなくなるであろう。

しかし現行商法のもとでは，会計実務には基準性の原則（あるいは逆基準性の原則）に基づく会計処理が定着している。そのため税務貸借対照表と商事貸借対照表との関係は密接であり，個別決算書への IAS/IFRS 適用にはまだ課題が多い。

また証券市場に上場していない企業は，投資家保護向けの年度決算書よりも，金融機関からの融資を受けるための債権者保護に基礎づけられた年度決算書を作成する必要がある。このことから，企業の資本維持の原則に基づく会計処理による年度決算書が，企業の安全性から考えても適切であろう。これまでどおりに，商法規定に従った年度決算書を作成する方が，手間もコストもかからない。実際には，年度決算書を商法に従って作成している企業が多い。

しかし会計制度において伝統的な商法上の概念として論じられてきた GoB は，IAS/IFRS との調和化のために，DRSC によって公表されてきた概念フレームワーク（草案）に影響を受けることになり，前章でみてきたように，制度的には，DRSC によって公表されてきた概念フレームワークは，IAS/IFRS 及び US-GAAP との調和化によって，IAS/IFRS に近づくことが予想される[3]。

BilMoG の政府草案は，IAS/IFRS を考慮した法改正である。しかし中小規模企業に対する IAS/IFRS 適用には選択権が与えられ，それとともに商事貸借対照表と税務貸借対照表の密接な関係をもたらす基準性の原則は残され，逆基準性の原則は廃止されることになった[4]。

本章では，BilMoG は IAS/IFRS を考慮した改正であることを踏まえて，商法の税法に対する基準性の原則を巡る論争を検討し，次に，その基準性の根底にある「利益概念」に遡り，商法と IAS/IFRS の「利益の概念」について検討することにしたい。

本章は，商法と IAS/IFRS における「利益の概念」の相違について考察する。これは，IAS/IFRS における自己資本の性質について考察するための前提である。

第1節　個別決算書 IAS/IFRS 適用に関する議論

2002年7月19日付 EU-VO［あるいは IAS-VO］(1606/2002) によって，2005年1月1日以降，上場企業の親会社の連結決算書には IAS/IFRS 適用が義務づけられた。この規則にはドイツ立法者が今後履行しなければならない一連の加盟国選択権の課題が残されている[5]。

すなわち IAS-VO (1606/2002) 5条における加盟国選択権とは，次の3つの課題である。

① 上場会社に対する IAS 義務あるいは選択を個別決算書へ拡張（選択権1：EU 規則5条 a）。
② 非上場会社に対する連結決算書への IAS 適用義務あるいは選択（選択権2：EU 規則5条 b）：これは非上場会社及び個人企業には適合しない。
③ 非上場会社に対する個別決算書に関する IAS 適用義務あるいは選択（選択権3：EU 規則5条 b）：これは非上場会社及び個人企業に適合する。

以上の選択権に関して，情報提供という目的のためには，IAS/IFRS が義務づけられるか，あるいは選択的に適用でき，非上場企業の場合にも IAS/IFRS が適用されることになる。また上場企業及びその他の企業は，商法325条～329条に従って，個別決算書に IAS/IFRS が適用できる。債権者保護，利益配当算定，課税算定目的のためには，商事貸借対照表が強制されるが，企業が個別決算書への IAS/IFRS 適用を望む場合には，商法と IAS/IFRS に従った2種類の貸借対照表を作成しなければならない。

(1) 個別決算書及び連結決算書に関して，結果的には，商法上の会計規定は IAS/IFRS を考慮して展開されることになるであろう。その例として挙げることができるのは，選択権の削除，連結決算書における金融商品の時価評価，固定資産・引当金の計上及び評価等である[6]。しかし IAS/IFRS と税務貸借対照表との調和化に際して，

① 所得税法5条1項に従った商事貸借対照表の税務貸借対照表に対する基

準性及び逆基準性の「将来の行方」がどのようになるのか，
② 年度決算書に関する会社法（株式法57条，有限会社法30条）と会計領域との関係が調整できるのか，
③ 決算監査人と国際的「監査」との調整等が検討される必要がある。
(2) 個別決算書にもIAS/IFRS適用が予定される理由として，以下の3つの根拠が挙げられる。
① IAS/IFRS適用による連結及び個別決算書の開示でもって個別と連結決算書の間に考え方の両一性（Homogenität）がつくられる。このことは，国内外において連結及び個別決算書が承認されること，決算書作成に関する作業の手間が省けることになる。
② 証券取引所に上場する際に，連結決算書が作成されていない場合には，IAS（あるいはUS-GAAP）に従った個別決算書の開示がなされなければならない（例えば，ドイツ証券取引所におけるプリマ・セグメント）。
③ コンツェルンでない企業，銀行及びコンサルタント代理店，その他の投資家はIAS/IFRS決算書に関心をもっている。というのは，IAS/IFRSを適用することによって企業の評価が得られることが期待され，資本競争においてはIAS/IFRSを適用することは利点でもあるからである[7]。

しかし，個別決算書にIAS/IFRSを適用するには，前述したような問題も多いことも無視できないであろう。

特に中小規模資本会社の年度決算書にいえるのであるが，2005年以降の連結決算書へのIAS/IFRS適用は，上場企業の連結決算書だけのIAS/IFRS適用となっただけで，将来，個別決算書へのIAS/IFRS適用は容易ではないであろう。連結決算書へのIAS/IFRS適用よりも，個別決算書へのIAS/IFRS適用は，ドイツ企業の大部分を占める中小規模資本会社の個別決算書へのIAS/IFRS適用を決断することにもつながってくることから，個別決算書へのIAS/IFRS適用についての判断には重大な課題が残されている。

それでは，個別決算書へのIAS/IFRS適用には，どのような課題があるのか，について検討することにしよう。

第2節　個別決算書 IAS/IFRS 適用に残された課題

2002年7月19日に，加盟国の上場会社の連結決算書への IAS 適用を命令する IAS-VO が，EU 加盟国に告示された（4条）。その他，以下のような「加盟国選択権」(Mitgliedstaatenwahlrecht) が，加盟国に与えられた（5条）。
① 非上場会社の連結決算書に IAS/IFRS 適用を規定もしくは認可すること。
② 上場会社及び非上場会社の個別決算書に IAS/IFRS 適用を規定するかもしくは選択権として認可すること。

この加盟国選択権に対して，ドイツの立法者は，以下の方法で対応した。
① 非上場会社には，商法 315a 条 3 項に従って，連結決算書を商法もしくは IAS/IFRS に従って作成することのできる「企業選択権」(Unternehmenswahlrecht) を与えた。
② 上場会社及び非上場会社（商法 267 条 3 項における大会社である場合）は，商法 325 条 2a 項によって個別決算書に IAS/IFRS を適用して作成することができ，それとともに当該企業には連邦官報で免責効果のある開示をすることができる「選択権」が容認された[8]。

制度上は，すべての企業の個別決算書は，商法規定に従って作成しなければならない。したがって企業は，課税算定，利益分配のためには従来どおり商法に従って個別決算書を作成することになる。その際，これまでどおり税務貸借対照表に対する商事貸借対照表の基準性が認められる。しかし情報提供の目的のためには，IAS/IFRS の個別決算書への適用が認められた[9]。

しかし個別決算書に IAS/IFRS を適用することによって，以下のような問題が発生することも避けられず，個別決算書への IAS/IFRS 適用は課題となっている。
① 税務貸借対照表に対する個別決算書の基準性，税法上の課税算定のために IAS/IFRS が適合するかどうか問題がある。

② 個別決算書に IAS/IFRS を適用した場合に，債権者保護に反する未実現利益の見越記載及び配分をもたらす。
③ 非上場会社の個別決算書では，付属説明書が義務づけられないことから，IAS/IFRS の説明を義務づけることができない。また IAS/IFRS 適用を小規模会社にも範囲を拡げることには問題がある。個別決算書に「IAS/IFRS‒light」バージョンを設けることの危険がある[10]。

なかでも基準性及び逆基準性の原則を基礎とする税務貸借対照表と商事貸借対照表の密接な関係は，個別決算書に IAS/IFRS を適用する際に避けて通れない問題である。次節で，このような課題についての議論について検討することにする。

第3節　基準性の原則を巡る論争

ここ数年来，商事貸借対照表と税務貸借対照表との関係（基準性及び逆基準性の原則）について，税法上の特別規定，IAS/IFRS の個別決算書への影響を含めた議論が行なわれている。税法と IAS/IFRS の目的がそれぞれ異なることから，両者はいっそう乖離すると判断される。

1　基準性の原則と IAS/IFRS の個別決算書と連結決算書への適用における矛盾

IAS/IFRS 及び商法に従った個別決算書に選択権が与えられた会計処理は，税法上の課税算定基準の金額及び期間的配分に影響を及ぼすことが予想される。そのため選択権が与えられた会計処理は，税法上の課税算定基準の基礎となっている公平性，収益力及び事実との適合性において一致しない。商法と IAS/IFRS を適用して作成される決算書は公正な表示であるが，税法上の利益最小限の課税算定という目的に適合しない。基準性を維持することは，個別決算書が，企業の国内外へ向けて国際化していくに際して，他国の財政に影響を及ぼす。税法上のパラメータを基礎として IAS/IFRS 適用の決算書には，時代

にあった規則のメカニズムが必要である(11)。

これまでドイツの財政裁判所の権限として，税法上の事柄について司法権が認められていた。国家を超えた基準の引継ぎとともに，新しい司法権の権限が生じうるであろう。その新しい司法権とは，欧州裁判所の監督力にも匹敵する，EU指令に由来する税法上の規則を変換し，法として適用することにふさわしい(12)ものでなければならない。

他方，実質的な問題としては，数量的な余剰額とそれにともなう課税算定基準の金額及び期間的配分に関係することである。IAS/IFRSには，資産を拡張した概念と負債を縮小した概念が基礎にある。金融商品（ヘッジ）の場合には未実現主義に従った認識がある。例えば，リースの場合，その算定基準が経済的所有に求められる。またIAS/IFRSでは，評価規定として，金融商品及び一定の金融資産の場合に，公正価値で評価される。それは見越収益の実現をもたらす。期間的な再評価には，有形固定資産に容認された選択的な処理方法が認められている。それは，見越収益を認識する進行基準にもいえる。例えば年金引当金のように，税法上の収益力は，現在の期間収益ではなくて，将来の期間収益を示す予測的な価値評価で評価する。

したがってIAS/IFRSの計上原則及び評価原則を税務貸借対照表で認めることは，納税義務のある企業にとってマイナスとなる支払能力効果をもたらす。それとともに，商事貸借対照表規則よりも早期に比較的高い収益を認識することになる(13)。

2　IAS/IFRS適用と税法上の要請との適合性

IAS/IFRS適用の場合に，税法上，以下の原則(14)と適合するかどうかについて調べる必要がある。

客観性という観点から，IAS/IFRSを適用した場合には，判断の余地がともなって主観的な要素が報告書に介入する。そのため経済的考察方法（経済性の原則）が，実際の商人の慣習による帰納的な基準を決定し，適用されるので，税法上の目的に適合しない政策規定に影響を及ぼす。

期間適合性という観点から，IAS/IFRS を適用した場合には予測価値がとられる。その価値は，税法上の過去の決済期間における収益力を示さないで，将来のキャッシュフローで示される。これは将来の意思決定のための資料としては役立つかもしれない。しかし税法上は，課税の公平性を基礎としているので，個別決算書に IAS/IFRS を適用することに選択権が与えられると，税法上の余剰及び利益算定と IAS/IFRS 及び商法に従った利益算定との間には実質的な相違が生じる。

さらに「公正な表示」を基本とする規定に反して，所得税上の判断には高額の政策的な余地が与えられる。IAS/IFRS を適用した個別決算書における予測価値は，過去の決済における税法上の収益力を示すのではなく，将来の予測された収益力を示すこととなる。

以上のように，IAS/IFRS を個別決算書に適用した場合には，課税の基本的な目的に適合しない。だが1999/2000/2002年の課税法 (Steuerentlastungsgesetz) は，IAS/IFRS との調和化の目的を引継ぎ，高い課税負担をもたらすような税法となっている。その例として，一定の引当金と債務について，利子控除義務，債務の引き上げが挙げられる。

そのため，税負担を軽減する IAS/IFRS は，—国庫を顧慮して—税法に引継がれない。例えば，偶発損失引当金，年金引当金等が挙げられる[15]。

商法上の貸借対照表と税法を独立させることは，これまでよりも広い範囲の基準性に代わるであろう。しかし「基準性」は，税務貸借対照表に規則がない場合に必要である。また逆基準性は公正な表示をゆがめるとして，商事貸借対照表には税法上の特別価値評価を引継ぐことはできないであろう[16]。

個別決算書への IAS/IFRS 適用を巡って問題解決が難しいのは，中小規模企業の個別決算書に関して，基準性の原則と逆基準性の原則が会計実務に定着していることから，商事貸借対照表と税務貸借対照表との関係を完全に断ち切ることができない。このような現状から個別決算書には IAS/IFRS 適用を義務づけることができないという結論に至る。

次節では，個別決算書への IAS/IFRS 適用から生じる利益算定についての課

224　第10章　中小規模会社の個別決算書へのIAS/IFRS適用の影響

題について検討することにする。

第4節　IAS/IFRS適用の個別決算書における税法上の利益算定を巡る議論

　個別決算書にIAS/IFRSを適用することになると，これまで商法の個別決算書を課税算定基準としてきた「基準性の原則」が問われてくる。したがって税法上の利益算定には，商法あるいはIAS/IFRSにおける利益算定のどちらを基準とするのか，という問題が生じる。

　連邦政府の提案によれば，すべての企業に対して商法に準拠した個別決算書にとどめて，追加的にIAS/IFRSに従った個別決算書を作成することができる[17]としている。

　その際，以下の3つの仮定が考えられる。

(1)　商法の資本維持を基礎とする貸借対照表
(2)　IAS/IFRSを基準性のモデルとする
(3)　税務貸借対照表を独立させる

　課税の公平性という理由から，すべての企業にとって，税務上の利益算定は統一したモデルでなければならない。以下で，この3つの前提について検討することにする。

1　商法の資本維持を基礎とする貸借対照表

　すべての企業の個別決算書は，商法に従って作成することにとどめる。これは，従来どおり所得税法5条1項に従った基準性の形式をとることになる。税法上の経営財産の調整は，商法上の規則に従って修正された形式と結合する。しかしこの前提で問題なのは，商法の会計規定から理解して，今後資本維持目的に向けられるかどうかである。つまり資本維持志向の決算書が，今後会計実務に対応できるかどうか，またEUに対して主張できるかどうかである。さらにEU第2号指令開示法とEU第4号指令個別決算書の関係が両立できなくな

り，欧州の会計規定が情報提供へ向かう傾向にあると考えられる。この傾向は欧州裁判所の判決にもみることができるとしている。というのは，商事貸借対照表が，国内の財政裁判所では処理できない内容のものになっていく傾向にあるからである。その意味でも，税務貸借対照表と商事貸借対照表がますます乖離していく傾向にあるという現状が把握される。したがって時代に適合しなくなった選択権を排除して，情報提供向けの会計法の現代化に，商事貸借対照表と税務貸借対照表との関係が重視されると，「IAS/IFRS 基準性」が主張されることも予想される。資本維持を基礎とする貸借対照表に依拠して利益算定することには問題がある[18]としている。

2 IAS/IFRS―基準性のモデル

基準性の考えを残すという前提のもとで，IAS/IFRS 適用の個別決算書に税務貸借対照表を結びつけるということも可能である。したがってこのように IAS/IFRS と税務貸借対照表との統一貸借対照表の考えは，ある程度時代に添っていると考えられる。特に上場したコンツェルン企業には，連結決算書と個別決算書に一貫した会計処理を行なうという観点から，また EU における税法上の算定基準を調和化するという観点からみても適している（税基準の共通及び調和化）[19]。

しかし憲法の観点からは問題視されている。というのは，規則が，補完主義の手続きに従ったとしてもプライベート・セクターの会計基準委員会の DRS が，憲法上の民主主義かつ法治国家の規則と一致するかどうかが問題であるからである。私法上の納税者の財産規則に介入して，税法が強制的に憲法上規定されている連邦議会及び連邦参議院による法設定機関によって，正当性を強制する必要があるかどうかである。IAS/IFRS モデルの枠内では，税法上の利益算定において，間接的には，国家財政の一部について決定する基準設定機関が会計基準に関係する。

しかし不明瞭なのは，憲法 19 条 4 項に従った財政裁判所の解釈権限，国際的に IAS/IFRS のコンバージェンスに注目した場合に，このような考え方にお

ける財政裁判所によってどのように法的な保護が保証されるかである。

　IAS/IFRS と税務貸借対照表目的が一致するのかどうか，IAS/IFRS は，投資家のための意思決定に適合した情報提供を目的にしている。そのため企業の将来の業績評価することができることが重要となる。それに対して，税法上は現在の収益力算定基準の決定が重要となる。この算定の担い手は国家であり，税務貸借対照表の結果の算定が支払請求権となる。税法上の利益算定にIAS/IFRS を変換することには問題がある。つまり，IAS/IFRS は目的適合性に関係するが，税法上の利益算定は信頼性が前面にある。

　すべての商人の個別決算書に IAS/IFRS を適用することについて，IAS/IFRS は，上場企業の決算書への適用を前提とする基準であり，中小規模会社には IAS/IFRS 適用の個別決算書を基礎として算定された課税を課すことは負担が大きいということは，課税の公平性から考えて問題がある[20]としている。

3　独立した税務貸借対照表

　税務貸借対照表を独立させようとする見解は，もっともな見解である。機能的に異なる会計システムを尊重した考え方による。商法からの税法の分離というのは，税法の基礎原則に遡及するが，必ずしも税法が完全に商法から分離するということではない。税務貸借対照表は，簡略化ないしは機能均等化の上に基礎づけられ，異なる目的に関係する計算の共通した基礎にある。この点では二重作業の回避のために，税法上の利益算定が，代わりの他の規則に基礎づけられることも可能であるということを意味している。IAS/IFRS が個別決算書に適用され，税法上の利益算定原則が EU で調和化するという考えができることを背景に，いかに IAS/IFRS の基準が利益算定の新しい概念に引継がれるかが重要な課題である[21]。

　たとえ IAS/IFRS が税法上の規則へ変換できることが，上位の理由から断念されたとしても，税法上の利益算定の物権法の影響を受け，実質的に規則規範において税法立法者によって受け入れられるならば，それぞれの IAS/IFRS が税法上の利益算定の範囲内で適用されうるということが考えられる。

第4節　IAS/IFRS 適用の個別決算書における税法上の利益算定を巡る議論　　*227*

したがって，独立した税法会計の形成ができることが探究され，出発点として，IAS/IFRS という適切な規則が形成されるべきである。これが，現行法の税法と比較され，上記で説明された税法が会計法との調整が可能となれば，評価されるであろう。

このことから，税法上の目的と独立した税会計法の中心原則を構築することになる。したがって，これまで述べてきた3つの方法のなかで，最後の会計税法上の利益算定を独立して行ない，基本的な税法上の目的と中心原則を構築するという見解によって，税法上の利益算定基準を設けることになる[22]としている。

個別決算書への IAS/IFRS 適用についての議論は，商事貸借対照表と税務貸借対照表との関係をどのように結合するのか，あるいは切り離すかが課題となる。

個別決算書に IAS/IFRS を適用するかどうかについての検討は，個別決算書のみを作成している中小規模会社の会計基準と IASB が，これまで検討してきている SMEs の会計基準の審議に関係している。

そもそも個別決算書への IAS/IFRS 適用の問題が浮上した背景には，EU 加盟国の上場企業の連結決算書に IAS/IFRS 適用が義務づけられたことにあった。さらにここ数年内に IASB から中小規模会社のための会計基準が公表されることが予想されるからである[23]。

IAS/IFRS 適用が個別決算書にどのような影響を及ぼすかは，IASB による中小規模企業の会計基準に関する討議書の公表後，人件費及び時間コストが嵩む中小規模会社の決算書の作成の現状を考え，議論されている。

一方，IASB は，中小規模会社の会計基準の作成のため，2001年にプロジェクトチーム，2002年6月にはアクティブリサーチ・プロジェクト，2003年7月にはアジェンダ・プロジェクトを立ち上げた。これまでの暫定的な討議を纏めて，IASB は，2004年6月24日に "Preliminary Views Accounting Standards for Small and Mediumsized Entities" を公表した。この討議書には，各国のコメントが受け入れられている。ドイツでは DRSC，経済監査士協会（IDW），ド

イツ連邦産業協会（BDI），連邦税務会議所（BStBK），連邦経理人及び管理人団体（BVBC）等がコメントを出している。

また IASB による討議書は，中小規模会社の IAS/IFRS について基本的な見解を示し，国際的に広範囲に IAS/IFRS が承認されることをめざしている。

これに対して，この中小規模会社の会計基準が，商法に導入されるには，IAS/IFRS 適用の個別決算書を公開する義務が免責され，中小規模資本会社の開示に対する規制緩和が期待されている[24]。

商法への IAS/IFRS の導入には，まだ課題が残されており，その一つには商法では会社の中小大規模による会社の区分がなされているが，IAS/IFRS では会社の区分がなされていないことである。そのため IAS/IFRS には中小規模会社への規制緩和がみられないとする。商法の中小規模会社の開示規制緩和と IAS/IFRS の中小規模会社への会計基準に矛盾する点があるという見解が出されている[25]。

いずれにせよ，BilMoG では，IAS/IFRS との調和化を考慮しているが，基準性の原則は残されたことから，商法上の利益と IAS/IFRS の利益概念の相違を明らかにする必要があると考える。

次に，商法と IAS/IFRS における利益概念と利益算定の相違について検討することにしたい。

第5節　商法決算書と IAS/IFRS における利益算定

商法と IAS/IFRS における利益算定について検討する。

1　商法上の利益概念

まず商法上の利益（商法275条）は，損益計算書における残存（Resultat）を「年度余剰」，あるいはマイナスの場合には，「年度欠損」として示される。したがって年度決算書では，利益分配，損益繰越ならびに資本及び利益準備金の増減のもと，貸借対照表利益あるいは貸借対照表損失として示される。商法上

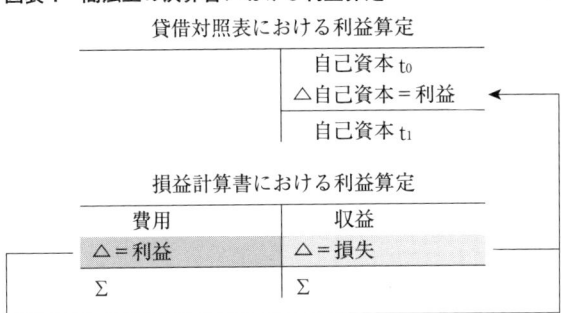

図表1　商法上の決算書における利益算定

貸借対照表における利益算定

	自己資本 t_0
	△自己資本＝利益
	自己資本 t_1

損益計算書における利益算定

費用	収益
△＝利益	△＝損失
Σ	Σ

（出所）Küting, Karlheinz/Reuter, Michael, *a. a. O.*, S. 2549.

の利益は，商法上の年度決算書では，複式簿記に基づく貸借対照表のなかの自己資本の増減である。したがって，図表1に示すように，商法上の利益は，複式簿記の資本勘定における利益として自己資本の部分に位置している。

貸借対照表上の利益は，貸借対照表理論及びそれから導出される会計基準によって解釈される。このような解釈は，貸借対照表内容の形式説明と貸借対照表上の利益概念に基づき，国内及び国外の会計基準も，静的及び動的貸借対照表理論（資産負債アプローチあるいは収益費用アプローチ）から解釈される[26]ことになる。商法上の利益は，貸借対照表論では，「第4章　会計制度の基礎」でも検討したように，Küting によれば，静態論と動態論から説明される。

① **静態論の利益概念**

静的貸借対照表論に従って，貸借対照表から資産と負債から生じる純資産，つまり貸借対照表から商人の純財産（Reinvermögen）の年度価値創出が，会計制度の重要な課題となる。決算日に純資産の増価を利益として，減価を損失として解釈する。複式簿記の枠内において利益は損益計算書で決定されるが，このような算定額は静態論者にとっては重要でない。むしろ純財産増価として利益を理解するので，財産比較による財産測定が，自動的に営業年度の適正な利益計算をもたらすという考え方である。静態論では解散静態論（Zerschlagungsstatik）と継続静態論（Fortführungsstatik）とに区分される[27]。静態

論が財産状態を示す貸借対照表を前面に出しているのに対して，動態論は貸借対照表と損益計算書を「期間に適合した成果決定の手段」としてみている。

② 動態論の利益概念

動態論は，全体期間に発生した費用と収益を個別の営業期間に正確に配分することが主たる目的である（対応の原則）。収益は企業に産出され評価された成果であり，費用は企業によって投入され消費されたものである。それに対して，財産と負債は，「未決項目」としてみなされる。その項目には，収益と収入，費用と支出が一時的に帰属する。動態論では，「企業の全体の存続において，利益及び資本の余剰から生じる全体利益に期間利益の総計が等しい」という原則を示す合致の原則が重要な公準となっている。つまり合致の原則を確保することは，各期間成果の歪曲を防止するための前提であり，債権者保護の維持のための重要な前提としている。動態論は，慎重性の原則，それから生じる取得原価及び製造原価主義ならびに低価主義と結びついている。

商法上の利益は，静態論と動態論からの共生（Symbiose）[28]であるとしている。したがって商法上の利益は，IAS/IFRS の利益とはどのように異なるのかが問題となる。

2 IAS/IFRS の利益概念

商法上の会計処理は静態論的に特徴づけられ，経過勘定は動態論に基礎づけられる。狭義に限定されて貸借対照表補助的計上（Bilanzierungshilfe）ないしは費用性引当金が貸借対照表分類に入っている。特に貸借対照表補助的計上は，収益と費用を動態論的に収入と支出で特徴づける。このような項目は，条文で明確に定められていなくても，合致の原則を前提として商法に存続する。

アングロ・サクソン型の会計処理の実務では，1930 年以来「収益及び費用アプローチ」がとられ，これから生じる対応の原則が支配的な役割をなし，新しい会計基準の展開に著しい影響を及ぼしてきた[29]。しかし 70 年中頃にはアメリカで新しく設立された FASB によって資産-負債アプローチに移り代わり，このアプローチが IASB によって 80 年代に構築された概念フレームワークに

引継がれた[30]。IAS 第 1 号では期間配分の概念（発生主義）に適合しているが，フレームワークに含まれている定義と認識基準を充たす場合には，資産，負債及び自己資本，収益及び費用が期間配分の概念で認識される。すなわち経過勘定のような会計項目は，原則上，それに適合する資産あるいは負債の定義を充たす場合にのみ会計処理される。IAS/IFRS の利益概念は，前述の商法上の厳格な合致の原則を前提としていない。

2005 年以降，上場企業の連結決算書は，IAS/IFRS に従って作成しなければならない。その結果，IAS/IFRS 連結決算書における成果あるいは利益記載は，IAS/IFRS の分類及び表示に従って考慮しなければならない。したがって決算書の表示を定めている IAS 第 1 号（2003 年改定，2005 年修正）[31] に準じることになる。

お わ り に

2002 年 IAS-VO では，商法の国内法化においては個別決算書への IAS/IFRS 適用は情報提供のみに作成されるという対応にとどまった。しかし将来，個別決算書への IAS/IFRS 適用は避けられないことが予想される。IASB の SMEs の審議が行なわれている現在，EU における IAS/IFRS 適用は個別決算書にも及ぶとみている。そうなれば，基準性の原則を巡って IAS/IFRS の会計フレームワークと税法上の利益算定基準のためのフレームワークの構築が，今後の課題となる。

連結決算書への IAS/IFRS 適用のために向けた法改正とともに，IAS/IFRS の個別決算書への適用が義務づけられることになれば，個別決算書における商法上の利益と IAS/IFRS の利益概念の相違について考察する必要がある。

本章では，BilMoG が IAS/IFRS を考慮した改正となる一方では，基準性の原則を残し，逆基準性の原則は廃止される方向で政府草案では検討されている。このような方向性において，商法上の利益と IAS/IFRS の利益の相違が，どのように調和化されるのかが注目される。

中小規模企業のIASBのSMEsに合意できない背景には，もう一つ重要な課題がある。人的会社，組合及び有限会社の会社形態では，会社法上の自己資本は他人資本として記載しなければならないという会社形態別の異なる資本の概念が問題となっている(32)。

次章では，IAS/IFRSにおける利益と資本の関係について検討することにする。

[注]

（1） 個別決算書にも情報機能を優先的に置く考えもあり，その考えによって連結決算書と同様に，個別決算書にもIFRSが重要となる（Coenenberg, Adolf. G. a. a. O., S. 22-23.）。商法325条2a）項によれば，商法の個別決算書の代わりに，2b）項に挙げられた条件に適合している場合に限り，IFRSによる個別決算書を公表することが認められている。しかし免責効果は公表だけに限定され，作成に限定されていない。このことは，ドイツ企業が商法上の個別決算書に追加的にIFRS個別決算書が公開目的のために作成してもよいということを意味する（Pellens, Bernhard/Uwe Fülbier, Rolf/Gassen, Joachim, a. a. O., S. 50.）。2006年3月21日から23日のミュンヘンで開催された税法学会報告レポートでは，IFRS適用は連結決算書に限定されず，EU域内の2002年EU規則が中心に考察されることからも，IFRSの個別決算書への波及は避けられないとしている（Hillmer, Hans-Jürgen, IFRS als Starting Point der steuerlichen Gewinnermittlung?, KoR, 2006, S. 342.）。

（2） Heyd, Reinhard, a. a. O., S. 41. Hillmer, Hans-Jürgen, a. a. O., S. 342.

（3） Erchinger, Holger/Melcher, Winfried, a. a. O., S. 245-254.

（4） Loitz, Rüdiger, Latente Steuern nach dem Bilanzrechtsmodernisierungsgesetz (BilMoG), DB, 2008, S. 249, 2007年11月8日に連邦法務省から公表された会計法現代化法の政府草案は，特に2つの目的が求められているとしている。その1つは，中小規模企業に対する規制緩和，2つには商法上の年度決算書の表示能力を高めることである。特に，非上場企業に対して，IAS/IFRSを適用することよりも，改正商法を適用することによって規制緩和が与えられている。Theile, Carsten/Hartmann, Angelika, BilMoG : Zur Unmaßgeblichkeit der Handels- für die Steuerbilanz, DStR, 2008, S. 2031-2035.

（5） Buchholz, Rainer, IAS für mittelständische Unternehmen?－Vor- und Nachteile neuer Rechnungslegungsvorschriften in Deutschland－, DStR, 2002. S. 1280.

（6） Loitz, Rüdiger, a. a. O., S. 249-250.

（7） Heyd, Reinhard, a. a. O., S. 42-46.

（8） Buchholz, Reiner, a. a. O., S. 1280, Bohl, Werner, IAS/IFRS und steuerliche

Gewinnermittlung, *DB*, 2004, S. 2381‐2383.
(9)　Schmid, Reinhold, Synoptische Darstellung der Rechnungslegung nach HGB und IAS/IFRS, *DStR*, 2005, S. 80. 本章注（1）を参照。
(10)　Heyd, Reinhard, *a. a. O.*, S. 42.
(11)　Heyd, Reinhard, *a. a. O.*, S. 43.
(12)　*Ebenda*.
(13)　Heyd, Reinhard, *a. a. O.*, S. 44.
(14)　Heyd, Reinhard, *a. a. O.*, S. 45.
(15)　*Ebenda*.
(16)　Heyd, Reinhard, *a. a. O.*, S. 45‐46. これは BilMoG 草案に考慮されている。
(17)　Herzig, Norbert, *IAS/IFRS und steuerliche Gewinnermittlung*, Düsseldorf 2004, S. 29.
(18)　Herzig, Norbert, *a. a. O.*, S. 30‐31. また税法上の利益算定が、新しい「欧州及び情報志向の商法の理解」に従うかどうかも問題となっている。
(19)　Herzig, Norbert, *a. a. O.*, S. 31.
(20)　Herzig, Norbert, *a. a. O.*, S. 31‐34.
(21)　Herzig, Norbert, *a. a. O.*, S. 34‐35.
(22)　Böcking, Hans-Joachim/Gros, Marius, IFRS und die Zukunft der steuerlichen Gewinnermittlung, *DStR*, 2007, S. 2339. この論文では、商事貸借対照表へ IAS/IFRS の影響が及ぶことから、個別決算書への IAS/IFRS 適用について検討される。税務貸借対照表と商事貸借対照表との切り離し、独立した税務貸借対照表を提案している。
(23)　IASB によって、SMEs（International Financial Reporting Standard for Small and Medium-sized Entities）の草案が 2007 年 2 月 15 日にパブリックコメントの受け入れのために公表され、IASB は 2008 年中頃には会計基準として公表したいとしていた（http://www.iasb.org/［2008 年 6 月 23 日付］）。しかしこの時期は過ぎている。
(24)　企業の規模は、売上高、貸借対照表総額、従業員数の基準値の 2 つ以上の要件を充たすことで企業の規模が決まることが商法で定められている。
(25)　Herzig, Norbert, *a. a. O.*, 2004, S. 34‐35.
(26)　Küting, Karlheinz, Auf der Suche nach dem richtigen Gewinn, *DB*, 2006, S. 1441.
(27)　Küting, Karlheinz, *a. a. O.*, S. 1442‐1443. 同じ静態論でも、次のように 2 つに区分される。解散静態論は、清算を前提として個別の財産を売却した価額で評価して会計処理をする。それに対して継続静態論は、企業活動の継続（ゴーイングコンサーン）を前提として評価することに区別される。
(28)　Küting, Karlheinz, *a. a. O.*, S. 1443, Küting は、Schmalenbach の動的貸借対照表論のなかでの説明に従って動態論における利益概念を説明している。Küting は、このような Schmalenbach の動態論が「一般的にドイツで解釈されている動的貸借対照表論」と説明している。
(29)　Küting は、Previs/Merino, *A History of Accounting in America-An Historical Interpretation of the Cultural Significance of Accounting*, 1979, p. 239, Littleton/Zimmermann, *Accounting Theory : Continuitiy and Change*, 1962, p. 146 から引用して述べている。

(30) Küting, Karlheinz, *a. a. O.*, S. 1441. Kritisch, Paterson, Accountancy, August 1990, S. 80から引用している。この引用箇所で，Kütingは，明確に「対応の原則」が認められているが，資産と負債を充たさない貸借対照表における項目の認識は正当化できないとしている。

(31) Küting, Karlheinz/Reuter, Michael, Unterschiedliche Erfolgs- und Gewinngrößen in der internationalen Rechnungslegung : Was sollen diese Kennzahlen aussagen?, *DB*, 2007, S. 2550.

(32) Naumannは，2007年2月にIASBによって公表された中小規模企業の会計基準草案に対して，個人会社及び組合の場合に，自己資本と他人資本の区分問題が解決されていないと批判している。すなわちこのような企業の多くが，会社法上の自己資本をIAS/IFRSに従って他人資本として記載しなければならないからである。そのためIAS/IFRS草案は，中小規模企業の要望に対応するには適正でないとしている (Naumann, Klaus-Peter, Internationaler Rechnungslegungsstandard für den Mittelstand-Konkurrenz für das Handelsgesetzbuch?, *WPg*, 2007, S. 1.)。自己資本と他人資本の区分は，人的会社における出資の会計処理が，IFRSによれば他人資本として処理されることは，中小規模会社のIFRS適用に際して，この問題は重大となる (Hillmer, Hans-Jürgen, *a. a. O.*, S. 343.)

第11章 商法会計における資本会計と実務
―公会計から企業会計への移行を巡り―

はじめに

　これまでEU域内の上場企業が，2005年以降商法からIAS/IFRS（あるいはUS-GAAPからIAS/IFRS）へ移行する会計実務に焦点をあてて分析してきた。この上場企業の分析は，ドイツ証券取引所に上場している企業，あるいはニューヨーク証券取引所とドイツ証券取引所に上場する企業が対象となった。そのドイツ証券取引所に上場している企業には，民間企業の他に，民営化にともない上場した企業がある。

　近年，公企業が組織変更して，ドイツ証券取引所に上場するケースがみられる（事例：Deutsche Post 社）。民営化して証券取引所へ上場する場合にも，商法上の会計処理からIAS/IFRSの会計処理へ移行することになった。

　本章では，公会計から企業会計に移行する際に，どのような会計処理がみられるかについて検討する。その際に，資本市場へ上場する企業の会計制度において，Deutsche Post 社を取り上げた。この企業を事例として取り上げた理由は，Deutsche Post 社が，我が国で郵政公社の民営化に際して，これまでの組織変更・人件費の削減・経営方針が注目されている[1]こともその1つの理由として考えられる。しかしその一方で，会計上は，国営事業から株式会社に移行して，商法からIAS/IFRSへ会計規定を変更し，証券取引所への進出における会計処理が，これまでの上場企業の会計実務とどのような相違あるいは類似点がみられるかを考察することはもっと重要と考える。

Deutsche Post 社は，経営再建のために，1995 年国営企業から株式会社化へ，さらに 1998 年以降には会計基準を商法から IAS/IFRS へと変換した。1999 年には Deutsche Post 社が Post Bank 社を買収し，2000 年にはドイツ証券取引所へ上場している。2002 年には DHL 社を 100％の子会社化し，2004 年には Post Bank 社が上場した。各国の企業を次々に買収して成長し，2006 年には，Deutsche Post 社，DHL 社，Post Bank 社から構成される大企業となった。Deutsche Post 社は，約 10 年足らずの間に赤字決算から黒字決算へ転じた[2]。この背景には，どのような会計政策があったのかに焦点を絞る。

まず貸借対照表貸方側の会計政策を簿記記帳の観点，商法規定の観点から貸借対照表貸方側を考察して，次に商法と IAS/IFRS における会計上の認識の相違に焦点をあてて，分析することにする。

第 1 節 簿記記帳を基礎とする観点からの会計政策の余地

貸借対照表貸方側の会計処理には，簿記処理を基礎としてどのような会計政策の余地があるのかについて考察する。というのは，貸借対照表貸方側の会計処理には，資本維持のための債権者保護の立場から利益留保の会計処理が定着しているといえるからである。その貸借対照表貸方側は，図表 1 で示すように，自己資本と他人資本に分類される。また 2 つには，商法 266 条の分類規定に従って自己資本，他人資本，引当金及び計算限定項目に分類することができる。

貸借対照表貸方側を簿記記帳の観点から考えた場合，まず簿記処理は営業年度に発生するすべての営業取引を認識する記帳と年度決算に行なう処理の 2 つに分類することができる[3]。

前者の簿記処理には主として証憑による検証が根底にあることから会計政策の余地は，後者の簿記処理よりも少ない。他方，後者の決算手続きとして行なわれる減価償却，価値調整，経過勘定，引当金，準備金に関する会計処理[4]

図表1　貸借対照表貸方の部

(固定性配列法)

自己資本	資　本　金	
	資本準備金	公的準備金
	利益準備金	
		内的準備金
	特別準備金	非課税準備金
	繰越利益及び損失	
他人資本	引　当　金	費用性引当金・内的引当金
	減価償却累計額	
	価 値 調 整	負債性引当金・公的引当金
	負　　　債	
	経 過 勘 定	

(出所)　Lüdenbach, Norbert/Hoffmann, Wolf-Dieter, Faktische Verpflichtungen und (verdeckte) Aufwandsrückstellungen nach IFRS und HGB/EStG, *BB*, 2005 より作成した。

には会計政策の余地が残されている。

　図表1の貸借対照表貸方側における簿記処理では，具体的には，どのような簿記処理が行なわれるかについてみていくことにする。

　前述したように，貸方は自己資本と他人資本に分類され，自己資本は資本金と資本準備金，利益準備金，特別準備金に分類される。さらに他人資本は，負債，引当金，価値調整，経過勘定に分類される。これらの簿記処理では，以下のような処理が行なわれる。

　① **減価償却**

　減価償却の手続きには，商法上の減価償却，税法上の減価償却，計算上の減価償却，平準化及び特別減価償却等[5]がある。

　② **価値調整**

　商品販売から生じた債権は，完全に決済されるかどうかは不確実である。そのため商法では決算日に債権について「慎重な」評価をすることを規定してい

る。債権の評価に際して，3つの処理がある。

①決済が確実な債権は全額で評価される。②決済が不確実な債権は未回収額を控除して評価される。③損失となる破産者の債権は償却されなければならない[6]。これらの3種類の債権における価値評価が貸借対照表上で調整される。

③ 経過勘定とその他の債務

期間に適合した利益算定のために，数年間の営業年度の損益に影響する営業取引は発生時点に帰属させられる。この理由から損益発生と現金収支に従って貸借対照表には，次のような項目が記載されることになる。

費用と収益が発生する前の現金収支によって生じる項目（前払費用・前受収益），また現金収支前に損益が発生している項目（未収収益・未払費用）である。そのなかで，貸方側へ記載されるのは，貸方経過勘定（前受収益・未払費用）である。

経過勘定とは別の債権及び債務が「その他の債権及び債務」に入る。そのうち，債務返済後の次年度に支払われる債務利子等は「その他の債務」[7]となる。

以下，負債ではない引当金と準備金は簿記処理上「利益」に該当するため，簿記記帳の観点からだけで分類規定を根拠づけることができない。したがって商法の規定との関係によって処理される。そのため，商法規定の観点から貸方側の会計処理を考える場合と重複することは避けられない。

④ 引当金

図表1で示される引当金は他人資本とみなされるが，実質的には自己資本であるとされる。つまり引当金は事象・金額・返済期間が明確に定まっておらず，図表1の引当金には偶発損失引当金のような引当金が該当する。というのは，引当金は債務や経過勘定とも異なり，その設定は，商法252条1項4号に委ねられ，保守主義による会計処理によるからである。この引当金は取り崩し時点と金額が未確定であるにもかかわらず，当該営業年度の費用が将来の支出のために配分され，当該営業年度の決算では「債務」として設定されることになる。しかし「その他の債務」とは異なり，決済が未確実である債務となる引

当金は，決算までの金額及び返済期日が不確実であるにもかかわらず，設定される。そのため翌年度の営業年度以降には引当金の取崩額が債務返済に充てられる。見積りが高い引当金が設定されると債務返済額を超過することになる[8]。したがって，これは引当金が自己資本とも解釈されるゆえんである。

⑤ 準備金

準備金は自己資本の一部であり，自己資本の再分類として示される。準備金では決算期における利益の一時的な利益留保となる。この準備金は，一般に公的（offen）・内的（still）及び非課税（steuerfrei）準備金の3つに区分される[9]。

公的準備金は，資本会社の貸借対照表に記載される（商法266条3項）。この準備金の記載は，法規定（商法272条2項～4項）に基づき設定される。しかし公的準備金は契約的な性質の処理によるものであり，設定は任意に行なわれる。法規定に基づき設定される公的準備金として，資本準備金と利益準備金がある。その場合に，企業が通常の出資金の他に記載している資本準備金は，すべて自己資本である。

準備金は，法的準備金，自己株式準備金，定款に従った準備金，その他の利益準備金に区分される。図表1の公的準備金（資本準備金及び利益準備金）は税引後当期利益から設定され，この準備金には非課税，その取崩額もまた非課税である[10]。

他方，図表1に示すような内的準備金は，実際価値（時価）と資産の帳簿価額とに差額が生じた場合に設定される。このような内的準備金は，利益留保性準備金と解釈される。

非課税の準備金は，次期以降の決算期に利益留保性準備金として，帳簿上の利益繰越しのために設定される準備金である。この非課税準備金は，貸借対照表上では「特別準備金」として長期にわたって存続する。この準備金は，税法及び経済的な負担を補塡するために役立つ準備金である[11]。

以上，決算書手続きの簿記処理の観点からみても，貸借対照表貸方側には利益留保の会計処理の可能性が残された簿記処理の決算手続きを経て，最終的には，商法規定に従った決算書が作成されることになる。

次に，商法規定に従った決算書作成には，どのような会計政策が可能であるかについて考察することにしたい。

第2節　商法規定の観点からの会計政策の余地

商法規定から会計処理を行なう場合に，GoBに基づいて貸借対照表項目が計上され，評価されている。また貸借対照表分類規定（商法247条1項）もGoBに基づき定められている。

商法規定に従った貸借対照表の貸方側は，自己資本，他人資本，引当金及び計算限定項目に分類されている。したがって帳簿上の自己資本は，資産と他人資本の差額から生じる差額概念として考えられ，その考えが実務では普及している。引当金は負債に含められて解釈される[12]。

負債性引当金を含め，債務は第三者に対する経済的義務，経済的負担，その発生額と確率を数量化できるものとして定義される。この3つの特徴のなかで，負債は，発生額及び確率を数量化できるという特徴を充たし，債務の発生時点に金額が評価できる。

しかし将来の支出額が不確実で，債務の発生もしくはその存在が不確実であるならば，負債性引当金及び偶発損失引当金として設定される。このような抽象的な貸方計上の会計処理は，貸方に計上しなければならない。貸方への計上が具体的に定められてない限り，もしくは貸方への計上に選択権が与えられている場合には，貸方への計上で会計処理される。したがって法律の別段の定めがない限りは，負債性引当金を含めた負債は，貸方へ計上されなければならない[13]ことになる。

貸借対照表貸方側への計上には，前述の「準備金」でも述べたように，税法上容認されている会計処理である「特別準備金」の設定，またその準備金の取り崩しも，税法の基準に従って取り崩されなければならない[14]。

その他に，貸借対照表貸方側に関する会計処理について，会計理論及び実務では費用性引当金が認められている。しかし費用性引当金は，第三者に対する

支払義務のない引当金である。これは，期間に適合した損益計算に役立つ「内的債務」として認識される。商法249条には，①翌営業年度における3ヵ月内に補塡される当該営業年度の未履行維持補修あるいは翌営業年度の未履行廃石除去費（計上義務），②法的債務に裏付けのない保証給付（計上義務），③3ヵ月の期間は経過しているが，まだ当該営業年度内に補塡されていない営業年度未履行の維持補修費（計上義務），④決算日に予想されあるいは確実であるが，属性の範囲を正確には限定できない，見積金額あるいは発生時点に関して未定である当該営業年度あるいは過去の営業年度に帰属する費用（計上選択権）等，4種類の費用性引当金を列挙している[15]。その背景には，いわゆる「推定」引当金の定義づけが難しい[16]という理由がある。そのため会計処理上の認識できる客観的な根拠が求められているといえる。

第3節　商法とIAS/IFRS及び税法上の会計処理上の相違

これまでみてきたように，貸借対照表貸方側には会計政策の余地が残されている。なかでも引当金に関する会計処理には，商法・税法及びIAS/IFRSの会計処理上の相違があることが明らかになる。IAS第37号「引当金，偶発債務及び偶発資産」（以下基準名は省略）において「引当金」の定義がなされたが，2005年6月の公開草案では，「引当金」の代わりに，「非金融負債」という表現が論じられた。

商法249条2項において「内部的債務」の貸方計上は，適正な期間計算及び発生主義的な計算を理由に容認される。そしてそのケースには，未履行の維持補修と廃石除去費の引当金が該当する。これは，税法及び商法上，いわゆる「費用性引当金」といわれる引当金である。しかし税法上は費用性引当金を引当金として認めていない。

さらにIAS/IFRSでは，費用性引当金の計上は第三者に対する債務ではない未履行の維持補修のための債務であり，引当金として容認されていない[17]。しかしIAS/IFRSと税法では推定債務の貸方計上が認められている以上，また

推定債務の定義が明確にされていないことから、潜在的な費用性引当金が計上されることになる(18)。

第4節　商法規定とIFRSにおける引当金の相違

1　商法規定とIAS/IFRSにおける引当金計上

　商法規定では、費用性引当金の計上に選択権が与えられているが、IAS/IFRSの引当金では、いわゆる「費用性引当金」は原則的には存在しない。

　商法規定とIAS第37号において偶発損失及びリストラクチャリングの計上に際しては、会計処理上の相違がみられる。

　まず前述したように、商法249条に費用性引当金が列挙されているにすぎない(19)。しかしIAS第37号の引当金の測定は、①過去の事象の結果として、現在の債務（法的及び推定的）を有し、②当該債務を決済するために経済的便益をもつ資源の流出が必要となる可能性が高く、③当該債務額について信頼できる見積りができる(20)。これらの条件を充たすことによって、引当金が設定可能となる。したがってIAS/IFRSの引当金の引当金設定基準は、商法の保証給付引当金（商法249条1項1文）、負債性引当金（商法249条1項2文2号）に該当する。

　これらの引当金は、商法上の決算書では経済的負担であり、また金額上数量化できる債務で、発生の可能性はあるがその発生は確実ではない場合にも計上されなければならない。

　IAS/IFRSにおける引当金の計上基準の範囲は、商法規定と類似しているが、内容的には完全に一致しないので、そのつど解釈の必要がある(21)とされる。したがって商法規定からIAS/IFRSへの変換に際して裁量の余地が残され、商法規定とIAS/IFRSにおける引当金の見積りには相違が生じる。商法上の決算書では、保守主義に基づく引当金設定の傾向がある。しかし文献では、商法の債務の範囲で引当金が決算書に計上されると解釈される。というのは、確実な債務という理由からのみ引当金設定を考慮しなければならないからである。し

たがって引当金の設定根拠には，保守主義と完全性の原則において矛盾が生じることになる(22)。

2 負債性引当金と費用性引当金の範囲区分

前述したように，費用性引当金の設定に関する商法規定と IAS 第 37 号の間には引当金の範囲に相違がある。費用性引当金に負債性引当金と認識される引当金が含まれる場合には，負債性引当金として計上することが容認される。そのため費用性引当金であるか，負債性引当金であるかの分類が難しい引当金があることも，会計処理上の相違をもたらすことになる。

その例としてリストラクチャリングの引当金が挙げられる。IAS 第 37 号（72～79.）では，リストラクチャリング引当金の計上が定められている。IAS 第 37 号 72. には，推定上の債務を具体化するために，一般的な計上基準が定められている(23)。

商法規定では，原則上，負債性引当金の設定を計上条件として扱っている。IAS/IFRS と商法との一致が前提とされている。だが，商法 249 条 2 項ではそれ以上の計上可能性が認められている。人事配置及び設備の撤去及び調達の場合には，IAS 第 37 号を厳格に解釈すると商法規定よりも会計処理時点が遅くなる(24)。商法規定に従えば，貸借対照表作成の時点までに負債が具体的になるならば負債性引当金として計上できる。この具体化する要件として，事業所変更法（BetrVG 111 条，112 条）に従うことになる。企業が決算日までに経営理事会で計画された経営変更は経済的に回避できないし，また経営理事会に報告する場合には，一般に負債性引当金として認められる。

その例が，商法 249 条 2 項に従ったリストラクチャリング債務に関する費用性引当金の設定である。IAS 第 37 号 (72.) では，リストラクチャリングに関する引当金が認められているかどうかは明らかではない(25)。商法に従ったリストラクチャリングの評価は，商法 253 条 1 項 2 文に従った「理性ある商人の判断」に従った金額で見積られることになる(26)。

費用性引当金の設定を認めている商法規定（商法 249 条 1 項 2 号 3 文及び 2 項）

とは異なる点は，IAS 第 37 号（20）に従って第三者に対する債務は，企業内部での調達手段のために費用性引当金は設定できない。例外として，費用性引当金の代わりとして，有形固定資産の会計処理に際して，減価償却による大規模修繕の準備のための債務及びリストラクチャリングが設けられる[27]。

その他に，引当金の開示が，商法と IAS/IFRS とでは異なっている。IAS 第 37 号では引当金の種類に従った区分表示で説明される。IAS 第 37 号では，商法よりも偶発債務及び偶発債権について詳細な説明が義務づけられている。

2005 年 6 月 30 日に IASB は，IAS 第 37 号の修正案を公表した。IAS 第 37 号では，引当金は不確実な期間及び金額の負債として定義されている。このことから IAS 第 37 号公開草案では，「引当金」という概念は将来使用されるべきではなく，「非金融負債」に変更されるべき[28]とされた。この草案では，債務の発生確率を巡る情報目的のためにも，どのような改善が必要かが問われていた。

以上，引当金は IAS 第 37 号公開草案で議論となったことについてみてきたが，2008 年 BilMoG 法改正草案では，IAS/IFRS を考慮した会計法の現代化が検討されているなかで，費用性引当金は廃止される方向にある。

次に，Deutsche Post 社の貸借対照表貸方側ではどのような会計実務がみられるか，について検討することにしたい。

第 5 節　Deutsche Post 社を事例とする会計政策

1　商法規定に従った貸借対照表貸方にみられる会計政策

Deutsche Post 社は，1995 年 1 月 1 日に資本金 2.000 百万マルクの株式会社として民営化された。Deutsche Post 社の 1997 年度決算書は，商法 238 条以下，264 条以下に従って作成されている (68頁)。1995 年当初は 1.157 百万マルクの赤字であったが，1996 年には 617 百万マルクの赤字に縮小し，1997 年は 103 百万マルクの黒字に転じた。その際の貸借対照表貸方の構成は，図表 2 に示すような状況であった。

第5節　Deutsche Post 社を事例とする会計政策　245

図表2　民営化後の貸借対照表の貸方

(単位：100万マルク)

	1995年	1996年	1997年
資 本 金	2.000	2.000	2.140
準 備 金	4.015	3.812	3.444
貸借対照表利益及び損失	-1.157	-617	103
負　　債	6.736	5.311	4.823
引 当 金	8.678	8.864	10.836

(出所)　Deutsche Post, *Geschäftsbericht 1997*, S. 84-85. より作成した。

　1997年には Deutsche Post 社の経営状況が上昇気味になっていることが明らかになる。1996年から1997年にわたる貸借対照表貸方計上において引当金額は「納税引当金及びその他の引当金設定に際して，すべての認識しうるリスク及び不確定債務を考慮している」。この1997年営業報告書における説明からも，貸借対照表総額に対して引当金は高い計上額となっている。また図表3に示されるように引当金額における「その他の引当金」の計上額が高くなっていることが明らかになる。それは商法上の「理性ある商人の判断に従って必要と考えられる金額で見積られている」ことに，その根拠をみいだすことができる[29]。

　1998年には，商法290条以下に従って連結決算書が作成されている。この連結決算書には，Deutsche Post 社と34社の国内及び10社の国外の関連会社が連結されている[30]。1998年営業報告書では，Deutsche Post 社は「年金及びそれに類する債務の引当金」の評価は保険会社の専門的見解に基づき6％の利子率で算定され，所得税法6a条に適合している。「納税引当金とその他の引当金」の設定には，1997年と同様，すべての認識しうるリスクと不確定債務が考慮されている。当該引当金は，「理性ある商人の判断」に従って必要と考えられる金額で見積られている (70頁)。1996年から1998年までの年度決算書の作成には商法規定を適用し，保守主義に基づく引当金が設定されていることが明らかになる。

図表3 商法に従った連結決算書

(単位：100万マルク)

会 計 基 準	HGB 1997年	HGB 1998年
資 本 金	2.140	2.140
資本準備金	3.045	2.358
DM貸借対照表法17条4項による準備金	398	398
負債連結からの差額	262	24
資本連結からの差額	109	81
その他の利益準備金	14	23
利益準備金	783	526
引 当 金	10.937	13.082
貸借対照表利益及び損失	103	308

(出所)　Deutsche Post, *Geschäftsbericht 1998*, S. 74 より作成した。

1999年連結決算書では，商法からIASへ移行した会計処理となる。

2　IAS/IFRS適用にみられる会計政策

1999年から2000年の営業報告書では，1998年の連結決算書を基礎とした会計処理及び評価に基づき，1999年からは商法292a条に従ってIASを適用した連結決算書が作成されている。

図表4に示すように，利益準備金設定額が上昇している。

EU第7号指令の連結決算書及び連結状況報告書に合致しているかどうかについての判断は，ドイツ会計基準委員会（DRSC）のドイツ会計基準（DRS）第1号「商法292a条に従った免責連結決算書」の解釈に委ねられている。1998年の連結決算書では商法規定に従った会計処理が行なわれ，2000年連結決算書における「会計処理と評価には重要な変更はない」とされる。しかし連結決算書に適用されたドイツ商法とIAS/IFRSとの間における相違として，以下の6項目が挙げられている。

（1）　無形資産について，自家創設の無形固定資産は資産基準を充たしてい

図表 4　IAS 採用以降の準備金の推移

(単位：100 万ユーロ)

	1998 年	1999 年	2000 年	2001 年	2002 年	2003 年	2004 年	2005 年	2006 年
資本準備金	376	376	296	356	344	377	408	1.893	2.037
利益準備金	－921	70	1.080	2.413	3.499	3.615	4.451	7.410	8.490
再評価準備金	291	0	0	－93	－495	－203	－210	220	36
IAS 第 39 号に準拠したヘッジ引当金				－1	－37	－105	－133	－51	－94
外貨換算引当金								－41	－451

(出所)　Deutsche Post, *Geschäftsbericht 1998-2006* より作成した。

る限り，借方へ計上される。
(2)　暖簾について，連結すべき子会社の暖簾から生じる暖簾は借方へ計上され，計画的に減価償却される。IAS への移行前に商法規定に従って準備金と相殺された暖簾は，これまでと同様に借方計上されている。
(3)　有形固定資産の計画的減価償却は価値消耗に適合する。
(4)　年金債務の評価は，将来の給料及び年金ならびに現在の数学的確率を考慮して期待価値による評価が可能な手続きに従って行なわれる。年金債務は直接及び間接的にも年金見積計算で算出される。
(5)　「その他の引当金」は，第三者に対する債務，つまり 50％以上の発生可能性がある場合に限り，設定される。「その他の引当金」が，いわゆる実際に債務が発生した場合には，債務として記載される。
(6)　繰延税金については，将来の法人税追徴及び返還から生じる債務及び資産の評価は，会計理論の負債理論に従って将来の利益配当に適合した税率を適用して行なわれる。損失繰延から生じる将来実現しうる法人税の減税は，これまでと同様に借方へ計上される。

IAS の最初の適用は，SIC 第 8 号の解釈に従って行なわれ，1998 年 1 月 1 日には IAS の会計処理及び評価の適用が開始貸借対照表における準備金の増減を通じて行なわれた[31]。

以上の営業報告書の説明からみて，まだ 1998 年 12 月 31 日付連結決算書で

は完全な IAS 適用には至っていないと判断され，1999 年 1 月 1 日から 2000 年 12 月 31 日に至る連結決算書の作成に際して，以下の IAS 適用が明らかになる。

　IAS 第 16 号（1998 年改訂）「有形固定資産」，IAS 第 22 号（1998 年改訂）「企業結合」，IAS 第 36 号（1999 年改訂）「資産の減損」，IAS 第 38 号（1998 年改訂）「無形固定資産」，IAS 第 40 号（1998 年改訂）「投資不動産」を適用していることが，連結付属明細書で説明されている。しかし IAS 第 39 号「金融商品：認識及び測定」は適用されていない。

　1999 年以降の営業報告書では Deutsche Post 社は IAS を適用しているが，すべての会計処理において IAS が適用されているわけではなく，商法規定における会計処理を残しながら IAS を適用し，「IAS 適用」の連結決算書として監査報告書では承認されている。そのことが特に顕著にみられるのは，自己資本における資本と利益の区分に関わる処理である。

3　資本と利益の区分にみられる会計政策

　図表 5 と図表 6 において，資本金の増資にともない，利益準備金には過去の連結決算利益の累積が含まれる。

　Deutsche Post 社の株主への利益配当計算には，ドイツ商法に従った利益額が基準となっている。利益配当（2003 年：490 百万ユーロ，2002 年：445 百万ユーロ）を控除した残額（2003 年：859 百万ユーロ，2002 年：961 百万ユーロ）は Deutsche Post 社の利益準備金に設定されている。Deutsche Post 社の 2000 年以降の利益配当推移は，図表 7 に示すとおり上昇傾向にある。この現象は，2000 年 11 月に Deutsche Post 社がドイツ証券取引所に上場し，利益配当を利益準備金に積み立てることから，投資家へ配当することに転換している時期と合致している。

　過去の連結利益の利益準備金への積み立てと，利益配当後の残額の利益準備金への積立ては，赤字から黒字に転じた企業の資本維持を築くための手段となっている。さらに「国内の投資家への利益配当には課税されていない」という

図表5　自己資本変動表

(単位：100万ユーロ)

	2005年	2006年	2007年
資　本　金	1.193	1.202	1.207
資 本 準 備 金	1.893	2.037	2.119
IAS 第39号に従った再評価準備金	220	36	-251
IAS 第39号に従ったヘッジ準備金	-51	-94	-96
外貨換算準備金	-41	-451	-897
利 益 準 備 金	7.410	8.490	8.976
親会社に帰属する自己資本	10.624	11.220	11.058
少 数 株 主 持 分	1.791	2.732	2.801
長 期 引 当 金	9.711	12.340	10.573
短 期 引 当 金	1.433	1.893	2.037
連結貸借対照表利益			

(出所)　Deutsche Post, *Geschäftsbericht 2003-2007* より作成した。

図表6　自己資本の推移

(単位：100万ユーロ)

	1999年	2000年	2001年	2002年	2003年	2004年
資　本　金	1.094	1.113	1.113	1.113	1.113	1.113
資 本 準 備 金	376	296	338	356	377	408
利 益 準 備 金	70	1.080	2.413	3.499	3.615	4.451
貸借対照表利益	1.024	1.512	1.583	659	1.309	1.588

(出所)　Deutsche Post, *Geschäftsbericht 1999-2004* より作成した。

図表7　利益配当の推移

(単位：100万ユーロ)

	2000年	2001年	2002年	2003年	2004年
利益配当	300	412	445	490	556
1株あたり利益配当	0,27	0,37	0,40	0,44	0,50

(出所)　Deutsche Post 社（http://investors.dpwn.com/de［2006年2月8日］）より作成した。

利益配当への優遇措置は，Deutsche Post 社の国内の投資拡大につながったと考えられる。

2005年12月31日時点では，図表9のDeutsche Post 社の株式所有構造は，図表8と比して公から民への株式所有構造へと移行し，さらに国際的な投資家の株式所有構造へと変化している。

前述の利益を投資家への利益配当に向けた会計政策は，株式所有構造の構成からも明らかで，従来の国有株式が，浮動株に移っていることからも株主所有比率が企業の会計政策へ及ぼす影響は大きいと考えられる。

他方，ドイツ政府委員会が作成したコーポレート・ガバナンス・コーデックスは企業に強制されるものではないが，株式法第161条に従って1年に1回，この勧告に従っているのかどうかについて説明することが義務づけられている。しかしまだ企業間においてコーポレート・ガバナンスにおける開示内容に程度の差があることは否定できない。前章でみてきたように，DAX-30の企業においては株式所有構造の開示が普及しており，M-DAX企業にも普及しつつある。株式所有構造によって，閉鎖的な企業と株の自由化による透明な企業との相違が明らかになる[32]。

図表8 株式所有構造の推移

	KfW銀行グループ	浮動株	ドイツ連邦共和国
2004年12月31日	36%	44%	20%
2005年1月10日	49%	44%	7%

（出所）　Deutsche Post, *Geschäftsbericht 2004*, S. 17 より作成した。

図表9 株式所有構造

(2005年12月31日現在)

		浮動株 (53.3%)		
株式所有構造	KfW銀行グループ　41.7%	機関投資家　49%		個人投資家　9%
地域別機関投資家比率	アメリカ	ドイツ	イギリス	フランス	スウェーデン	オランダ	その他
	33%	27%	20%	5%	1%	1%	13%

（出所）　Deutsche Post（http://investors.dpwn.com/de［2006年2月8日］）より作成した。

おわりに

　本章では，商法会計制度による会計処理には会計政策の余地が残されているということを探究した。公から民への会計制度へ10年間内に変換してきた Deutsche Post 社は，1995年に国営から株式会社へ組織変更することによって，商法会計に基づき配当しなかった利益は利益準備金への積み立てる会計政策を行なったこと，さらに1998年にはEU統合を基礎とする商法と IAS/IFRS 適用の選択権を背景に，IAS/IFRS に従った会計処理のもとで，従来の商法規定に従った会計処理を基礎とする IAS/IFRS 適用の会計処理を行なっていることが明らかになった。その意味で IAS/IFRS の部分的適用がとられているといえる。

　さらに Deutsche Post 社は証券取引所へ上場し，その際，投資家への利益配当を意識した会計政策を行なうなど，企業の環境の変化にともなって会計処理が変化し，企業の各決算書の比較が困難である。

　その会計処理のなかで，特に貸借対照表貸方側には，債権者保護に基礎づけられた会計政策が顕著に現われている。日独のような商法と税法の枠内で貸借対照表を作成している会計制度のもとでは，投資家保護を基礎とする会計基準を適用することで，どのような相違が生じるかを考える場合，貸借対照表貸方側における会計処理には，会計上の利益計算に影響を及ぼす会計政策が行なわれていることが明らかになる。我が国の企業が欧州の資本市場において IAS/IFRS 適用，あるいはこの会計基準との同等性が求められるような状況のなかで，これまでの貸借対照表貸方側の会計処理には，投資家保護に向けて，どのような適正な会計処理が求められるべきかについて検討する必要がある。

[注]

（1）　片野健一郎「DeutschePost, 1990年からの軌跡」（2004年10月12日）（郵政総合

研究所：http//www.japanpost.jp/［2006年2月10日付］）1996年から1997年にかけて，売上高（郵便事業），営業活動，利益の上昇が説明されている。それに対して人件費削減のために1996年284,889人から266,823人に人員削減している（*Deutsche Post, Geschäftsbericht 1997*, S. 7-16.）。郵便貯金，為替業務，電気通信は，連邦郵電が直接運営していたが，1989年第一次郵電改革法により公社化，1995年第二次郵電改革法で政府出資の持株会社のもと，3公社が株式会社化された（相沢幸悦著『国際金融市場とEU金融改革』ミネルヴァ書房，2008年，209-210頁）。
（2） 我が国の郵政公社の民営化にあたり，Deutsche Post社の民営化の成功例が各紙で紹介されている。「独ポストバンクの研究」（上）『日経金融新聞』（2005年8月19日付），「ドイツポスト純利益2.4倍」『日本経済新聞』（2005年11月11日付）。郵便，通信，貯金の3部門に分割されたが，1999年に再度，郵便と貯金部門は統合した。連結決算書は，商法290条以下に従って作成されている（*Deutsche Post, Geschäftsbericht 1998*, S. 70.）。
（3） Gabele, Eduard/Mayer, Horst, *Buchführung*, 8. Aufl., München 2003, S. 189.
（4） 決算手続きの簿記記帳として挙げられている「私的勘定」（個人企業の場合には，我が国の複式簿記における「引出金」勘定に該当する）。しかし株式会社の場合には，「私的勘定」は必要ではないことから除外した。
（5） Gabele, Eduard/Mayer, Horst, *a. a. O.*, S. 189-191.
（6） Gabele, Eduard/Mayer, Horst, *a. a. O.*, S. 197-201.
（7） Gabele, Eduard/Mayer, Horst, *a. a. O.*, S. 201-204.
（8） Gabele, Eduard/Mayer, Horst, *a. a. O.*, S. 204-206.
　　商法252条1項4号「決算日までに発生し，予見できるすべてのリスクと損失は，慎重に評価しなければならない。たとえそれが決算日と年度決算書の作成日との間に初めて明らかになる場合でさえも考慮しなければならない。利益はそれが決算日に実現した場合にだけ考慮しなければならない。」（Beck'sche Textausgaben, *Aktuelle Wirtschaftsgesetze 2007*, München 2007, S. 383.）
（9） Gabele, Eduard/Mayer, Horst, *a. a. O.*, S. 207-208.
　　公的準備金に対して，内的準備金という表現をしている。定義の内容から判断して，我が国では「利益留保性準備金」に該当する。そのため本章では，「利益留保性準備金」とした。
（10） Gabele, Eduard/Mayer, Horst, *a. a. O.*, S. 207.
　　商法272条2項「資本準備金として記載されるのは，1．株発行に際して額面額を超える，無額面株の場合には見積額を超えて獲得される金額，2．転換社債及び新株引受権付社債の発行に際して，獲得される金額，3．優先株式の保証に対して株主に払われる追加支払額，4．自己資本における株主に払われるその他の追加支払額」3項「利益準備金として，当該営業年度及び前営業年度に利益から設定された額だけが設定できる。それに加え，利益から法的あるいは社員契約，あるいは定款に基づき設定されるべき準備金とその他の利益準備金がある」4項「貸借対照表借方側に自己株式のために計上されるべき金額に見合う金額が設定されなければならない。この準備金は自己株式が発行，売却，あるいは買入れる場合に限り，取り崩すことができる。あ

るいは商法253条3項に従って，借方側に低価額で計上される場合に限る。既に貸借対照表の作成に際して設定されるべき準備金は，既存の利益準備金から設定できる。それは別段の定めがない場合に限る。1文に従った準備金は，支配的あるいは過半数を占める企業の株式に対しても設定できる。」(Beck'sche Textausgaben, *a. a. O.*, S. 395-396.)
(11) Gabele, Eduard/Mayer, Horst, *a. a. O.*, S. 208. 準備金の種類には，賠償調達準備金（所得税法35章），再投資準備金（所得税法6b条），補助金準備金（所得税法34章4項）等がある
(12) Buchner, Robert/Wenz, Martin, *Buchführung und Jahresabschluss*, München 2005, S, 69. 商法247条1項「貸借対照表には固定資産及び流動資産，自己資本，負債ならびに計算限定項目が区分して記載され，分類されなければならない。」(Beck'sche Textausgaben, *a. a. O.*, S. 381).
(13) Buchner, Robert/Wenz, Martin, *a. a. O.*, S. 68.
(14) Buchner, Robert/Wenz, Martin, *a. a. O.*, S. 69.
(15) 費用性引当金については商法249条で定められている。「(1)引当金は，不確定債務，未履行取引から生じる偶発損失について設定しなければならない。さらに1. 翌営業年度3カ月以内に補修維持のための未履行費用あるいは翌営業年度に繰り越しされる廃石除去のための費用に関して引当金が設定されなければならない。2. 法的な債務をもたらさない保証，営業年度以内に2文1号に従った期間経過後に補修が行われる場合にも維持補修のための未履行のために設定できる」ことが定められている(Beck'sche Textausgaben, *a. a. O.*, S. 382)。
(16) Lüdenbach, Norbert/Hoffmann, Wolf-Dieter, Faktische Verpflichtungen und (verdeckte) Aufwandsrückstellungen nach IFRS und HGB/EStG, *BB*, 2005, S. 2344.
(17) *Ebenda*.
(18) *Ebenda*.
(19) Kleinmanns, Hermann, Rückstellungsbilanzierung gem. IAS 37-Darstellung, Unterschiede zum HGB und künftige Entwicklungen, *StuB*, 2005, S. 205.
(20) Haaker, Andreas, Änderungen der Wahrscheinlichkeitsberücksichtigung bei der Rückstellungsbilanzierung nach ED IAS 37, *PiR* 4/2005, S. 51.
(21) Kleinmanns, Hermann, *a. a. O.*, S. 206-207.
(22) Kleinmanns, Hermann, *a. a. O.*, S. 207.
(23) 企業会計基準委員会/財務会計基準機構日本語訳監修編『国際財務報告書基準書(IFRSs^{TM})』JASB/FASB, IASB, *International Financial Statements (IFRSs^{TM})* 2005, 1536頁。
(24) Kirchhof, Jürgen, Die Bilanzierung von Restrukturierungsrückstellungen nach IFRS, *WPg*, 2005, S. 589.
(25) Kirchhof, Jürgen, *a. a. O.*, S. 590-591. 商法249条2項参照。
(26) Kirchhof, Jürgen, *a. a. O.*, S. 591. 商法253条1項2文「債務は反対給付が期待されない返済額で，現金額で評価されなければならない。引当金は理性ある商人の判断に従って必要である金額でのみ評価されなければならない。引当金はその基礎となって

いる債務が利子分を含んでいる場合には割引評価できる」(Beck'sche Textausgaben, *a. a. O.*, S. 383 .)
(27)　Kirchhof, Jürgen, *a. a. O.*, S. 590 – 591.
(28)　Haaker, Andreas, *a. a. O.*, S. 51, IASB, *Exposure Draft Proposed* Amendments to IAS 37 (Provisions, Contingents Liabilities and Contigents Assets) and IAS 19 (Employee and Benefits), Comments to be received by 28. October 2005.
(29)　Deutsche Post, *Geschäftsbericht 1997*, S. 73.
(30)　Deutsche Post, *Geschäftsbericht 1998*, S. 73.
(31)　Deutsche Post, *Geschäftsbericht 2000*, S. 84 – 85.
(32)　拙稿，「ドイツにおけるコーポレートガバナンスと会計制度改革」証券経済学会年報，第40号（2005年7月），124頁参照。

第12章 資本市場会計制度への移行期における資本会計

はじめに

　貸借対照表貸方側における会計項目は，企業活動の最終結果を表示する勘定の集合である。それは，借方における資産増減の影響を受け，貸方における会計項目の利益（あるいは損失）が変化することによって，企業の営業活動における最終結果に影響を及ぼすからである(1)。

　企業の営業取引は，基本的には複式簿記に基づき記帳され，その取引の損益差額が資本勘定に振替えられ，プラス要素は資本勘定の貸方へ，またマイナス要素は資本勘定の借方へ振替えられるという複式簿記システムの原理に基づき企業の利益（あるいは損失）が算出される(2)。この複式簿記システムに基づき財務諸表が作成される限り，最終的な企業の結果は貸借対照表の貸方に凝縮されることになる。

　我が国を含め，ドイツの商法会計とIAS/IFRSとの調和化に際して，複式簿記システムに基づいて最終結果が集計される資本の認識に変化が生じているということである。これは，経済変化によって影響されて会計制度に変化が生じていることを示す。つまり，自己資本と他人資本との区分間に，中間的な性質の会計項目が入り込んできたことによる。従来は自己資本として認識してきた会計取引が，他人資本としての性質をもつ会計項目が生じていることによる。その会計項目は，自己資本ではなく，他人資本と認識すべき会計項目に変化することになる。このような会計上の変化は，利益計算という会計目的，あるい

は投資家への信頼ある情報提供に対して,どのような影響を及ぼすであろうか。

本章では,商法における自己資本,商法から IAS/IFRS へ変換することによって生じる会計処理上の相違を探求し,まず自己資本の表示,自己資本と他人資本との関係について,ドイツ企業の連結決算書における事例をとおして,分析することにしたい。

第1節　IAS/IFRS の利益算定と資本

第10章で記述したように,商法上の利益概念は,動態論の「合致の原則」に基づき,複式簿記と商法上の会計項目の分類及び表示に従って定義づけられているといえる。商法と IAS/IFRS の利益算定には,重要な相違がある。その相違を明らかにするために,Küting による「IAS/IFRS における利益算定」の見解を基礎として考察することにしたい。Küting は,IAS/IFRS における利益算定を,以下のような図表1で説明している。

すべての損益が損益計算書において認識されるのではない。それは,商法に従った損益の結果ではなく,損益計算書における利益(損失)と貸借対照表における自己資本の増減が別々に発生する損益であるからである。IAS/IFRS の損益は,損益計算書と積立金あるいは特別項目のような自己資本に内在する。

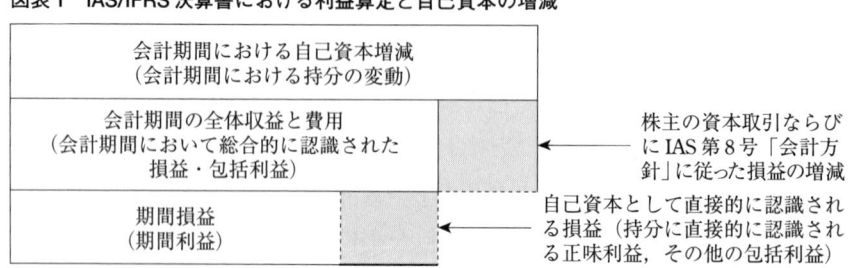

図表1　IAS/IFRS 決算書における利益算定と自己資本の増減

会計期間における自己資本増減 (会計期間における持分の変動)	
会計期間の全体収益と費用 (会計期間において総合的に認識された 損益・包括利益)	← 株主の資本取引ならびに IAS 第8号「会計方針」に従った損益の増減
期間損益 (期間利益)	← 自己資本として直接的に認識される損益(持分に直接的に認識される正味利益,その他の包括利益)

(出所)　Küting, Karlheinz/Reuter, Michael, *a. a. O.*, S. 2550.

図表2 損益と区分表示

収益及び費用の種類	認識の箇所
収益及び費用に適合した損益	損益計算書
収益及び費用の定義を充たさない損益	直接自己資本へ
株主持分に関連した収益及び費用	直接自己資本へ

（出所） Küting, Karlheinz/Reuter, Michael, *a. a. O.*, S. 2551.

したがって、Küting によれば、図表1に示される損益は、図表2のような区分表示に至るのである。

第2節　商法における自己資本の会計処理

以上の IAS/IFRS における利益算定を踏まえて、商法から IAS/IFRS へ会計基準を変更している企業が、自己資本の会計処理を巡り、商法と IAS/IFRS 適用の会計処理では、どのような相違が連結決算書にみられるかについて分析することにしたい。

例えば、BMW 社の場合を取り上げることにしよう。

BMW 社は、1999年までは商法の会計規定に従って連結決算書を作成してきたが、2000年には商法と IAS/IFRS の連結決算書を作成し、2001年以降は IAS/IFRS に従った連結決算書を作成している。1995年から2000年までは商

図表3　商法と IAS/IFRS に準拠した連結決算書における自己資本額の推移

（単位：100万ユーロ）

	1995年	1996年	1997年	1998年	1999年	2000年	2000年	2001年	2002年	2003年	2004年
	HGB						IAS/IFRS				
資　本　金	505	506	506	658	671	672	―	673	674	674	674
資本準備金	814	825	836	1.876	1.893	1.914	1.914	1.937	1.954	1.971	1.971
利益準備金	2.673	3.090	3.629	3.611	1.099	2.000	7.849	9.405	11.075	12.671	14.501
自　己　資　本	4.193	4.636	5.240	6.445	3.932	4.896	9.432	10.770	13.871	16.150	17.517
年 度 剰 余 金	354	420	638	462	-2.487	1.026	1.209	1.866	2.020	1.947	2.222
貸借対照表利益	137	152	203	234	269	310	―	350	351	392	419

（出所） BMW Group, *Geschäftsbericht 2004*, S. 118–119 より作成した。

グラフ1　商法とIAS/IFRSにおける自己資本額の推移

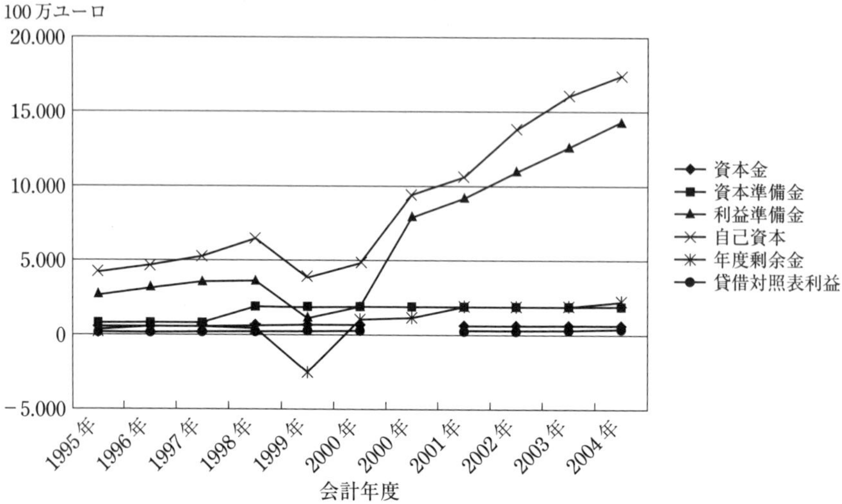
100万ユーロ
20.000
15.000
10.000
5.000
0
−5.000
1995年
1996年
1997年
1998年
1999年
2000年
2000年
2001年
2002年
2003年
2004年
会計年度
資本金
資本準備金
利益準備金
自己資本
年度剰余金
貸借対照表利益

（出所）　BMW Group, *Geschäftsbericht 2004*, S. 118–119より作成した。

法，2000年から2004年まではIAS/IFRSに従った連結決算書における自己資本額の推移は，図表3に示すとおりである。

図表3をグラフ1に示すと，IAS/IFRSを適用した場合，自己資本額が一層上昇していることが明らかになる。

BMW社は，2000年以降IAS/IFRSを適用して，グラフ1に示されるように，自己資本だけではなく，利益準備金が著しく上昇している。商法における自己資本額とIAS/IFRSを適用して算出された自己資本額は，2000年の2つの会計基準に従った会計数値のうち，IAS/IFRSによる数値が大きいことが明らかになる。一般にいわれているように，商法に準じた会計処理が，IAS/IFRS適用の会計処理より会計数値が小さくなるということを示している。

BMW社の連結決算書において，さらに商法に準拠した場合とIAS/IFRSを適用した場合に相違が生じるのは，自己資本の区分表示である。自己資本の区分表示に含まれている会計項目についてみると，商法の会計規定では，資本金（引受済資本金），資本準備金，利益準備金，貸借対照表利益（損失）に区分さ

れた。2002年以降の連結決算書では，自己資本の部では「自社株」と「その他の自己資本」に区分され，さらに，自己資本と「その他の社員持分」（少数株主持分）が区分して表示される。

次にIAS/IFRSを適用した連結決算書における自己資本の区分表示に視点を移すことにする。

第3節　IAS/IFRSにおける自己資本の会計処理

BMW社は，1989年以来，従業員の企業利益への参加を進めている。グラフ2に示すように，預託株式は年々上昇傾向にある。この預託株式は，取締役会において，2006年には証券取引所における優先株を買い戻し，金融機関及び証券会社を通じて従業員へ発行している[3]。いわゆるストックオプション，将来は新株引受権付（Bezugsrecht）金融商品が発行される予定である。この金融商品は，現在，優先株式は自己資本の区分表示になっているが，将来は従業員に対する負債として解釈すれば，他人資本への区分に移行することが考えられる。

自己資本の区分表示に現われているように，自己資本には，基本的には「資

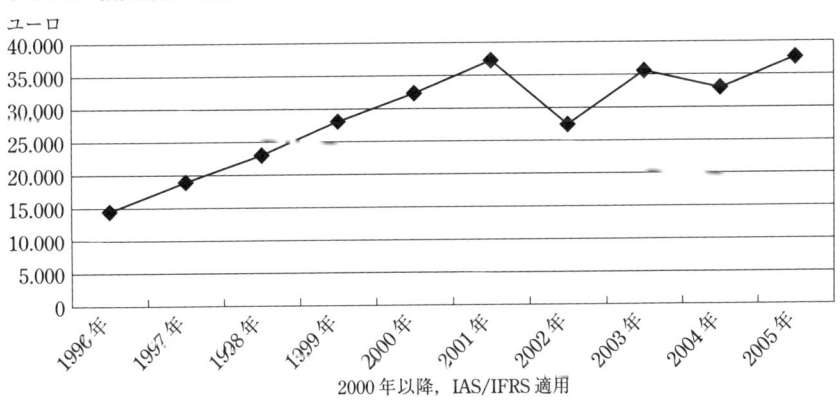

グラフ2　預託株式の推移

（出所）　BMW Group, *Geschäftsbericht 2005*, S. 39より作成した。

本」という概念で区分されていた会計項目が,「資本」の性質の変化によって,「他人資本」として区分表示することが適正であるということである。

次に, 自己資本に区分されるべき会計項目が, 他人資本としてみなされている会計処理について, 商法に準じて作成される場合と IAS/IFRS を適用した場合における相違を明らかにするために, まず商法を適用した場合について検討することにしよう。

第4節 商法における自己資本と他人資本の分類

商法に従った会計処理は, 債権者保護の立場をとる保守主義の会計処理が行なわれるといわれる。そのため, 一般にドイツ企業の貸借対照表上の会計処理に際して, 将来のリスクに対して引当金を設定するという傾向がみられる。

このような前提の検証のため, 自己資本と他人資本の区分において曖昧な性質の引当金[4]を取り上げ, 商法と IAS/IFRS 適用の場合における引当金の設定状況をみることにしよう。

BMW 社の商法と IAS/IFRS 適用の連結決算書における引当金の設定を比較

図表4 1999年・2000年の決算における引当金設定

(単位：100万ユーロ)

	2000年12月31日	1999年12月31日
年金引当金	1.666	1.496
その他の引当金		
税　　金	635	665
人　件　費	825	813
営業活動	2.914	3.495
その　他	2.133	1.538
ローバ自動車再構築のための引当金		**3.150**
	8.173	11.157

(出所) BMW Group, *Geschäftsbericht 2000*, S. 43 より作成した。

第4節　商法における自己資本と他人資本の分類　　261

すると，BMW社の「他人資本とされる引当金の計上」は，図表4に示すように，商法における会計処理の典型的な傾向を示しているといえる。

　また引当金の計上は，商法からIAS/IFRSへ会計基準が変更された場合に，減少しているとはいえない。ドイツ企業の貸借対照表における「その他の引当金」の占める割合は，年金引当金とともに，商法の会計規定に従った場合と比較して上昇傾向にある。その引当金の内容は，図表4に示すような内容である。

　1999年から2000年では，年金給付債務は，年金引当金によって補填される。従業員と退職給付契約にあたる年金引当金の他に，人件費に関する引当金には，利益配当，記念費用，休暇手当，フレックスタイムの未払金，パートタイム支払い等に関する費用が該当する。営業活動に関する引当金には，通常の営業活動から生じる製品保証債務，売上割引及び値引等，未履行取引から生じる偶発損失等に関して引き当てられている。その他の引当金は，その他の認識できる損失と不確定債務から生じるリスクに引き当てられている。ローバ自動車の販売から生じるリスクも含まれている。さらにその他の引当金には，大修繕費，旧車両の下取り債務，翌営業年度以降に繰り越される当該営業年度に生じる補修維持引当金が含まれている[5]。

　これらの債務及び費用に関する引当金は，商法に従った保守主義を基礎とする会計処理である引当金の設定とみなされる。他人資本とされる引当金には，基本的には，前章でも述べたように，自己資本とみなされる利益留保性準備金が含まれることから，商法における会計処理には，自己資本と他人資本の区分に際して，本来自己資本とみなされる引当金が，他人資本として区分される傾向にある[6]。

　次にIAS/IFRSを適用する自己資本と他人資本の区分について分析することにしたい。

第5節　IAS/IFRS における自己資本と他人資本の分類

商法から IAS/IFRS に移行して連結決算書を作成した場合にも，貸借対照表上，他人資本としての引当金分類には，年金引当金，納税引当金，その他の引当金が表示され，会計基準の変更による変化はみられない。その際，その他の引当金は，商法に準じた引当金を設定した場合と同様に，保守主義に基づく会計処理が行なわれると判断される。IAS/IFRS を適用した 2003 年営業報告書においても，その他の引当金の区分表示に変更はみられない。

しかし 2004 年以降の営業報告書では，長期引当金と債務，短期引当金と債務の区分の表示方法に変更されている。

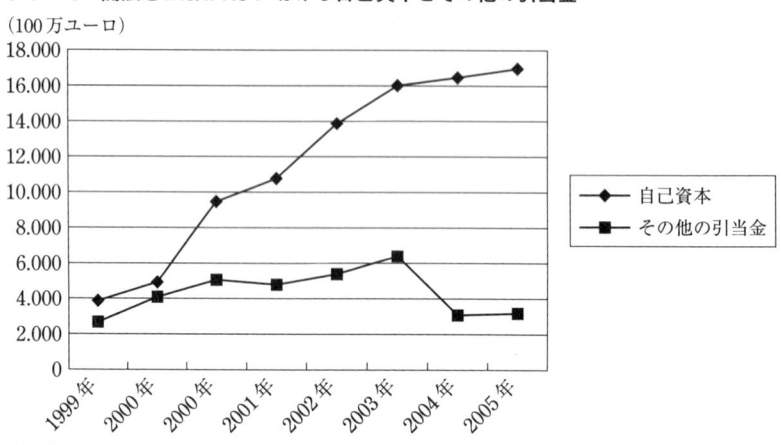

グラフ3　商法と IAS/IFRS における自己資本とその他の引当金

(出所)　BMW Group, *Geschäftsbericht 2005*, S. 136–137 より作成している。

図表5　Volkswagen 社の自己資本と引当金の関係

(単位：100万ユーロ)

	1995年	1996年	1997年	1998年	1999年	2000年	2001年	2002年	2003年	2004年	2005年
自己資本	6.470	6.810	7.322	9.584	10.073	21.371	23.995	24.634	24.430	22.681	23.647
引当金	16.229	18.420	19.134	20.674	21.569	21.128	21.782	22.349	22.810	20.245	21.898

(出所)　Volkswagen, *Geschäftsbericht 2005*, S. 136–137.

グラフ4　自己資本と引当金の関係

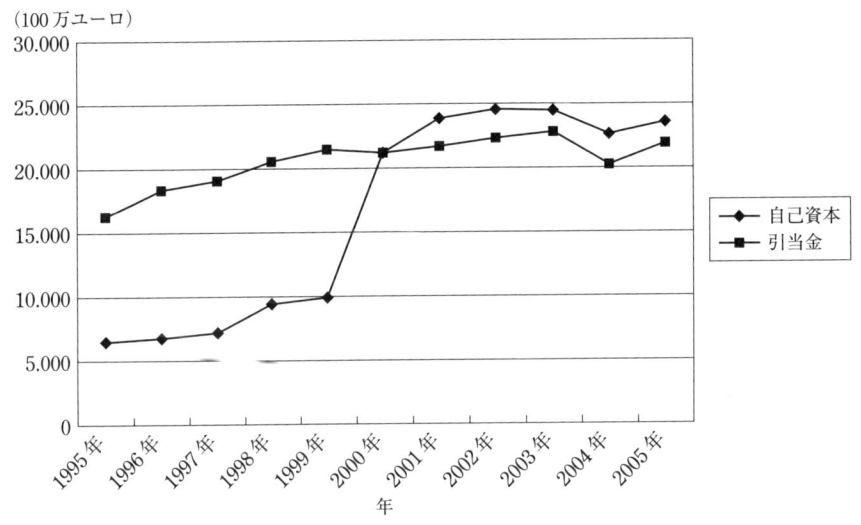

(100万ユーロ)

(出所)　Volkswagen, *Geschäftsbericht 2005*, S. 136-137より作成した。

　グラフ3から判断できるのは，1999年以前は，商法に従った連結決算書を作成するに際して，自己資本とその他の引当金の関係は，金額的な差額は少ない。しかし2000年以降の自己資本と他人資本の差額は少額ではあるが，自己資本とその他の引当金は大幅に乖離しながら，その他の引当金は減少傾向にある。その典型的例が，BMW社の商法とIAS/IFRS適用の自己資本と引当金の関係である。一方，図表5に示すように，同業者のVolkswagen社の連結決算書は，逆の傾向を示している。

　図表5をグラフ4に示すと自己資本と引当金の関係が商法とIAS/IFRSにおいて異なる現象がみられることが明らかになる。

　Volkswagen社は，1999年まで商法に準じた連結決算書を作成してきた。2000年以降，IAS/IFRSを適用し，引当金の表示方法は，1999年から2003年まで「引当金」として連結決算書には一括表示してきたが，2004年以降，年金引当金，納税引当金，その他の引当金（短期及び長期区分）の表示方法に変更している[7]。

図表6　2000年連結決算書における商法からIFRSへの移行計算書

(単位：100万ユーロ)

		HGB	IFRS	差額
積極側		159.582	188.286	28.704
	固定資産	69.308	72.608	3.300
	流動資産	89.835	115.058	25.223
	経過勘定	439	620	181
消極側		159.582	188.286	28.704
	自己資本	22.534	43.507	20.973
	社外社員持分		66	66
	引当金	44.728	51.317	6.589
	債務	89.203	92.913	3.710
	経過勘定	3.117	483	−2.634

(出所)　Volkswagen, *Geschäftsbericht 2000*, S. 14.

図表7　自己資本と少数株主持分の表示

(単位：100万ユーロ)

	2000年	2001年	2002年	2003年	2004年	2005年
自己資本	21.371	23.995	24.634	24.430	22.681	23.647
資本金	1.071	1.087	1.089	1.089	1.089	1.093
資本準備金	4.296	4.415	4.451	4.451	4.451	4.513
利益準備金	13.690	14.546	13.905	14.171	17.094	17.994
連結貸借対照表利益	2.314	3.947	5.189	4.719		
社外社員持分	49	53	57	104	47	47

(出所)　Volkswagen, *Geschäftsbericht 2001-2005* より作成した。

　その他，図表6に示すように，Volkswagen社の「少数株主持分」は，自己資本として表示されるのではなく，自己資本とは別記した表示がとられている。

　「社外社員持分（その他の社員持分）」は，従来の商法上の連結決算書では自己資本に含まれている。2003年以降，「社外社員持分（その他の社員持分）」は，自

己資本とは別記表示となっている。

以上，BMW 社と Volkswagen 社の商法に準じた連結決算書と IAS/IFRS を適用した連結決算書を対象として，2 つの会計基準における自己資本と他人資本を中心に 10 年間の推移を分析した。

これまで述べてきた他人資本と自己資本の分類には，信頼ある情報となるためには，まだ問題があるといえよう。次に Schering 社の連結決算書における自己資本の区分表示を取り上げることにしよう。

第 6 節　他人資本と自己資本の区分の曖昧性

Schering 社の 2004 年営業報告書と 2005 年営業報告書における自己資本分類には，「少数株主持分」と「少数株主に対する自己資本」が，自己資本表示の後に区分されている。自己資本の区分表示でもなく，他人資本に区分表示されているのでもないことから，2 つの会計項目の定義づけがまだ明確ではないと判断される。2004 年連結決算書と 2005 年連結決算書における自己資本の金額には，差額が生じる結果となっている。

以下，図表 8 において，連結決算書における自己資本の表示[8] とその付属

図表 8　2004 年連結決算書における自己資本表示

(単位：100 万ユーロ)

消極側		2004 年 12 月 31 日	2003 年 12 月 31 日
基 本 資 本		194	194
資 本 準 備 金		334	334
引受済資本金	(20)	528	528
稼 得 資 本	(21)	2.485	2.378
自 己 株 式		− 4	—
少数株主持分に対する自己資本		3.009	2.906
少数株主持分		17	16
自己資本		3.026	2.922

(出所)　Schering, *Geschäftsbericht 2004*, S. 89.

説明書について検討することにしよう。

引受済資本金は，194百万ユーロで，194百万の株式に分割されているので，基本資本金における1株は，1ユーロの持分にあたる。2004年12月31日には，4百万株が167百ユーロの総額で取得された。2004年にSchering社とその他の被連結会社は，249,083の自己株式数を1株平均41,75ユーロで従業員株式の発行のために取得している。従業員株式は，平均1株23,17ユーロで発行された。

2005年9月30日まで，株式法71条1項8号に従って，取締役は，Schering社の自己株式を取得する権限を有し，この権限に基づき194百万ユーロの基本資本の株式を取得することが許可されている。さらに取締役には，2009年4月15日までに，一度あるいは数回にわたって現金及び現物出資に対する新株式発行をともなう基本資本を監査役会の同意でもって，最高97百万ユーロの額まで増資する権限が与えられている。だが取締役は，監査役会の同意があれば，以下の場合に，株主の新株引受権付株式を排除することができる。

(1) 基本資本の増資は，現金出資の場合には，基本資本金の10％を超えない，また新株式の発行価額は，取締役による発行価額の確定時における株式の証券取引所価額を下回らない。
(2) 現物出資に対して，企業，関連企業，企業の部門，営業権あるいは製造権の取得のために増資する。
(3) 転換社債の保有者ないしは従業員のストックオプション，新株引受権付株式を承認する必要がある場合に限る。
(4) 上限額を調整する必要がある場合に限る。

取締役は，監査役会の同意があれば，2009年4月15日まで1回あるいは数回にわたって，転換社債及びストックオプションを発行することができる。このような社債の発行総額は，60百万ユーロを超えることができない。

Schering社の転換株式及びオプション付株式は，10百万ユーロの基本資本まで株式発行できる。基本資本は，10百万ユーロまで10百万株式数までの発行によって条件付で増資ができる。この条件付増資は，転換社債及びオプショ

ン付株式の償還に役立ち，さらに基本資本は，50万ユーロまで条件付で増資ができ，この条件付増資は，2001年4月26日まで株主総会が権限を有する決議に基づき発行される株式オプションの株主のように，オプションの権利が用いられる。しかしオプションの権利は自己株式あるいは現金同等物には与えられない[9]。

図表9　2005年連結決算書における自己資本表示

(単位：100万ユーロ)

消極側	2005年12月31日	2004年12月31日
基本資本	194	194
資本準備金	334	334
利益準備金	3.307	2.876
その他の準備金	−566	−584
自己株式	−4	−4
少数株主持分に対する自己資本 (21)	3.265	2.816
少数株主持分	18	17
自己資本	3.283	2.833

(出所)　Schering, *Geschäftsbericht 2005*, S. 109より作成した。

以上のように，2004年営業報告書における自己資本について説明されている。しかし2005年営業報告書では，同年度の自己資本は，少数株主持分とその自己資本についての区分表示が変更され，さらに，図表9のように金額に差額が生じている。

そのため，2005年営業報告書では，少数株主の自己資本については，付属説明書で，以下の図表10で補足説明がなされている。

図表10では，2005年営業報告書における自己資本変動計算書には，2004年改訂IAS 19「従業員給付」(以下略) の補足的適用によって前年度の評価で示されている。2004年連結決算書では2004年1月1日の稼得資本は2.378［＝利益準備金 (2.689) −その他の準備金 (311)］(百万ユーロ) として外貨換算差額と金融商品の時価評価が相殺されて算出されている。2004年12月31日に

図表10　自己資本と少数株主の自己資本

(単位：100万ユーロ)

	基本資本	資本準備金	利益準備金	外貨換算からの差額	市場価値評価の派生的保証商品	市場価値評価の有価証券と持分	保険数値の利益及び損失をともなう年金計画	総計	自己株式	少数株式に対する自己資本
2004年1月1日(2004年報告書)	194	334	2.689	-327	15	1	—	-311	—	2.906
2005年にIAS19(2004年改訂)遡及適用	—	—	13	—	—	—	-152	-152	—	-139
2004年1月1日(2005年に適用)	194	334	2.702	-327	15	1	-152	-463	—	2.767
認識された損益総計	—	—	504	-76	-2	15	-58	-121	—	383
株式を基礎とする報酬	—	—	5	—	—	—	—	—	—	5
利益配当支払	—	—	-178	—	—	—	—	—	—	-178
IFRS3最初の適用「結合会計」	—	—	10	—	—	—	—	—	—	10
自己株式の買い戻し	—	—	-163	—	—	—	—	—	-4	-167
自己株式の取得と従業員への発行	—	—	-4	—	—	—	—	—	—	-4
2004年12月31日	194	334	2.876	-403	13	16	-210	-584	-4	2.816
認識された損益総計	—	—	619	177	-24	7	-142	18	—	637
株式を基礎とする報酬	—	—	7	—	—	—	—	—	—	7
利益配当支払	—	—	-190	—	—	—	—	—	—	-190
自己株式の取得と従業員への発行	—	—	-5	—	—	—	—	—	—	-5
2005年12月31日	194	334	3.307	-226	-11	23	-352	-566	-4	3.265

(出所)　Schering, *Geschäftsbericht 2005*, S. 129 より抜粋。

おける少数株主持分3.009（百万ユーロ）は，2004年改訂のIAS19の適用によって，2.767（百万ユーロ）に修正された後，2.816（百万ユーロ）となる。したがって少数株主持分に関連する金額と従業員株式を利益準備金から控除することによって，少数株主持分と従業員持分は，自己資本とは区分表示されている。2005年営業報告書では，少数株主持分と従業員株式は，自己資本ではなく，企業にとっては，債務の返済と同様に，支払義務を負う「他人資本」であるとする見解である。

　ドイツにおけるIAS/IFRS適用を巡る他人資本と自己資本の区分に関する論争に決着が付いた後に，Schering社の営業報告書に自己資本における「少数株主持分」と「従業員株式」の区分表示にも，その論争結果が現われるであろう。

おわりに

　以上，BMW 社，Volkswagen 社，Schering 社における連結貸借対照表における自己資本について，連結決算書を中心に商法，IAS/IFRS，US-GAAP に準拠した場合の差額が，貸借対照表上にどのように現われているのか，について検討してきた。

　IAS/IFRS 及び商法に準じた貸借対照表には，自己資本は引当金との関係において，自己資本よりも比較的引当金の設定額が高い傾向がみられることが明らかになった。商法から IAS/IFRS への変換に際して，連結決算書の自己資本と他人資本の区分に焦点をあて，これまで自己資本に分類されてきた「少数株主持分」，「従業員株式」の分類が，他人資本に分類されている事例について考察した。

　本章では，商法から IAS/IFRS，さらに US-GAAP への移行期にある企業の連結決算書における自己資本の区分表示，自己資本と他人資本の区分表示を中心として，会計数値の相違を分析した。

　次章において，商法から IAS/IFRS，さらに US-GAAP への移行期にある企業の連結決算書における自己資本の区分に焦点を絞り，資本と利益の区分を巡り，企業の連結決算書にどのような会計基準の変換の影響がみられるかについて分析することにしたい。

[注]

（1） 複式簿記システムの「私的勘定」と自己資本勘定の関係は，収益と費用の差額を資本勘定へ振替，自己資本勘定の貸方へ差額が振替えられることから，資本増という結果となり，逆に自己資本勘定の借方へ差額が振替えられる場合には，資本減という結果となる。複式簿記は自己資本の勘定を制度によって規制することで，資本維持の原則が基礎づけられる。

（2） Küting, Karlheinz, *a. a. O., DB* 2006, S. 1441-1442, Küting, Karlheinz/Reuter, Michael, *a. a. O.*, S. 2550.

（3） BMW Group, *Geschäftsbericht 2005*, S. 39 参照.
（4） 本来は，リスクに対して設定される引当金であるが，会社内部に利益留保される保守的会計処理から生じる利益留保性準備金は自己資本として，負債性引当金は他人資本としてみなされるという解釈のもとで，保守的会計処理から生じる引当金は，自己資本に該当する。
（5） BMW Group, *Geschäftsbericht 2000*, S. 43.
（6） 拙稿，「会計制度と会計実務の乖離―自己資本と他人資本・資本と利益の区分を中心として―」『産業経理』Vol. 66. No. 1, 2006, 25 頁，Haaker, Andreas, *a. a. O.*, S. 51.
（7） Volkswagen, *Geschäftsbericht 2005*, S. 14‐15.
（8） 自己資本の表示において「稼得資本」としているのは，利益準備金ならびに包括利益の累積額を含んでいる（Schering, *Geschäftsbericht 2004*, S. 111.）。
（9） Schering, *Geschäftsbericht 2004*, S. 110, S. 129‐130.

第13章　商法の現代法化における中小規模企業の会計制度

はじめに

　これまで会計制度の背景にある会計実務を分析してきた。本章では，現在審議されている BilMoG の草案に焦点をあてて，IAS/IFRS との調和化のため，商法会計制度整備の背景にある会計実務について考察することにしたい。

　グローバル・プレイヤーといわれる大企業には，1998年新設された商法292a条において IAS/IFRS と US-GAAP の選択適用が認められ，大企業に関して国際的会計基準の調和化が積極的に進められてきた。さらに，2005年以降は EU の IAS-VO をとおして，大企業の連結決算書には IAS/IFRS 適用が義務づけられた。しかし，BilMoG 草案では，中小規模会社の IAS/IFRS 適用には選択権が与えられることになった。

　商法改正の予備草案の段階では，IAS/IFRS との調和化のために，売買目的で取得される金融商品の時価評価，自己創設の無形固定資産の資産化，将来の価値変動を考慮した引当金の評価の導入が検討されている。この点においては，IAS/IFRS の商法への導入がみられる。しかし結果的には，IAS/IFRS を適用しなければならないのは，大規模企業に限定され，それに加えて，大中小規模の企業区分基準値が引き上げられることで，BilMoG の法改正の適用対象となる多くの企業が中小規模企業に該当することになる。企業の大部分を占める中小規模企業に対しては IAS/IFRS 適用が義務づけられない。

　BilMoG は，連結決算書の情報機能の提供という意味において国際的な発展

に向けられた。その反面，会計コスト削減ならびに IAS/IFRS の複雑さを回避し，企業に負担がかからないよう配慮されている[1]。

BilMoG の特徴の1つとして，売買目的の金融商品について時価評価がとられる（しかし 2008 年末頃からの金融危機により，予定より遅れて 2009 年 3 月 26 日に連邦議会で可決した。）またもう 1 つの特徴は，年度決算書の表示能力が改善されるが，税法に対する課税算定の基準性，利益配当算定の基礎であることには変わりない[2] ことである。

本章では，BilMoG 改正における中小規模会社の会計制度に焦点をあてて，現代化法のもとで，会計処理の「選択権」削除の背景について検討することにする。

第1節　商法改正の対象企業

ドイツ商法における会社形態（図表1）からみても，BilMoG は中小規模会社の会計制度に密接に関係していると考えるべきであろう。また経済を支えている企業の大部分が中小規模会社であることを考えるならば，国の財政状況にも影響を及ぼすことになる。

BilMoG の草案は，2007 年 11 月 8 日に予備草案が公表され，2008 年 5 月 21 日に政府草案が公表された。同年 7 月には連邦参議院（Bundesrat）で審議された。当初，2009 年 1 月 1 日以降開始の営業年度[3] から施行が予定されていた。

本節ではまず改正草案を中心として，図表2に示すような予備草案が政府草案で修正された対象企業を確認した上で，予備草案を踏まえた会計実務の調査結果（Köhler による調査[4]）を基礎として，今後の会計法の現代法化の方向性を検討することにする。

政府草案にはドイツ会計基準委員会（DRSC）とドイツ経済監査士協会（IDW）によって提案された見解が考慮された[5]。図表2で注目されるのは，予備草案より政府草案では個人商人及び人的会社の記帳及び会計報告義務の免責が狭

図表1　商法の法的形態別の会社数

		2005年		2007年		変動
自然人	個人商人	2,130,837	70%	2,253,131	65%	↓
人的会社		383,358	13%	407,412	12%	↓
合名会社（OHG）		261,705				
合資会社（KG）		121,653				
資本会社		460,204	15%	573,985	17%	↑
	有限会社（GmbH）	452,946				
	株式会社（AG），株式合資会社（AG & CO. KG）とその他	7,258				
その他		62,359	2%	232,597	6%	↑
総計		3,036,758	100%	3,467,125	100%	

（出所）Statishes Bundesamt Deutschland, Unternehmensregister（2007年12月31日現在）より作成した。

図表2　会計法現代化法草案の比較

規則の領域	予備草案	政府草案
商法120条	人的会社の場合に，貸借対照表に基づいた利益分配算定	修正はない
商法172条4項	修正はない	利益配当制限された資産を含めない有限責任社員の持分の算定（商法268条8項）
商法241a条，商法242条4項	資本市場に上場しない，また継続営業年度において，次の2要件を充たす個人商人及び会社に対する記帳及び会計報告義務の免責 売上高500.000ユーロ以下，年度利益50.000ユーロ以下	資本市場に上場しない，また継続営業年度において，次の2要件を充たす個人商人に対する記帳及び会計報告義務の免責，ただし新設の場合には，初年度の決算日に充たす場合も認められる。 売上高500.000ユーロ以下，年度利益50.000ユーロ以下

（出所）Zülch, Henning/Hoffmann, Sebastian, *a. a. O.*, S. 1272. 注）草案にある *Buchführung* は「帳簿の記帳」を意味していると解釈でき，*Bilanzierung* は「会計報告」と解釈できる。

められていることである。まず予備草案での中小規模会社にもっとも関係する個別決算書からみていくことにする。

第2節　予備草案の概要

1　計上に関わる会計処理

法改正の予備草案[6]では，以下の9項目に関して改正が予定された。

① 有償の暖簾は資産としてみなされ，個別計算書及び連結決算書では実質的な資産とし計上が義務づけられている（商法246条1項，309条1項以下，商法255条4項削除）。

② 年金債務に対応する計画資産のような債務履行にあてられる資産は，正味価値評価で決済されなければならない（商法246条2項以下）。

③ 特別準備金は廃止される（商法247条3項及び273条）。

④ 自己創設の無形固定資産に関する借方計上は廃止される（商法248条2項の削除）。

⑤ 費用性引当金は禁止される。例外として，維持補修引当金は翌年の営業年度3ヵ月までの繰り延べにとどめる（商法249条1項3文及び2項削除）。

⑥ ある特定の棚卸資産に関する税金，消費税ならびに売上税は，計算限定項目に記載されてはならない（商法250条1項2文削除）。

⑦ 開始及び開発費は，貸借対照表補助的計上として記載されてはならない（商法269条削除）。

⑧ 損失繰越は繰延税金に入れられ，小規模資本会社は将来借方繰延税金に計上してはならない。また資本連結には，暖簾だけは繰延税金から除外される（商法274条，商法306条以下）。

⑨ 計上及び評価方法には継続性が義務づけられる（商法252条1項，6号以下）。

以上の会計処理のなかで，これまでの典型的な保守的会計処理とされた③と⑤は，今回の商法改正予備草案では削除されている。またEU指令の国内法化によって新たに規定された⑥⑦は選択権が与えられた会計処理であったが，貸借対照表への計上が禁止されることになった。保守的会計処理と選択権の削減

という点で，商法の現代法化といえよう。

しかし⑧は，商法会計制度における貸方過大計上という保守的な会計処理に反し，IAS/IFRS を適用することで，損失繰延を借方繰延税金の会計処理を行なうことを認めていることは，将来の会計政策の手段となるとみなされる。

2 評価に関わる会計処理

さらに商法改正予備草案では，評価について，以下のように予定している。
① 引当金の場合には，理性ある商人の判断に従って債務及び引当金が履行される金額で評価されなければならない（商法253条1項以下）。
② 売買目的の金融資産は時価で評価されなければならず，貸借対照表において識別しやすいように表示しなければならない（商法253条2項以下）。
③ 引当金は利子割引計算をしなければならない。年金債務に基づき，反対給付がもはや予想されない債務にも同様に適用される（商法253条2項以下）。
④ 固定資産における計画外減価償却は，金融資産を除き，すべての法形態の会社に対して，長期的な価値減少が見込まれるに際して，認められる（商法253条3項3文及び4文以下）。
⑤ 固定資産の価値減少に際して，総合的な利用に付される資産はポォートフォリオで評価しなければならない（商法253条3項5文以下）。
⑥ 固定資産の価値減少に際して，時価が帳簿価値との比較基準として重要である（商法253条4項以下）。
⑦ 厳格な価値引き上げが適用されなければならない。有償暖簾に関する価値引き上げは例外である（商法253条5項以下）。
⑧ 将来の価値変動を予想して，また理性ある商人の判断に従った価値償却は認められない（商法253条3項3文，4項の削除）。
⑨ 担保の会計処理に際して，評価単位は価値変動における下落あるいは返済がない場合に限り，設定できる（商法254条以下）。
⑩ 税法上の特別減価償却は，商法ではもはや認められない（商法254条削

除)。
⑪ 製造原価は，個別原価法の他に，変動共通原価を算入した総原価で決定されなければならない（商法255条2項以下）。
⑫ 時価は，市場価額として定義されるか，あるいは取引市場がない場合には，「一般的に認められる評価方法」によって決定される（商法255条4項以下）。
⑬ 消費手続きとして，先入先出法，後入先出法だけが認められる。固定価額法及び平均法はそのままにとどまる（商法256条以下）。
⑭ 外貨換算項目は決算相場で換算されなければならない（商法256a条以下）。
⑮ 繰延税金は，テンポラル法をとる（商法274条1項，商法298条1項，商法306条以下）。

その他，商法改正予備草案は，決算書に関する記載義務についても述べている。

3　記　載　義　務

IAS/IFRSでは，商法が規定している状況報告書についての基準がない。企業は商法規定に従って状況報告書を作成している。そのため商法改正予備草案では，以下のような記載義務に関する改正が予定されている。

① 資本市場に上場する資本会社は，連結しない個別会社の場合，キャッシュフロー計算書及び自己資本変動計算書を個別決算書に補足しなければならない。セグメント報告書に関しては選択権がある（商法264条1項以下）。
② 貸借対照表には，特に自己創設の無形固定資産及び借方繰延税金を明記しなければならない（商法266条2項以下）。
③ 自己資本記載は改正され，未払込出資金は貸方記載が義務づけられている（商法272条1項以下）。重要な連結企業の持株に関する準備金は貸方記載が義務づけられている（商法272条4項以下）。

④　年度決算書及び連結決算書の付属説明書ならびに状況報告書あるいは連結状況報告書では，特に金融商品及び引当金の評価に関して，さまざまな修正ならびに追加的記載が義務づけられる（商法284条から289条まで，商法313条から商法315条以下）。
⑤　証券市場に上場する株式会社ならびにその他の特定の株式会社は「企業管理についての説明」を記載しなければならない。それは実質的にはドイツのコーポレート・ガバナンス・コーデックスの勧告と関係する（商法289a条以下）。
⑥　ドイツコーポレート・ガバナンス・コーデックスを遵守しない場合には，明確な根拠を説明しなければならない（株式法161条以下）。

以上が状況報告書における記載義務である。

連結決算書についても，以下のような改正が予定されている。

4　連結決算書

企業の連結決算書の作成に際して，現行草案では連結方法が改正される。
①　統一的支配の概念は，必ずしも会社の持株とは関係しない（商法290条1項以下）。
②　資本連結内で帳簿価値評価法は削除される。再評価方法が認められる（商法301条1項以下）。
③　資本連結は最初の連結時点ではなく，買収時点での価値評価を基礎とする（商法300条2項以下）。
④　包括利益記帳方法は削除される（商法302条の廃止）。
⑤　外貨換算決算書の換算は決算日方法に基づく（商法308a条以下）。
⑥　継続的連結において暖簾は，通常の資産として評価されなければならない。またその暖簾の評価は，計画的減価償却あるいは計画外減価償却に基づく。これまでの特別規則，例えば自己資本との相殺は廃止される（商法309条1項以下）。
⑦　連結決算書で帳簿価値法の基準に従って行なわれなければならない資本

持分法は削除され，これまでの取得原価に限定されない（商法312条1項以下）。

以上が，改正予備草案で予定された主な事項である。

BilMoGでは，中小規模企業の会計にIAS/IFRS適用に選択権が与えられ，規制緩和となる背景の一つには資本を巡る課題がある。

第3節　規制緩和の法改正の背景

商法における法的会社形態の人的会社の場合，他人資本と自己資本の区分を巡って，IAS第32号「金融商品：表示及び開示」が争点となっている。またIASBが中小企業の会計基準（SMEs）の草案を公表したが，中小企業のIAS/IFRSの公表に向けて検討されているが，SMEs基準の公表にはまだ至っていない[7]。

他方，EU第2号資本指令が改訂され，EUレベルでの資本維持が前面に出されている。2007年7月12日にはEU委員会から「会社法，会計及び決算書監査領域における簡略された企業分野についての委員会通知」[8]が公表された。この通知は，2006年11月に公表されたEU委員会の提案に基づいている。この提案では，2012年までの中小規模企業に絞った25％の経費削減を目的として定義している。2007年3月にEU理事会によって決議された提案では，指令には基本的な追加事項はないが，適用範囲が適切に定められており，現代化されている。IAS/IFRSを受け入れている反面，欧州裁判所の判例が継続的に反映されるので，欧州裁判所の判例に適合するEU指令でなければならない。

EU第2号資本指令が，資本維持について基準を示している[9]。有限会社ないしはその他の法的形態の会社について資本維持の基準が必要で，債権者保護が重要となる。額面以下の株式発行（株式法8条1項，9条1項）と25％の開示（払込）資本の最小限度の払い込みが必要（株式法9条1項，36a条1項），時代の流れのなかで資本が確保されるべきなので，これらは年度決算書に結びついてい

る。ある一定の自己資本が侵食される場合には，株主に対する利益配当は禁止されるべきである。それに該当するのが，資本金（基本資本，引受済資本），法律及び定款によって定められた準備金である。このような規定をとおして，特に自己資本が創出される（株式法15条1a項，57条以下，150条3項，4項）。配当額は返済されなければならない（株式法16条，62条1項）。さらに利益配当は，場合によっては任意積立金のような年度剰余金に限定される。資本維持は，EU法上，貸借対照表，利益算定に関係している。ドイツでは，資本会社の場合には伝統的に配当可能な利益の（慎重な）算定及び請求権が，商法上の年度決算書の主目的となる。

1つには，資本維持は利益算定が「慎重」であることが重要である。しかも年度決算書を特定の企業の場合に，欧州において基準化されているEU第4号指令は実現利益を定めている。この原則は，利益算定に関して重要である。EU第4号指令の実現利益主義は，各加盟国においてそれぞれ異なる解釈がなされた。ドイツでは伝統的に厳格に理解され，各規定に従って解釈され変換された[10]。その他の加盟国では，利益の実現を前提とするために，引継がれなければならないリスクに関しても異なる見解を示している。

もう1つはIFRSに従った会計は，EU第2号資本指令の可決以降，重要になっている。IFRSが，時価での資産評価を義務づけているか，あるいは選択権が与えられている。その際，ドイツでの伝統的な会計法上の解釈で問題となるのは，資産の価値変動に際して未実現利益を認識することである。情報目的のためにのみIFRS適用の個別決算書が立法者によって容認される。しかし利益配当の目的には，商法上の個別決算書が作成されなければならない。

EU委員会は，株式会社の資本あるいは最低資本維持の概念に関するEU第2号資本指令の規定を重視することを提案している。しかしもう1つの選択としては簡素化が提案されている。次に，EUにおける資本維持，債権者保護の再検討の動きについて考察することにしたい。

第4節　EUの資本維持及び債権者保護の再検討

　EU第2号資本指令に成文化されている資本維持には，2つの制約がある。1つには債権者保護とストックホルダーが競合していることである。もう1つにはIAS/IFRSが各加盟国における個別決算書に影響を及ぼしていることである。欧州及び国内レベルでの改革案では，支払能力テストが利益配当算定に代わる手段として議論されている。この支払能力テストは，将来キャッシュフローに基づいている。会社が，満期到来の支払債務を十分な支払手段で決済できる場合にのみ利益配当が認められる。

　2007年5月23日に有限会社法と乱用阻止の現代化法（MoMiG）が決議された。この法律の意味は，有限会社に最低資本金額の引き下げ，最低資本額が規定されない。いわゆる有限会社の新しい形態の導入が債権者保護に影響を及ぼすという考えによるものである。

　さらにBilMoGでは具体的な規制緩和と商事年度決算書の表示能力の改善が示された。しかし中小規模の企業のIAS/IFRS適用には，規制緩和という形で法改正が行なわれることが公表された[11]。

　IASBが中小規模企業の会計基準（SMEs）草案を公表し，IAS/IFRSの制度化が国際的に進むかのように思われた。しかしIASBのSMEsの公表を前に，中小規模会社に対するIAS/IFRS導入には，規制緩和をとる商法改正となる傾向にある。その背景には，これまでの国際的資本市場へ進出する大規模資本会社へのIAS/IFRS適用のための商法改正とは異なる動きがみられる。IAS/IFRSとの調和化に向け年度決算書の情報提供のために改善され，その一方では，保守主義及び取得原価等，商法上の重要な原則を完全に捨てることができないものとなった[12]。

　予備草案のなかで，個人商人及び人的会社の場合には，社員・組合等のグループ以外に，財務諸表の利用者が多くないことから，中小規模資本会社には記帳及び会計報告について費用負担の少ない，また簡略したものになっている。

これは，国家の介入は必要ではないという理由によるものである(13)。さらに基準性の原則をとどめ，逆基準性の原則を排除し，税法上の公平な課税のための法改正が予想される(14)。

EU 域内に属するドイツは，EU27ヵ国で承認された法令及び規則は国内法化しなければならない。したがって，EU の IAS/IFRS 承認が進行すれば，結果的には，国内の会計制度との調和化あるいは同等性も余儀なくされることになる。商法と US‐GAAP 及び IAS/IFRS に従った連結決算書を作成することで二重の負担を負っていた企業（グローバル・プレイヤー）から，国際的会計基準（US‐GAAP 及び IAS/IFRS）との調和化のもと，国際的な証券取引所に上場する企業の IAS/IFRS 適用は，グローバル化への対応として，国際的な競争力の強化のためには，国際的な投資家に対する情報提供が中心的な課題となる。しかし中小規模企業の IAS/IFRS 導入には，決算書のディスクロージャーを初めとして，商法の税法に対する基準性の原則，商法上の会社形態別の会計規定における資本の会計処理等の課題が残されている。

企業の多くが国内経済へ影響力を及ぼす中小規模企業である以上，これらの企業には，商法上の会計規定が重要である。さらに国の財政に影響を及ぼす税収入計算，つまり課税計算が重要な関心となる(15)。

したがって国際的競争力のなかでグローバルな活動をする大企業には，IAS/IFRS 適用は，経済的な活動に遅れをとらないためにも避けられないという現状がある。しかし国内の経済を支えている企業は，国内の規定に従った会計処理を行なうことになる。それは企業の大部分の資金調達が，金融機関に依存し，法制度が債権者保護に支えられ，国内の課税規定に従って納税することになるからである。このように国内外向けの政策を踏まえて，企業の会計制度が論じられる。

第5節　会計処理選択権の債権者保護への影響

既に述べたように，EU 第4号指令では，商法の会計規定では選択権が与え

られた会計処理がみられた。しかし本草案では，IAS/IFRS を考慮して，これまでの商法において「時代に合わなくなった選択権」が削除されているのが特徴である。

本節では，会計処理上の選択権が，企業の会計実務においてどのような役割を果たしているのかについての Köhler 等によるアンケート調査結果[16]を取り上げて，債権者保護から投資家保護へ移行する会計制度整備に向けて，会計実務における「会計処理上の選択権」について探究することにする。

その調査結果によれば，調査対象の企業の約57％が金融商品の価値を低く評価し，約65％の企業が流動資産の評価を低く評価している。調査対象の企業の約87％が費用性引当金を設定している。そのうち約69％が設備の補修の

図表3 選択権による会計処理のなかで債権者保護の効果をもつと考えられる会計処理

選　択　権	履行割合%
予想でき確実であるが，発生時あるいは金額が未定である当該年度あるいは前年度に帰属する費用を翌年度に費用として記帳する代わりに，費用性引当金として貸方側へ計上する	86,5%
法律上，有限会社の場合に 25.000 ユーロ，株式会社の場合に 50.000 ユーロの最低資本よりも多い額面資本	81,0%
1987年1月1日以降に契約された年金債務に関して，支払うべき年度に費用として認識する代わりに，引当金を設定する	78,1%
準備金の任意設定	72,8%
翌営業年度の9カ月以内に繰り延べられる維持費用を次年度の費用として記帳する代わりに，使用しなかった費用について引当金として設定する	68,6%
定額法の代わりに，定率法に従った計画減価償却を行なう	66,5%
流動資産の場合に，帳簿価値を維持する代わりに，将来の低い価値まで価値を引き下げる	64,9%
帳簿価値を維持する代わりに，金融商品の価値下落に際して，低い価値に価値を引き下げる	56,6%
総原価の代わりに部分原価で製造原価を算定する	44,1%
耐用年数にわたる計画的減価償却の代わりに，借方に計上された買収暖簾の償却	36,3%

（出所）　Köhler, Annette G./Marten, Kai-Uwe/Schlereth, Dieter, *a. a. O* ., S. 2730.

ための費用を翌営業年度の最初9ヵ月（商法249条では3ヵ月以内）繰り延べるために，引当金を設定している。

企業の選択権を履行する理由として挙げているのが，「企業の資産，債権及び収益状況の事実に適合した状況を示す」というのが主たる理由である[17]。

平均して選択権による会計処理の13％が，自己資本の強化（債権者保護）に用いている。債権者保護の利益留保性積立金の設定は約15％，また約13％が損益平準化の処理をしているとみられる。企業の代表者の約3/4が任意積立金を設定し，企業の4/5以上が，法律上の最低額の資本よりも高額の額面資本を記載していると報告している。

アンケート調査の約2/3の意見によれば，MoMiGにおける最低資本額の引き下げ（25.000ユーロ）は，債権者保護にはマイナスの影響を及ぼすとしている。企業の約60％が，新しい規定は債権者保護を弱体化するという意見であり，約30％は新しい規則によって重要な変化はないという意見である。残り10％は，債権者保護の強化は変化するという見解である。

商法及び会社法の適用に際して，債権者保護に効果ある規則としてみなされる順位を示したのが，図表4である。

図表4 債権者保護に影響する会計処理としてみなされる会計処理の順位

規　　則	重視の順位
調達された出資の償還禁止	1
法的準備金の設定の義務	2
自己株式の買い戻しに際しての利益分配制限	3
営業の開始及び拡張に関する費用の資産化についての利益分配制限	4
無償取得の無形固定資産の資産計上	5
有限会社の場合には25.000ユーロ，株式会社の場合には50.000ユーロの最低資本の引き受けの義務	6
企業創立及び自己資本調達費用の資産計上の禁止	7
貸方計算限定項目	8

（出所）　Köhler, Annette G./Marten, Kai-Uwe/Schlereth, Dieter, *a. a. O*., S. 2731.

IAS/IFRS を適用する決算書が増えるなかで，債権者保護を損なわないような新しい手段の導入と形成が議論されている。その一つに挙げられるのが支払能力テストである。その根拠は，支払能力テストによって営業管理を調査すべきとするものである。

おわりに

　EU 加盟国における連結決算書に IAS/IFRS 適用が義務づけられ，個別決算書も IAS/IFRS に従って作成することができる親会社は，商法上の貸借対照表と損益計算書を IAS/IFRS の付属説明書に掲載しなければならない。EU 域内の上場資本会社に関係する法律で，EU 域内の株式会社は EU 第 2 号資本指令の準則に従って会計処理の基礎となる資本保護システムをとる[18]。

　EU 委員会では，2007 年 7 月 12 日に「会社法，会計及び決算書監査領域における簡略された企業分野についての委員会報告」が公表され[19]，企業の分野における「管理負担の削減」を目的とした提案が公表された。この提案は，会社法の他に，特に企業会計に向けられており，提案の大部分は，中小規模資本会社が対象となっている[20]。本章では，中小規模資本会社の会計制度に関する商法改正草案を中心としてみてきた。その結果，EU で示された企業規模区分基準値よりも高く設定されていることが明らかとなった。ドイツの企業規模区分基準を基礎として，IAS/IFRS 適用の規制緩和政策が行なわれ，国内の中小規模企業数から考えても，資本維持及び債権者保護の観点から企業への負担軽減を背景に法改正が実施されていることが明らかになる。

　EU をとおして企業形態も企業統合の形態に変化するとともに，会計基準は IAS/IFRS との調和化，国際的コンバージェンスに向けた会計制度整備が進んでいる。その一方では，中小規模資本会社の IAS/IFRS との調和化には規制緩和策，企業負担軽減策を基礎とした対応を商法改正草案に織り込むという方向性がみられる。

　BilMoG における「時代おくれの選択権」が削除されることに対して，会計

実務では，どのような会計処理が，債権者保護という効果を及ぼす会計処理とみなされているのか，また債権者保護，資本維持としての会計処理としては，どのような会計処理がその効果をもっているのか，という調査結果を基礎として，審議されている予備草案の背景にある会計実務について検討した。そのなかで，EU 第4号指令の商法への国内法化によって選択権が与えられた会計処理，なかでも費用性引当金設定の禁止が織り込まれること，他方，会計実務において任意積立金の設定が資本維持において重視されていることから，新しい会計制度整備のもとで，現行の会計実務がどのように変化していくのかが注目される。

[注]

（1） Ernst Christoph（連邦法務省参事官）のインタビューから抜粋，Das INTERVIEW FÜHRTE, Janine v. Wolfersdorff, S. 388－389, in : Status Recht 12/2007. このインタビューで，Ernst Christoph は，中小規模企業のような「非上場企業の年度決算書とその有用な情報には新しい要請があり，この要請が現代法化の改正には考慮され，その際商法の現代法化には IAS/IFRS に見合う選択権を示したい」としている。
（2） Fülbier, Rolf Uwe/Gassen, Joachim, Das Bilanzrechtsmodernisierungsgesetz (BilMoG): Handelsrechtliche GoB vor der Neuinterpretaion, *DB*, 2007, S. 2605.
Meyer, Claus, Bilanzrechtsmodernisierungsgesetz (BilMoG)-die wesentlichen Änderungen nach dem Referentenentwurf, *DStR* 2007, S. 2227.
（3） Meyer, Claus, Bilanzrechtsmodernisierungsgesetz (BilMoG) die wesentlichen Änderungen im Regierungsentwurf, *DStR* 2008, S. 1153.
Zülch, Henning/Hoffmann, Sebastian, Bilanzrechtsmodernisierungsgesetz : Wesentliche Änderungen des Regierungsentwurfs gegenüber dem Referentenentwurf, *BB*, 2008, S. 1275.
（4） Köhler, Annette G./Marten, Kai-Uwe/Schlereth, Dieter, Gläubigerschutz durch bilanzielle Kapitalerhaltung, *DB*, 2007, S. 2729－2732.
（5） Meyer, Claus, *a. a. O.*, S. 1153.
（6） Meyer, Claus, *a. a. O.*, S. 1153－1155.
（7） 中小企業の会計基準公開草案（Exposure Drafts for Small and Medium-sized Entities）について，2007 年 10 月 1 日までにコメントが求められている（http://www.iasb.org）[2008 年 7 月 8 日現在]。まだ基準になっていないことから，当初の予定より遅れている。ドイツからは BDI, DRSC, 実務家等からコメントレターが出された。

（8） Knorr, Liesel/Beiersdorf, Kati/Schmidt, Martin, EU-Vorschlag zur Vereinfachung des Unternehmensumfelds－insbesondere für KMU, *BB*, 2007, S. 2111. KOM 394（2007）.
（9） KOM（2006）689. 7224/07, CONCL. 1, 10.
（10） 商法252条1項4号では，決算日に実現した場合にのみ利益として認められる。
（11） Köhler, Annette G./Marten, Kai-Uwe/Schlereth, Dieter, *a. a. O.*, S. 2729-2732.
（12） 会計法現代化法（BilMoG）草案に対する連邦法務省参事官 Ernst Christoph のインタビューが掲載されている。
Ernst, Christoph, Eckpunkte des Referentenentwurfs eines Bilanzrechtsmodernisierungsgesetzes（BilMoG）, *WPg*, 2008, S. 114.
（13） Ernst, Christoph, *a. a. O.*, S. 115. 10億ユーロの事務費が節約できるとしている。
（14） Ernst, Christoph, *a. a. O.*, S. 115-S. 116.
（15） BMJ, Bundesregierung beschließt modernes Bilanzrecht für die Unternehmen in Deutschland（2008年5月21日）.
（16） Köhler, Annette G./Marten, Kai-Uwe/Schlereth, Dieter, *a. a. O.*, S. 2729. この調査は，161の企業にアンケートをとり，その企業は有限会社約50％，非上場企業約25％と上場企業が約20％の割合を占めている。アンケート調査の有限会社のなかには資本市場で債券を発行している企業は約22％を占めている。この調査の企業の42％が変換を考えていない企業であり，18％が既に親企業の連結決算書にIAS/IFRSを適用して免責を利用している企業である。調査企業の27％がIAS/IFRSへの変換を検討しているとしている。そしてアンケート調査に答えた企業の6％が具体的に変換を計画しているとされるが，残りの企業は回答がなされなかった（Köhler, Annette G./Marten, Kai-Uwe/Schlereth, Dieter, *a. a. O.*, S. 2730.）。
（17） Köhler, Annette G./Marten, Kai-Uwe/Schlereth, Dieter, *a. a. O.*, S. 2731.
（18） Ernst, Christoph, *a. a. O.*, S. 117.
（19） KOM. 394（2007）, Knorr, Liesel/Beiersdorf, Kati/Schmidt, Martin, *a. a. O.*, S. 2111. 2012年までに中小規模資本会社に焦点を絞り25％の管理負担削減を目指す共通目的を定義づけることが提案の基礎にある。この提案は2007年3月にEU理事会を通過した。Dok. 7224/07, CONCL. 1, 10, KOM. 689（2006）参照。
（20） Knorr, Liesel/Beiersdorf, Kati/Schmidt, Martin, *a. a. O.*, S. 2111.
DRSC, BDI, DIHKの協力で，レーゲンスブルク大学の研究グループ（Haller/Beiersdorf/Eierle）によって行なわれた中小規模会社を対象に実施された調査結果（Final Report of the Survey on the ED-IFRS for SME's among German SMEs, p. 1-p. 56.）が，DRSCの管理のもと公表されている。

結 章　国際的会計基準（IAS/IFRS 及び US‐GAAP）との調和化に残された課題

は じ め に

　序章から第13章まで，制度的な変遷と会計制度整備の背景にある会計実務を考察してきた。その際，債権者保護から投資家保護への移行を基礎として，各国の会計制度は，IAS/IFRSとの調和化に努めてきたことに焦点をあてて，債権者保護を基礎とする会計制度から投資家保護を基礎とする会計制度へ向けた制度改革において，「自己資本と他人資本の区分」，「資本と利益の区分」がどのように変化するかを考察することが中心課題の1つでもあった。会計制度の基礎は，複式簿記システムにおける利益（あるいは損失）計算をとおして，企業の適正な利益計算が算定されることを前提としている。しかし複式簿記システムにおける利益計算では資本と利益は区分できない。そのために「資本と利益の区分」では，法規定による資本維持の原則に基づき，資本は資本金（引受済資本）が確定され，その資本を基礎にして企業活動が始まり，それによってどれだけの利益が稼得されたのかを計算することが必要である。この計算領域を会計が担い，資本と利益の区分に制度が対応していると考えられる。

　しかし，これまでの債権者保護を基礎とする会計制度は，特に貸借対照表貸方には利益留保の会計実務がみられ，投資家保護の公平な利益分配を基礎とする会計基準との調和化において，どのように変化しているのかを考察してきた。

　従来「資本」と定義づけられてきた概念が，経済の変化によって「資本」と

して認識できない「中間資本」が現われたことで，貸借対照表上における「資本」の部に，他の性質のもの（負債）が含まれるようになった会計実務，あるいはこれまで「利益」として定義づけられていた実現主義に基づく「利益」に，時価主義に基づき認識された「包括利益」が含まれる会計実務を背景に，貸借対照表貸方側の資本と負債，利益と資本の区分域が不明瞭となっている。この現象について，会計制度形成の基礎に遡り，会計制度と会計実務から検討することが本書のねらいであった。

結章で，わが国における会計基準の国際的調和化の問題を踏まえて，ドイツ会計制度の国際的調和化の動きについて，まだ残されている課題について検討したい。その課題として，SMEs基準草案と密接に関係している国内法で定める会社形態へのIAS/IFRSの適用，商法会計規定を適用している企業のIAS/IFRS及びUS-GAAPへの変換，あるいはUS-GAAPからIAS/IFRSへの変換をとおして，どのような会計数値及び処理の相違が生じるかについて，特に，「資本の部」に焦点をあてて考察したが，今後の課題として残されたことをまとめることにする。

第1節　法律で定める会社形態への IAS/IFRS適用に際して生じる問題

我が国では，新会社法が，商法から分離して2006年5月施行されることになった。この法改正は，商法の現代法化という抜本的な改革であるとともに，新たに会社法施行規則と会計計算規定を設けた会社計算規定の制度整備である。会計の国際化をめざした会計基準が，法制度から企業会計分野へ役割が分担されたものといえる。

急速に変化する経済事情に対応するための会計処理は，法制度から分離して財務会計基準機構が公表する会計基準，つまり企業会計審議会による会計基準の審議に委ねられることになる。このような制度の変化は，ドイツの場合にもいえる。これまで立法過程を経てつくられてきた商法会計規定が，ドイツ会計

基準の審議委員会（DRSC）の設置によって，このプライベートセクターでは各界のコメントレターをとおして審議した後に，パブリックセクター（連邦法務省）から公式にDRSが公表されるという手続きが構築されることになった。

今後の課題は，これまで商法で定める各会社形態によって適用する会計規定とは異なっているために，会計基準（IFRS）の適用対象となっている企業については，これまでのような会計形態の区別がない。そのため，1つには，商法上の会社形態別の「資本」とIAS/IFRSのSMEs基準草案における会計基準との調和化に際して，商法の会社形態別に異なる「資本」についての会計処理と統一した資本処理ができないという課題が残る。

我が国では，会社法で株式会社と持分会社に区分した「会社」を定義し，これまでの有限会社を廃止し，アメリカの制度を導入した新しい会社形態である合同会社（Limited Liability Company=LLC）が新設された[1]。今回の商法改正では会計基準の適用における基本的な課題である「会社」を定義づけたが，まだ新設された合同会社が，どのように機能するのかは今後の状況を待つことになるであろう。

これまで商法による法的形態の会社は，有限責任・無限責任に区別されている。このような法的形態の会社に対して，プライベートの会計基準（IAS/IFRS）が適用されていくためには，どのように対処されるべきなのかという問題が残されている。

第2節　商法の会計規定と証券取引所の規定との関係

EU域内証券取引所における連結決算書の会計基準は，2005年以降はEUが承認するIAS/IFRSに委ねられることになる。上場認可のためのディスクロージャーの基準に従った連結決算書の公開が義務づけられる。ドイツ証券取引所（Deutsche Börse AG）では，プリマ基準による取引規則に基づき上場企業に四半期決算書（フランクフルト証券取引所規則63条），ディスクロージャー要件（同規則64から66条），連結決算書を作成し，公開すべきものとしている（同規則64条1

項)(2)。

　上場企業の会計基準が適正であるかどうかについては，ドイツ会計監査所（DPR）が監督することになる。DPRと連邦金融監督庁（BaFin）との協力体制で，証券取引所に上場した企業の決算書が監督されることになる。企業の年度決算書に「会計不正」があると，その企業が調査の対象となる。我が国の場合には，企業の不正は金融庁が監督するが，ドイツのような民間レベルの会計監査所は存在しない。

　ドイツ商法では，まず法の適用対象である会社形態が定められ，会社形態の分類に基づき商法で規定した会社形態別に計算書が作成され，公開すべきことが定められている。またこの決算書の公開には，2007年1月1日以降，電子公開が開始された。その際，会社形態の分類別に従った計算書の作成及び公開が規定されている。法的な会社形態別に異なる各計算書類の作成，公開及び監査規定の他に，上場するコンツェルン親企業は，商法297条1項に従って連結キャッシュフロー計算書（資金源泉及び処分），セグメント報告書，自己資本変動計算書が作成されなければならない。商法で会社形態別の規定を設けている他に，株式会社法，有限会社法，組合法，公開法等，会社の法形態別に特別法が設けられている(3)。次に，このような各会社形態別の資本は，どのような性質のものであるかについて検討することにする。

第3節　法的会社形態別の資本処理に際して生じる課題

　個人商人及び人的会社の場合の自己資本について，会計処理についての法規定はなく，「資本勘定」の記載には，さまざまな表示記載がなされる。その際，GoB（明瞭性，概観性，真実性及び完全性）を遵守し，実務においては，統一的に承認された記載方法がなされている(4)。したがって合名会社及び合資会社のような人的会社における自己資本についても，計算上の自己資本となる。自己資本の増減によって資本のマイナス及びプラスが生じ，個人商人の場合は，資本勘定には，私的勘定における引出及び追加出資が定められ，営業年度末に

第3節　法的会社形態別の資本処理に際して生じる課題　291

は，資本勘定への差額が振替えられる。

　他方，商法で規定している会社形態，合名会社（OHG）の場合（商法 105 条から 160 条）には，社員の資本勘定の増減に私的勘定がともなう。また資本勘定が，2つの型の資本勘定が設定されることもある。1つには社員のための固定資本（Ⅰ）の他に，準備金，積立金及び債券勘定等の別記勘定（資本勘定Ⅱ）があり，その勘定に，社員の資本増減（追加出資，引出金，未配当利益，持分に応じた損失等）が記帳される。この2つに区分した資本勘定は，固定した利益率を示すためのものである。損失の持分に応じた負担ないしは引出金の増加は，合名会社の自己資本のマイナスをもたらし，貸借対照表上の借方に記載される。しかし合名会社では自己資本についての規則がないことから，借方側に名目勘定が示されるにすぎない[5]。

　合資会社（KG）の場合（商法 161 条から 177a 条）には，有限責任社員の資本勘定が，契約上の出資金額で記帳される。全額の出資金ではないが，「有限責任社員の未払込出資金」という項目で借方へ計上される。貸借対照表記載に際しては，商業登記簿に登記された金額が重要となる。資本勘定に記載された金額が，出資金の後に固定的に記載される。その金額は，商業登記簿に登記された契約上の増資及び減資によって，あるいは損失によって変化する。有限責任社員の出資金が完全に払い込まれると同時に，社員に割り当てられた利益は，債券（Darlehen）あるいは「その他の債務」として記載される[6]。

　組合（組合法7条）の自己資本は，変動的である。組合の事業財産から構成される。自己資本は，追加支払いあるいは未払配当金によって引き上げられ，持分に応じた損失によって減少する。事業資産と事業持分は区分され，組合へ出資することで，組合に資本参加することができる（組合法7条1号）。組合の自己資本について法的準備金が積み立てられる。法的準備金の設定ならびに一定の最低額は組合法7条2号に従って定款に別記で定められる。組合の自己資本は，資本会社の規定にならって会計処理される（商法 336 条から 337 条）。組合の変動する事業資産が，基本資本の代わりに記載される[7]。人的会社における資本についての会計処理は，図表1のとおりである。

292　結　章　国際的会計基準との調和化に残された課題

図表1　法的会社形態別の自己資本の定義

法的形態別	自　己　資　本	
	固定的資本	変動的資本
個人企業	なし	所有者（個人会社）の資本勘定
合名会社	通常はなし；固定的出資金での特別勘定が可能である。	社員の自己資本勘定・出資金による合名会社の資本勘定
合資会社	有限責任社員の出資金による資本勘定	有限責任の組合員の出資による資本勘定
匿名社員	匿名の出資金	会社所有者の出資による資本勘定
組　　合	なし	組合の払込事業持分，事業資産，利益準備金
有限会社	基本資本金（設立資本金）・基本出資金（最低額25.000ユーロ，そのうち最低12.500ユーロが払込済み）	準備金（積立金）勘定，補助金，繰越利益及び損失
株式会社	設立資本金（最低額50.000ユーロ，そのうち最低25％が払込済み）	準備金，利益及び損失繰越
株式合資会社	払込資本（基本資本）	社員の出資，積立金，利益及び損失繰越

注1）営業年度内における出資及び引出に基づく資本の増減を受け入れる私的勘定は資本勘定につながる。
注2）固定的な資本勘定（資本勘定Ⅰ）は変動的な特別勘定（資本勘定Ⅱ）につながる。

（出所）　Coenenberg, G. Adolf, *a. a. O.*, S. 356, Weber, Jürgen/E. Weißenberger, Barbara, *a. a. O.*, 152. より作成した。

　以上のように，会社形態別に資本の性質が異なることを考慮すれば，資本勘定への分類は会社形態別に異なることになる。
　さらにもう1つは，自己資本と他人資本との区分に経済的変化の影響が及ぶことが挙げられる。
　つまり資本の概念が経済的変化によって，金融商品による資金調達をとおして自己資本の部に「ハイブリッド自己資本」(Hybrid-Eigenkapital) を表示している企業（Südzucker 社，TUI 社，Postbank 社等）がみられるようになったことである。
　その他に，商法会計制度と IAS/IFRS との調和化において注目されるのは，

これまで保守主義に基づく会計処理とされた商法による引当金設定の会計処理は，IAS/IFRS 適用によってどのように変化しているかということである。

この問題解決のために IAS/IFRS 適用によって，企業の決算書における自己資本と引当金に関する会計処理を考察してきた。次に，企業の実務における制度への対応から今後の課題を考察することにしたい。

第4節　商法と IAS/IFRS あるいは US‐GAAP 適用による会計処理から生じる課題

商法の会計規定は，保守主義的な会計処理を容認していることから，商法と IAS/IFRS 適用において，どのような会計処理上の相違があるかに焦点をあて分析してきた。これまで商法で容認されてきた引当金の会計処理と IAS/IFRS 適用の会計処理を比較し，その結果，自己資本と引当金設定の会計処理は，堅実な企業ほど高い数値を示しているということが明らかになった。BilMoG の法改正では，選択権が与えられた費用性引当金設定の廃止が検討されている。費用性引当金設定を認めない US‐GAAP あるいは IAS/IFRS を適用することで，企業の会計処理及び会計数値にどのような変化がみられるかを検討する上で，次の事例が注目される。

1　商法と IAS/IFRS における引当金設定

RWE 社は，1997/1998 年の営業報告書から IAS/IFRS を適用している[8]。それ以前は商法に従った決算書を作成している。図表2からも，引当金設定額は上昇傾向にあることが明らかになる。

これまでみてきた DAX-30 及び M-DAX 企業にもいえることであるが，IAS/IFRS 適用の連結決算書における引当金設定額は上昇傾向にある。そのなかで「その他の引当金」設定額の占める割合は高い。しかしその他の引当金の内訳について，連結決算書の付属説明書で詳細な説明がなされていない場合が多い。そのため，引当金の設定額が，商法会計制度における引当金設定とどの

図表2　商法とIAS/IFRSにおける自己資本と引当金の推移

(単位：100万ユーロ)

	1991-1992	1992-1993	1993-1994	1994-1995	1995-1996	1996-1997	1997-1998	1998-1999	1999-2000	2000-2001
	HBG						IAS/IFRS			
長期引当金	12.973	14.991	16.357	18.507	19.361	20.277	22.814	27.053	29.371	32.642
短期引当金	8.606	7.941	8.353	10.093	10.310	11.272	10.530	11.649	19.868	26.190
資本金	1.159	1.334	1.373	1.417	1.420	1.420	1.420	1.420	1.340	1.459
年度剰余金	368	349	379	384	425	455	562	1.020	523	928
利益配当	278	296	379	384	425	455	511	555	523	563

(出所)　RWE, *Geschäftsbericht 2000/2001* より作成した。

図表3　「その他の引当金」の内訳

(単位：100万ユーロ)

2005年12月31日	長期	短期	総額
その他の引当金			
人件費から生じる債務	544	674	1.218
リニューアルから生じる債務	648	207	855
売買債務	675	798	1.473
電気供給未払金	498	307	805
環境保護債務	139	17	156
利子未払債務	152	187	339
二酸化炭素排出権引当金		186	186
その他の引当金	956	1.355	2.311
その他の引当金総額にその他の引当金の占める割合	26%	36%	31%
	3.612	3.731	7.343
引当金総額にその他の引当金の占める割合	13%	78%	22%
年金引当金，納税引当金等	28.064	4.784	32.848

(出所)　RWE Gruppe, *Geschäftsbericht 2004*, S. 143 より作成した。

ような相違があるのかが明らかにならない。このような会計実務の現状において，RWE社は，図表3に示すような「その他の引当金」について内訳の説明をしている。図表3から「その他の引当金」について，多種類の引当金が設定されていることが明らかになる。したがって，商法からIAS/IFRS適用に移行して，引当金の項目及び設定額が減少しているとはいえない。さらに図表3に示すように，RWE社は，長期27％，短期36％の「その他の引当金」設定額

第4節　商法とIAS/IFRSあるいはUS-GAAP適用による会計処理から生じる課題　*295*

グラフ1　株式指数別の企業の引当金設定比率

会社数

株式指数別	1％以下	1％～10％	10％～20％	20％～30％	30％～	企業数
DAX-30	1	4	13	4	1	23
M-DAX	0	13	18	7	7	45
S-DAX	6	22	11	5	1	45
TecDAX	4	18	3	1	0	26
合　計	11	57	45	17	9	139

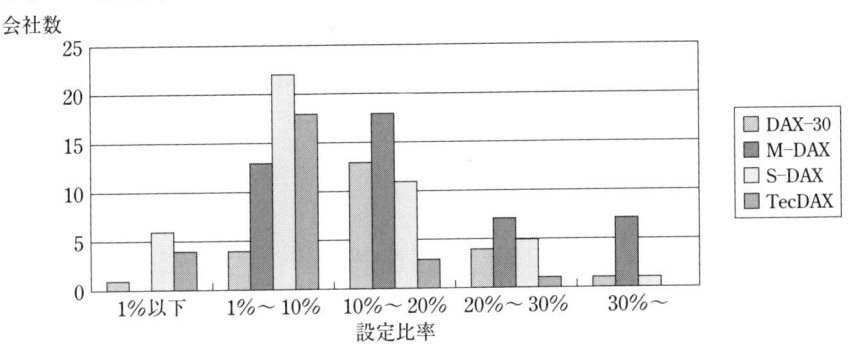

図表4　株式指数別の企業の引当金設定比率

（出所）　Börsen-Zeitung-Investor. Imformation より作成した。

の割合が高いことが明らかになる。

　引当金については，DAX-30，M-DAX，S-DAX，Tec-DAXの139社（金融機関を除く）の2004年から2007年までの連結決算書における引当金設定率を平均したところ，グラフ1のような結果となった。

　上記グラフ1は，図表4に示すことができる。DAX-30及びM-DAXの企業のような大企業は10～20％の引当金を設定し，S-DAX及びTec-DAXのような新興企業は1％から10％の引当金設定率に集中している。その理由の1つは，RWE社の場合のように，大規模企業の場合には，「その他の引当金」設定の内容の範囲が幅広いことを示している。

2 IAS/IFRS・US-GAAP における会計処理における相違

　ドイツ企業のなかには，既にニューヨーク証券取引所に上場していることから US-GAAP を適用し，2005 年には IAS/IFRS を適用するという二重の負担を負う企業も少なくない。

　この例に該当する 2 社の例を取り上げることにする。

① Schwarz Pharma 社

　その 1 社は，2005 年以降の EU 域内で連結決算書の IAS/IFRS 適用が義務づけられるまで，商法と US-GAAP の 2 つの会計基準に従って連結決算書を作成している。その例として，Schwarz Pharma 社が挙げられる。

　1997 年から 2004 年まで商法と US-GAAP に従った連結決算書を作成し，2005 年以降，IAS/IFRS に従って連結決算書を作成している。1997 年連結決算書には，商法と US-GAAP における会計処理の重要な相違として，①有形及び無形固定資産の減価償却，②暖簾の取得，③棚卸資産，④年金引当金及びその他の債務，⑤その他の引当金，⑥研究及び開発費が挙げられている。そのなかで⑤その他の引当金について，「ドイツ会計規定に従って，繰延費用に関する引当金は貸借対照表に設定され，その後 3 ヵ月以内に取り崩されるであろう。US-GAAP によれば，繰延費用に関する引当金は原則的には認められない。偶発債務に関する引当金は，その損失が根拠のあるものであるならば，US-GAAP に反しても，ドイツ会計規定に従って設定されるであろう」[9] と説明されている。その他の引当金は，上記の説明では費用性引当金に該当する。また連結決算書に US-GAAP を適用しても，ドイツ商法の会計規定に従った会計処理をしていることが明らかになる。

　2005 年連結決算書で，初めて IAS/IFRS を適用している。その際，US-GAAP から IAS/IFRS へ会計基準を変換するために，以下のように，移行計算書として，①自己資本，②連結利益，③キャッシュフロー計算書を作成している。

　図表 5 に示される移行計算書について，アメリカの子会社の棚卸資産は US-GAAP に従って後入先出法に従って評価されるが，この評価は IAS/IFRS で

第4節　商法と IAS/IFRS あるいは US-GAAP 適用による会計処理から生じる課題　　*297*

図表5　自己資本についての移行計算書

(単位：1000ユーロ)	移行時点 2004年1月1日	比較時点 2004年12月31日
US-GAAP に従った自己資本	577.026	528.797
棚卸資産	- 320	990
有形固定資産	- 50	69
リニューアル引当金	500	500
その他の長期引当金	2.817	2.224
年金引当金とそれに類する債務	- 3.774	- 4.125
繰延税金	- 1.394	- 880
外貨換算差額	0	- 179
少数株主持分	703	815
IAS/IFRS に従った自己資本	575.508	528.211

(出所)　Schwarz Pharma Gruppe, *Geschäftsbericht 2005*, S. 39.

は認められない。子会社のリニューアル引当金の500千ユーロを含むが，IAS/IFRS に従った引当金の評価基準ではない。US-GAAP から IAS/IFRS への変換に際して，年金引当金とそれに類する引当金以外は，自己資本に含められることになる。少数株主持分は US-GAAP に準じた場合には，自己資本と区分して表示される。しかし IAS/IFRS に従った場合には，自己資本に表示される。

　US-GAAP から IAS/IFRS へ会計基準を移行した場合に，連結決算書の連結利益の US-GAAP と IAS/IFRS の差額は，図表6に示すとおりである。

　Schwarz Pharma 社は，2001年以降商法から US-GAAP へ会計基準を変換し，さらに2005年に US-GAAP から IAS/IFRS へ会計基準を変換した。

　その際の移行計算書からは，US-GAAP と IAS/IFRS の自己資本の差額は，それほど大きくないが，連結利益の差額は大きい。また2つの会計基準におけるキャッシュフロー計算書の差額は少額であった。このことから，会計基準の相違によるキャッシュフロー計算書への影響は少ないということが考えられる。

298 結 章 国際的会計基準との調和化に残された課題

図表6 連結利益及び損失についての移行計算書

(単位：1000ユーロ)　　　　　　　　　　　　2004年

US-GAAPに従った連結利益（及び損失）	1,844
株式オプション	－3,103
棚卸資産	1,310
有形固定資産	119
その他の引当金	－593
年金引当金とそれに類する債務	－926
繰延税金	514
IAS/IFRSに従った連結利益（及び損失）	－835

(出所)　Schwarz Pharma Gruppe, *Geschäftsbericht 2005*, S. 40.

その他に，商法から US-GAAP 適用へ，さらに US-GAAP から IAS/IFRS 適用へと移行した企業は，どのような課題に直面しているのか，について，Siemens 社を取り上げて検討することにしたい。

② Siemens

Siemens 社は，1997 年に US-GAAP の適用を決定し，2000 年 10 月 1 日に US-GAAP を適用した。2001 年 3 月 1 日に，ニューヨーク証券取引所に株式を上場した。さらに 2006 年 9 月 3 日に初めて，IAS/IFRS を適用した。2005 年 9 月 26 日の経営経済講演での Siemens 社の幹部による報告内容から，US-GAAP と IAS/IFRS 適用について，次の説明をみることにしよう[10]。

いくつかの点で，IAS/IFRS と US-GAAP と調整ができているが，まだ引当金，研究開発については課題が残されている。また業績報告においては公正価値に対する批判があり，会計基準の国際的な統一の見通しは，当分の間はつかないであろう。

この報告では，基準設定理事会に負担があること，法と基準の環境の違いが存在すること，IASB と FASB の緊急問題専門委員会と解釈委員会 (EITF/SEC, IFRIC) との間における権限所在が明確でないこと，規則に基づく US-GAAP の会計哲学と基準に基づく IAS/IFRS の間に緊張の領域 (Spannungsfeld) があ

第4節　商法とIAS/IFRSあるいはUS-GAAP適用による会計処理から生じる課題　　*299*

り，完全には解決できないことなどが挙げられた。

　またFASBのIASBへの影響が強いこと，IFRSにUS-GAAPを無条件に引継ぐという解決法について，欧州からは承認できないとしている。

　むしろ「合意」よりもIFRSとUS-GAAPの「相互承認」が，実質的に当然の帰結であり，実現可能であろうとしている。IFRSとUS-GAAPとの間において完全な合意はないにもかかわらず，今日では情報提供の質に関して同等であること，つまり既に存在する相互承認を基礎とすること，2009年までの相互承認はSECの指針でもある。しかし欧州の不必要な費用負担及び競争には不利となることが予想される。年金引当金のように，適用開始には部分的IAS/IFRS適用に際して相違が生じることなどの課題が残されている。

　そのため各会計ルールの領域においてUS-GAAPとIAS/IFRSにおける広範囲の相互承認が重要であり，また可能である。ここでの「合意」とは，将来基準設定委員会へ参加する機関，IASB，EU，FASB，その他各国の代表機関等による採決を強化することが求められる。今ある相違について，無条件にUS-GAAPをIFRSへ引継ぐことを意味するものではない。欧州の声を強めることが必要であることを示唆している。合意の過程の範囲内でドイツの投資家を考慮して，国内の利害関係者（SACでは，PWC，Siemens社，FASACではSiemens社，EFRAGではDresdnerBank，Siemens社が代表である。）の結束が必要で，さらにDRSCでは，職業団体，政府及び会計基準の適用者に国際的に意見表明を国内レベルで結束することを呼びかけている。以上が報告内容である。

　具体的には，どのような相違が生じるのかは，ThyssenKrupp社の2004年/2005年営業報告書における会計基準の移行に際して生じる差額を例として，図表7と図表8で示すことにする。図表7開始貸借対照表及び図表8貸借対照表ではUS-GAAPからIFRSへの移行から，全体的な会計数値は減少していることが明らかになる[11]。

　したがって，ThyssenKrupp社[12]の場合には，会計基準のUS-GAAPからIAS/IFRSへ移行するに際して，資産評価において全体的に会計数値は減少した結果となった。少数株主持分の表示は，US-GAAPの場合には資本と区別

図表7　開始貸借対照表（2004年10月1日）

(単位：100万ユーロ)

	US-GAAP	IFRS	差額	内訳
	2004年9月30日	2004年10月1日		
非金融資産	16.296	15.392	－904	暖簾（－437），PPE（－247），投資資産（－70），開発費（＋77），繰延税（－272）
流動資産	14.626	14.886	210	株式の払戻（＋238）
商　　品	219	256	37	商品（＋37）
全体持分	8.327	7.403	－924	総持分（－1.284），少数株主持分（＋360）
少数株主	410		－410	IFRSでは持分に入れる。
非流動負債	12.294	12.739	445	年金債務（＋1.095），金融負債（＋60），繰延税（－757）
流動負債	9.919	10	204	金融負債（＋238）
債　　務	191	219	28	商品債務（＋23）
総　　計	31.141	30.484	－657	

（出所）　IFRS Conversion, Virtual Classroom, Metting, February 1, 2006. 注）内訳は主な会計項目だけが列挙されている。

図表8　貸借対照表（2005年9月30日）

(単位：100万ユーロ)

	US-GAAP	IFRS	差額	内訳
	2005年9月30日	2005年9月30日		
非流動資産	16.185	15.152	－1.033	暖簾（－390），企業結合（＋107），PPE（－181），投資資産（－70），開発費（＋92），繰延税（686）
流動資産	19.472	19.558	86	株式の払戻（＋130）
商　　品	582	591	9	商品（＋9）
総持分	8.771	7.878	－893	総持分（－1.282），少数株式（＋389）
少数株利益	481		－481	IFRSでは持分に入れる。
非流動負債	12.875	13.041	166	年金債務（＋938），金融負債（＋57），企業結合（＋207），繰延税（－1.055）
流動負債	13.527	13.752	225	金融負債（＋130）
債　　務	585	630	45	商品債務（＋45）
総　　計	36.239	35.301	－938	

（出所）　IFRS Conversion, Virtual Classroom, Metting, February 1, 2006. 注）内訳は主な会計項目だけが列挙されている。

した表示をしているが，IAS/IFRSでは，資本に含めた表示をしている。

おわりに

　債権者保護のもとでの商法会計規定における「資本の概念」を考察する際に，金融機関からの間接金融から，資本市場における企業の直接金融による資金調達へと変化した経済的変化に注目し，さらに「資本の概念」は変化している現状を踏まえて，本書は貸借対照表貸方側にある「資本と利益の区分」，「他人資本と自己資本」の分類に焦点を絞った。というのは，IAS/IFRS との調和化において問題となる「無形固定資産の資産計上」も，結果的には資本と利益の区分に影響するからである。

　典型的な商法会計制度をとるドイツの会計制度の IAS/IFRS との調和化を対象としたのは，商法会計制度のもとで，IAS/IFRS，US-GAAP という3つの会計基準を適用するドイツ企業の会計制度と会計実務の変遷を考察することができ，会計制度が，会計実務にどのような影響を及ぼしているかについて会計数値によって論じることができるからであった。各国の会計制度が IAS/IFRS との調和化に向かって，いずれは証券市場をとおして，各国の企業の財務諸表が透明性の高い利益計算を開示することが求められる現代において，これは，ニューヨーク証券取引所を支配してきた FASB ではなく，IASB をとおして世界各国が承認する会計基準に移行する傾向とともに進むであろう。その前兆として，EU における会計基準が，IAS/IFRS を連結決算書に適用することを義務づけたが，完全に IASB の IAS/IFRS を適用するのではなく，EU 加盟国で適用する IAS/IFRS は，EU 委員会及び理事会で承認されるかどうかにかかっていることにも現われている。会計基準のコンバージェンスは，アングロ・アメリカ型の IAS/IFRS と大陸型の法体系をとる国の会計制度との調和化という方向で，今後も続くことになるであろう。

　そのなかで，我が国の商法改正，新たな会社法の整備は，少なからず IAS/IFRS の影響を受けた会計基準に傾斜していると考えられ，なかでも貸借対照表の「資本の部」から「純資産の部」へ移行したことは，債権者保護から

投資家保護の資本市場向けの会計制度として整備されつつあることを示している。これは，各国の IAS/IFRS との調和化という国際的な傾向でもある。

このような傾向にともない資本会計は，「資本の概念」の変容によって変化すると考えられる。

また我が国おいて，企業会計基準第 5 号「貸借対照表の純資産の部の表示に関する会計基準」(平成17年12月9日公表)によって，株主資本等変動計算書の作成に際して，「資本の部」は変化した。これまで「資本の部」に含まれていなかった「少数株主持分」は，「純資産の部」に表示されることになった。少数株主持分は親会社持分に帰属しないことから，株主資本とは区別されるものとされている[13]。株主資本は，資本金，資本剰余金，利益剰余金に区分される。純資産会計基準の公表では，「資本の部」から「純資産の部」への変更は，個別貸借対照表における「その他資本剰余金」の内訳が示されないのに対して，利益剰余金は，「利益準備金」と「その他利益剰余金」に2区分される。今後の会社法と財務会計基準委員会との意見の調整の行方が注目される。

もう一つの課題は，各国の IAS/IFRS との調和化のための今後の課題として，制度の観点からみれば，各国の意見が会計基準づくりにどのように反映されていくかが注目される。ドイツ会計制度の国際的調和化の現状を考慮すれば，1980年代の EU 指令との調和化において，選択権が与えられた基本的な規則を前提に，各国の選択に委ねる形式をとることで，実質的な内容については長い歴史のなかで培われた国内の規定をとることになった。IAS/IFRS との調和化への現状を考慮すれば，統一した基準への理念よりも国内の会計基準との併存するコンバージェンスへの方向が予想される。各企業の会計実務においては，IAS/IFRS あるいは US‐GAAP 適用の会計処理には，従来の会計処理の影響が強く，形式的な表示及び開示方法が会計基準の変更を示すものとなっている。つまり実質的な会計処理方法には合意が得られていないといえよう。したがって IAS/IFRS のコンバージェンス[14]は，各国の代表によって，経済事象の変化，政治的な影響を含めて各国の相互承認を得た基準づくりとなることが予想される。IASB が公表した SMEs 草案のコメントレターにも現われてい

るように，各国の経済を支える中小規模企業の会計基準は，どのような会計制度へ整備されるかに直面している時でもあり，今後の中小規模企業の会計制度整備は，本書で取り上げてきた多くの課題の解決の結果にあると考える。

[注]

（1） 鳥山恭一稿「2005年会社法と会社の機関」；特集「会社法規則の制定」『Jurist』（有斐閣）No.1315（2006年7月1日）32-33頁。
（2） Pellens, Bernhard/Fülbier, Rolf/Uwe Gassen, *a. a. O.*, S. 47.
（3） Meyer, Claus, *a. a. O.*, S. 149-150. Schultz, Volker, *a. a. O.*, S. 78-81.
（4） Cocnenberg, Adolf G., *a. a. O.*, S. 354. Köhler, Klaus, Eigenkapital in der Bilanz-auch bei zwingender Rückzahlbarkeit?, *ZHR* 170（2006）S. 101-112.
（5） Coenenberg, Adolf G., *a. a. O.*, S. 354.
（6） Coenenberg, Adolf G., *a. a. O.*, S. 354-355.
（7） Coenenberg, Adolf G., *a. a. O.*, S. 356.
（8） RWE, *Geschäftsbericht 2000/2001*.
（9） SchwarzPharma Gruppe, *Geschäftsbericht 1997*, S. 66.
（10） Neubürger, Heinz-Joachim, Siemens AG., Konvergieren IFRS und US-GAAP? Erfahrungen aus dem Übergang von US-GAAP auf IFRS, in : 59. Deutscher Betriebswirtschafter-Tag, 26. 9. 2006.
（11） IFRS Conversion, Virtual Classroom Meeting, February 1, 2006, in : ThyssenKrupp, *Geschäftsbericht 2004/2005*.
（12） テクノロジーコンツェルン184,000人の従業員を抱え，鉄鋼業，工業製品，鋼業，エレベーター等の製品製造をしている会社である。ニューヨーク証券取引所に株式を上場して，ドイツDAX-30の会社である（http://www.thyssenkrupp.de/）。
（13） 秋葉賢一稿「新会計基準の概要と会社法」『企業会計』VOL. 58, NO. 5（2006年5月）20頁。
（14） コンバージェンスという意味には，2つの意味があると解釈される。「1つにはIASBの理念であるシングルセットへの統合，2つにはSECが調整開示免除の前提と考えている。たとえば，アメリカ及び欧米のそれぞれの基準を併存させて，お互いの基準を受け入れられる程度まで近づけるというコンバージェンス」の意味である（齋藤静樹稿「コンバーシェンスの背景」『企業会計』VOL. 58, NO. 5（2006年5月）73頁）。

付　　録

欧州共同体官報（Amtsblatt der Europäischen Gemeinschaften）

I

(開示の必要な法行為)

国際会計基準適用に関連する欧州議会及び欧州連合理事会の規則（欧州共同体）Nr.1606/2002（2002 年 7 月 19 日付）

欧州議会及び欧州連合理事会—

欧州共同体設立条約，特に 95 条 1 項に基づき，

委員会の提案[1] に基づき,

経済及び社会委員会[2] の見解に従って，

設立条約 251 条[3] の手続きに従って，

以下の根拠を考慮して：

（1） リスボンにおける 2000 年 3 月 23 日及び 24 日の欧州理事会の会議では，国内市場での金融サービスに関する迅速な完成の必要性が強調された。金融サービス委員会のアクションプランの変換期限が 2005 年と設定され，上場企業の決算書の比較可能性を改善するための措置を講じることが推進された。

（2） 国内市場の機能を改善するために，上場企業が連結決算書を作成するに際して，質の高い統一的な国際会計基準の規則を適用することが義務づけられなければならない。もう一つ重要なことは，欧州共同体の金融市場に参加する企業が，国際的に承認され，実際に国際的な基準である会計基準を適用することである。さらに必要なことは，現在国際的に適用された会計基準の収斂が，国際的な会計基準の統一的な規則に最終的に達することをめざして進むことである。

（3） 1978 年 7 月 25 日に理事会によって発令された一定の法形態の会社の年度決算書に関する欧州共同体指令（78/660/EWG）[4]，1983 年 6 月 13 日に理事会によって発令された連結決算書に関する欧州共同体指令（83/349/EWG）[5]，

1986年12月8日に理事会によって発令された銀行及びその他の金融機関の年度決算書及び連結決算書に関する欧州共同体指令（86/635/EWG）[6]，及び1991年12月19日保険会社の年度決算書及び連結決算書に関する欧州共同体指令（91/674/EWG）[7]は，共同体域内の上場会社にもあてはまる。これらの指令に定められている会計規定は，効果的かつ有効に機能し統合する資本市場を構築するために必要であるが，共同体における全上場会社の財務諸表の高い透明性及び比較可能性を保証できない。したがって上場企業に適用される法的枠組みを補足する必要がある。

（4）　この規則は，資本市場における効果的かつコスト的に有利に機能することに寄与することをめざしている。金融市場における投資家保護及び信頼の維持は，この領域における国内市場を完成するための重要な局面でもある。この規則によって，国内市場における自由資本取引が強化され，共同体の企業が共同体の資本市場及び国際的資本市場で，資金を巡って，平等な競争条件のもとで競争することができる状況に置かれるように努めている。

（5）　共同体の資本市場の競争に，特に重要なことは，欧州での決算書作成に際して適用される基準の収斂が国際会計基準によって達成されるということで，当該会計基準は国際的な範囲で国境を越えた取引もしくは世界のすべての証券市場での上場認可に用いられうることである。

（6）　2000年6月13日に委員会は，「欧州の会計戦略：将来の方向性」というタイトルで報告書を公表した。この報告書には，共同体のすべての上場会社が連結決算書を遅くとも2005年までには統一的会計基準，つまり国際会計基準に従って作成することが提案されている。

（7）　「国際会計基準」（IAS）は「国際会計基準委員会」（IASC）によって展開され，この委員会の目的は，国際的な会計基準の統一的規則の構築にある。IASCの改組に続き新しい審議会（Board）が2001年4月1日に第一回の決議で，IASCを「国際会計基準審議会」（IASB）として，IASを将来の国際会計基準を睨んで「国際財務報告基準」（IFRS）と改称した。この基準の適用は，できるだけ広く，域内における会計の高いレベルの透明性及び比較可能性を保証する場合に限り，共同体におけるすべての上場会社に義務づけられるこ

とになるであろう。

(8)　当該規則の実施に必要な措置は，1999年6月28日の理事会決議(1999/468/EG)に従って，委員会に委ねられた実施権限[8]を履行するための方式を確認するために発令されるべきである。この措置の発令に際しては，2002年2月5日に委員会が欧州議会に提出した金融サービス分野への法規定の変換に関する説明は，それに適合するよう配慮されるべきである。

(9)　共同体における国際的会計基準の適用の承認は，当該基準が，まず一つには，いわゆる理事会の指令の基本要件を充たすことを前提としている。すなわち国際会計基準の適用が，企業の資産，資金及び収益状況について実際の状況に適合する概観を伝達するということを前提としている—理事会の本指令と照らし合わせて理解されるべき原則である。ただし，これらの指令の各規定を厳格に遵守することが必要とされることはない。第二に，2000年7月17日に理事会の最終結論に従って欧州の公益に適合し，第三に，利害関係者にとって決算書が有用であるために与えられなければならない情報の質に関する基本的基準を充たしていることである。

(10)　委員会は，会計に関するテクニカル委員会を国際会計基準の評価に際して支援し，諮問すべきである。

(11)　当該承認メカニズムは，提案された国際会計基準を遅滞なく受け入れ，また主たる関係グループで，特に国内の会計基準設定委員会，証券・銀行及び保険監督庁，欧州銀行を含む中央銀行，会計に関わる職業団体，ならびに利害関係者及び決算書作成者の間で，国際会計基準について諮問及び検討し，さらに情報を交換できる可能性を提供する。当該メカニズムは，共同体において承認する国際会計基準の相互理解を促進する手段となるべきである。

(12)　この規則に適合する措置は，相当性の原則に従って，すべての上場会社に国際会計基準の統一的な規則の適用を規定することで共同体の資本市場の効果的かつコスト削減の機能的な方法と，それとともに国内市場の完成を達成するために必要となる。

(13)　同様の原則に従って，加盟国は，年度決算書に関して上場会社に当該規則の手続きに従って承認された国際会計基準に準じた作成を認可するか，もし

くは規定するかについての選択が委ねられることが必要である。加盟国は，この選択可能性ないし規定を，他の会社における連結決算書及び年度決算書，またはいずれか一方にも拡張できる。

(14) 意見の相互理解を促し，加盟国がその見解を調整することができるように，委員会は定期的に会計規制委員会にIASBによって公表された活動企画・討議書・特別調査及び草案，ならびにテクニカル委員会の専門的な研究について報告すべきである。さらに重要なことは，委員会が国際会計基準の承認を提案しようとしない場合には，会計規制委員会に早期の段階で報告することである。

(15) IASBによって国際会計基準（IFRS・SIC/IFRIC）が発行される範囲内で，公表された記録及び報告書を審議する場合，またこれに関する見解をまとめるに際して，国際市場で活動している欧州企業の競争における不利を回避する必要性を考慮すべきである。さらに会計規制委員会の代表者によって表明される見解をできるだけ最大限に考慮すべきである。委員会はIASBの組織に代表を派遣することになるであろう。

(16) 適正かつ厳格な実施規則は，金融市場における投資家の信用を強化するために重要な意味をもっている。加盟国は，条約10条に基づき国際会計基準の遵守を保証するため，すべての適正な措置を講じなければならない。委員会は，実施のための共通の構想を展開するために，加盟国と欧州証券規制当局委員会（CESR）と意思疎通を図ることを考えている。

(17) さらに加盟国には，一定の規則の適用を2007年まで延長することが容認される。しかもこれは共同体と第三者国においても証券規制市場で取引が許可され，既に，連結決算書を，優先的に国際的に承認された他の会計原則に基づくことが許可されているすべての共同体の上場企業に該当する。ならびに債券だけが規制市場で取引が許可されている会社についても同様である。だが遅くとも2007年までにIASをグローバル化した国際会計基準の統一した規則として，共同体の規制された市場で取引が認可されたすべての共同体の企業に適用されることは不可欠である。

(18) 加盟国及び会社に対して，国際会計基準の適用を実現するために，一定の

規則が2005年にまず最初に適用される必要がある。当該規則の施行の結果，会社によってIASが最初に適用されるためには，適切な規則が発令されなければならない。当該規則は，決められた解決策について国際的な承認を確保するために，国際的レベルで整備されるべきである。

次の規則が発令された。

第1条　目　　　的

この規則が対象としているのは，決算書の質の高い透明性及び比較可能性，それとともに共同体及び国内市場における資本市場の効果的な機能を確保するために，4条に挙げられた会社によって提案された金融情報を調和化するために，国際会計基準を共同体で承認し適用することである。

第2条　概念規定（定義）

この規則で示す「国際的会計基準」とは，国際会計基準審議会（IASB）が発行し，承認した「国際会計基準」（IAS），「国際財務報告基準」（IFRS），それに関係する解釈（SIC/IFRIC-Interpretation）である。その後には，IASBによって発行あるいは承認されるこれらの基準の修正及びそれに関係した解釈，ならびに将来の基準及びそれに関係した解釈を示している。

第3条　国際会計基準の承認と適用

第1項　委員会は，6条2項の手続きに従って，共同体における国際会計基準の適用可能性について決議する。

第2項　国際会計基準は，下記の場合にのみ承認される。

―欧州共同体指令［個別決算書指令］(78/660/EWG) 2条3項及び［連結決算書指令］(83/349/EWG) 16条3項の原則に矛盾しない，ならびに欧州の公益に適合する。

―企業管理遂行の経済的意思決定及び評価を行なうために，必要となる金融情報に求められる理解可能性，重要性，信頼性及び比較可能性の基準を充すものでなければならない。

第3項　遅くとも2002年12月31日までには，委員会は，6条2項の手続きに従って，この規則の施行に際して，共同体域内において既存の国際会計基準の適用可

能性を決定する。

第4項 国際会計基準の承認は，委員会規則として，完全にすべての共同体における公用語で欧州共同体の官報に公表される。

第4条 上場会社の連結決算書

2005年1月1日及びそれ以降に開始される営業年度に関して，加盟国の法律に基づく会社は，連結決算書を6条2項の手続きに従って承認された国際会計基準に準拠して作成する。ただし，当該国際会計基準は，各決算日に任意の加盟国において証券サービスに関する理事会指令（93/22/EWG）［1993年5月10日付］[9]の1条13項で定めている規制市場での有価証券の取引が認可された場合に適用される。

第5条 年度決算書に関連する選択権と非上場会社に関する選択権

加盟国には，下記のことが認可され，規定されている。

a) 4条の会社は年度決算書を

b) 4条に該当しない会社は連結決算書及び年度決算書，またはいずれか一方を6条2項の手続きに従って承認された国際会計基準に準じて作成すること。

第6条 委員会手続き

第1項 EU委員会は，会計規制委員会（以降「小委員会」）によって支援されている。

第2項 本項に関連するならば，決議（1999/468/EG）5条及び7条が適用され，8条を準用する。

決議（1999/468/EG）5条6項に従って，期間は3ヵ月と定められる。

第3項 委員会は運営規則の定めるところによる。

第7条 報告書及び調整

第1項 EU委員会は，見解を調整し，場合によっては当該基準案及び記録から明らかになった基準の承認についての議論を円滑にするために，定期的にIASBの現行基準案の状況，IASBによって公表された関連記録について会計規制委員会と協議するものとする。

第2項 EU委員会は基準の承認を提案しない場合には，小委員会に適切に速やかに報告するものとする。

第8条 報告義務

加盟国は5条に従った措置を講じる場合には，加盟国はこの措置をEU委員会と他の加盟国に遅滞なく報告するものとする。

第9条　経　過　規　定
4条から逸脱して，加盟国は，会社に対して4条で下記のことを定めることができる。
a）　指令（93/22/EWG）1条13項で定めている加盟国の規制市場において債券だけの取引が認可されている会社。
b）　非加盟国における公的取引では有価証券が認可され，この目的のために，当該規則が欧州共同体官報で公表される前に，開始された営業年度以降，国際会計基準を適用すること。

2007年1月1日もしくはそれ以降に開始された営業年度に初めて適用されるものとする。

第10条　通　知　と　監　査
委員会は，当該規則の機能を調査し，それに関する報告を2007年7月1日までに欧州議会及び理事会に行なうものとする。

第11条　施　　　行
当該規則は，欧州共同体の官報で公表後3日目に施行されるものとする。

この規則はすべての条項において拘束力があり，直接各加盟国において適用されるものとする。2002年7月19日ブリュセルで，欧州議会議長　P. COX, 理事会議長 T. PEDERSENの名においてなされた。

[注]

（1）ABl. C 154E（29. 5. 2001), S. 285.
（2）ABl. C 260（17. 9. 2001), S. 86.
（3）2002年3月12日の欧州議会見解と2002年6月7日の理事会決議
（4）ABl. L 222（14. 8. 1978), S. 11. 指令は，欧州議会及び理事会の指令（2001/65/ EG）によって修正されたABl. L 283 S. 28.（27. 10. 2001)。
（5）ABl. L 193（18. 7. 1983), S. 1. 指令は，欧州議会及び理事会の指令（2001/65/EG）によって修正された。
（6）ABl. L 372（31. 12. 1986), 1986, S. 1. 指令は，欧州議会及び理事会の指令

(2001/65/EG) によって修正された。
（7） ABl. L374（31. 12. 1991）, S. 7.
（8） ABl. L 184（17. 7. 1999）, S. 23.
（9） ABl. L 141（11. 6. 1993）, S. 27. 指令は欧州議会及び理事会指令（2000/64/EG）によって修正された［ABl. L 290（17. 11. 2000）, S. 27］。

参考及び引用文献

Achleitner, Ann-Kristin/Bassen, Alexander, *Investor Relations am Neuen Markt*, Stuttgart 2001.
Alvarez, Manuel, *Zwischenberichterstattung nach Börsenrecht, IAS und US-GAAP*, Bielefeld 2000.
Augsberg, Steffen, *Rechtsetzung zwischen Staat und Gesellschaft–Möglichkeiten differenzierter Steuerung des Kapitalmarktes–*, Berlin 2003.
Baetge, Jörg, *Auswirkungen des KonTraG auf Rechnungslegung und Prüfung*, Düsseldorf 1999.
Baetge, Jörg/Kirsch, Hans-Jürgen, *Internationale Entwicklungen in der Rechnungslegung und Prüfung–aus der Sicht des Mittelstandes*, Düsseldorf 2007.
Balthasar, Helmut, *Die Bestandskraft handelsrechtlicher Jahresabschlüsse*, Berlin 1999.
Bandering, Michael, *Jahresabschlüsse kleiner und mittelsändischer Unternehmen*, Köln 2003.
Baums, Theodor, *Bericht der Regierungskommission Corporate Governance, Unternehmensführung · Unternehmenskontrolle Modernisierung des Aktienrechts*, Köln 2001.
Baus, Josef, *Bilanzpolitik*, Berlin 1999.
Berndt, Thomas, *Grundsätze ordnungsmäßiger passiver Rechnungsabgrenzung*, Frankfurt am Main 1998.
Biener, Herbert, *Das neue HGB-Bilanzrecht*, Köln 2000.
Bornhofen, Manfred, (1) *Buchführung 1 : DATEV-Kontenrahmen 2002*, Wiesbaden 2002.
――――, (2) *Buchführung 1 : DATEV-Kontenrahmen 2001*, Wiesbaden 2001.
Börsig, Clemens/Wagenhofer, Alfred, *IFRS in Rechnungswesen und Controlling*, Stuttgart 2006.
Breimann, André, *Bilanzierung nach IFRS im Mittelstand*, Saarbrücken 2007.
Brezski, Eberhard/Böge, Holger/Lübbehüsen, Thomas/Rohde, Thilo/Tomat, Oliver, *Mezzanine-Kapital für den Mittelstand*, Stuttgart 2006.
Brixner, Helge C./Harms, Jens/Noe, Heinz W., *Verwaltungs-Kontenrahmen*, München 2003.
Brösel, Gerrit/Kasperzak, Rainer, *Internationale Rechnungslegung, Prüfung und Analyse*, München 2004.
Buchner, Robert/Wenz, Martin, *Buchführung und Jahresabschluss*, München 2005.
Coenenberg, Adolf G., *Jahresabschluss und Jahresabschlussanalyse*, 20. Aufl., Stuttgart 2006.
Deitermann, Manfred/Schmolke, Siegfried/Rückwart, Wolf-Dieter (1), *Industrielles Rechnungswesen GKR, 24.*, Auflage, Darmstadt 2004.
――――, (2), *Industrielles Rechnungswesen GKR, 23.*, Auflage, Darmstadt 2001.
――――, (1), *Industrielles Rechnungswesen IKR*, 32. Auflage, Darmstadt 2004.

―――――――――, (2), *Industrielles Rechnungswesen IKR*, 30., Auflage, Darmstadt 2002.

Dörner, Dietrich/Menold, Dieter/Pfitzer, Norbert, *Reform des Aktienrechts, der Rechnungslegung und Prüfung*, Stuttgart 1999.

Deussen, Reiner, *Jahresabschluß*, Stuttgart 2001.

Drescher, Sebastian, *Zur Zukunft des deutschen Maßgeblichkeitsgrundsatzes*, Düsseldorf 2002.

Dürr, Ulrike L., *Mezzanine-Kapital in der HGB-und IFRS-Rechnungslegung*, Berlin 2007.

Ehlers, Harald, *Basel II/Rating : Die Hausaufgaben für Mittelstandsunternehmer und ihre Berater*, Herne/Berlin 2005.

Ehlers, Harald/Jurcher, Michael, *Der Börsengang von Mittelstandsunternehmen*, München 1999.

Emmrich, Markus, *Ansätze und Perspektiven einer Reform der externen Rechnungslegung in Deutschland*, Aachen 1999.

Endriss, Horst Walter/Nicolini, Hans-J., *Bilanzbuchhalter international*, 2. Aufl., Herne/Berlin 2004.

Engelhardt, Werner H./Raffée, Hans/Wischermann, Barbara, *Grundzüge der doppelten Buchhaltung*, Wiesbaden 2002.

Erle, Bernd, *Der Bestätigungsvermerk des Abschlußprüfers*, Frankfurt am Main 1990.

Ernst, Christoph/Seibert, Ulrich/Stuckert, Fritz, *KonTraG, KapAEG, Stück AG, EuroEG*, Düsseldorf 1998.

Fey, Gerrit, *Unternehmenskontrolle und Kapitalmarkt*, Stuttgart 2000.

Flieger, Hermann, *Buchführung und Kontenrahmen*, Düsseldorf 1991.

Förschle, Gerhart/Kroner, Matthias, *Internationale Rechnungslegung : US-GAAP, HGB und IAS*, Heidelberg 2001.

Freidank, Carl-Christian, *Reform der Rechnungslegung und Corporate Governance in Deutschland und Europa*, Wiesbaden 2004.

Freidank, Carl-Christian/Velte, Patrick, *Rechnungslegung und Rechnungslegungspolitik*, Ulm 2007.

Fuchs, Matthias, *Kapitalmarktorientierte Rechnungslegung*, München 2007.

Gabele, Eduard/Meyer, Horst, *Buchführung*, München 2003.

Goldstein, Elmar, *Schnelleinstieg in die DATEV-Buchführung*, Freiburug 2003.

Graumann, Mathias, *Wirtschaftliches Prüfungswesen*, Rheinbreitbach 2007.

Gräfer, Horst/Scheld, Guido A., *Grundzüge der Konzernrechnungslegung*, Berlin 2005.

Gräfer, Horst/Sorgenfrei, Christiane, *Rechnungslegung*, Herne/Berlin 2004.

Grünberger, Herbert, *Fallbeispiele zur Bilanzierung*, Wien 2001.

Haller, Axel/Raffournier, Bernard/Walton, Peter, *Unternehmenspublizität im internationalen Wettbewerb*, Stuttgart 2000.

Haller, Peter, *Grundlage der Überwachung von Unternehmensberichten und Bilanzkontrollgesetz*, Berlin 2005.

Haller, Peter/Bernais, Nina, *Enforcement und BilKoG*, Berlin 2005.

Haunerdinger, Monika/Probst, Hans-Jürgen, *Der Weg in die internationale Rechnungslegung*, Wiesbaden 2004.

Heiner, Braun, *Joint Ventures im amerikanischen und deutschen Internationalen Privatrecht*, Frankfurt am Main 2000.

Herzig, Norbert, *IAS/IFRS und steuerliche Gewinnermittlung*, Düsseldorf 2004.

————, *Europäisierung des Bilanzrechts*, Köln 1997.

Heyd, Reinhard, *Internationale Rechnungslegung*, Stuttgart 2003.

Hofmann, Rolf, *Prüfungs-Handbuch*, Berlin 2002.

————, *Globalisierung : Challenge für die Aktüre der Corporate Governance*, Bochum 2000.

Hucke, Anja/Ammann, Helmut, *Der Deutsche Corporate Governance Kodex*, Herne/Berlin 2003.

Institut der Wirtschaftsprüfer (IDW), *Kapitalmarktorientierte Unternehmensüberwachung*, Düsseldorf 2001.

————, *Kapitalgesellschaften-und Co-Richtlinie-Gesetz (KapCoRiLiG)*, Düsseldorf 2000.

Jäger, Rainer, *Grundsätze ordnungsmäßiger Aufwandsperiodisierung*, Frankfurt am Main 1996.

Jütte, Verena, Das Skript, *Gesellschaftsrecht*, Frankfurt am Main, 2007.

Keun, Friedrich/Zillich, Kerstin, *Internationalisierung der Rechnungslegung*, August 2000.

Kirsch, Hanno, *IFRS-Rechnungslegung für kleine und mittlere Unternehmen*, Hamm 2007.

Klein, Gabriele, *Internationale Rechnungslegung und Konzernabschluss*, Wiesbaden 2003.

Kleindiek, Detlef/Oehler, Wolfgang, *Die Zukunft des deutschen Bilanzrechts*, Köln 2000.

Knips, Susanne, *Risikokapital und Neuer Markt*, Frankfurt am Main und soweiter 2000.

KPMG Deutsche Treuhand-Gesellschaft AG (Hrsg.), *Eigenkapital versus Fremdkapital nach IFRS*, Stuttgart 2006.

Küting, Karlheinz, *Bilanzierung und Bilanzanalyse am Neuen Markt*, Stuttgart 2001.

Küting, Karlheinz/Weber, Claus-Peter, *Das Rechnungswesen auf dem Prüfstand*, Frankfurt am Main 1997.

Leffson, Ulrich, *Die Grundsätze ordnungsmäßiger Buchführung*, Düsseldorf 1982.

Lehwald, Klaus-Jürgen, *Jahresabschlußprüfung unter Berücksichtigung des KonTraG und der Einführung des Euro*, Köln 1999.

Leibfried, Peter/Weber, Ingo, *Bilanzierung nach IAS/IFRS*, Wiesbaden 2003.

Löffler, Jörg, *Entwicklung von globalen Konzernstrategien*, Wiesbaden 2000.

Löhr, Andreas, *Börsengang*, Stuttgart 2000.

Mandler, Udo, *Der deutsche Mittelstand vor der IAS-Umstellung 2005*, Herne/Berlin 2004.

Marten, K.-U/Quick, Reiner/Ruhnke, Klaus, *IFRS für den Mittelstand?*, Düsseldorf 2005.

Meyer, Claus, *Bilanzierung nach Handels-und Steuerrecht*, Herne/Berlin 2001.

Moxter, Adolf, *Grundsätze ordnungsgemäßer Rechnungslegung*, Düsseldorf 2003.

―――, *Bilanzlehre, Band 1 : Einführung in die Bilanztheorie*, Wiesbaden 1984.

―――, *Bilanzlehre, Band 2 : Einführung in das neue Bilanzrecht*, Wiesbaden 1984.

Nassauer, Frank, *Corporate Governance und die Internationalisierung von Unternehmungen*, Frankfurt am Main und soweiter 2000.

Olfent, Klaus, *Buchführung*, Leipzig 2004.

Peemöller, Volker H. /Hofmann, Stefan, *Bilanzskandale*, Berlin 2005.

Pellens, Bernhard, *Internationale Rechnungslegung*, Stuttgart 1997.

Pellens, Bernhard/Fülbier, Rolf Uwe/Gassen, Joachim, *Internationale Rechnungslegung*, 6. Aufl., Suttgart 2006.

Quick, Reiner, *Bilanzierung in Fällen*, Stuttgart 2004.

Richard, Willi/Mühlmezer, Jürgen, *Fallstudien und Übungen zur Betriebslehre der Banken und Sparkassen*, Frankfrut am Main 2005.

Risse, Joachim, *Buchführung und Bilanz für Einsteiger*, Heidelberg 2001.

Röver & Partner, *IFRS-Leitfaden Mittelstand*, Berlin 2007.

Rüdiger, Andreas, *Regelungsschäfte bei Rückstellungen*, Wiesbaden 2004.

Rutschmann, Rosmarie/Rutschmann, Wilfried, *Kontierung nach den DATE-Kontenrahmen SKR 03 und SKR 04*, Ludwigshafen 2001.

Scheffler, Eberhard, *Eigenkapital im Jahres-und Konzernabschluss nach IFRS*, München 2006.

Schenk, Gerald, *Buchführung*. Berlin, Heidelberg 2005.

Schmidt, Matthias, *Das Konzept einer kapitalmarktorientierten Rechnungslegung*, Bielefeld u. Berlin 2000.

Schneider, Jürgen, *Erfolgsfaktoren der Unternhemensüberwachung*, Berlin 2000.

Scholz, Hans-Gunther, *Betriebliches Rechnungswesen*, Köln 1998.

Schröder, Oliver, *Unternehmenspublizität und Kapitalmärkte*, Baden-Baden 2002.

Schultz, Volker, *Basiswissen Rechnungswesen*, 4. Aufl., München 2006.

Theisen, Manuel René, *Der Konzern*, Stuttgart 2000.

Thiele, Konstanze, *Stielle Reserven in der Rechnungslegung*, Wiesbaden 1999.

Tielmann, Sandra, *Durchsetzung ordnungsmäßiger Rechnungslegung*, Düsseldorf 2001.

Tobias, Ullrich, *Rückstellungen in der Handels-und Steuerbilanz nach neuem Recht*, Salzwasser 2005.

Volk, Gerrit, *Going Public, Der Gang an die Börse : Beratung, Erfahrungen, Begleitung, Neuer Markt*, Suttgart 2000.

Weber, Jürgen/Weißenberger, Barbara E., *Einführung in das Rechnungswesen*, Stuttgart 2006.

Wedell, Harald, *Grundlagen des Rechnungswesens*, Herne/Berlin 2006.

Wehrheim, Michael, *Grundlagen der Rechnungslegung*, Frankfurt am Main 1997.

Weinauer, Wolfgang, *Handbuch Venture Capital-Von der Innovation zum Börsengang-*, München 2000.

Werner, Horst S, *Mezzanine-Kapital*, Köln 2007.

―――――, *Eigenkapital-Finanzierung*, Köln 2006.

Winkeljohann, Norbert/Herzig, Norbert (Hrsg.), *IFRS für den Mittelstand*, Stuttgart 2006.

Wöhe, Günter/Döring, Ulrich, *Einführung in die Allgemeine Betriebswirtschaftslehre*, 21., Auflage, München 2002.

Wöhe, Günter/Kußmaul, Heinz, *Grundzüge der Buchführung und Bilanztechnik*, 4., Auflage, München 2002.

Wöhle, Claudia B., *Bilanztheorie im Wandel der Zeit*, Basel 2004.

Wöltje, Jörg, *Buchführung und Jahresabschluss*, Stuttgart 2001.

Wörner, Georg, *Handels-und Steuerbilanz nach neuem Recht*, Landsberg/Lech 2000.

―――――, *Handels-und Steuerbilanz nach neuem Recht, mit IAS/IFRS und US-GAAP*, 8., Auflage, München/ Wien 2003.

Zacharias, Erwin, *Börseneinführung mittelständischer Unternehmen*, Bielefeld 2000.

参考及び引用論文

[2000 年]

Fessler, Bernd/Hegmann, Gerd/Lemaitre, Claus, Die Behandlung von Börseneinführungskosten unter Beachtung internationaler Rechnungslegungsnormen bei Unternehmen des „Neuen Marktes", *DStR*, 2000, S. 1069-1072.

Fischer, Thomas M., Wertorientierte Kennzahlen und Publizität der DAX-30-Unternehmen, *CONTROLLING*, 2000, S. 161-168.

Fuchs, Markus/Stibi, Bernd, IOSCO-SEC-EU-Kommission, *FB*, 2000, S. 1-9.

Kaum, Stephan, Internationale Rechnungslegung-Harmonisierung oder Standardisierung?, *FB*, 2000, Beilage, Nr. 1-2000, S. 46-49.

Knorr, Liesel, Kapitalmarktorientierte Rechnungslegung, *FB*, 2000, Beilage Nr. 1-2000, S. 1.

Römer, Hans-Jürgen/Müller, Heinz D, Anforderungen des Going Public mittelständischer Unternehmen, *DB*, 2000, S. 1085-1090.

Schneider, Uwe H./Strenger, Christian, Die „Corporate Governance-Grundsätze" der Grundsatzkommission Corporate Governance (German Panel on Corporate Governance), *AG*, 2000, S. 106-113.

Winterstetter, Bernhard/Paukstadt, Maik/Hegmann, Gerd, Going Public : Börseneinführung mittelständischer Unternehmen und ihre Emissionsbegleiter, *DStR*, 2000, S. 1322-1328.

W. Wagner, Franz, Welche Kriterien bestimmen die internationale Wettbewerbsfähigkeit der Methoden steuerlicher Gewinnermittlung?, *BFuP*, 2000, S. 183-203.

[2001 年]

Andreßen, Rüdiger, Birgt der § 292 a HGB Ausstiegspotenzial aus der HGB-Rechnungslegung in sicht?, *DB*, 2001, S. 2561-2565.

Bachmann, Gregor, Regelwerk und Rechtsgeschäft-Zur einseitigen Änderung privater Börsenregeln-, *WM*, 2001, S. 1793-1798.

Baetge, Jörg/Krumnow, Jürgen/Noelle, Jennifer, Das „Deutsche Rechnungslegungs Standards Committee" (DRSC), *DB*, 2001, S. 769-774.

Baetge, Jörg/Krumnow, Jürgen/Noelle, Jennifer, Schareholder-Value-Reporting sowie Prognose-und Performancepublizität, *KoR*, 2001, S. 174-180.

Balwieser, Wolfgang, Konzernrechnungslegung und Wettbewerb, in : *DBW*, 2001, S. 640-656.

─────, Anforderungen des Kapitalmarkts an Bilanzansatz-und Bilanzbewertungsregeln, *KoR*, 2001, S. 160-164.

Baums, Theodor, Die Empfehlungen der Regierungskommission Corporate Governance, *WPg-Sonderheft*, 2001, S. 6-8.

Berndt, Thomas, Berücksichtigung von Umweltaspekten im Jahresabschluss-Anmerkungen zur Empfehlung der EU-Kommission vom 30. 5. 2001, *BB*, 2001, S. 1727-1733.

Bruns, Hans-Georg, Anforderungen an die handelsrechtliche Rechnungslegung im europäischen und internationalen Kontext, *WPg-Sonderheft*, 2001, S. 67-74.

Busse von Colbe, Walther, Anpassung der EG-Bilanzrichtlinien an die IAS, *KoR*, 2001, S. 199-205.

C. Janssen, Friedrich, Panel oder SEC-Welchen Anforderungen muß ein international anerkanntes Enforcement genügen?, *WPg-Sonderheft*, 2001, S. 51-59.

Dobler, Michael, Die Prüfung des Risikofrüherkennungssystems gemäß § 317 Abs. 4 HGB-Kritische Analyse und empirischer Befund, *DStR*, 2001, S. 2086-2092.

Ebeling, Ralf M./Baumann, Kirsten F./Pöller, Ralf, Konzernrechnungslegung mittelständischer Unternehmen unter besonderer Berücksichtigung der Personenhandelsgesellschaften (Teil II), *DStR*, 2001, S. 1171-1176.

─────, Konzernrechnungslegung mittelständischer Unternehmen unter besonderer Berücksichtigung der Personenhandelsgesellschaften (Teil I), *DStR*, 2001, S. 1131-1136.

Ekkenga, Jens, Neuordnung des Europäischen Bilanzrechts für börsennotierte Unternehmen : Bedenken gegen die Strategie der EG-Kommission, in ; *BB*, 2001, S. 2362-2369.

Ernst, Christoph, EU-Verordnungsentwurf zur Anwendung von IAS : Europäisches Bilanzrecht vor weitreichenden Änderungen, *BB*, 2001, S. 823-825.

―――――, Bilanzrecht : quo vadis?-Die kommende Reform des europäischen Bilanzrechts und mögliche Auswirkungen auf die deutsche Rechnungslegung, *WPg*, 2001, S. 1140-1445.

Frizlen, Ulricht/Möhrle, Martin, Aktivierung eigenenwickelter Programme in den Bilanzen der Softwarehersteller nach HGB und US-GAAP, *KoR*, 2001, S. 233-243.

Fülbier, Rolf Uwe/Gassen, Jaochim, Entwicklung der deutschen Rechnungslegung für das Jahr 2004, *KoR*, 2001, S. 180-183.

Giese, Arlette/Rabenhorst, Dirk/Schindler, Joachim, Erleichterungen bei der Rechnungslegung, Prüfung und Offenlegung von Konzerngesellschaften, *BB*, 2001, S. 511-518.

Glaum, Martin, Die Internationalisierung der deutschen Rechnungslegung, *KoR*, 2001, S. 124-134.

Goethel, R. Stephan, Europäische Bilanzrecht im Umbruch, in ; *DB*, 2001, S. 2057-2061

Gruber, Thomas/Kühnberger, Manfred, Umstellung der Rechnungslegung von HGB auf US-GAAP : Bilanzrechtliche und bilanzpolitische Aspekte eines Systemwechsels, *DB*, 2001, S. 1733-1740.

Hahn, Klaus, Deutsche Rechnungslegung im Umbruch, *DStR*, 2001, S. 1267-1272.

Haller, Axel/Eierle, Brigitte/Evans, Elisabeth, Das britische Financial Reporting Review Panel-ein Vorbild für ein deutsches Enforcement-Gremium?, *BB*, 2001, S. 1673-1680.

Heintzen, Markus, EU-Verordnungsentwurf zur Anwendung von IAS : Kein Verstoß gegen Unionsverfassungsrecht, *BB*, 2001, S. 825-829.

Heintzen, Markus, Verfassungsrechtliche Anforderungen an das Rechnungslegungsrecht für börsennotierte Unternehmen, *KoR*, 2001, S. 150-154.

Herzig, Norbert, Notwendigkeit und Umsetzungsmöglichkeiten eines gespaltenen Rechnungslegungsrechts (Handels-und Steuerbilanz), *KoR*, 2001, S. 154-159.

Heßler, Armin/Mosebach, Petra, Besonderheiten und Probleme der Jahresabschlussprüfung in Unternehmen der New Economy,-Illustriert an der teamwork information management AG-, *DStR*, 2001, S. 1045-1052.

Hoffmann-Becking, Michael, Defizite des aktienrechtlichen Anfechtungs-und Organhaftungsrechts und Möglichkeiten zur Verbesserung, *WPg-Sonderheft*, 2001, S. 121-128.

Hommelhoff, Peter, Für ein spezifisch deutsches Durchsetzungssystem-Schaffung einer

Kontrollinstanz zur Sicherstellung der internationalen Wettbewerbsfähigkeit des deutschen Enforcement-Systems, *WPg-Sonderheft*, 2001, S. 39–50.

Klein, Klaus-Günter, Konvergenz nationaler und internationaler Rechnungslegungs-und Prüfungsnormen — Einleitende Statements zur Podiums-und Plenardiskussion —, *WPg-Sonderheft*, 2001, S. 95–104.

Klein, Oliver, Die Bilanzierung latenter Steuern nach HGB, IAS und US-GAAP im Vergleich, *DStR*, 2001, S. 1450–1456.

Kußmaul, Heinz/Klein, Nicole, Überlegungen zum Maßgeblichkeitsprinzip im Kontext jüngerer nationaler sowie internationaler Entwicklungen, *DStR*, 2001, S. 546–550.

Ludewig, Rainer, Qualitätssicherung und Peer Review–Eine Chance für den Mittelstand–, *WPg*, 2001, S. 388–392.

Marx, Friedhelm, Überlegungen der Bundesregierung zur Umsetzung der Vorschläge der Regierungskommission, *WPg-Sonderheft*, 2001, S. 9–11.

M. Fischer, Thomas, Internetbasierte wertorientierte Berichterstattung (Web-Based Value Reporting)-Eine empirische Untersuchung der DAX 30-Unternehmen, *DB*, 2001, S. 2001–2007.

Müller, Stefan/Wulf, Inge, Jahresabschlusspolitik nach HGB, IAS und US-GAAP, *BB*, 2001, S. 2206–2213.

Müller, Welf, Die Ausnahme und die Regel–Ein Lehrstück, dargestellt am so genannten Maßgeblichkeitsprinzip–, *DStR*, 2001, S. 1858–1864.

Naumann, Klaus-Peter/Tielmann, Sandra, Die Anwendung der IAS im Kontext der deutschen Corporate Governance, *WPg*, 2001, S. 1445–1458.

Niehues, Michael, EU-Rechnungslegungsstrategie und Gläubigerschutz, *WPg*, 2001, S. 1209–1222.

Nonnenmacher, Rolf, Möglichkeiten zur weiteren Verbesserung der Zusammenarbeit zwischen Aufsichtsrat und Abschlussprüfer, *WPg-Sonderheft*, 2001, S. 15–17.

Oestreicher, Andreas/Spengel, Christoph, Anwendung von IAS in der EU-Zukunft des Maßgeblichkeitsprinzips und Steuerbelastung, *RIW*, 2001, S. 889–902.

Page, Carol, Erfahrungsbericht über die Tätigkeit des Financial Reporting Review Panel, *WPg-Sonderheft*, 2001, S. 34–38.

Pellens, Bernhard/Gassen, Joachim, EU-Verordnungsentwurf zur IAS-Konzernrechnungslegung, *KoR*, 2001, S. 137–142.

Pellens, Bernhard/Hillebrandt, Franca, Umsetzung von Corporate–Governance–Richtlinien in der Praxis, *BB*, 2001, S. 1243–1250.

Peltzer, Martin/Werder, Axel v., Der „German Code of Corporate Governance (GCCG)"des

Berliner Initiativkreises, *AG*, 2001, S. 1-15.

Pohle, Klaus/v. Weder, Axel, Die Einschätzung der Kernthesen des German Code of Corporate Governance (GCCG) durch die Praxis, *DB*, 2001, S. 1101-1107.

Pulta, Jörg, Aktionärsrechte auf einem globalen Kapitalmarkt–Soll und Haben, *WPg-Sonderheft*, 2001, S. 114-121.

Ranker, Daniel/Wohlgemuth, Frank/Zwirner, Christian, Die Bedeutung immaterieller Vermögenswerte bei Unternehmen des Neuen Marktes und daraus resultierende Implikationen für eine kapitalmarktorientierte Berichterstattung, *KoR*, 2001, S. 269-279.

Röhricht, Volker, Unabhängigkeit des Abschlussprüfers, *WPg-Sonderheft*, 2001, S. 80-90.

Schmidt, Reinhard H, Kontinuität und Wandel bei der Corporate Governance in Deutschland, in ; Neuere Ansatze der Betriebswirtschaftslehre-in memoriam Karl Hax, in : *Zfbf*, Sonderheft, 2001, S. 6-78.

Schruff, Wienand/Nowak, Eric/Feinendegen, Stefan, Ad-hoc-Publizitätspflicht des Jahresergebnisses gemäß §15WpHG : Wann muss veröffentlicht werden?, *BB*, 2001, S. 719-725.

Schruff, Wienand, Zukünftige Anforderungen an den Abschlußprüfer–Aktuelle Entwicklungen auf internationaler und nationaler Ebene–, *WPg-Sonderheft*, 2001, S. 90-94.

Schön, Wolfgang, Internationalisierung der Rechnungslegung und Gläubigerschutz, *WPg-Sonderheft*, 2001, S. 74-79.

Schwager, Elmar, Neueste Entwicklungen in der internen Revision, *DB*, 2001, S. 2105-2109.

Sigloch, Jochen, Ein Valet dem Maßgeblichkeitsprinzip?, *BFuP*, 2000, S. 157-182.

Sihler, Helmut, Unternehmensüberwachung : Erfahrungen eines Aufsichtsratsvorsitzenden, *WPg-Sonderheft*, 2001, S. 11-14.

Tielmann, Sandra, Panel oder SEC–Welchen Anforderungen muss ein international anerkanntes Enforcement genügen?— Bericht über die Podium-und Plenardiskussion, *WPg-Sonderheft*, 2001, S. 60-66.

Tielmann, Sandra, Wie können sich Aufsichtsrat und Abschlußprüfer noch besser ergänzen?— Bericht über die Podiums-und Plenardiskussion —, *WPg-Sonderheft*, 2001, S. 25-30.

Van Hulle, Karel, Anforderungen an ein wirksames Enforcement aus Sicht der EU-Kommission, *WPg-Sonderheft*, 2001, S. 30-34.

Volk, Gerrit, Deutsche Corporate Governance-Konzepte, *DStR*, 2001, S. 412-416.

vonWartenberg, Ludolf, Corporate Governance aus der Sicht der deuschen Industrie, *WM*, 2001, S. 2239-2240.

Watrin, Christoph, Sieben Thesen zur künftigen Regulierung der Rechnungslegung, *DB*, 2001, S. 933-938.

Wolf, Manfred, Der Ausschluss vom Neuen Markt und die Aufnahme von Ausschlussgründen in das Regelwerk Neuer Markt, *WM*, 2001, S. 1785-1792.

Wolf, Margareta, Anlegerschutz und Förderung des Finanzplatzes Deutschland-Notwendigkeit der Reform des Kapitalmarkt-und Börsenrechts?, *WM*, 2001, S. 557.

[2002年]

Altenburger, Otto A., Erlaubt die Bilanzrichtlinie einen Verzicht auf die planmäßige Abschreibung des Goodwill?, *WPg*, 2002, S. 806-809.

Ballwieser, Wolfgang, Informations-GoB-auch im Lichte von IAS und US-GAAP, *KoR* 2002, S. 115-121.

Bernhardt, Wolfgang, Der Deutsche Corporate Governance Kodex : Zuwahl (comply) oder Abwahl (explain)?, *DB*, 2002, S. 1841-1846.

Böcker, Philipp, Bewertung und Bilanzerfordernis, *DB*, 2002, S. 1949-1955.

Buchholz, Rainer, IAS für mittelständische Unternehmen?-Vor-und Nachteile neuer Rechnungslegungsvorschriften in Deutschland, *DStR*, 2002, S. 1280-1284.

Busse von Colbe, Walther, Kleine Reform der Konzernrechnungslegung durch das TransPuG, *BB*, 2002, S. 1583-1588.

―――, Vorschlag der EG-Kommission zur Anpassung der Bilanzrichtlinien an die IAS-Abschied von der Harmonisierung?, *BB*, 2002, S. 1530-1536.

Claussen, Carsten Peter, Dem Neuen Markt eine zweite Chance, in : *BB*, 2002, S. 105-112.

Eggemann, Gerd/Petry, Martin, Fast Close-Verkürzung von Aufstellungs-und Veröffentlichungszeiten für Jahres-und Konzernabschlüsse, *BB*, 2002, S. 1635-1639.

Ehrhardt, Olaf, Die Durchsetzung von Corporate-Governance-Regeln, *AG*, 2002, S. 336-345.

Engel-Ciric, Dejan, Einschränkung der Aussagekraft des Jahresabschlusses nach IAS durch bilanzpolitische Spielräume, *DStR*, 2002, S. 780-784.

Euler, Roland, Paradigmenwechsel im handelsrechtlichen Einzelabschluss : von den GoB zu den IAS?, *BB*, 2002, S. 875-881.

Gelhausen, Hans Friedrich/Hönsch, Henning, Deutscher Corporate Governance Kodex und Abschlussprüfung, *AG*, 2002, S. 529-535.

Glaum, Martin/Street, Donna, Rechnungslegung der Unternehmen am Neuen Markt, *KoR*, 2002, S. 122-138.

Hucke, Anja/Ammann,Helmut, Der Entwurf des Transparenz-und Publizitätsgesetzes-ein weiterer Schritt zur Modernisierung des Unternehmensrechts, *DStR*, 2002, S. 689-696.

Hüttche, Tobias, IAS für den Mittelstand : light, little oder gar nicht?, *BB*, 2002, S. 1804-1806.

―――, Virtual Close-Ordnungsmäßigkeit virtueller Jahresabschlüsse, *BB*, 2002, S. 1639-1642.

Ihrig, Hans-Christoph/Wagner, Jens, Die Reform geht weiter : Das Transparenz-und Publizitätsgesetz kommt, *BB*, 2002, S. 789-797.

Kirsch, Hanno, Umstrukturierung der Finanzbuchhaltung durch Internationalisierung des externen Rechnungswesens, *BB*, 2002, S. 2219-2225.

Kirsch, Hans-Jürgen/Dohrn, Matthias/Wirth, Jörn, Rechnungslegungs-und Prüfungspraxis der DAX-100-Unternehmen-Bestandsaufnahme und Auswirkungen der EU-Verordnung zur Anwendung internationaler Rechnungslegungsstandards-, *WPg*, 2002, S. 1217-1231.

Köhler, Stefan/Benzel, Ute/Trautmann, Oliver, Die Bilanzierung von ERP-Software im Internetzeitalter, *DStR*, 2002, S. 926-932.

Korn, Evelyn, Enforcement von Rechnungslegungsstandards : Welche Wirkung hat das Strafmaß?, *DStR*, 2002, S. 1500-1504.

Lenz, Hansrudi/Bauer, Michael, Die Durchsetzung von Rechungslegungsnormen bei kapitalmarktorientierten Unternehmen, *BFuP.*, 2002, S. 246-262.

Lück, Wolfgang/Bungartz, Oliver/Henke, Michael, Internationalisierung — eine conditio sine qua non für die Wirtschaftsprüfung, *BB*, 2002, S. 1086-1090.

Lüdenbach, Norbert/Hoffmann, Wolf-Dieter, Der lange Schatten des Übergangs auf die IAS-Rechnungslegung, *DStR*, 2002, S. 231-234.

Marten, Kai-Uwe/Koehler, Annete G., Durchführung externer Qualitätskontrollen in der Wirtschaftsprüferpraxis-Vergleich deutscher und US-amerikanischer Normen-, *WPg*, 2002, S. 241-251.

Marten, Kai-Uwe/Schlereth, Dieter/Crampton, Adrian, Köhler, Annette G., Rechnungslegung nach IAS-Nutzeneffekte aus Sucht von Eigenkapitalgebern, *BB*, 2002, S. 2007-2012.

Maul, Karl-Heinz/Greinert, Markus, Der Lagebericht im Entwurf des Rahmenkonzepts des DSR, *DB*, 2002, S. 2605-2608.

Niehus, Rudolf J., Der EU-Vorschlag für eine „Modernisierung" der Bilanzrichtlinien, *DB*, 2002, S. 1385-1390.

―――, Zur Internationalisierung der deutschen Konzernrechnungslegung, *DB*, 2002, S. 53-58.

Peemöller, Volker H./Spanier, Günter/Weller, Heino, Internationalisierung der externen Rechnungslegung : Auswirkungen auf nicht kapitalmarktorientierte Unternehmen, *BB*, 2002, S. 1799-1803.

Pfitzer, Norbert/Orth, Christian/Wader, Dominic, Die Unabhängigkeitserklärung des Abschlussprüfers gegenüber dem Aufsichtsrat im Sinn des Deutschen Corporate Governance Kodex, *DB*, 2002, S. 753-755.

Pfitzer, Norbert/Oser, Peter/Orth, Christian, Zur Reform des Aktienrechts, der Rechnungslegung und Prüfung durch das TransPubG, *DB*, 2002, S. 157-165.

Pfitzer, Norbert/Oser, Peter/Wader, Dominic, Die Entsprechens-Erklärung nach § 161AktG-Checkliste für Vorstände und Aufsichtsräte zur Einhaltung der Empfehlungen des Deutschen Corporate Governance Kodex, *DB*, 2002, S. 1120-1123.

Rossmanith, Jonas/Funk, Wilfried, Ergebniswirksame Unterschiede internationaler Rechnungslegungsvorschriften, *DB*, 2002, S. 1225-1231.

Rudolph, Bernd, Viertes finanzmarktförderungsgesetz — ist der Name Programm?, *BB*, 2002, S. 1036-1041.

Ruhnke, Klaus/Schmidt, Martin/Seidel, Thorsten, Anzuwendende Prüfungsnormen bei der Prüfung eines Konzernabschlusses nach § 292 a HGB, *BB*, 2002, S. 138-142.

Schildbach, Thomas, IAS als Rechnungslegungsstandards für alle, *BFuP*, 2002, S. 263-278.

Schulze-Osterloh, Joachim, Befreiung der Kapitalgesellschaft & Co. von der Rechnungslegungspflicht für Kapitalgesellschaften durch Einbeziehung in den „Konzernabschluß" ihres persönlich haftenden Gesellschafters, *BB*, 2002, S. 1307-1310.

Schüppen, Matthias, Der Kodex — Chancen für den Deutschen Kapitalmarkt!, *DB*, 2002, S. 1117-1119.

Schurbohm, Anne/Streckenbach, Jana, Modernisierung der Konzernrechnungslegung durch das Transparenz-und Publizitätsgesetz, *WPg*, 2002, S. 845-853.

Seibert, Ulrich, Aktienrechtsreform in Permanenz?, *AG*, 2002, S. 417-420.

Sünner, Eckart, Die Einberufung der Hauptversammlung und die Zugänglichmachung von Gegenanträgen nach dem Entwurf des Transparenz-und Publizitätsgesetzes, *AG*, 2002, S. 1-3.

Van Helleman, Johan, The Changeover to International Accounting Standards in Europe, *BFuP*, 2002, S. 213-229.

Wagenhofer, Alfred, Die Rolle der Standards des IASB in der Internationalisierung der Rechnungslegung, *BFuP*, 2002, S. 230-245.

Weber, Christoph/Böttcher, Bert/Griesemann, Georg, Spezialfond und ihre Behandlung nach deutscher und internationaler Rechnungslegung, *WPg*, 2002, S. 905-918.

Wüstermann, Jens, Normdurchsetzung in der deutschen Rechnungslegung-Enforcement nach dem Vorbild der USA?, *BB*, 2002, S. 718-725.

Zimmermann, Jochen, Objektivierte originäre Geschäftswerte als Informationsträger in der Konzernbilanz, *DB*, 2002, S. 751-753.

Zwingmann, Lorenz, Grundlegende Anpassungsmaßnahmen für eine Einbeziehung von Tochterunternehmen in den Konzernabschluss unter Berücksichtigung neuester Entwicklungen durch das Transparenz-und Publizitätsgesetz (TransPuG), *DStR*, 2002, S. 971

-976.
報告書
Arbeitskreis Bilanzrecht der Hochschullehrer Rechtswissenschaft, Zur Fortenwicklung des deutschen Bilanzrechts, *BB*, 2002, S. 2372-2381.

Arbeitskreis Externe Unternehmensrechnung der Schmalenbach-Gesellschaft für Betriebswirtschaft, Enforcement der Rechnungslegung-Stellungnahme des Arbeitskreises Externe Unternehmensrechnung der Schmalenbach-Gesellschaft–*DB*, 2002, S. 2173-2176.

[2003 年]

Braun, Frank, Aufstellen von Jahresabschlüssen mittelständischer Unternehmen mit oder ohne Prüfung bzw. Plausibilisierung?, *DStR*, 2003, S. 998-1002.

Buchheim, Regine/Gröner, Susanne, Anwendungsbereich der IAS-Verordnung an der Schnittstelle zu deutschem und zu EU-Bilanzrecht, *BB*, 2003, S. 953-955.

Ernst, Christoph, BB-Gesetzgebungsreport : Auswirkungen des 10-Punkte-Programms „Unternehmensintegrität und Anlegerschutz" auf das Bilanzrecht, *BB*, 2003, S. 1487-1491.

Feldkämper, Ulrich, Empirische Untersuchung der Segmentberichterstattung am deutschen Kapitalmarkt, *DB*, 2003, S. 1453-1457.

Gischer, Horst/Hommel, Michael, Unternehmen in Krisensituationen und die Rolle des Staates als Risikomanager : Weniger ist mehr, *BB*, 2003, S. 945-952.

Gohdes, Alfred E., Meier, Karin, Pensionsverpflichtungen im Unternehmensrating : Fremdkapital besonderer Art, *BB*, 2003, S. 1375-1380.

Haklmacher, Sebastian, Die Katharsis der Unternehmensorgane-Coporate Governance und Rechnungskegung im jahre 2013-, *WPg*, 2003, S. 193-203.

Haller, Axcl, IFRS für alle Unternehmen–ein realisierbares Szenario in der Europäischen Union?, *KoR*, 2003, S. 413-424.

Hayn, Sven/Bösser, Jörg/Pilhofer, Jochen, Erstmalige Anwendung von International Financial Reporting Standards (IFRS 1), *BB*, 2003, S. 1607-1613.

Heintges, Sebastian, Best Practice bei der Umstellung auf internationale Rechnungslegung, *DB*, 2003, S. 621-627.

Helm, Roland, Vergütungsstrukturen des Aufsichtsrats mittelständischer, nicht börsennotierter Aktiengesellschaften, *DB*, 2003, S. 2718-2723.

Herzig, Norbert/Bär, Michaela, Die Zukunft der steuerlichen Gewinnermittlung im Licht des europäischen Bilanzrechts, *DB*, 2003, S. 1-8.

Hoffmann, Wolf-Dieter/Lüdenbach, Norbert, Zur Offenlegung der Ermessensspielräume bei der Erstellung des Jahresabschlusses, *DB*, 2003, S. 1965-1969.

Horsch, Andreas/Richard, Marc, Perspektiven der internationalen Kapitalmarktregulierung,

KoR, 2003, S. 360-364.

Keßler, Marco, IAS/IFRS für mittelständische Unternehemen ab 2005?-Chancen und Probleme, *KoR*, 2003, S. 103-105.

Kirsch, Hanno, Änderungen des deutschen Unternehmenssteuerrechts 2003 und deren Auswirkung auf die steuerliche Berichterstattung im IAS-Jahresabschluss, *DStR*, 2003, S. 128-132.

―――――, IAS-Jahresabschluss für Kommanditgesellschaften, *BB*, 2003, S. 143-149.

Küting, Karlheinz/Weber, Claus-Peter/Pilhofer, Jochen, Zur Frage der Einbeziehung einer GmbH & Co. KG in den Konzernabschluss eines übergeordneten Mutterunternehmens im Rahmen der Abgrenzung des Konsolidierungskreises, *WPg*, 2003, S. 793-802.

Küting, Karlheinz/Zwirner, Christian, Latente Steuern in der Unternehmenspraxis : Bedeutung für Bilanzpolitik und Unternehmensanalyse-Grundlagen sowie empirischer Befund in 300 Konzernabschlüssen von in Deutschland börsennotierten Unternehmen-, *WPg*, 2003, S. 301-315.

Lanfermann, Georg/Maul, Silja, SEC-Ausführungsregelungen zum Sarbanes-Oxley Act, *DB*, 2003, S. 349-355.

Lüdenbach, Norbert/Frowein, Nils, Der Goodwill-Impairment-Test aus Sicht der Rechnungslegungspraxis, *DB*, 2003, S. 217-223.

Lüdenbach, Norbert/Hoffmann, Wolf-Dieter, Imparitätische Wahrscheinlichkeit-Zukunftswerte im IAS-Regelwerk, *KoR*, 2003, S. 5-14.

Merkt, Hanno, Zum Verhältnis von Kapitalmarktrecht und Gesellschaftsrecht in der Diskussion um die Corporate Governance, *AG*, 2003, S. 126-136.

Moser, Ulrich/Doleczik, Günter/Granget, Alexander/Marmann, Jochen, Unternehmensbewertung auf der Grundlage von IAS/IFRS, *BB*, 2003, S. 1664-1670.

Niehus, Rudolf J., Turnusmäßiger Wechsel des Abschlussprüfers, *DB*, 2003, S. 1637-1643.

Niemann, Walter, Grundsätze ordnungsmäßiger Durchführung von Abschlussprüfungen im Umbruch?, *DStR*, 2003, S. 1454-1460.

O. Westhoff, André, Glaubwürdigkeit des Jahresabschlusses : Brauchen wir eine Kontrolle der Kontrolleure bezogen auf die Abschlussprüfer und wenn ja, welche? (Teil II), *DStR*, 2003, S. 2132-2136.

―――――, Glaubwürdigkeit des Jahresabschlusses : Brauchen wir eine Kontrolle der Kontrolleure bezogen auf die Abschlussprüfer und wenn ja, welche? (Teil I), *DStR*, 2003, S. 2086-2092.

Ossadnik, Wolfgang/Barklage, David, Anspruch und Wirklichkeit der Wertorientierung von Unternehmen des Neuen Markts, *DB*, 2003, S. 1285-1290.

Peemöller, Volker H./Schmalz, Hans, Auswirkungen des Peer Review auf Wirtschaftsprüfer-Praxen, *DStR*, 2003, S. 1135−1140.

Pellens, Bernhard/Basche, Kerstin/Sellhorn, Thorsten, Full Goodwill Method, *KoR*, 2003, S. 1−4.

Pellens, Bernhard/Sellhorn, Thorsten, Minderheitenproblematik beim Goodwill Impairment Test nach geplanten IFRS und geltenden US-GAAP, *DB*, 2003, S. 401−408.

Poll, Jens, Externe Qualitätskontrolle in der Praxis-Erfahrungen mit dem Peer Review in Deutschland, Grenzen und Chancen-, *WPg*, 2003, S. 151−156.

Prinz, Ulrich, Reform der deutschen Rechnungslegung, *DStR*, 2003, S. 1359−1364.

René Theisen, Manuel, Risikomanagement als Herausforderung für die Corporate Governance, *BB*, 2003, S. 1426−1430.

――――, Herausforderung Corporate Governance, *DBW*, 63(2003), S. 441−464.

Romani, Brigitte/Maier, Jochen, Doppelbesteuerung während der Organschaft in Folge der Maßgeblichkeit der Handelsbilanz?, *DB*, 2003, S. 630−632.

Roß, Norbert/Drögemüller, Steffen, Rückstellungspflicht aufgrund gesetzlicher Aufbewahrungsfristen?, *WPg*, 2003, S. 219−224.

Schmidt, Lars/Schnell, Marc, Bilanzierung von Emissionsrechten nach IAS/IFRS, *DB*, 2003, S. 1449−1452.

Seibert, Ulrich, Das 10-Punkte-Programm „Unternehmensintegrität und Anlegerschutz", *BB*, 2003, S. 693−698.

Theile, Carsten, Erstmalige Anwendung der IAS/IFRS, *DB*, 2003, S. 1745−1752.

Theile, Carsten/Pawelzik, Kai Udo, Erfolgswirksamkeit des Anschaffungsvorgangs nach ED 3 beim Unternehemenserwerb im Konzern, *WPg*, 2003, S. 316−323.

V. Keitz, Isabel, Praxis der IASB-Rechnungslegung : Derzeit (noch) uneinheitlich und HGB-orientiert, *DB*, 2003, S. 1801−1806.

van Hulle, Karel/Lanfermann, Georg, Mitteilung der Europäischen Kommission zur Stärkung der Abschlussprüfung, *BB*, 2003, S. 1323−1328.

Volk, Gerrit, Mezzanine Capital : Neue Finanzierungsmöglichkeit für den Mittelsstand?, *BB*, 2003, S. 1224−1226.

Winkeljohann, Norbert, Solfrian, Gregor, Basel II ― Neue Herausforderungen für den Mittelstand und seine Berater, *DStR*, 2003, S. 88−92.

報告書

Arbeistkreis DVFA/Schmalenbach-Gesellschaft e. V., Dreieich/Köln, Empfehlungen zur Ermittlung prognosetähiger Ergebnisse, *DB*, 2003, S. 1913−1917.

Arbeitkreis „Externe Unternehmensrechnung" der Schmalenbach-Gesellschaft tur betriebswirtschaft e. V., Köln, International Financial Reporting Standards im Einzel-und Konzernabschluss unter der Prämisse eines Einheitsabschlusses für unter Anderem steuerliche Zwecke, *DB*, 2003, S. 1585-1588.

Arbeitskreis „Immaterielle Werte im Rechnungswesen" der Schmalenbach-Gesellschaft für Betriebswirtschaft e. V., Köln, Freiwillige externe Betrichterstattung über immaterielle Werte, *DB*, 2003, S. 1233-1237.

[2004 年]

Anne, d'Arcy/Michiyo, Mori/Christine, Roßbach, Die Bilanzierung immaterieller Vermögenswerte in den Abschlüssen börsennotierter Unternehmen in Deutschland und Japan, *KoR*, 2004, S. 67-77.

Buchheim, Regine/Gröner, Susanne/Kühne, Mareike, Übernahme von IAS/IFRS in Europa : Ablauf und Wirkung des Komitologieverfahrens auf die Rechnungslegung, *BB*, 2004, S. 1783-1788.

Buchheim, Regine/Ulbrich, Philipp, EU-Transparenz-Richtlinie : Neuregelung der periodischen und laufenden Berichterstattung kapitalmarktnotierter Unternehmen, *KoR*, 2004, S. 273-287.

Bohl, Werner, IAS/IFRS und steuerliche Gewinnermittlung, *DB*, 2004, S. 2381-2383.

Busse von Colbe, Walther, Anpassung der Konzernrechnungslegungsvorschriften des HGB an internationale Entwicklungen, *BB*, 2004, S. 2063-2070.

Ekkenga, Jens, Bilanzierung von Stock Options Plans nach US-GAAP, IFRS und HGB, *DB*, 2004, S. 1897-1903.

Ernst, Christoph, BB-Gesetzgebungsreport : Regierungsentwurf des BilKoG, *BB*, 2004, S. 936-937.

Fischer, Thomas M./Klöpfer, Elisabeth/Sterzenbach, Sven, Beurteilung der Rechnungslegung nach IAS-Ergebnisse einer Befragung deutscher börsennotierter Unternehmen-, *WPg*, 2004, S. 694-708.

Herzig, Norbert/Hausen, Guido, Steuerliche Gewinnermittlung durch modifizierte Einnahmenüberschussrechnung-Konzeption nach Aufgabe des Maßgeblichkeitsprinzips, *DB*, 2004, S. 1-10.

Kiesel, Hanno/Grimm, Hanno, Die Offenlegungsverpflichtung bei Kapitalgesellschaften & Co. nach dem Beschluss des EuGH vom 23. 9. 2004, *DStR*, 2004, S. 2210-2214.

Köhler, Annette G./Meyer, Stephanie, BB-Gesetzgebungsreport : Umsetzungsstand des 10-Punkte-Plans der Bundesregierung zur Stärkung des Anlegerschutzes und der Unternehmensintegriät, *BB*, 2004, S. 2623-2631.

Maul, Silja/Lanfermann, Georg, Europäische Corporate Governance-Stand der Entwicklungen-*BB*, 2004, S. 1861-1868.

Meyer, Claus, Der Regierungsentwurf des Bilanzrechtsreformgesetzes (BilReG): Wichtige Neuerungen in der externen Rechnungslegung, *DStR*, 2004, S. 971-974.

Meyer, Claus/Meisenbacher, Michaela, Bilanzpolitik auf der Basis von IAS/IFRS, insbesondere in Zeiten der Krise, *DStR*, 2004, S. 567-572.

Pfitzer, Norbert/Oser, Peter/Orth, Christian, Offene Fragen und Systemwidrigkeiten des Bilanzrechtsreformgesetzes (BilReG), *DB*, 2004, S. 2593-2602.

Röder, Gerhard/Powietzka, Arnim, Gesamt-und Konzernbetriebsräte in internationalen Konzernunternehmen, *DB*, 2004, S. 542-547.

Schöllhorn, Thomas/Müller, Martin, Bedeutung und praktische Relevanz des Rahmenkonzepts (framework) bei Erstellung von IFRS-Abschlüssen nach zukünftigem „ deutschen Recht "(Teil II), *DStR*, 2004, S. 1666-1670.

─────────, Bedeutung und praktische Relevanz des Rahmenkonzepts (framework) bei Erstellung von IFRS-Abschlüssen nach zukünftigem „ deutschen Recht "(Teil I), *DStR*, 2004, S. 1623-1628.

Tanski, Joachim S., Bilanzpolitische Spielräume in den IFRS, *DStR*, 2004, S. 1843-1847.

Wolf, Klaus, Entwicklungen im Enforcement unter Berücksichtigung des Referententwurfs für ein Bilanzkontrollgesetz (BilKoG), *DStR*, 2004, S. 244-248.

Urteil : Entscheidung

Aufdeckung stiller Reserven bei Übertragung von einzelnen Wirtschaftsgütern eines Einzelunternehmens auf eine Betriebs-GmbH mit Beteiligung eines Angehörigen, *BB*, 2004, S. 2738-2743.

GmbH & Co. KG : Publizitätspflicht für Jahresabschlüsse besteht ausnahmslos, *BB*, 2004, S. 2456-2461.

[2005年]

Brandt, Ulrich, Ein Überblick über die Europäische Aktiengesellschaft(SE)in Deutschland, *BB-Special*, 2005, S. 1-7.

Breker, Norbert/Harrison, David A./Schmidt, Martin, Die Abgrenzung von Eigen-und Fremdkapital, *KoR*, 2005, S. 169-479

Haaker, Andreas, Änderungen der Wahrscheinlichkeitsberücksichtigung bei der Rückstellungsbilanzierung nach ED IAS 37, *PiR*, 2005, S. 51-57.

Herzig, Norbert, IAS/IFRS und steuerliche Gewinnermittlung, *WPg*, 2005, S. 211-235.

Hoffmann, Wolf-Dieter/Lüdenbach, Norbert, BB-Forum : Übergang zu den IFRS mit Rückfahrkarte?–HGB-Bilanzierung nach vorübergehender IFRS-Anwendung, *BB*, 2005, S. 96-99.

Jessen, Ulf/Weller, Heino, Fortentwicklung des deutschen Bilanzrechts ─ Die Möglichkeiten eines Bilanzrechtsmodernisierungsgesetzes für den Einzelabschluss (Teil II), *DStR*, 2005, S. 532-536.

――――――――, Fortentwicklung des deutschen Bilanzrechts-Die Möglichkeiten eines Bilanzrechtsmodernisierungsgesetzes für den Einzelabschluss (Teil I), *DStR*, 2005, S. 489-493.

Kahle, Holger, IFRS auch für die Steuerbilanz maßgeblich?, *Accounting*, 2005, S. 8-12.

Kirchhof, Jürgen, Die Bilanzierung von Restrukturierungsrückstellungen nach IFRS, *WPg*, 2005, S. 589-601.

Kirsch, Hanno, Erstellung der Eigenkapitalveränderungsrechnung und der Gesamtergebnisrechnung nach IFRS, *KoR*, 2005, S. 528-534.

Kleinmanns, Hermann, Rückstellungsbilanzierung gem. IAS 37-Darstellung, Unterschiede zum HGB und künftige Entwicklungen, *StuB*, 2005, S. 205-214.

Knief, Peter, Die Ungleichbehandlung von Personengesellschaften und Kapitalgesellschaften durch die Reform der Unternehmensbesteuerung zum1. 1. 2006, *DB*, 2005, S. 1013-1017.

Kühnberger, Manfred, Firmenwerte in Bilanz, GuV und Kapitalflussrechnung nach HGB, IFRS und US-GAAP, *DB*, 2005, S. 677-683.

Kußmaul, Heinz/Tcherveniachki, Vassil, Entwicklung der Rechnungslegung mittelständischer Unternehmen im Kontext der Internationalisierung der Bilanzierungspraxis, *DStR*, 2005, S. 616-621.

Küting, Karlheinz/Reuter, Michael, Werden stille Reserven in Zukunft (noch) stiller?, *BB*, 2005, S. 706-713.

Lachnit, Laurez/Müller, Stefan, Other comprehensive income nach HGB, IFRS und US-GAAP-Konzeption und Nutzung im Rahmen der Jahresabschlussanalyse, *DB*, 2005, S. 1637-1645.

Langguth,Heike/Engelmann,Andreas, Empirische Untersuchung zur Segmentberichterstattung am deutschen Kapitalmarkt, *DB*, 2005, S. 621-628.

Lüdenbach Norbert/Hoffmann, Wolf-Dieter, Faktische Verpflichtungen und (verdeckte) Aufwandsrückstellungen nach IFRS und HGB/EStG, *BB*, 2005, S. 2344-2349.

Meyer, Claus, Bilanzrechtsreformgesetz (BilReG) und Bilanzkontrollgesetz (BilKoG)Die Änderungen im Überblick, *DStR*, 2005, S. 41-44.

Pooten, Holger, Der EU-Richtlinienvorschlag zur Änderung der bestehenden Rechnungslegungsrichtlinien, *KoR*, 2005, S. 58-62.

Schmid, Reinhold, Synoptische Darstellung der Rechnungslegung nach HGB und IAS/IFRS, *DStR*, 2005, S. 80-84.

Strieder, Thomas, Anmerkungen zur individualisierten Angabe von Vorstandsbezügen im Anhang des Jahresabschlusses, *DB*, 2005, S. 957-960.

Udo Pawelzik, Kai, Pensionenspiegel für Pensionsrückstellungen nach IAS 19, *DB*, 2005, S. 733-740.

Vater, Hendrik, EuGH bestätigt Offenlegungspflicht für GmbH & Co. KG, *KoR*, 2005, S. 130-134.

Wendlandt, Klaus/Knorr, Liesel, Das Bilanzrechtsreformgesetz, *KoR*, 2005, S. 53-57.

Wolf, Klaus, Neuerungen im (Konzern-) Lagebericht durch das Bilanzrechtsreformgesetz (BilReG)-Anforderungen und ihre praktische Umsetzung, *DStR*, 2005, S. 438-442.

Wulf, Martin/Klein, Michael/Azaiz, Karim, Umstellung des Konzernabschlusses auf IFRS (Teil II), *DStR*, 2005, S. 299-304.

――――――――――, Umstellung des Konzernabschlusses auf IFRS (Teil I), *DStR*, 2005, S. 260-264.

Zabel, Martin/Cairns, David, Vereinfachte IFRS für ausgewählte Unternehmen des Mittelstands, *KoR*, 2005, S. 207-216.

[2006 年]

Barckow, Andreas/Schmidt, Martin, Abgrenzung von Eigenkapital und Fremkapital-Der Entwurf des IASB zu Änderungen an IAS 32-, *WPg*, 2006, S. 950-952.

Beiersdorf, Kati, IFRS für kleine und mittelgroße Unternehmen : Veröffentlichung des Arbeitsentwurfs, *BB*, 2006, S. 1898-1900.

Bingel, Elmar/Weidenhammer, Simon, Ausweis des Eigenkapitals bei Personenhandelsgesellschaften im Handelsrecht, *DStR*, 2006, S. 675-679.

Bräutigam, Benedikt/Heyer, Jan-Peter, Das Prüfverfahren durch die Deutsche Prüfstelle für Rechnungslegung, *AG*, 2006, S. 188-195.

Dreitenstein, Jürgen/Meyding, Bernhard, GmbH-Reform : Die „neue" GmbH als wettbewerbsfähige Alternative oder nur „GmbH light"?, *BB*, 2006, S. 1457-1462.

Deilmann, Barbara, EHUG : Neuregelung der Jahresabschlusspublizität und mögliche Befreiung nach § 264 Abs. 3 HGB, *BB*, 2006, S. 2347-2352.

Fastrich, Lorenz, Optimierung des Gläubigerschutzes bei der GmbH-Praktikabilität und Effizienz, *DStR*, 2006, S. 656-663.

Gros, Stefan E., Enforcement der Rechnungslegung, *DStR*, 2006, S. 246-251.

Haas, Ulrich, Mindestkapital und Gläubigerschutz in der GmbH, *DStR*, 2006, S. 993-1000.

Heintges, Sebastian, Entwicklung der Rechnungslegung nach internationalen Vorschriften ― Konsequenzen für deutsche Unternehmen ―, *DB*, 2006, S. 1569-1576.

Hillmer, Hans-Jürgen, IFRS als Starting Point der steuerlichen Gewinnermittlung?-Tagungsbericht zur Münchener Steuerfachtagung (21-23. 3. 2006)-, *KoR*, 2006. S. 342-344.

Hoffmann, Wolf-Dieter/Lüdenbach, Norbert, Die Neuregelung des IASB zum Eigenkapital bei Personengesellschaften, *DB*, 2006, S. 1797-1800.

―――, Der Diskussionsentwurf des IASB-Mitarbeiterstabes zum SME-Projekt, *DStR*, 2006, S. 1903-1908.

Kampmann, Helga/Schwedler, Kristina, Zum Entwurf eines gemeinsamen Rahmenkonzepts von FASB und IASB, *KoR*, 2006, S. 521-530.

Kirsch, Hanno, Beurteilung des bilanzpolitischen Instrumentariums der IFRS-Rechnungslegung, *BB*, 2006, S. 1266-1271.

―――, Fallstudie zur SME-Rechnungslegung am Beispiel der Aufstellung der SME-Eröffnungsbilanz, *KoR*, 2006, S. 752-758.

―――, Perspektiven der landesrechtlichen Rechnungslegung und der steuerlichen Gewinnermittlung im Zuge der Internationalisierung der Rechnungslegung, *DStR*, 2006, S. 1198-1203.

Köhler, Klaus, Eigenkapital in Bilanz–auch bei zwingender Rückzahlbarkeit? *ZHR*, 2006, S. 101-112.

Küting, Karlheinz, Auf der Suche nach dem richtigen Gewinn–Die Gewinnkonzeption von HGB und IFRS im Vergleich —, *DB*, 2006, S. 1441-1450.

Kußmaul, Heinz/Henkes, Jörg, IFRS für den Mittelstand : Anwender-und Adressatenkreis im Kontext der neuesten Entwicklungen beim SME-Projekt des IASB, *BB*, 2006, S. 2235-2240.

Niehus, Rudolf J., IFRS für den Mittelstand? Warum eigentlich?, *DB*, 2006, S. 2529-2536.

Niemann, Walter, Aktuelles für den Wirtschaftsprüfer aus dem Mittelstand, *DStR*, 2006, S. 812-819.

Schmidt, Marin, Eigenkapital nach IAS 32 bei Personengesellschaften : aktueller IASB-Vorschlag und Aktivitäten anderer Standardsetzer, *BB*, 2006, S. 1563-1566.

Schreiber, Stefan M., IFRIC-Interpretationen-Beteiligung von IFRS-Anwendern am Entwicklungsprozess und aktuelle Entwürfe, *BB*, 2006, S. 1379-1385.

Strieder, Thomas/Kuhn, Andreas, Die Offenlegung der jährlichen Entsprechenserklärung zum Deutschen Corporate Governance Kodex sowie die zukünftigen Änderungen durch das EHUG, *DB*, 2006, S. 2247-2250.

Theile, Carsten/Nitsche, Jenifer, Praxis der Jahresabschlusspublizität bei der GmbH, *WPg*, 2006, S. 1141-1151.

[2007年]

Bauer, Jobst-Hubertus/Arnold, Christian, Abfindungs-Caps in Vorstandsverträgen-gute Corporate Governance?, *BB*, 2007, S. 1793-1797.

Beschorner Dieter/Stehr, Christopher, Internationalisierungsstrategien für kleine und mittlere

Unternehmen, *BB*, 2007, S. 315-321.

Böcking, Hans-Joachim/Gros, Marius, IFRS und die Zukunft der steuerlichen Gewinnermittlung, *DStR*, 2007, S. 2339-2344.

Boxberger, Lutz, Enforcement : Erste Erfahrungen, Beratungsempfehlungen und Ad-hoc-Publizitätspflichten bei Prüfungen der „Bilanzpolizei", *DStR*, 2007, S. 1362-1369.

Brähler, Gernot/Brune, Philipp/Heerdt, Tobias, Der Entwurf zu IFRS for SMEs : Eine Beurteilung anhand einer komparativen Analyse der latenten Steuern, *KoR*, 2007, S. 649-657.

Breidert, Ulrike/Moxter, Adolf, Zur Bedeutung wirtschaftlicher Betrachtungsweise in jüngeren höchstrichterlichen Bilanzrechtsentscheidungen, *WPg*, 2007, S. 912-919.

Claussen, Carsten Peter, Gedanken zum Enforcement, *DB*, 2007, S. 1421-1425.

Ebeling, Ralf Michael, Zuordnung der im Konsolidierungsprozess auftretenden Eigenkapitaldifferenzen im IFRS-Konzernabschluss, *BB*, 2007, S. 1609-1615.

Erchinger, Holger/Melcher, Winfried, Stand der Konvergenz zwischen US-GAAP und IFRS : Anerkennung der IFRS durch die SEC, *KoR*, 2007, S. 245-254.

Fülbier, Rolf Uwe/Gassen, Joachim, Das Bilanzrechtsmodernisierungsgesetz（BilMoG）: Handelsrechtliche GoB vor der Neuinterpretaion, *DB*, 2007, S. 2605-2612.

Hennrichs, Joachim/Dettmeier, Michael/Pöschke, Moritz/Schubert, Daniela, Geplante Änderungen der Kapitalabgrenzung nach ED IAS 32 : "Neues "Eigenkapital für Personenhandelsgesellschaften, *KoR*, 2007, S. 61-69.

Henselmann, Klaus, Ungewisse Verpflichtungen nach IFRS, *KoR*, 2007, S. 232-239.

Inwinkl, Petra, Die neue Prüfgruppe der EU-Kommission und das neue Verfahren zur Anerkennung der IFRS, *WPg*, 2007, S. 289-295.

Jahnke, Hermann/Wielenberg, Stefan/Schumacher, Heinrich, Ist die Integration des Rechnungswesens tatsächlich ein Motiv für die Einführung der IFRS in mittelständischen Unternehmen?, *KoR*, 2007, S. 365-375.

Kajüter, Peter/Barth, Daniela/Dickmann, Tobias/Zapp, Pierre, Rechnungslegung nach IFRS im deutschen Mittelstand?, *DB*, 2007, S. 1877-1884.

Kalina-Kerschbaum, Claudia/Steggewentz, Elena, Herbsttagung der Bundessteuerberaterkammer（Berlin）und der Kammer der Wirtschaftstreuhänder（Wien）in Brüssel-„IFRS für KMU?", *DStR*, 2007, S. 215-218.

Kampmann, Helga, Zur aktuellen Diskussion um die Abgrenzung von Eigen-und Fremdkapital in der internationalen Rechnungslegung : Abkehr von der dichotomen Kapitalgliederung als Lösungsansatz?, *KoR*, 2007, S. 185-192.

Knorr, Liesel/Beiersdorf, Kati/Schmidt, Martin, EU Vorschlag zur Vereinfachung des Unternehmensumfelds-insbesondere für KMU, *BB*, 2007, S. 2111-2117.

Köhler, Annette G./Marten, Kai-Uwe/Schlereth, Dieter, Gläubigerschutz durch bilanzielle Kapitalerhaltung, *DB*, 2007, S. 2729-2732.

Küting, Karlheinz/Reuter, Michael, Unterschiedliche Erfolgs-und Gewinngrößen in der internationalen Rechnungslegung : Was sollen diese Kennzahlen aussagen?, *DB*, 2007, S. 2549-2557.

Küting, Karlheinz/Zwirner, Christian, Quantitative Auswirkungen der IFRS-Rechnungslegung auf das Bilanzbild in Deutschland, *KoR*, 2007, S. 92-102.

Look, Tobias, Offenlegung nach EHUG-Auftragsübernahme durch den Steuerberater, *DStR*, 2007, S. 2231-2232.

Lüdenbach, Norbert/Hoffmann, Wolf-Dieter, Der Standardentwurf des IASB für den Mittelstand, *DStR*, 2007, S. 544-549.

―――――――――, Die langen Schatten der IFRS über der HGB-Rechnungslegung, *Beihefter zur DStR*, 2007, S. 3-20.

Meyer, Claus, Bilanzrechtsmodernisierunsgesetz (BilMoG)-die wesentlichen Änderungen nach dem Referentenentwurf, *DStR*, 2007, S. 2227-2231.

Naumann, Klaus-Peter, Internationaler Rechnungslegungsstandard für den Mittelstand-Konkurrenz für das Handelsgesetzbuch, *WPg*, 2007, S. 1.

Noack, Ulrich, Der Regierungsentwurf des MoMiG ― Die Reform des GmbH–Rechts geht in die Endrunde, *DB*, 2007, S. 1395-1400.

Oversberg, Thomas, Übernahme der IFRS in Europa : Der Endorsement-Prozess-Status quo und Aussicht, *DB*, 2007, S. 1597-1602.

Pellens, Bernhard/Jödicke, Dirk/Jödicke, Ralf, Anwendbarkeit nicht freigegebener IFRS innerhalb der EU, *BB*, 2007, S. 2503-2507.

Reuther, Frank, Anforderungen an IFRS aus der Sicht eines Familienunternehmens, *BFuP*, 2007, S. 313-325.

Rhiel, Raimund/Stieglitz, Ralph, Praxis der Rechnungslegung für Pensionen nach IAS 19 und FAS 87, *DB*, 2007, S. 1653-1657.

Schmidt, André/Wulbrand, Hanno, Umsetzung der Anforderungen an die Lageberichterstattung nach dem BilReG und DRS 15, *KoR*, 2007, S. 417-426.

Schroeter, Ulrich G., Vinkulierte Namensaktien in der Europäischen Aktiengesellschaft (SE), *AG*, 2007, S. 854-861.

Segler, Gerald/Wald, Andreas/Weibler, Jürgen, Corporate Governance im internationalen Wettbewerb : Bewertung des deutschen Governance-Systems aus der Sicht institutioneller Anleger, *BFuP*, 2007, S. 400-417.

Senger, Thomas, Begleitung mittelständischer Unternehmen bei der Umstellung der

Rechnungslegung auf IFRS, *WPg*, 2007, S. 412 – 422.

Vater, Hendrik, IFRS auch für US-Bilanzierer : Historische Chance oder trojanisches Pferd der SEC?, *KoR*, 2007, S. 427 – 429.

Von Keitz, Isabel/Stibi, Bernd/Stolle, Ingeborg, Rechnungslegung nach (Full-) IFRS– auch ein Thema für den Mittelstand?, *KoR*, 2007, S. 509 – 519.

Wiedmann, Harald/Beiersdorf, Kati/Schmidt, Martin, IFRS im Mittelstand vor dem Hintergrund des Entwurfes eines IFRS für KMU, *BFuP*, 2007, S. 326 – 345.

Wüstemann, Jens/Kierzek, Sonja, IFRS als neues Bilanzrecht für den Mittelstand?- Bilanztheoretische Erkenntnisse und Würdigung der IFRS in ihrem Lichte, *BFuP*, 2007, S. 358 – 375.

[2008 年]

Buchheim, Regine/Knorr, Liesel/Schmidt, Martin, Anwendung der IFRS in Europa, *KoR*, 2008, S. 373 – 379.

Busse von Colbe, Walther/Schurbohm-Ebneth, Anne, Neue Vorschriften für den Konzernabschluss nach dem Entwurf für ein BilMoG, *BB*, 2008, S. 98 – 102.

Erchinger, Holger/Wendholt, Wolfgang, Zum Referentenentwurf des Bilanzrechtsmodernisierungsgesetzes (BilMoG): Einführung und Überblick, *DB*, Beilage 1, 2008, S. 4 – 6.

Ernst, Christoph, Eckpunkte des Referententwurfs eines Bilanzrechtsmodernisierungsgesetzes (BilMoG), *WPg*, 2008, S. 114 – 116.

Ganssauge, Karsten/Mattern, Oliver, Der Eigenkapitaltest im Rahmen der Zinsschranke (Teil II), *DStR*, 2008, S. 267 – 270.

Göllert, Kurt, Auswirkungen des Bilanzrechtsmodernisierungsgesetzes (BilMoG) auf die Bilanzpolitik, *DB*, 2008, S. 1165 – S. 1171.

Hennrichs, Joachim, Prinzipien vs. Regeln-Quo vadis BilMoG?, *Satus : Recht*, 2008, S. 61 – 65.

Keiz, Isabel von/Stolle, Ingeborg, Fehlerfestellung,-veröffentlichung und-korrektur im Rahmen des deutschen Enforcement, *KoR*, 2008, S. 213 – 226.

Köhler, Annette G., Deregulierung nach dem Entwurf eines BilMoG, *BB*, 2008, S. 268 – 270.

Kühne, Erhard/Keller, Gerold, Zum Referentenwurf des Bilanzrechtsmodernisierungsgesetzes (BilMoG): Wirtschaftliche Zurechnung von Vermögensgegenständen und Schulden sowie Erträgen und Aufwendungen, *DB*, Beilage 1, 2008, S. 13 – 15.

Küting, Karlheinz/Cassel, Jochen/Metz, Christian, Die Bewertung von Rückstellungen nach neuem Recht, *DB*, 2008, S. 2317 – S. 2324.

Küting, Karlheinz/Erdmann, Mark-Ken/Dürr, Ulrike L., Ausprägungsformen von Mezzanine-Kapital in der Rechnungslegung nach IFRS (Teil II), *DB*, 2008, S. 997 – 1002.

―――――――――, Ausprägungsformen von Mezzanine-Kapital in der Rechnungslegung nach

IFRS（Teil I）, *DB*, 2008, S. 941-948.

Lanfermann, Georg/Röhricht, Victoria, Auswirkungen des geänderten IFRS-Endorsement-Prozesses auf die Unternehmen, *BB*, 2008, S. 826-830.

Leker, Jens/Mahlstedt, Dirk/Kehrel, Uwe, Auswirkungen der IFRS-Rechnungslegungsumstellung auf das Jahresabschlussbild, *KoR*, 2008, S. 379-387.

Loitz, Rüdiger, Latente Steuern nach dem Bilanzrechtsmodernisierungsgesetz（BilMoG）-Nachbesserungen als Verbesserungen?, *DB*, 2008, S. 1389-1395.

―――, Latente Steuern nach dem Bilanzrechtsmodernisierungsgesetz（BilMoG）, *DB*, 2008, S. 249-256.

Meyer, Claus, Bilanzrechtsmodernisierungsgesetz（BilMoG）-die wesentlichen Änderungen im Regierungsentwurf, *DStR*, 2008, S. 1153-1155.

Müller, Stefan/Reinke, Jens, Empirische Analyse der IFRS-Erstanwendung-Eine Analyse der Umstellungen bei DAX-, MDAX-und SDAX-Unternehmen unter Beachtung des IFRS 1 in den Geschäftsjahren 2004-2006, *KoR*, 2008, S. 26-35.

Müller, Stefan/Weller, Niels, Mezzanine-Kapital im Fokus der Krisenbilanzierung-Auswirkungen einer eingetretenen Unternehmenskrise auf die Bilanzierung von Mezzanine-Kapital im Jahresabschluss der GmbH, *WPg*, 2008, S. 400-407.

Niehus, Rudolf J., IFRS für KMUs?, *DB*, 2008, S. 881-886.

Oser, Peter/Roß, Norbert/Wader, Dominic/Drögemüller, Steffen, Ausgewählte Neuregelungen des Bilanzrechtsmodernisierungsgesetzes（BilMoG）-Teil II, *WPg*, 2008, S. 105-113.

Peemöller, Volker H, Aktuelle Brennpunkte der Rechnungslegung-Bericht zur 5. Fachtagung der Fachakademie für Rechnungslegung und Steuerrecht（FRS）zur internationalen Rechnungslegung-, *KoR*, 2008, S. 46-50.

Pellens, Bernhard/Neuhaus, Stefan/Zimmermann, Ralf, IFRS-Bilanzierung verstärkt Gewinnentwicklung, *DB*, 2008, S. 137-145.

Petersen, v. Karl/Zwirner, Christian, IAS32（rev. 2008)-Endlich（mehr）Eigenkapital nach IFRS?, *DStR*, 2008, S. 1060-1066.

Rhiel, Raimund/Veit, RA Annekatrin, Auswirkungen des geplanten Gesetzes zur Modernisierung des Bilanzrechts（BilMoG）auf Pensionsverpflichtungen, *DB*, 2008, S. 193-196.

Schmeisser, Wilhelm/Clausen, Lydia, Mezzanines Kapital für den Mittelstand zur Verbesserung des Ratings, *DStR*, 2008, S. 688-695.

Sielaff, v. Volker, Das Objektivierungserfordernis bei der Bilanzierung von Rückstellungen, *DStR*, 2008, S. 369-375.

Starck, Christian, Bilanzpublizität und Datenschutz, *DStR*, 2008, S. 2035-2039.

Stibi, Bernd/Fuchs, Markus, Zum Referentenwurf des Bilanzrechtsmodernisierungsgesetzes

(BilMoG): Erste Würdigung ausgewählter konzeptioneller Fragen, *DB*, 2008, Beilage 1, S. 6-13.

Stibi, Bernd/Fuchs, Markus, Die handelsrechtliche Konzernrechnungslegung nach dem Referentenentwurf des BilMoG, *KoR*, 2008, S. 97-104.

Theile, Carsten/Hartmann, Angelika, BilMoG : Zur Unmaßgeblichkeit der Handels-für die Steuerbilanz, *DStR*, 2008, S. 2031-2035.

Velte, Patrick, Auswirkungen des BilMoG-RefE auf die Informations-und Zahlungsbemessungsfunktion des handelsrechtlichen Jahresabschlusses, *KoR*, 2008, S. 61-73.

Zülch, Henning/Hoffmann, Sebastian, Die Stellungnahme des Bundesrats zum BilMoG-RegE-Anmerkungen zu den vorgeschlagenen Änderungen, *DB*, 2008, S. 1643-1644.

─────────────────, Bilanzrechtsmodernisierungsgesetz : Wesentliche Änderungen des Regierungsentwurfs gegenüber dem Referentenentwurf, *BB*, 2008, S. 1272-1276.

─────────────────, Der Referentenentwurf zum BilMoG : ein kritischer Literaturüberblick, *DB*, 2008, S. 1053-1060.

Werder, v. Axel/Talaulicar, Till, Kodex Report 2008, *DB*, 2008, S. 825.

報告書

Arbeitskreis Bilanzrecht der Hochschullehrer Rechtswissenschaft, Stellungnahme zur dem Entwurf eines BilMoG : Einzelfragen zum materiellen Bilanzrecht, *BB*, 2008, S. 209-216.

本書に関係する EU 資料

Kommission der Europäischen Gemeinschaften

Kommentare zu bestimmten Artikeln der Verordnung (EG) Nr. 1606/2002 des Europäischen Parlaments und des Rates vom19. Juli 2002 betreffend die Anwendung internationaler Rechnungslegungsstandards und zur Vierten Richtlinie 78/660/EWG des Rates vom 25. Juli 1978 sowie zur Siebenten Richtlinie 83/349/EWG des Rates vom 13. Juni 1983 über Rechnungslegung (11. 2003).

Vorschlag für eine Richtlinie des Europäischen Parlaments und des Rates zur Harmonisierung der Transparenzanforderungen in Bezug auf Informationen über Emittenten, deren Wertpapiere zum Handel auf einem geregelten Markt zugelassen sind, und zur Änderung der Richtlinie 2001/34/EG, KOM (2003) (26. 3. 2003).

Vorschlag für eine Richtlinie des Europäischen Parlaments und des Rates über den Prospekt, der beim öffentlichen Angebot von Wertpapieren oder bei deren Zulassung zum Handel zu veröffentlichen ist, KOM (2001) (30. 5. 2001).

Vorschlag für neine Richtlinie des Europäischen Parlaments und des Rates zur Änderung der Richtlinien 78/660/EWG und 83/349/EWG im Hinblick auf die im Jahresabschluß bzw. im konsolidierten Abschluß von Gesellschaften bestimmter Rechtsformen zulässigen

Wertansätze, KOM (2000) (24. 2. 2000).

Amtsblatt der Europäischen Gemeinschaften

Richtlinie 2003/71/EG des europäischen Parlament und des Rates vom 4. November 2003, betreffend den Prospekt, der beim öffentlichen Angebot von Wertpapieren oder bei deren Zulassung zum Handel zu veröffentlichen ist, und zur Änderung der Richtlinie 2001/34/EG, (4. 11. 2003).

Verordnung (EG) Nr. 1606/2002 des Europäischen Parlaments und des Rates vom 19. Juli 2002 betreffend die Anwendung internationaler Rechnungslegungsstandards (11. 9. 2002).

Richtlinie 2001/65/EG des Europäischen Parlaments und des Rates vom 27. September 2001 zur Änderung der Richtlinien 78/660/EWG, 83/349/EWG und 86/635/EWG des Rates im Hinblick auf die im Jahresabschluss bzw. im konsolidierten Abschluss von Gesellschaften besimmter Rechtsformen und von Banken und anderen Finanzinstituten zulässigen Wertansätze (27. 9. 2001).

Beschluss des Rates vom 28. Juni 1999 zur Festlegung der Modalitäten für die Ausübung der der Kommission übertragenen Durchführungsbefugnisse (1999/468/EG) (17. 7. 1999).

Amtsblatt der Europäischen Union

Beschluss des Rates vom 17. Juli 2006 zur Änderung des Beschlusses 1999/468/EG zur Festlegung der Modalitäten für die Ausübung der der Kommission übertragenen Durchführungsbefugnisse (2006/512/EG) (17. 7. 2006).

Richtlinie 2006/46/EG des Europäischen Parlaments und des Rates vom 14. Juni 2006 zur Änderung der Richtlinien des Rates 78/660/EWG über den Jahresabschluss von Gesellschaften bestimmter Rechtsformen, 83/349/EWG über den konsolidierten Abschluss, 86/635/EWG über den Jahresabschluss und den konsolidierten Abschluss von Bank und anderen Finanzinstituten und 91/674/EWG über den Jahresabschuss und den konsolidierten Abschluss von Versicherungsunternehmen (16. 8. 2006).

Richtlinie 2004/109/EG des Europäischen Parlaments und des Rates vom 15. Dezember 2004 zur Harmonisierung der Transparenzanforderungen in Bezug auf Informationen über Emittenten, deren Wertpapiere zum Handel auf einem geregelten Markt zugelassen sind, und zur Änderung der Richtlinie 2001/34/EG (31. 12. 2004).

Verordnung (EG) Nr. 707/2004 der Kommission vom 6. April 2004 zur Änderung der Verordnung (EG) Nr. 1725/2003 betreffend die Übernahme bestimmter internationaler Rechnungslegungsstandards in Übereinstimmung mit der Verordnung (EG) Nr. 1606/2002 des Europäischen Parlaments und des Rates (17. 4. 2004).

Verordnung (EG) Nr. 1725/2003 der Kommission vom 29. September 2003 betreffend die Übernahme bestimmter internationaler Rechnungslegungsstandards in Übereinstimmung mit der Verordnung (EG) Nr. 1606/2002 des Europäischen Parlaments und des Rates (13. 10. 2003).

Richtlinie 2003/51/EG des Europäischen Parlaments und des Rates vom 18. Juni 2003 zur Änderung der Richtlinien 78/660/EWG, 83/349/EWG und 91/674/EWG über den Jahresabschluss und den konsolidierten Abschluss von Gesellschaften bestimmter Rechtsformen, von Banken und anderen Finanzinstituten sowie von Versicherungsunternehmen (17. 7. 2003).

Rechnungslegung : Kommission ernennt Mitglieder der Prüfgruppe für Standardübernahmeempfehlungen, IP/07/163 (8. 2. 2007).

Rechnungslegung : Neue Sachverständigengruppe der Kommission soll ausgewogene Beratung zu Rechnungslegungsstandards gewährleisten, IP/06/1001 (17. 7. 2006).

Gute Nachrichten für Anleger : Europäisches Parlament billigt vorgeschlagene Transparenzrichtlinie, IP/04/398 (30. 3. 2004).

Wertpapiermärkte : Kommission schlägt Richtlinie zur Erhöhung des Anlegerschutzes und der Transparenz vor, IP/03/436 (26. 3. 2003).

法律条文

Beck'sche Textausgaben, *Aktuelle Wirtschaftsgesetz 2007*, München 2007.

Sodan, Helge (Hrsg.), *Wirtschaftsrecht*, Baden-Baden 1998.

参　考　文　献

相沢幸悦著『国際金融市場と EU 金融改革』ミネルヴァ書房，2008 年。
赤川元章著『ドイツ金融資本と世界市場』慶応義塾大学商学会，1999 年。
荒木和夫著『ドイツ有限会社法』商事法務，2007 年。
─────，『ドイツ有限会社法解説』商事法務，1997 年。
安藤英義著『新版商法会計制度論』白桃書房，1997 年。
五十嵐邦正著『ドイツ資本会計論』森山書店，2008 年。
─────，『静的貸借対照表論』森山書店，1989 年。
稲見亨著『ドイツ会計国際化論』森山書店，2004 年。
岩田建治編著『ユーロと EU の金融システム』日本経済評論社，2003 年。
オットー・ザントロック，今野裕之編著『EU 市場統合と企業法』商事法務研究会，1993 年。
加藤盛弘編著『現代会計の認識拡大』森山書店，2005 年。
川口八洲雄著『会計制度の統合戦略』森山書店，2005 年。
監査法人トーマス編著『EU 加盟国の税法』中央経済社，1997 年。
菊谷正人著『国際的会計概念フレームワークの構築』同文舘出版，2002 年。
木下勝一著『適用会計基準の選択行動─会計改革のドイツの道─』森山書店，2004 年。
クラウス・C・ヴレーデ著『ドイツ有限会社の実務』税務研究会出版局，1999 年。
黒田全紀著『国際コンツェルン決算書』税務経理協会，1981 年。
黒田全紀編著『解説西ドイツ新会計制度─規制と実務─』同文舘，1986 年。
郡司健著『連結会計制度』中央経済社，2000 年。
神戸大学 IFRS プロジェクト・あずさ監査法人 IFRS プロジェクト編著『国際会計基準と日本の会計実務』中央経済社，2008 年。
齋藤静樹著『企業会計とディスクロージャー』東京大学出版会，2006 年。
齋藤静樹編著『詳解財務会計の概念フレームワーク』中央経済社，2008 年。
酒井治郎著『資本制度の会計問題』中央経済社，2006 年。
佐藤誠二著『会計国際化と資本市場統合』森山書店，2001 年。
佐藤誠二編著『EU・ドイツの会計制度改革』森山書店，2007 年。
佐藤信彦編著『国際会計基準制度化論』白桃書房，2003 年。
清水嘉治・石井伸一共著『新 EU 論』新評論，2006 年。
新山雄三著『ドイツ監査役会制度の生成と意義─ドイツ近代株式会社法の構造と機能』商事法務，1999 年。

新保博彦著『IT革命と各国のコーポレートガバナンス』ミネルヴァ書房, 2001年。
鈴木義夫著『ドイツ会計制度改革論』森山書店, 2000年。
高木靖史著『ドイツ会計基準』中央経済社, 1995年。
高橋英治著『ドイツと日本における株式会社法の改革』商事法務, 2007年。
武田隆二編著『新会社法と中小会社会計』中央経済社, 2006年。
田渕進著『ドイツ中小企業と経営財務』森山書店, 2005年。
津守常弘著『会計基準形成の論理』森山書店, 2002年。
徳賀芳弘, 平松一夫編著『会計基準の国際的統一』中央経済社, 2005年。
戸田博之訳『ドイツ財務会計論の系譜』中央経済社, 2004年。
日本証券経済研究所編『ヨーロッパの証券市場2004年版』日本証券経済研究所, 2004年。
日本証券経済研究所編『外国証券関係法令集―ドイツ―』日本証券経済研究所, 2002年。
日本証券経済研究所編『ヨーロッパの証券市場2000年版』日本証券経済研究所, 2000年。
野村健太郎編著『プラン・コンタブルの国際比較』中央経済社, 2005年。
松井泰則著『国際会計の潮流』白桃書房, 2008年。
松村勝弘著『日本的経営財務とコーポレート・ガバナンス』中央経済社, 2001年。
向山敦夫著『社会環境会計論―社会と地球環境への会計アプローチ』白桃書房, 2003年。
村上淳一＝守矢健一, ハンス・ペーター・マルチュケ著『ドイツ法入門』有斐閣, 2005年。
弥永真生著『「資本」の会計』中央経済社, 2003年。
吉岡正道著『フランス会計原則の史的展開』森山書店, 2005年。

法経済用語辞書

後藤紀一・Matthias Voth著『ドイツ金融法辞典』信山社, 1993年。
田沢五郎著『独日英ビジネス経済法制辞典』郁分堂, 1999年。
―――,『ドイツ政治経済法制辞典』郁分堂, 1990年。
山田晟著『ドイツ法律用語辞典』大学書林, 1994年。

翻訳書

企業会計基準委員会／財務会計基準機構日本語訳監修編『国際財務報告書基準書（IFRSs^{TM}）』
　　〔JASB/FASB, IASB, *International Financial Statements*（*IFRSs^{TM}*）〕2005, 2007.

参考及び引用論文

秋坂朝則稿「会社計算規則における剰余金区分の原則」：特集Ⅰ「会社計算規則の重点解説」『企業会計』中央経済社，VOL. 58, NO. 1 (2006年1月) 25-30頁。

秋葉賢一稿「新会計基準の概要と会社法」：特集Ⅰ「新会計基準の体系と会社法」『企業会計』中央経済社，VOL. 58, NO. 5 (2006年5月) 17-80頁。

―――，「純資産の部の表示基準」：時事解説「企業会計基準委員会・企業会計基準」『企業会計』中央経済社，VOL. 58, NO. 3 (2006年3月) 54-60頁。

安藤英義稿「資本概念の変化―資本概念をめぐる商法と会計の離合の歴史」：特集『会社法・新会計基準で「資本」はこう変わった』『企業会計』中央経済社，VOL. 58. NO. 9 (2006年9月) 18-25頁。

―――，「引当金・積立金・準備金という言葉をめぐって」『産業経理』産業経理協会，Vol. 65 N0. 3 (2005年10月) 86-87頁。

―――，「会計と簿記の間―表示科目と勘定科目の関係など―」『會計』森山書店，第170巻第3号，1-13頁。

五十嵐邦正稿「ドイツ貸借対照表法における自己資本」『會計』森山書店，第172巻第2号，1-14頁。

壱岐芳弘稿「資本と利益の区分」：特集「資本・利益の区分をめぐる歴史的動向と理論」『企業会計』中央経済社，VOL. 59, NO. 2 (2007年2月) 25-32頁。

石川和正稿「自己株式等及びその他資本剰余金の処分による配当を受けた株主の会計処理について」：特集Ⅰ「新会計基準の体系と会社法」『企業会計』中央経済社，VOL. 58, NO. 5 (2006年5月) 38-46頁。

―――，「自己株式等の会計基準について」：時事解説「企業会計基準委員会・企業会計基準」『企業会計』中央経済社，VOL. 58, NO. 3 (2006年3月) 61-67頁。

稲見亨　稿「欧州裁判所の判例にみるドイツ会計の国際的側面」『會計』森山書店，第164巻第1号，79-90頁。

上村達男稿「新会社法の性格と法務省令」：特集「会社法規則の制定」『Jurist』NO. 1315 (2006年7月1日) 2-7頁。

梅原秀継稿「連結会計における少数株主持分―パーチェス法との関連を中心として」：特集『会社法・新会計基準で「資本」はこう変わった』『企業会計』中央経済社，VOL. 58. NO. 9 (2006年9月) 68-75頁。

大橋裕子稿「株主資本等変動計算基準について」：時事解説「企業会計基準委員会・企業会

計基準」『企業会計』中央経済社, VOL. 58, NO. 3 (2006年3月) 68-74頁。

尾崎安央稿「剰余金区分原則の会社法的意義」：特集「資本・利益の区分をめぐる歴史的動向と理論」『企業会計』中央経済社, VOL. 59, NO. 2 (2007年2月) 33-40頁。

―――, 「会社の計算」：特集「会社法規則の制定」『Jurist』NO. 1315 (2006年7月1日) 8-14頁。

加古宜士稿「会計基準の国際的動向とわが国の制度的対応」：特集「会計制度変革の展望と課題」『企業会計』中央経済社, VOL. 58, NO. 1 (2006年1月) 37-40頁。

片木晴彦稿「会社計算規則の構造・概要」：特集Ⅰ「会社計算規則の重点解説」『企業会計』中央経済社, VOL. 58, NO. 1 (2006年1月) 18-24頁。

加藤厚稿「会計基準の同等性評価とコンバージェンスへの日本の対応―想定される次のターゲット『2009年問題』か」：特集「会計制度変革の展望と課題」『企業会計』中央経済社, VOL. 58, NO. 1 (2006年1月) 41-52頁。

神田秀樹稿「会社法の企業会計への影響」：特集「会計制度変革の展望と課題」『企業会計』中央経済社, VOL. 58, NO. 1 (2006年1月) 27-30頁。

久保田安彦稿「株式・新株予約権」：特集「会社法規則の制定」『Jurist』NO. 1315 (2006年7月1日) 25-31頁。

倉田幸路稿「EUを意識した会計基準の国際的調和化に対するドイツの対応」『會計』森山書店, 第153巻第1号, 1998年, 37-50頁。

郡司健稿「ドイツ連結会計報告の変容」『産業経理』産業経理協会, Vol. 65 NO. 3 (2005年4月) 28-34頁。

小林量稿「資本 (資本金) の意義」：特集「会社法・新会計基準で「資本」はこう変わった」『企業会計』中央経済社, VOL. 58. NO. 9 (2006年9月) 26-32頁。

小宮山賢稿「会社法成立に伴う新会計基準の実務への影響」：特集「会計制度変革の展望と課題」『企業会計』中央経済社, VOL. 58, NO. 1 (2006年1月) 31-36頁。

齋藤静樹稿「新会計基準と基準研究の課題―資本会計の論点を中心に」：特集「会計制度変革の展望と課題」『企業会計』中央経済社, VOL. 58, NO. 1 (2006年1月) 20-26頁。

―――, 「コンバージェンスに向けた日本の態勢」(第7回)『企業会計』中央経済社, VOL. 58, NO. 11 (2006年11月) 58-61頁。

―――, 「コンバージェンスの進め方」(第6回)『企業会計』中央経済社, VOL. 58, NO. 10 (2006年10月) 56-59頁。

―――, 「三極体制と相互承認の展望」(第5回)『企業会計』中央経済社, VOL. 58, NO. 9 (2006年9月) 76-79頁。

―――, 「外側からみた共同プロジェクト」(第4回)『企業会計』中央経済社, VOL. 58, NO. 8 (2006年8月) 56-59頁。

―――,「IASB の共同プロジェクト」(第3回)『企業会計』中央経済社,VOL. 58, NO. 7 (2006年7月) 64-67頁。

―――,「コンバージェンスの試行錯誤」(第2回)『企業会計』中央経済社,VOL. 58, NO. 6 (2006年6月) 52-55頁。

―――,「コンバージェンスの背景」(第1回)『企業会計』中央経済社,VOL. 58, NO. 5 (2006年5月) 70-73頁。

佐藤誠二稿「IAS/IFRS 適用の個別決算書への影響」『産業経理』産業経理協会,Vol. 65 N0. 3 (2006年10月) 23-29頁。

田中建二稿「評価・換算差額等について」:特集『会社法・新会計基準で「資本」はこう変わった』『企業会計』中央経済社,VOL. 58. NO. 9 (2006年9月) 56-61頁。

田宮治雄稿「資本剰余金と利益剰余金を区分する意義の再考察」:特集「資本・利益の区分をめぐる歴史的動向と理論」『企業会計』中央経済社 VOL. 59, NO. 2 (2007年2月) 41-49頁。

津守常弘稿「『財務会計概念フレームワーク』の新局面と会計研究の課題」『企業会計』VoL. 60, No. 3 (2008年3月) 4-14頁。

手塚仙夫稿「剰余金分配規制と分配可能額の算定」:特集 I 「会社計算規則の重点解説」『企業会計』中央経済社,VOL. 58, NO. 1 (2006年1月) 41-51頁。

豊田俊一稿「ストック・オプション等及びその他の新株式予約権・新株予約権付社債の会計処理」:特集 I 「新会計基準の体系と会社法」『企業会計』中央経済社,VOL. 58, NO. 5 (2006年5月) 47-58頁。

鳥山恭一稿「2005年会社法と会社の機関」:特集「会社法規則の制定」『Jurist』NO. 1315 (2006年7月1日) 32-40頁。

中東正文稿「株式会社の監査と内部統制」:特集「会社法規則の制定」『Jurist』NO. 1315 (2006年7月1日) 41-49頁。

中村　忠稿「資本取引と損益取引」『産業経理』産業経理協会,Vol. 66 N0. 3 (2006年10月) 76-77頁。

野口晃弘稿「新株予約権の表示方法に内在する会計問題」:特集『会社法・新会計基準で「資本」はこう変わった』『企業会計』中央経済社,VOL. 58. NO. 9 (2006年9月) 62-67頁。

布施伸章・大橋裕子共著「『貸借対照表の純資産の部の表示に関する会計基準』及び『株主資本等変動計算書に関する会計基準』等について」:特集 I 「新会計基準の体系と会社法」『企業会計』中央経済社,VOL. 58, NO. 5 (2006年5月) 27-37頁。

増子敦仁稿「剰余金の会計」:特集『会社法・新会計基準で「資本」はこう変わった』『企業会計』中央経済社,VOL. 58. NO. 9 (2006年9月) 44-55頁。

万代勝信稿『資本と利益の区分の意義を探る』:特集「資本・利益の区分をめぐる歴史的動

向と理論」『企業会計』中央経済社, VOL. 59, NO. 2（2007年2月）18-24頁。

弥永真生稿「株主資本—設立・募集株式の発行」：特集Ⅰ「会社計算規則の重点解説」『企業会計』中央経済社, VOL. 58, NO. 1（2006年1月）31-40頁。

———,「払込資本の会計」：特集『会社法・新会計基準で「資本」はこう変わった』『企業会計』中央経済社, VOL. 58. NO. 9（2006年9月）33-43頁。

山浦久司稿「監査基準をめぐる動向と課題, ならびに今後の展望」：特集「会計制度変革の展望と課題」『企業会計』中央経済社, VOL. 58, NO. 1（2006年1月）53-58頁。

拙稿,「会計制度と会計実務の乖離」『産業経理』Vol. 66, No. 1（2006年4月）産業経理協会, 14-25頁。

———,「ドイツにおけるコーポレート・ガバナンスと会計制度改革」『証券経済学会年報』第40号（2005年7月）, 証券経済学会, 122-127頁。

———,「ドイツ会計制度とコンテン・ラーメンの整合性についての検討」『アドミニストレーション』第11巻1・2号合併号（2004年12月）, 101-120頁。

———,「第10章 会計制度」『図説ヨーロッパの証券市場』日本証券経済研究所, 2004年2月, 174-185頁。

———,「ドイツ企業におけるコンテン・ラーメン」『アドミニストレーション』第10巻1・2号合併号, 熊本県立大学総合管理学部学会（2003年8月）, 1-23頁。

———, Das japanische Rechnungswesen der an der Börsen notierten Unternehmen und Rechnungslegungspolitik — vor allem die Bilanzierung für immaterielle Anlagevermögen —『アドミニストレーション』第9巻第1・2合併号, 熊本県立大学総合管理学部学会（2002年12月）, 103-121頁。

———,「ドイツ資本市場における上場企業の会計制度」『会計プログレス』第3号（日本会計研究学会）（2002年9月）, 90-106頁。

———,「ドイツにおける資本市場活性化政策のもとでの会計制度の動向」『會計』第160巻第2号（2001年8月）, 森山書店, 39-54頁。

———,「会計制度改革とディスクロージャー制度」（日独比較）『証券経済学会年報』第36号, 証券経済学会（2001年5月）, 212-218頁。

———,「ドイツ会計基準委員会の設置とその背景」『アドミニストレーション』第7巻1号, 熊本県立大学総合管理学部学会,（2000年9月）23-68頁。

———,「ドイツにおける会計制度の動向と企業の動き—中小規模資本会社の会計制度を中心として—」『會計』第158巻第2号（2000年8月）, 森山書店, 39-54頁。

———,「第10章 会計制度」『図説ヨーロッパの証券市場』日本証券経済研究所, 2000年3月, 148-155頁。

———,「国際会計基準の導入を巡る会計問題—日独の会計制度の見直しの現状を踏まえて—」『証券経済学会年報』第34号（1999年5月）, 93-100頁。

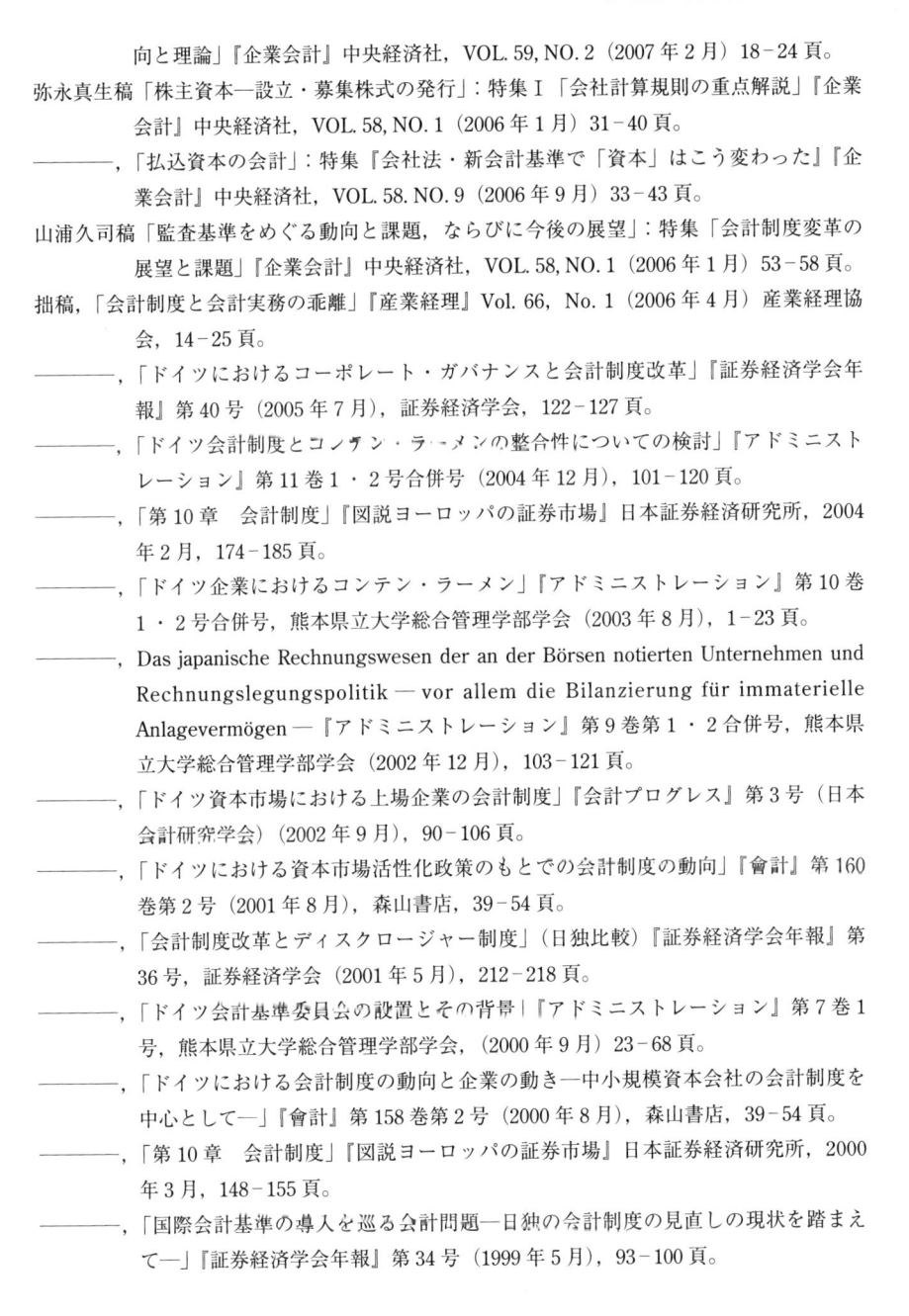

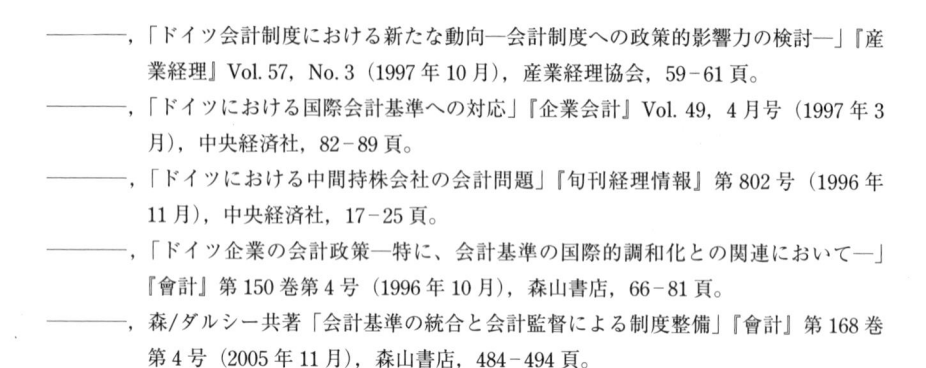

─────，「ドイツ会計制度における新たな動向―会計制度への政策的影響力の検討―」『産業経理』Vol. 57, No. 3（1997年10月），産業経理協会，59-61頁。

─────，「ドイツにおける国際会計基準への対応」『企業会計』Vol. 49, 4月号（1997年3月），中央経済社，82-89頁。

─────，「ドイツにおける中間持株会社の会計問題」『旬刊経理情報』第802号（1996年11月），中央経済社，17-25頁。

─────，「ドイツ企業の会計政策―特に、会計基準の国際的調和化との関連において―」『會計』第150巻第4号（1996年10月），森山書店，66-81頁。

─────，森/ダルシー共著「会計基準の統合と会計監督による制度整備」『會計』第168巻第4号（2005年11月），森山書店，484-494頁。

索　引

〔あ行〕

ARC ……………………………36, 38
RWE 社………………………………293
IAS‐規則 ……………………………2
IAS-VO ………………………………2
IAS/IFRS の利益概念……………230
IASB のデュープロセス …………54
アメリカの証券取引委員会………6
EU のデュープロセス ……………34
EU とドイツの動き ………………4
EFRAG ………………………………37
IOSCO ……………………………3, 6
IFRS の前倒しの適用 ……………68
売上原価法 …………………………100
E．ON 社……………………………173
SE ……………………………………182
SEC ……………………………………6
SARG …………………………………43
SMEs ……………………………54, 55
SKR 3 …………………………………92
SKR 4 …………………………………93
M-DAX 企業 ………………………200
エンドースメント・メカニズム …32
欧州財務報告アドバイザリー委員会…36
欧州証券規制当局委員会 …………19

〔か行〕

会計監督法 …………………………19
会計規制委員会 ……………………36
会計処理選択権 ……………………281
会計スキャンダル …………………144
会計法改革法 ………………………17
会計法現代化法 ……………………2
会計法の現代法化 …………………21
開始及び開発費 ……………………274
会社規模区分基準指令 ……………17
株式指数別企業の引当金設定比率 …295
株式所有構造 ………………………163
加盟国選択権 ………………………220
監査役会の空洞化 …………………158
企業規模区分基準 …………………18
企業選択権 …………………………220
企業領域における管理と
　透明性に関する法 ………………9
基準アドバイス・レビュー・
　グループ …………………………43
基準性の原則 ………………………221
規制緩和 ……………………………22
規則 …………………………………35
規則手続き …………………………42
逆基準性の原則 ………………221, 281
業種別コンテンラーメン …………90
行政手続き …………………………42
共通のコンテンラーメン …………96
銀行の議決権付株式 ………………160
銀行の支配力 ………………………132
偶発損失引当金 ……………………240
繰延税金 ……………………………213
KapAEG ………………………………6
KapAEG 商法 292a 条………………149
KapCoRiLiG 商法 292a 条 …………149

347

GoB ……………………………3, 111
決議する手続き過程 ………………32
現代化指令 …………………………17
公開 …………………………134, 140
公正価値指令 ………………………17
合同会社 …………………………289
コーポレート・ガバナンス …………12
国際証券監督機構 …………………3
Continenntal 社 …………………188
コンテンプラン ……………………86
コンテンラーメンと基礎原則 ………89
コンテンラーメンと
　コンテンプラン ……………85, 86
コンテンラーメンと
　商法規定の関係 …………………88
KonTrag ……………………………9
コントロール ………………………42

〔さ行〕

産業コンテンラーメン（IKR）………87
SAP 社 ……………………………191
シェーア
　（Johan Friedrich Schär）………84
ジェネラル基準 ……………………8
Schering 社 ………………………193
自己金融 ……………………136, 137
自己資本と他人資本の会計実務 ……196
自己資本の定義 …………………292
自己創設の無形固定資産 ……24, 274
資本維持 …………………………278
資本会社法 …………………………9
資本調達規制緩和法 ………………6
ジモン
　（Hermann Veit Simon）………108
社外社員持分 ……………………199
シュマーレンバッハ
　（Schmalenbach Eugen）………84
シュミット
　（Schmidt Fritz）………………109
状況報告書 ………………………134
商法上の利益概念 ………………228
商法と IAS/IFRS の
　会計処理に関する相違 …………101
商法の法的形態別の会社数 ………273
指令 …………………………………35
審議手続き …………………………42
真実かつ公正な概観 ………………135
すべての企業の資金調達手段の割合…136
正規の簿記の諸原則 ………………3
静態論の利益概念 ………………229
静的貸借対照表 …………………108
静的貸借対照表論 ………………108
総原価法 …………………………100
その他の引当金 ……………195, 208

〔た行〕

貸借対照表法 ……………………107
貸借対照表論 ……………………107
タイムラグ …………………………54
DaymlerBenz 社 …………………171
DaymlerChrysler 社 ……………191
DAX-30 における
　会計基準採用状況の概要 ………179
DAX-30 の株式所有構造 …………164
短期引当金 ………………………210
長期引当金 ………………………210
DRSC のデュープロセス …………148
Dyckerhoff 社 ………………205, 206
DPR …………………………………19
Techem 社 ………………………208
ドイツ会計監査所 ……………19, 31
Deutsche Post 社 …………244～250

ドイツ連邦産業協会 …………………84
ドイツ連邦税理士業界の
　コンピュータ処理組織 ……………85
ドイツ連邦法務省 ……………………31
動態論の利益概念 ……………………230
透明性指令 ……………………………7
特別準備金 ……………………………240

〔な行〕

ノイアマルクト ………………………151

〔は行〕

バーゼルⅡ ……………………………136
Bayer 社 …………169〜171, 183〜186
ハイブリッド自己資本 ………………292
販売目録書 ……………………………134
BASF 社 ……………………166〜169
BaFin …………………………………19
BMW 社 ……………………257〜261
費用性引当金 ……………………243, 282
Bilfinger Berger 社 …………206〜207
BilMoG …………………………………2
Volkswagen 社 ……………262〜264
複式簿記の勘定システム ……………102

負債性引当金 …………………………240
プリマ基準 ……………………………8
フレームワークの概要 ………………116
包括利益 ………………………209, 210

〔ま行〕

メザニ金融 ……………………………137
メザニ資本 ……………………136, 137

〔や行〕

有機的貸借対照表論 …………………109
有限合資会社指令 ……………………13
予備草案の概要 ………………………274

〔ら行〕

利益留保性準備金 ……………………261
立法 ……………………………………35
立法過程 ………………………………11
立法手続き決議 ………………………33
Linde 社 …………186〜188, 196〜197
連邦金融監督庁 ………………………19
連邦議会 ………………………………10
連邦経営経済委員会 …………………84
連邦参議院 ……………………………10

〔略 歴〕
森　美智代（もり　みちよ）
1989 年 3 月　九州大学大学院経済学研究科博士課程後期単位取得
1989 年 4 月　九州大学経済学部助手
1990 年 4 月　徳山女子短期大学講師
1993 年 4 月　徳山女子短期大学助教授
1994 年 4 月　熊本県立大学助教授
1997 年 12 月　博士〔経済学〕（九州大学）取得
1998 年 8 月～1999 年 9 月
　　　　　　ゲーテ・ヴォルフガング・フランクフルト大学在
　　　　　　外研究（Dieter, Ordelheide 教授に師事）
2003 年 4 月　熊本県立大学教授
　　　　　　現在に至る。

〔主要な著書〕
単著『貸借対照表能力論の展開―ドイツ会計制度と会計の国際
　　的調和化との関連において―』中央経済社，1997 年。
編著『金融機関の顧客保護』東洋経済新報社，1998 年。
編著『図説ヨーロッパの証券市場―2000 年版』「第 8 章　会計
　　制度」日本証券経済研究所，2000 年。
編訳『外国証券関係法令集「ドイツ」』「取引所法」日本証券経
　　済研究所，2002 年。
編著『図説ヨーロッパの証券市場―2004 年版』「第 10 章　会計
　　制度」日本証券経済研究所，2004 年。
単著『簿記の基礎―簿記からエクセルによる経営分析―』（改
　　訂版）税務経理協会，2006 年。
編著『図説ヨーロッパの証券市場―2009 年版』「第 10 章　会計
　　制度」日本証券経済研究所，2008 年。
その他。

会計制度と実務の変容
―ドイツ資本会計の国際的調和化を中心として―

2009 年 5 月 30 日　初版第 1 刷発行

著　者　Ⓒ　森　　美智代
発行者　　　菅　田　直　文
発行所　有限　森山書店　〒101　東京都千代田区神田錦町
　　　　会社　　　　　　-0054　1-10林ビル
　　　　TEL 03-3293-7061 FAX 03-3293-7063　振替口座 00180-9-32919

落丁・乱丁本はお取りかえします　　　　　印刷・製本・シナノ
　　　　　　　　本書の内容の一部あるいは全部を無断で複写複製する
　　　　　　　　ことは，著作者および出版社の権利の侵害となります
　　　　　　　　ので，その場合は予め小社あて許諾を求めてください。
　　　　　　　　　　ISBN 978-4-8394-2076-5